马克思主义理论研究和建设工程重点教材

马克思主义
政治经济学概论

（第二版）

《马克思主义政治经济学概论》编写组

人民出版社
高等教育出版社

教学课件下载

本书有配套教学课件，供教师免费使用，请访问 https://dj.lilun.cn/html/courseware.html，即可浏览下载。

图书在版编目(CIP)数据

马克思主义政治经济学概论/《马克思主义政治经济学概论》编写组编. -- 2版. -- 北京:人民出版社,2021.4(2024.6重印)
马克思主义理论研究和建设工程重点教材
ISBN 978-7-01-023355-0

Ⅰ.①马… Ⅱ.①马… Ⅲ.①马克思主义政治经济学-高等学校-教材 Ⅳ.①F0-0

中国版本图书馆CIP数据核字(2021)第069410号

责任编辑 任 民　　封面设计 王 洋　　版式设计 于 婕　　责任校对 刘 青
责任印制 赀 菲

出版发行 人民出版社
社　　址 北京市东城区隆福寺街99号
邮政编码 100706
印　　刷 北京中科印刷有限公司
开　　本 787mm×1092mm 1/16
印　　张 29.25
字　　数 488千字
网　　址 http://www.pph166.com
版　　次 2012年2月第1版
　　　　 2021年4月第2版
印　　次 2024年6月第14次印刷
定　　价 56.00元
购书热线 010-84095064
咨询电话 010-84095103

• 马克思主义理论研究和建设工程重点教材 •

马克思主义理论研究和建设工程咨询委员会委员、审议专家

（以姓氏笔画为序）

王伟光	王晓晖	王梦奎	王维澄	韦建桦
尹汉宁	龙新民	邢贲思	刘永治	刘国光
江　流	汝　信	孙　英	苏　星	李　捷
李君如	李忠杰	李宝善	李景田	李慎明
冷　溶	张　宇	张文显	陈宝生	邵华泽
欧阳淞	金冲及	金炳华	周　济	郑必坚
郑科扬	郑富芝	侯树栋	逄先知	逄锦聚
袁贵仁	贾高建	夏伟东	顾海良	徐光春
龚育之	梁言顺	蒋乾麟	韩　震	虞云耀
雒树刚	滕文生	魏礼群		

《马克思主义政治经济学概论》教材编写课题组

首席专家 刘树成 吴树青 纪宝成 李兴山
张　宇 胡家勇

主要成员 （以姓氏笔画为序）
于祖尧 卫兴华 王振中 史晋川
李连仲 杨承训 吴易风 何自力
张卓元 张宗益 张雷声 林　岗
林兆木 周振华 逄锦聚 洪银兴
曹玉书 程恩富

《马克思主义政治经济学概论》教材修订课题组（第二版）

首席专家 李建平 张　宇 简新华 胡家勇
蒋永穆

主要成员 （以姓氏笔画为序）
丁晓钦 王生升 王朝科 卢映西
刘　刚 肖　斌 邱海平 何自力
张　弛 张　晨 侯为民 黄　瑾
葛　扬 董金明 靳晓春

目　录

第一篇 商品和货币

第二篇　资本主义经济

第三篇 社会主义经济

第四篇 经济全球化和推动共建人类命运共同体

导　论

马克思主义政治经济学是马克思主义的重要组成部分，也是坚持和发展马克思主义的必修课。马克思主义政治经济学深入研究社会经济运动的客观规律，深刻分析资本主义生产方式及其内在矛盾，科学论证了社会主义必然代替资本主义的历史趋势，阐明了社会主义经济发展的一般规律。中国共产党人在实践中不断总结社会主义革命、建设和改革的经验，创造性地运用和发展马克思主义政治经济学，形成了中国特色社会主义政治经济学，为科学认识纷繁复杂的经济现象提供了基本理论和方法，为建设中国特色社会主义经济提供了科学的理论基础。

第一节　政治经济学的由来和演变

一、政治经济学概念的由来

在古汉语中，“经济”一词表示“经邦济世”“经国济民”，即治理国家、拯救庶民的意思，其含义与西方语言中“经济”一词有别。西方语言中的“econom”一词来自希腊语，其中“eco”的意思是“家务”，而“nom”的意思是“规则”。“oikonomike”或“economics”的传统含义是“家政管理”。早在古希腊时期，思想家色诺芬在《经济论》一书中，已将奴隶主组织和经营的生产活动概括为“经济”。该书的目的是告诉奴隶主如何管理好自己的财产。在拉丁语中，“oeconomia”一词同样意味着家庭事务管理。历史上，首先从社会和国家范围对经济问题进行系统探讨的，是我国古代的思想家。早在春秋战国时期，以管仲为代表的一批思想家，包括儒、法、墨、农等思想派别，就从社会和国家角度对经济问题进行了深入探讨，对赋税、贸易、货币、价格、田制、土地、人口、国家和市场关系等经济问题进行了思考和研究，提出了不少有价值的观点。

15 世纪末到 17 世纪下半叶，伴随着欧洲封建制度瓦解和资本原始积累，资产阶级最初的经济学说——重商主义产生了。“政治经济学”一词，是法国早期重商主义者蒙克莱田在 1615 年出版的《献给国王和王太后的政治经济学》

一书中首先使用的。他之所以将书命名为“政治经济学”，就是想说明他所论述的经济问题已经超出了自然经济的范围，不再是家庭经济的管理问题，而是国家或社会的经济问题。自蒙克莱田之后，“政治经济学”这一名称逐渐流传开来。

政治经济学最初讨论的问题主要围绕如何增进国家的财富、税收和保障国民的生活福利而展开，目的是为统治者管理经济出谋划策。比如，英国古典经济学代表人物亚当·斯密在《国民财富的性质和原因的研究》（简称《国富论》）一书中，对“政治经济学”做了以下定义：“被看作政治家或立法家的一门科学的政治经济学，提出两个不同的目标：第一，给人民提供充足的收入或生计，或者更确切地说，使人民能给自己提供这样的收入或生计；第二，给国家或社会提供充分的收入，使公务得以进行。总之，其目的在于富国裕民。”① 英国经济学家约翰·穆勒在谈到政治经济学“研究的主题”时说：“这个主题就是财富。政治经济学家们声称是讲授或研究财富的性质及其生产和分配规律的，包括直接或间接地研究使人类或人类社会顺利地或不顺利地追求人类欲望的这一普遍对象的一切因素所起的作用。”②

19 世纪六七十年代，政治经济学的研究内容有了重要变化，从国家的财富积累、生产转向了个人行为和市场价格。内容的变化引起了名称的变化，出现了对政治经济学这一学科名称的批评，一些人主张改变政治经济学的名称，将政治经济学改名为财富学或努力满足人类需要的学说。新古典经济学的重要奠基人之一——英国的威廉姆·斯坦利·杰文斯虽然以《政治经济学原理》命名自己的著作，但书中所用的学科名称却是经济学而不是政治经济学。1879 年，在其《政治经济学原理》“再版序言”里，杰文斯提出，“政治经济学”（Political Economy）是一个双名，比较麻烦，应尽早放弃。最好的名称是“经济学”（Economics），因为它既与旧名称比较接近，又在形式上与从亚里士多德开始就已通用的“数学”（Mathematics）、“伦理学”（Ethics）、“美学”（Aesthetics）等学科名称类同。“经济学”这一名称的广泛使用，一般归因于新古典经济学体系的创立者——英国的阿尔弗雷德·马歇尔。他在《经济学原理》一书中创立的以均衡价格为核心的新古典经济学，从 19 世纪末到凯恩斯革命前的半个

---

① ［英］亚当·斯密：《国民财富的性质和原因的研究》下卷，郭大力、王亚南译，商务印书馆 2009 年版，第 3 页。

② ［英］约翰·穆勒：《政治经济学原理》，赵荣潜等译，商务印书馆 1997 年版，第 13 页。

世纪中，一直在西方经济学中占据着支配地位。“经济学”被定义为研究稀缺资源配置的学科，“经济学”这一术语逐步代替“政治经济学”这一术语。

但是，在“经济学”一词广泛流行的时期，“政治经济学”一词也没有消失。在一些经济论述中，“经济学”被看作是与“政治经济学”可以相互替代的同一概念而得到了使用。比如，马歇尔虽然将其著作命名为《经济学原理》，但是该书开宗明义就指出：“政治经济学或经济学是一门研究人类一般生活事务的学问。”在当代西方国家广为流行的美国保罗·萨缪尔森的《经济学》教科书中，也有“经济学或政治经济学”的提法。总的来看，“政治经济学”与“经济学”并不是两门不同的学科，而是属于同一学科的不同称呼。但是，由于立场、观点和方法的不同，人们对经济学或政治经济学性质、内涵等问题的认识并不相同，并且随着历史的发展而不断演变。

二、政治经济学的演变

马克思指出：“真正的现代经济科学，只是当理论研究从流通过程转向生产过程的时候才开始。”① 这是因为，只有进入一定历史条件下的经济形态的物质生产过程，才有可能揭示生产关系的内部联系和运动规律。人类经济思想史上现代经济理论的产生，是从资产阶级古典政治经济学理论的出现才开始的。

重商主义对资本主义生产方式做了最初的理论探讨，开始从宏观上考察社会经济现象。但是，它的研究范围主要限于流通领域，重商主义者透过商业资本的折光镜来观察财富，只是从致富过程的表面现象出发，对财富和价值的来源缺乏科学的理解。因此，重商主义的学说体系只是政治经济学的萌芽，尽管它最先使用“政治经济学”一词，但还不是现代经济科学的真正开始。

17 世纪中叶，资本主义开始进入工场手工业时期，资本主义生产方式逐渐形成。在商业领域积累起来的大量资本纷纷投入生产领域，产业资本取代商业资本成为主要的资本形式。与此相适应，重商主义也让位于资产阶级古典政治经济学。古典政治经济学在英国从威廉·配第开始，到大卫·李嘉图结束，在法国从布阿吉尔贝尔开始，到西斯蒙第结束。在英国，古典政治经济学的先驱配第的《政治算术》是第一部系统论述政治经济学的著作；詹姆斯·斯图亚特在 1767 年写作了《政治经济学原理研究》一书，是“建立了资产阶级经济学

---

① 《马克思恩格斯文集》第 7 卷，人民出版社 2009 年版，第 376 页。

整个体系的第一个不列颠人"①。在法国，重农学派是兴起较早且影响较大的经济学派，以布阿吉尔贝尔为先驱，后来弗朗斯瓦·魁奈、杜尔阁成为其代表人物。重农学派最先将研究对象从流通领域转向生产领域，提出了对资本主义生产的第一个系统的理解。这个学派在纯产品学说、阶级学说、社会资本再生产和流通分析等方面对古典政治经济学作出了重要贡献。但由于它把研究范围局限于农业生产领域，认为只有农业部门才是唯一创造财富的生产部门，因而其理论体系是不完整的，真正独立的政治经济学理论体系仍未形成。

对资本主义生产方式首次进行全面考察并建立起政治经济学体系的是英国的斯密。他所处的时代，正是英国从工场手工业向机器大工业过渡的时期，经济的进一步发展要求在理论上清算封建残余的影响和重商主义的消极作用，提出符合新兴资产阶级利益要求的新理论，他的《国民财富的性质和原因的研究》一书于1776年问世，适应了这个要求，成为划时代的经济学著作。这部著作系统论述了资本主义生产方式，将研究范围扩展到全部的生产部门和商业部门，提出了具有科学价值的劳动价值论、工资论、利润论和地租论，说明了资本主义社会的阶级结构。英国工业革命时期的经济学家李嘉图在1817年出版的《政治经济学及赋税原理》中对工资、利润、地租等范畴进行了分析，观察到工资与利润对立、利润与地租对立的社会现实，将劳动价值论推到了他所处时代的最高峰，成为古典政治经济学的完成者。但由于阶级和时代的局限，李嘉图不能在价值规律基础上说明资本和劳动的交换、等量资本获取等量利润，这两大难题最终导致李嘉图理论体系的解体。

古典政治经济学之后，资产阶级经济学的发展经历了三次大的综合。1848年，穆勒出版《政治经济学原理》一书，系统阐述了斯密、马尔萨斯、李嘉图、萨伊等重要经济学家的经济思想，完成了第一次综合。19世纪70年代掀起的边际革命，采用边际分析方法试图在资源数量给定的框架内搜寻最优位置或均衡，经济学的结构和方法与古典政治经济学渐行渐远。1890年，马歇尔以均衡价格论为核心整合当时经济学研究的主要成果，出版了《经济学原理》一书，完成了第二次综合，资产阶级经济学也进入了新古典经济学时代。1929—1933年的大萧条催生了着重于宏观分析的凯恩斯经济学，诞生了与马歇尔的微观经济学相对应的宏观经济学。20世纪40年代，美国经济学家萨缪尔森把新古典

① 《马克思恩格斯全集》第31卷，人民出版社1998年版，第451页。

经济学与凯恩斯经济学结合起来，构建了一个被称为新古典综合的经济学理论体系，完成了第三次综合。此后，资产阶级经济学的主流理论随着时代变化，在较为强调政府作用的凯恩斯主义和更加强调市场作用的新自由主义之间摇摆。

作为与资本主义相对立的一种思想体系，空想社会主义从16世纪开始登上人类的思想舞台，主要以托马斯·莫尔、托马斯·康帕内拉等为代表。19世纪初，以克劳德·昂利·圣西门、夏尔·傅立叶和罗伯特·欧文这三大代表人物的空想社会主义思想问世为标志，空想社会主义发展到最高阶段。空想社会主义思想家站在维护劳苦大众利益和人类长远利益的立场上，从道德和伦理的角度对资本主义剥削制度进行了无情的批判，提出了消灭私有制是保证人人过上幸福生活的唯一途径，在关于未来社会制度的设计中初步体现了计划经济、按劳分配等思想。英国的欧文甚至组织了具有公有制性质的合作工厂，进行了经济实践。但是，空想社会主义没有认识人类社会发展的规律，没有认识资本主义雇佣劳动制度的本质，不了解无产阶级的历史地位和历史使命，最终找不到推翻资本主义、实现社会主义的社会力量。所以，他们提出的社会主义只能是一种无法实现的空想。

三、政治经济学的变革

从19世纪30年代开始，无产阶级与资产阶级的矛盾日益明朗化和尖锐化。从这时起，资产阶级经济学已经是"无私的研究让位于豢养的文丐的争斗，不偏不倚的科学探讨让位于辩护士的坏心恶意"①。"现在问题不再是这个或那个原理是否正确，而是它对资本有利还是有害，方便还是不方便，违背警章还是不违背警章。"② 由此，资产阶级政治经济学的发展从古典阶段走向庸俗阶段。庸俗政治经济学的最大特征，就是从资产阶级的偏见出发，歪曲或否定古典政治经济学的科学成分，发展其庸俗成分，仅描绘经济的表面现象，避开它的本质联系，掩盖阶级矛盾，否认社会发展规律，专为资本主义制度辩护。

马克思主义政治经济学作为一门科学，不是脱离人类文明发展道路偶然出现的，而是对前人先进思想成果的系统性总结、继承、超越和发展。马克思批判地继承了古典政治经济学的科学成分，克服了它的阶级局限和历史局

---

① 《马克思恩格斯文集》第5卷，人民出版社2009年版，第17页。

② 《马克思恩格斯文集》第5卷，人民出版社2009年版，第17页。

限，完成了政治经济学发展史上的伟大革命。对于这场伟大革命的意义，恩格斯做过这样的阐述：“马克思还发现了现代资本主义生产方式和它所产生的资产阶级社会的特殊的运动规律。由于剩余价值的发现，这里就豁然开朗了，而先前无论资产阶级经济学家或者社会主义批评家所做的一切研究都只是在黑暗中摸索。”① 马克思、恩格斯用辩证唯物主义和历史唯物主义的方法论，从生产力和生产关系之间的矛盾运动中深刻考察了人类社会经济发展过程特别是资本主义经济发展过程，深刻揭示了其内在规律，科学地证明了人类社会的发展是一个自然的历史过程，资本主义社会经济形态必然为更高级的社会经济形态所替代。这样，就使经济学或政治经济学的发展牢固地建立在真正科学的基础之上。

马克思主义政治经济学的产生绝不是偶然的，而是特定历史条件和社会实践的必然产物。从社会经济条件来看，18 世纪 60 年代工业革命的兴起为资本主义经济的迅速发展创造了物质条件。工业革命的发生及机器大工业的发展，资本主义社会矛盾的迅速发展和激化，为马克思主义政治经济学的形成提供了客观依据。从政治条件来看，伴随着资本主义矛盾的发展，英国、法国、德国等国兴起工人革命运动，这表明无产阶级已经作为独立的政治力量登上了历史舞台。工人运动的深入发展呼唤建立代表无产阶级利益的政治经济学。马克思、恩格斯深入观察和研究日益尖锐的社会化生产和资本主义私人占有的基本矛盾，并立足于正在不断形成并日益壮大的无产阶级的普遍要求，创立了无产阶级自己的政治经济学，为人类指明了实现自由和解放的道路。

第二节 马克思主义政治经济学的研究对象

一、物质资料生产是马克思主义政治经济学研究的出发点

物质资料生产是人类社会存在和发展的基础，也是马克思主义政治经济学研究的出发点。恩格斯指出，“人们首先必须吃、喝、住、穿，然后才能从事政治、科学、艺术、宗教等等；所以，直接的物质的生活资料的生产，从而一个民族或一个时代的一定的经济发展阶段，便构成基础，人们的国家设施、法

① 《马克思恩格斯文集》第 3 卷，人民出版社 2009 年版，第 601 页。

的观点、艺术以至宗教观念，就是从这个基础上发展起来的，因而，也必须由这个基础来解释”①。可以说，人类社会变迁的根本原因就植根于物质资料生产的发展和变革之中。

人类社会在从事物质资料生产的过程中要发生两方面的关系：一方面，是人与自然之间的关系，表现为生产力，是生产的自然属性；另一方面，是人与人之间的关系，表现为生产关系，是生产的社会属性。

生产力是人类利用自然和改造自然、进行物质资料生产的能力。它主要包括三个要素：劳动者、劳动资料和劳动对象。劳动者是生产过程的主体，它在生产力诸要素中起支配作用。只有通过人对自身劳动力的使用即劳动，各种生产要素才能结合起来形成能动的生产过程，制造出对人类有用的产品。劳动资料和劳动对象合称为生产资料。劳动者和生产资料是生产的基本要素。凡要进行生产，就必须将这两个要素结合起来。生产资料是构成生产力的物的因素。其中，劳动资料（生产工具）是人的劳动的传导体。劳动对象则是人们通过劳动资料将劳动加于其上的物体。由于生产力的发展和变化一般是从劳动资料的变革开始的，因此，劳动资料成为划分经济时代的标志。正如马克思所说：“各种经济时代的区别，不在于生产什么，而在于怎样生产，用什么劳动资料生产。劳动资料不仅是人类劳动力发展的测量器，而且是劳动借以进行的社会关系的指示器。”②

除了劳动者和生产资料这两个基本要素外，科学技术、管理等要素也在生产过程中发挥着重要作用。当科学技术运用于生产，体现在劳动者技能的提高和生产资料的创新与改进上，便成为现实的生产力。马克思从这个意义上说，“生产力中也包括科学”③。在当代，科学技术迅猛发展，对生产力发展的巨大作用在各个方面都更加凸显，日益成为生产力发展的最重要的推动力量。基于这一点，邓小平指出：“科学技术是第一生产力。”④ 邓小平的这一论断，丰富和发展了马克思的观点。此外，随着信息化革命的不断深入，知识、信息、数据等日益成为重要的生产要素，在生产过程中发挥越来越大的作用。

生产关系是人们在生产过程中形成的相互关系。物质资料生产不是单个人

---

① 《马克思恩格斯文集》第 3 卷，人民出版社 2009 年版，第 601 页。
② 《马克思恩格斯文集》第 5 卷，人民出版社 2009 年版，第 210 页。
③ 《马克思恩格斯文集》第 8 卷，人民出版社 2009 年版，第 188 页。
④ 《邓小平文选》第三卷，人民出版社 1993 年版，第 274 页。

的孤立的生产，而是在社会中进行的具有一定社会性质的生产。马克思指出："人们在生产中不仅仅影响自然界，而且也互相影响。他们只有以一定的方式共同活动和互相交换其活动，才能进行生产。为了进行生产，人们相互之间便发生一定的联系和关系；只有在这些社会联系和社会关系的范围内，才会有他们对自然界的影响，才会有生产。"①

二、生产关系是马克思主义政治经济学的研究对象

任何一门学科都有相对独立的研究对象。马克思主义政治经济学的研究对象是生产关系，同时这种研究必须联系生产力和上层建筑。

之所以这样界定，是因为马克思主义政治经济学研究的是社会经济现象的内在规律，它研究的不是人与自然之间的关系，而是人与人之间的关系。正是在生产过程中形成的人与人之间的经济关系构成了一个社会的经济基础，一个社会的经济基础又决定了这个社会的上层建筑，从而决定着整个社会的性质和发展规律。恩格斯指出，"经济学研究的不是物，而是人和人之间的关系，归根到底是阶级和阶级之间的关系"②。马克思主义政治经济学的意义在于，它把人与人之间的经济关系从一般的社会关系中抽象出来作为自己专门的研究对象，在生产力和生产关系之间、经济基础和上层建筑之间的矛盾运动中，揭示社会经济运行过程的内在规律，由此揭示整个人类社会发展和变化的规律。

把马克思主义政治经济学的研究对象界定为生产关系，并不意味着只是孤立地研究生产关系，而是必须联系生产力和上层建筑。这是因为，生产力和生产关系之间存在着不可分割的内在联系和相互作用，经济基础和上层建筑之间也存在着不可分割的内在联系和相互作用。只有把握生产力和生产关系之间、经济基础和上层建筑之间的密切关系，在这一基础上来研究生产关系，才能清楚地认识生产关系及其发展和变化的规律。

生产关系分为狭义与广义两个层次。狭义的生产关系是指直接生产过程中形成的经济关系，主要是生产资料所有制关系。广义的生产关系是指再生产过程中的经济关系。人类社会不可能停止自己的消费，因而也不可能停止自己的生产。连续不断的社会生产就是再生产，它包括生产（直接生产过程）、分配、

① 《马克思恩格斯文集》第1卷，人民出版社2009年版，第724页。
② 《马克思恩格斯文集》第2卷，人民出版社2009年版，第604页。

交换和消费四个相互联系的环节。在这四个环节上形成的社会经济关系的有机整体，就是广义的生产关系。

在社会再生产过程中，生产、分配、交换、消费构成了一个总体的各个环节。它们之间既有区别又有联系：生产起着主导的决定性作用；分配和交换是联结生产与消费的桥梁和纽带，对生产和消费有着重要影响；消费是一个社会再生产过程的最终目的和动力。马克思在《〈政治经济学批判〉导言》中深刻分析了生产与分配、交换、消费的一般关系。在社会再生产过程中，直接生产过程处于基础和核心的地位，分配、交换和消费方面的经济关系，都是由它决定和派生出来的，因此，直接生产过程中的经济关系即狭义生产关系的性质，决定着由社会再生产各个环节上的经济关系构成的生产关系总和的性质。

（一）生产和消费

生产和消费具有直接的同一性。首先，生产直接是消费。这里的消费是指生产要素的消费，它包含在直接生产过程中，包括劳动者个人能力的消费和生产资料的消费。劳动者个人能力的消费，即个人在生产中发展自己的能力（智力和体力），同时也支出和消耗自己的能力。生产资料的消费，即生产资料在生产中被使用和消耗。其次，消费直接是生产。这里的消费是指产品的消费，人们通过产品的消费“再生产”出自身，这是劳动力的再生产。

生产和消费不仅具有直接的同一性，而且会相互作用。这里的消费是指产品的消费。首先，生产决定消费。生产为消费创造材料和对象；生产决定消费方式，生产制造出消费的用具和手段；直接生产过程生产出来的产品，在消费者身上引起需要；生产领域的扩展和水平的提高（主要是科学技术的运用）导致的生产能力的扩展，带来了消费的扩展。因而，直接生产过程生产出消费的对象、消费的方式、消费的动力。人们在直接生产过程中的不同地位，也决定着他们在消费水平和消费方式上的差别。其次，消费对生产有着反作用。消费使生产的产品成为现实的产品，使生产行为和产品得以最终完成。同时，消费也可以创造出新的生产需要，创造出生产的内在动机和目的。

（二）生产和分配

生产和分配具有直接的同一性。这里的分配是指生产要素的分配，它在产品的分配之前已包含在直接生产过程中，包括生产工具的分配和社会成员在各类生产之间的分配。生产工具的分配，即生产资料由谁占有和支配。社会成员的分配，意味着个人从属于一定的生产关系，在生产中处于不同的地位，并在各类不同的生产部门之间进行配置。生产要素的分配先于生产，成为生产的前提，决定着生产的结构和产品的分配。

生产和分配不仅具有直接的同一性，而且会相互作用。这里的分配是指产品的分配，它处于生产和消费之间。首先，生产决定分配。就分配的对象来说，能分配的只是生产的成果；就分配的形式来说，参与生产的一定方式决定着参与分配的形式。参与生产的一定方式就是个人对生产资料的占有方式以及由此决定的个人在生产中的地位。例如，在资本主义社会，以资本的方式参与生产，则决定着以利润和利息的形式参与分配；以雇佣劳动的方式参与生产，则决定着以工资的形式参与分配；以地产的方式参与生产，则决定着以地租的形式参与分配。其次，分配对生产有着反作用。随着分配的变动，相应地，生产也会发生变动。例如，随着城乡人口的变化和产品的城乡分配的变化，生产也相应发生变化。此外，产品的分配对生产者具有一定的激励作用，对市场经济条件下生产要素的流动和配置起一定的引导作用，影响着生产的效率。

（三）生产和交换

生产和交换具有直接的同一性。这里的交换是指生产要素的交换，包含在直接生产过程中。它包括三个方面：一是在直接生产过程中发生的人的各种活动和各种能力的交换；二是在直接生产过程中发生的用于制造成品的各种生产资料的交换；三是在不同生产单位、不同生产部门之间进行的交换，这也属于生产资料在各类不同生产之间的配置问题。

生产和交换不仅具有直接的同一性，而且会相互作用。这里的交换是指产品的交换。这种交换是以生产和分配为一方、以消费为另一方的中介要素。首先，生产决定交换。如果没有生产的分工，也就没有交换；交换的社会性质是由生产的社会性质决定的；交换的深度、广度和方式，都是由生产的发展和结构决定的。其次，交换对生产有着反作用。如当交换的范围扩大时，生产的规模也就扩大，生产的分工也就更细。

总括起来，正如马克思所指出的，“一定的生产决定一定的消费、分配、交换和**这些不同要素相互间的一定关系**。当然，生产**就其单方面形式来说**也决定于其他要素”①。这四个环节作为一个有机整体，构成了社会经济运动的基础，并产生出各种具体的经济现象。政治经济学必须以社会再生产过程为基

---

① 《马克思恩格斯文集》第 8 卷，人民出版社 2009 年版，第 23 页。

础，从生产力和生产关系的统一中研究这些具体的经济现象，揭示这些经济现象内部隐藏的经济规律。

三、研究生产关系必须联系生产力和上层建筑

生产力和生产关系之间、经济基础和上层建筑之间存在着紧密的关系。生产关系由生产力决定，同时又对生产力具有反作用；生产关系的总和构成社会的经济基础，上层建筑由经济基础决定，同时又对经济基础具有反作用。

（一）生产力和生产关系之间的相互关系

生产力和生产关系是社会生产过程中两个不可分割的方面。生产力代表生产的物质内容，生产关系则是生产的社会形式。

生产力决定生产关系。首先，一定的生产力的发展水平和发展阶段，决定着一定的生产关系。其次，生产力的发展变化和发展要求，决定着生产关系的产生、发展和更替变化。这也包括在一定的生产关系的根本性质不变的情况下，随着生产力的发展，要对生产关系中不适应生产力发展的某些环节、某些方面或某些具体存在形式进行必要的变革和不断完善。同时，生产关系对生产力具有反作用。当生产关系适应生产力发展的要求时，它就积极地推动生产力的发展；当生产关系不适应生产力发展的要求时，它就成为生产力发展的桎梏，阻碍和破坏生产力的发展。这时，生产关系就要变革，以解放和发展生产力。脱离对生产力的研究，就不可能科学地认识一定生产关系的产生、发展和更替变化的根本原因，也不可能科学地认识一定生产关系的变革对生产力发展的重要促进作用。因此，必须联系生产力来研究生产关系。正如列宁所指出的那样，“只有把社会关系归结于生产关系，把生产关系归结于生产力的水平，才能有可靠的根据把社会形态的发展看做自然历史过程。不言而喻，没有这种观点，也就不会有社会科学”①。不过需要注意的是，不能把政治经济学对生产力的研究，等同于对具体的生产技术和工艺的研究。

（二）经济基础和上层建筑之间的相互关系

生产关系的总和构成社会的经济基础。建立在一定的经济基础之上，并与其相适应的政治法律制度和设施的总和以及政治法律思想、道德、艺术、宗教、哲学等社会意识形式，构成社会的上层建筑。马克思说：“人们在自己生

① 《列宁全集》第1卷，人民出版社2013年版，第110页。

活的社会生产中发生一定的、必然的、不以他们的意志为转移的关系，即同他们的物质生产力的一定发展阶段相适合的生产关系。这些生产关系的总和构成社会的经济结构，即有法律的和政治的上层建筑竖立其上并有一定的社会意识形式与之相适应的现实基础。物质生活的生产方式制约着整个社会生活、政治生活和精神生活的过程。"①

经济基础决定上层建筑。经济基础的性质决定上层建筑的性质，经济基础的变革决定上层建筑的变革。正如马克思所指出的："社会的物质生产力发展到一定阶段，便同它们一直在其中运动的现存生产关系或财产关系（这只是生产关系的法律用语）发生矛盾。于是这些关系便由生产力的发展形式变成生产力的桎梏。那时社会革命的时代就到来了。随着经济基础的变更，全部庞大的上层建筑也或慢或快地发生变革。"② 经济基础的变革决定上层建筑的变革，也包括在一定的上层建筑的根本性质不变的情况下，随着生产力和生产关系的发展，要对上层建筑中不适应生产力和生产关系发展的某些环节、某些方面或某些具体制度形式进行必要的变革和不断完善。同时，上层建筑对经济基础具有反作用。当上层建筑适应新的经济基础而建立起来时，它就对新经济基础的巩固和发展起到积极的促进和服务作用。而当旧的上层建筑为旧的经济基础服务时，它就对新经济基础的形成和发展起到消极的阻碍作用。这时，上层建筑就要变革。

经济基础和上层建筑的辩证关系，集中体现为经济和政治的辩证关系。经济是政治的基础，政治是经济的集中表现，没有离开经济的政治，也不会有离开政治的经济，二者紧密联系。政治的核心是国家，国家是阶级统治的工具，国家通过制定和实施法律等强制性手段与运用财政、货币等经济手段，对经济生活有着重要影响。恩格斯指出："国家权力对于经济发展的反作用可以有三种：它可以沿着同一方向起作用，在这种情况下就会发展得比较快；它可以沿着相反方向起作用，在这种情况下，像现在每个大民族的情况那样，它经过一定的时期都要崩溃；或者是它可以阻止经济发展沿着某些方向走，而给它规定另外的方向——这种情况归根到底还是归结为前两种情况中的一种。但是很明显，在第二和第三种情况下，政治权力会给经济发展带来巨大的损

---

① 《马克思恩格斯文集》第 2 卷，人民出版社 2009 年版，第 591 页。

② 《马克思恩格斯文集》第 2 卷，人民出版社 2009 年版，第 591—592 页。

害，并造成大量人力和物力的浪费。”① 经济基础和上层建筑之间有机统一的辩证关系，要求人们必须从经济基础出发去认识、理解上层建筑，同时必须结合上层建筑来研究经济基础，而不能将二者相互割裂，孤立地进行研究。

生产力和生产关系之间的矛盾，以及在这一矛盾基础上产生的经济基础和上层建筑之间的矛盾，是人类社会的基本矛盾。它们存在于一切社会形态中，并贯穿于每一个社会形态的始终。只有联系生产力和上层建筑来研究生产关系，才能科学地、全面地把握生产关系及其发展和变化的规律，真正揭示人类社会发展和变化的规律。

第三节　马克思主义政治经济学的性质、任务和研究方法

一、马克思主义政治经济学的性质

马克思主义政治经济学体现了科学性和阶级性的高度统一。它揭示了经济社会发展的客观规律，具有严谨的科学性；同时，它代表无产阶级的利益，具有鲜明的阶级性。

马克思主义政治经济学首先是一门学科。辩证唯物主义和历史唯物主义为马克思主义政治经济学提供了科学的世界观和方法论。唯物史观是马克思主义政治经济学的哲学基础，剩余价值理论则是马克思主义政治经济学的基本理论原理。恩格斯的《在马克思墓前的讲话》概括了马克思一生的两大发现：其一，“正像达尔文发现有机界的发展规律一样，马克思发现了人类历史的发展规律”②，这个发现就是唯物史观；其二，“发现了现代资本主义生产方式和它所产生的资产阶级社会的特殊的运动规律”③，这个发现就是剩余价值理论。马克思主义政治经济学批判吸收了古典政治经济学的合理成分，全面总结了国际工人运动的实践经验，深刻剖析了资本主义经济的内在矛盾，创立了剩余价值理论，建立了科学的劳动价值论，揭示了资本主义生产的本质，把政治经济学真正建立在科学基础上，完成了政治经济学史上的伟大变革。

---

① 《马克思恩格斯文集》第10卷，人民出版社2009年版，第597页。
② 《马克思恩格斯文集》第3卷，人民出版社2009年版，第601页。
③ 《马克思恩格斯文集》第3卷，人民出版社2009年版，第601页。

马克思主义政治经济学具有鲜明的阶级性。它公开主张和维护无产阶级的利益，是无产阶级的政治经济学。马克思主义政治经济学的阶级性包含了鲜明的批判性和革命性。批判性在于它对资本主义剥削的批判和对资产阶级政治经济学的批判；革命性则在于它找到了资本主义社会的掘墓人，敲响了资本主义的丧钟，提供了无产阶级推翻资产阶级的革命武器。马克思在批判资本主义经济关系的过程中，还对未来社会作出构想，反映了无产阶级对未来共产主义社会的向往和为之奋斗的决心。

马克思主义政治经济学的科学性和阶级性是统一的。正如列宁所说："这一理论对世界各国社会主义者所具有的不可遏止的吸引力，就在于它把严格的和高度的科学性（它是社会科学的最新成就）同革命性结合起来，并且不仅仅是因为学说的创始人兼有学者和革命家的品质而偶然地结合起来，而是把二者内在地和不可分割地结合在这个理论本身中。"① 马克思主义政治经济学坚持以科学的态度探索、认识和反映经济社会发展的客观规律，同时坚持代表无产阶级和广大劳动群众利益的鲜明立场，实现了科学性和阶级性的内在统一。正如恩格斯所指出的，"科学越是毫无顾忌和大公无私，它就越符合工人的利益和愿望"②。

二、马克思主义政治经济学的任务

一切科学的任务均在于揭示事物的客观规律性。马克思主义政治经济学的任务是揭示经济运动的客观规律。

（一）阐明经济规律的客观性

经济规律是经济现象和经济过程内在的、本质的和必然的联系。马克思指出："自然规律是根本不能取消的。在不同的历史条件下能够发生变化的，只是这些规律借以实现的**形式**。"③ 马克思在这里所说的"自然规律"，是指一切社会形态中都存在的最抽象、最一般的经济规律。这种经济规律与社会生产的技术条件有关，它阐明了不同社会形态中的生产关系的共性。与此相对应，这一规律在不同社会中所具有的不同的、具体的实现形式，则体现为特有的经济规律。

经济规律独立于人们的意识之外发挥作用，具有客观性。经济规律的客观

---

① 《列宁选集》第 1 卷，人民出版社 2012 年版，第 83 页。

② 《马克思恩格斯文集》第 4 卷，人民出版社 2009 年版，第 313 页。

③ 《马克思恩格斯文集》第 10 卷，人民出版社 2009 年版，第 289 页。

性，一方面是指它不以人们的主观意志为转移，在经济发展趋势上呈现出必然性；另一方面是指它自身不能说明自身，而应该从对历史发展过程的分析中得到发现和证明。

经济规律的客观性还表现为经济规律具有重复性、普遍性和强制性。经济规律的重复性，意味着这种内在的联系在事物的运动中反复出现并发生作用，而不是偶然发生，如此，经济规律才能够被人们所认识。经济规律的普遍性，意味着这种本质的联系存在于同类事物中，在一定的经济条件下产生并发挥作用。经济条件消失，它就不再发生作用。经济规律的强制性，意味着人们不能违背它，也不能制定或任意改造它。它表现为一种强制的力量，迫使人们顺从它的要求。人们如果违背其要求就会遭受惩罚，在利益上蒙受损失。人们只有在发现、认识和掌握经济规律之后，才能运用它为自己服务。

经济规律具有客观性，它不以人们的主观意志为转移。只要某种社会经济条件存在，同这种条件相联系的经济规律就必然发挥作用。人们不能凭自己的意识、意志和愿望去创造或消灭规律，而必须尊重规律，按规律办事。但这并不意味着人们在经济规律面前无能为力，人们可以发挥自己的主观能动性，科学认识和自觉利用经济规律，使主观努力和客观规律相符合，提高经济活动的效率，较好地实现自身的利益。反之，如果人们违反了客观规律，不按规律办事，就会降低经济活动的效率，阻碍经济的健康发展。

经济规律的存在和发挥作用总是同一定的社会经济条件相联系的。马克思指出："生产力的发展水平不同，生产关系和支配生产关系的规律也就不同。"① 因此，可以依据不同社会经济条件把经济运动规律分为三大类型：一是贯穿于人类社会发展始终、在每个社会经济形态中都起作用的最一般的经济规律。如生产关系一定要适合生产力发展状况的规律，上层建筑一定要适合经济基础发展状况的规律。二是在某些社会经济形态或某些社会经济条件下共同发生作用的规律。如在商品经济和市场经济条件下的价值规律，在社会化大生产条件下的社会再生产按比例发展规律。三是一定社会经济形态所特有的经济规律，如资本主义社会的剩余价值规律和资本积累规律、社会主义社会的按劳分配规律、共产主义社会的按需分配规律，等等。

（二）研究资本主义生产关系及其发展和变化规律

马克思主义政治经济学不是抽象地研究经济规律，而是深入具体地研究特

---

①《马克思恩格斯文集》第5卷，人民出版社2009年版，第21页。

定社会经济形态的经济规律。对于不同的社会经济形态，政治经济学所承担的研究任务是不同的。对于资本主义社会，政治经济学研究的主要任务是揭示资本主义生产关系的本质及其内在矛盾，说明生产力的发展必然冲破资本主义制度的桎梏，论证资本主义必然灭亡的客观规律，为无产阶级革命提供思想武器，并对未来建立共产主义社会的条件进行探索。

从马克思主义政治经济学创立到今天，资本主义经济的发展又经历了100多年。当代资本主义经济出现了许多新的现象。政治经济学对资本主义经济的分析也要与时俱进，不能仅限于一般地研究资本主义走向灭亡的历史必然性，还要注重研究当代资本主义的新现象和新问题，揭示其新的发展变化规律。特别是要对资本主义的新发展新变化作出科学解释，深刻阐明资本主义制度为了延缓自身的灭亡进程而对生产关系进行的调整和改良。这种调整和改良在一定程度上适应和促进了生产力的发展，但并没有改变资本主义社会固有的基本矛盾，没有改变社会主义代替资本主义的客观历史趋势。2007年，美国爆发的次级抵押贷款危机和由此引发的国际金融危机，再次暴露了资本主义固有的制度性弊端。

（三）研究社会主义生产关系及其发展和变化规律

马克思主义政治经济学除了研究资本主义经济规律、揭示社会主义代替资本主义的必然趋势之外，还有一项极为重要的任务，就是总结社会主义经济建设和改革的经验，研究社会主义生产关系和社会主义建设规律，提出社会主义经济建设的方针政策和理论原则。由于时代和实践的局限性，马克思、恩格斯对社会主义及未来社会建设只提出了一般原则，并没有详细的结论。探索社会主义经济建设和改革的规律，必须坚持马克思主义基本原理，同时根据时代和实践的发展不断丰富和发展马克思主义。

马克思主义政治经济学研究社会主义经济规律，一要研究探索最有利于生产力发展的社会主义生产关系的具体形式和相应的经济政策，不断解放和发展生产力，不断增进社会财富和人民群众的福利。二要研究总结新中国成立以来特别是改革开放以来社会主义经济发展和经济体制改革实践的丰富经验，在此基础上形成中国特色社会主义经济理论。三要研究吸收借鉴有利于社会主义建设的一切有益的经济学成果，加以改造创新，为社会主义经济建设和改革服务。要看到，社会主义必须建立在人类社会所积累的文明成果特别是资本主义所创造的现代化成果基础之上，因此，研究和借鉴发达资本主义国家与社会化大生产相适应的经济形式、经济组织和管理经验，也是马克思主义政治经济学的重要任务。

（四）揭示经济运动的普遍规律

马克思主义政治经济学作为研究生产关系的科学，除了研究资本主义经济规律和社会主义经济规律外，还要在此基础上揭示经济运动的普遍规律。恩格斯指出，政治经济学作为一门科学，“它首先研究生产和交换的每个个别发展阶段的特殊规律，而且只有在完成这种研究以后，它才能确立为数不多的、适用于生产一般和交换一般的、完全普遍的规律”①。经济运动的普遍规律反映了社会经济现象之间内在的、本质的和必然的联系，构成了各个社会形态和经济发展的一般基础。各种特定的社会形态往往是以特殊的形式反映人类社会经济发展的普遍规律。只有深刻认识和掌握人类社会经济发展中的普遍规律，才能更好地认识历史上彼此更替的社会经济形态和经济发展方式。

三、马克思主义政治经济学的研究方法

马克思、恩格斯在创立政治经济学科学体系过程中，坚持辩证唯物主义和历史唯物主义的世界观和方法论，创立了政治经济学研究的科学方法。列宁曾指出，“虽说马克思没有遗留下‘**逻辑**’（大写字母的），但他遗留下《资本论》的**逻辑**，应当充分地利用这种逻辑来解决这一问题。在《资本论》中，唯物主义的逻辑、辩证法和认识论［不必要三个词：它们是同一个东西］都应用于一门科学”②。辩证唯物主义和历史唯物主义的基本方法，包括对立统一规律、量变质变规律、否定之否定规律的方法，生产力和生产关系、经济基础和上层建筑辩证关系原理的方法，以及科学抽象法、逻辑与历史相统一的方法等。马克思在研究撰写《资本论》等著作的过程中充分运用了这些方法，使马克思主义政治经济学集中体现了马克思主义的科学方法论。

唯物辩证法是马克思研究政治经济学运用的根本方法。马克思曾指出，他研究《资本论》的方法“正是辩证方法”③，即唯物辩证法。在《〈政治经济学批判〉序言》中，马克思说，唯物史观是“我所得到的，并且一经得到就用于

---

① 《马克思恩格斯文集》第9卷，人民出版社2009年版，第154页。

② 《列宁全集》第55卷，人民出版社2017年版，第290页。

③ 《马克思恩格斯文集》第5卷，人民出版社2009年版，第21页。

指导我的研究工作的总的结果”①。恩格斯在为马克思《政治经济学批判。第一分册》写的书评中说，马克思的经济学在本质上是建立在唯物主义历史观的基础上的。列宁也认为，“自从《资本论》问世以来，唯物主义历史观已经不是假设，而是科学地证明了的原理”②。运用唯物辩证法研究政治经济学，必须坚持从客观的经济事实和经济现象出发，透过各种经济现象剖析出隐藏在经济现象背后的本质联系，并揭示其运动规律。马克思运用唯物辩证法，从社会生活的各种领域中划分出经济领域来，从一切社会关系中划分出生产关系来，并把它当作决定其余一切关系的基本的原始的关系；为了揭示生产关系及其规律，又从物质资料生产出发来分析社会经济现象，从事物的互相联系、互相制约中研究经济问题，从量变到质变的关系上考察社会经济运动过程，从考察社会经济现象中揭示经济问题的本质，从对立统一规律这个辩证法的根本规律上分析矛盾和矛盾的性质，寻求解决矛盾的途径和方法。马克思在《资本论》中，成功地把唯物辩证法应用于政治经济学研究，科学地揭示了资本主义生产方式产生、发展和必然灭亡的规律。是否运用和坚持唯物辩证法，是马克思主义政治经济学与其他政治经济学在方法论上的重要区别之一。

科学抽象法是马克思研究政治经济学运用的重要方法。马克思指出，“分析经济形式，既不能用显微镜，也不能用化学试剂。二者都必须用抽象力来代替”③。事物的现象和本质往往是不一致的，有时甚至是相反的，把握事物的本质，就必须依靠科学的抽象，去粗取精、去伪存真，由此及彼、由表及里。科学的抽象包括两个相互联系的科学思维过程：一是从具体到抽象的深入研究过程；二是从抽象上升到具体的逻辑叙述过程。从具体到抽象的深入研究过程，就是透过现象揭示本质的研究方法。面对各种纷繁具体的社会经济现象，“必须充分地占有材料，分析它的各种发展形式，探寻这些形式的内在联系”④。运用抽象力揭示出现象之间内在的本质联系，把握它们的运动规律，并形成一系列的理论范畴和概念。从抽象上升到具体的逻辑叙述过程，就是利用抽象的本质与规律的理论范畴和概念，通过一系列中介，来深刻而清晰地叙述和说明社会经济过程的发生、发展和变化，以使人们对现象的认识更加系统化和科学

① 《马克思恩格斯文集》第2卷，人民出版社2009年版，第591页。
② 《列宁选集》第1卷，人民出版社2012年版，第10页。
③ 《马克思恩格斯文集》第5卷，人民出版社2009年版，第8页。
④ 《马克思恩格斯文集》第5卷，人民出版社2009年版，第21页。

化。这里所指的“具体”，已不同于研究过程开始时的“感性具体”，而是作为逻辑叙述终点的具有丰富内容的“思想具体”，它包含“许多规定的综合，因而是多样性的统一”①。

逻辑与历史相统一的方法是与从抽象上升到具体紧密相关的辩证思维方法。这里所说的“逻辑”，指的是思维从抽象上升到具体的逻辑行程，这个逻辑行程有其起点、中介和终点，展现为概念和范畴的逻辑体系。这个逻辑行程或概念和范畴的逻辑体系要同历史相一致，要反映历史的真实。这里所说的“历史”，是指“在某个时候确实发生过或者还在发生的现实过程”②。思维的逻辑行程要同历史过程相一致，要反映实际事物发展过程的规律性，这是逻辑与历史相统一的辩证思维方法的确切含义和基本要求。但是，由于历史上也常常会出现某些跳跃、曲折或偶然的现象，这就要借助逻辑思维排除那些非历史趋势的跳跃、曲折或偶然的现象，也就是说，逻辑思维的“这种反映是经过修正的，然而是按照现实的历史过程本身的规律修正的，这时，每一个要素可以在它完全成熟而具有典型性的发展点上加以考察”③。

马克思对数学方法和定量分析也非常重视。马克思认为，“一种科学只有在成功地运用数学时，才算达到了真正完善的地步”④。这就要求在研究中不仅要把握社会经济现象的质的规定性和发展变化，而且要把握一些社会经济现象的量的规定性和发展变化，也就是说，要把定性分析与定量分析有机地结合起来，这样才能更具体、更现实地揭示社会经济运动规律。当然，对数学定量方法的运用也不能片面化。经济学问题涉及复杂的社会关系，仅仅进行数学抽象分析并不能把握事物的本质。

第四节　马克思主义政治经济学的创立和发展

一、马克思主义政治经济学的创立

马克思在读大学时学的专业是法律，但他对哲学和历史尤其有兴趣，获得

① 《马克思恩格斯文集》第 8 卷，人民出版社 2009 年版，第 25 页。
② 《马克思恩格斯文集》第 2 卷，人民出版社 2009 年版，第 604 页。
③ 《马克思恩格斯文集》第 2 卷，人民出版社 2009 年版，第 603 页。
④ ［法］保尔·拉法格：《忆马克思》，载中共中央马克思恩格斯列宁斯大林著作编译局编：《回忆马克思》，人民出版社 2005 年版，第 191 页。

了耶拿大学授予的哲学博士学位。1842—1843年，马克思作为《莱茵报》的编辑，第一次遇到要对所谓物质利益发表意见的难事，推动他转向研究经济关系，并从而走向社会主义。马克思开始认识到："法的关系正像国家的形式一样，既不能从它们本身来理解，也不能从所谓人类精神的一般发展来理解，相反，它们根源于物质的生活关系，这种物质的生活关系的总和，黑格尔按照18世纪的英国人和法国人的先例，概括为'市民社会'，而对市民社会的解剖应该到政治经济学中去寻求。"①

马克思于1843年10月迁居巴黎，开始了对政治经济学的研究，到1845年1月离开巴黎前夕，他已写下了7本涉及经济学原理、经济学史和现实经济问题的笔记，这些笔记被称作"巴黎笔记"。马克思在1844年5月底6月初至8月完成的《1844年经济学哲学手稿》，是他建立政治经济学理论体系的第一次尝试。1845年，马克思移居布鲁塞尔后，进一步钻研了大量的关于政治经济学理论和经济史的文献。这一时期，马克思在他写的一系列著作中，都涉及或专门阐述了政治经济学理论问题，其中主要的著作有《德意志意识形态》（与恩格斯合著）、《哲学的贫困》、《雇佣劳动与资本》、《关于自由贸易的演说》和《共产党宣言》（与恩格斯合著）。

1848年，欧洲资产阶级革命失败，马克思被驱逐出德国，以后定居伦敦。马克思利用大英博物馆图书馆收藏的政治经济学著作和资料，研读了可能发现的所有重要的经济学文献。1853年，马克思已写下了包括24个笔记本的笔记，这些笔记被称作"伦敦笔记"。

1857年到1858年5月，马克思写下了一系列经济学手稿，被称作《经济学手稿（1857—1858年）》。手稿是马克思自1843年以后的15年间对政治经济学研究的结晶，对政治经济学的研究对象、研究方法以及政治经济学理论体系的结构做了详细的论述，对劳动价值论、货币理论、剩余价值理论和资本主义经济运动趋势做了科学的论述，标志着马克思主义政治经济学理论的基本形成。

1859年，马克思的《政治经济学批判。第一分册》公开出版，这是马克思计划出版的政治经济学著作的六个分册中第一分册的一个部分。1863年7月，马克思完成了一部包括23本笔记的手稿，被称作《经济学手稿（1861—1863年）》。在这部手稿中，马克思进一步完善了劳动价值论，周详地阐述了剩余价

① 《马克思恩格斯文集》第2卷，人民出版社2009年版，第591页。

值理论，并在更深的层次上，对资本主义经济运动趋势做了论述。在写作第二分册时，马克思决定将这一分册的内容扩展为一部独立著作，题名《资本论》，而把《政治经济学批判》作为副标题。1867 年，《资本论》第 1 卷终于在德国汉堡出版，它标志着马克思主义政治经济学的最终形成和科学社会主义理论的最终确立。恩格斯指出，“自从世界上有资本家和工人以来，没有一本书像我们面前这本书那样，对于工人具有如此重要的意义。资本和劳动的关系，是我们全部现代社会体系所围绕旋转的轴心，这种关系在这里第一次得到了科学的说明”①。

恩格斯是马克思主义政治经济学的重要奠基人之一。1844 年，恩格斯发表的《国民经济学批判大纲》，对资产阶级政治经济学的方法和一些主要理论观点做了严肃的批判，这是无产阶级政治经济学的第一部重要文献。1845 年，恩格斯发表了《英国工人阶级状况》，从政治经济学理论的视角，探讨了工人阶级的贫困化问题。随后，他和马克思一起撰写了《德意志意识形态》《共产党宣言》等重要著作，为马克思主义政治经济学的形成奠定了理论基础。在马克思创作《资本论》的过程中，恩格斯提出了许多重要的意见，为马克思主义政治经济学的形成作出了重要贡献。《资本论》第 1 卷出版后，恩格斯写了大量的文章，介绍这部巨著的光辉思想和伟大意义。马克思逝世后，恩格斯花了 11 年零 9 个月的时间整理出版了《资本论》第 2 卷和第 3 卷。在这一过程中，他还根据理论和实际发展的新情况，对马克思的手稿进行了重要的补充和完善。此外，恩格斯还创作了《反杜林论》《家庭、私有制和国家的起源》等重要著作，把马克思主义政治经济学的研究，从资本主义生产方式扩展到了人类社会的各种经济形态，为建立广义政治经济学奠定了理论基础。

马克思、恩格斯在创立政治经济学的过程中，确定了政治经济学的研究对象、研究方法、基本范畴和基本原理，为马克思主义政治经济学奠定了科学的理论基础，他们作出的开创性理论贡献表现在许多方面，其中最为突出的有：建立了研究经济现象的科学世界观和方法论；阐述了生产与分配、交换、消费的一般关系，提出了生产在四个环节中居于首位的原理；创立了生产商品的劳动二重性学说，使劳动价值论有了科学的基础；创立了科学的剩余价值理论，

① 《马克思恩格斯文集》第 3 卷，人民出版社 2009 年版，第 79 页。

发现了资本积累的一般规律和历史趋势；全面阐述了资本的生产过程、流通过程和资本主义生产的总过程，阐明了资本主义生产方式的内在规律；揭示了社会主义代替资本主义的历史必然性，并预见了未来共产主义社会的一些基本特征。

二、列宁和苏联社会主义建设时期对马克思主义政治经济学的发展

（一）列宁对马克思主义政治经济学的发展

19世纪末20世纪初，资本主义进入帝国主义阶段。面对新的历史条件，列宁坚持和运用马克思主义基本原理，对马克思主义政治经济学进行了创造性发展。列宁对发展马克思主义政治经济学的贡献突出表现在：对处于垄断阶段的资本主义进行了深刻剖析，形成了关于帝国主义的经济理论；领导俄国无产阶级革命，并在革命胜利后努力探索社会主义经济建设的道路，形成了社会主义过渡和社会主义建设的理论。

列宁科学地揭示了资本主义发展到帝国主义阶段的历史规律，指出帝国主义就是垄断资本主义。列宁概括了垄断资本主义的五大特征：生产和资本的集中必然走向垄断，垄断组织成为经济生活的基础；银行作用急剧加强，并与工业资本融合成为金融资本，金融寡头在经济、政治上建立起统治地位；资本输出有了特别重要的意义；瓜分世界的资本家国际垄断同盟已经形成；国际垄断同盟（列强）经济上分割世界已经完毕。

列宁深刻揭示了垄断资本主义的内在矛盾：垄断必然产生腐朽和停滞的趋势；金融资本和金融寡头的产生意味着资本更为集中，与生产的社会化的矛盾更为尖锐；资本输出和列强分割世界完毕，不仅导致帝国主义国家与殖民地之间的矛盾，也导致帝国主义列强之间的矛盾。列宁揭示了“经济和政治发展的不平衡是资本主义的绝对规律。由此就应得出结论：社会主义可能首先在少数甚至在单独一个资本主义国家内获得胜利”①。

列宁在亲自领导无产阶级夺取政权并向社会主义社会过渡的实践中，形成了社会主义过渡和社会主义建设理论。其基本内容包括：第一，社会主义经济基础必须通过大力发展生产力和不断提高劳动生产率来形成。社会主义最终战胜资本主义的条件是其生产力水平超过资本主义。第二，在资本主义发展程度

---

① 《列宁全集》第26卷，人民出版社2017年版，第367页。

比较低的国家或殖民地半殖民地国家向社会主义过渡，需要通过保留商品货币关系，借以形成和发展壮大社会主义经济基础。第三，在探索实行新经济政策的过程中，提出了发展商品交换、进行农业合作化、允许各种经济成分存在和利用国家资本主义等重要思想。

（二）苏联社会主义建设时期对马克思主义政治经济学的发展

列宁逝世后，斯大林领导了苏联向社会主义过渡和进入社会主义社会后的经济建设，对社会主义经济建设进行了积极探索，推动了马克思主义政治经济学的发展。

关于社会主义基本经济规律的探索。1952 年，斯大林在《苏联社会主义经济问题》一书中明确提出社会主义基本经济规律。第一，在社会主义制度下，社会主义基本经济规律具有客观性，决定生产发展的一切最重要方面，贯穿社会主义生产发展的全过程。第二，社会主义基本经济规律包括社会主义生产的目的和达到这一目的的手段两个方面。保证最大限度地满足整个社会不断增长的物质和文化需要是社会主义生产的目的，在高度技术基础上使社会主义生产不断增长和不断完善是达到这一目的的手段。第三，社会主义基本经济规律对社会经济发展起主导作用，国民经济有计划按比例规律、按劳分配规律等都体现了基本经济规律的要求。

关于社会主义国家工业化思想。第一，农业国要建成社会主义，其前提是实现工业化，否则，社会主义国家就不能保持经济上的独立。工业化速度是事关社会主义政权生死存亡的大问题。第二，工业化资金的积累，在当时的条件下只能依靠国内积累，让农业为工业化提供建设资金的途径来实现的。第三，社会主义工业化的具体道路是优先发展重工业，特别是机器制造业。

关于马克思主义政治经济学教科书的编写。斯大林撰写的《苏联社会主义经济问题》和他组织编写的苏联《政治经济学教科书》，对社会主义经济理论进行了初步探索，其中的一些观点具有重要的理论意义。比如，斯大林承认在社会主义条件下存在商品经济。他认为，社会主义条件下存在着全民所有制和集体所有制两种公有制形式，在这两种不同所有制之间必然存在商品交换。与此相对应，在社会主义条件下价值规律仍然发生作用。

三、毛泽东思想对马克思主义政治经济学的贡献

中国共产党诞生后，中国共产党人把马克思主义基本原理同中国革命和建

设的具体实际结合起来，团结带领人民经过长期奋斗，完成了新民主主义革命和社会主义革命，建立起中华人民共和国和社会主义基本制度，进行了社会主义建设的艰辛探索，实现了中华民族从“东亚病夫”到站起来的伟大飞跃。在这个过程中形成的毛泽东思想，是被实践证明了的关于中国革命和建设的正确的理论原则和经验总结，是马克思列宁主义在中国的运用和发展，其中所蕴含的宝贵经济思想也为丰富和发展马克思主义政治经济学作出了贡献。

第一，新民主主义革命理论中的经济思想。新民主主义革命理论中包含着丰富的经济思想。其一，关于革命根据地的经济建设。在土地革命时期，提出苏区建设必须重视经济工作，“集中经济力量供给战争，同时极力改良民众的生活，巩固工农在经济方面的联合”①。在抗日战争时期，针对日本帝国主义和国民党顽固派的压迫和封锁，提出自己动手、丰衣足食，开展大生产运动；提出发展经济、保障供给是经济工作和财政工作的总方针。根据地经济建设的发展，为革命战争的胜利提供了重要保证。其二，关于新民主主义革命的经济纲领。提出新民主主义革命要实现“三大经济纲领”：没收封建阶级的土地归农民所有，没收官僚垄断资本归新民主主义的国家所有，保护民族工商业。其三，关于新民主主义革命的任务。毛泽东指出：“新民主主义的革命任务，除了取消帝国主义在中国的特权以外，在国内，就是要消灭地主阶级和官僚资产阶级（大资产阶级）的剥削和压迫，改变买办的封建的生产关系，解放被束缚的生产力。”② 其四，关于新民主主义的经济结构。提出实行多种经济成分并存，其中，“国营经济是社会主义性质的，合作社经济是半社会主义性质的，加上私人资本主义，加上个体经济，加上国家和私人合作的国家资本主义经济”③。

第二，新民主主义向社会主义过渡时期的经济思想。从 1949 年 10 月新中国成立到 1956 年，以毛泽东同志为主要代表的中国共产党人，领导全国人民在完成民主革命遗留任务、迅速医治战争创伤、恢复国民经济的基础上，依据新民主主义革命胜利所创造的向社会主义过渡的政治经济条件，不失时机地提出了过渡时期总路线，即逐步实现国家的社会主义工业化，并逐步实现国家对农业、对手工业和对资本主义工商业的社会主义改造，并根据中国的国情，提出

---

① 《毛泽东选集》第一卷，人民出版社 1991 年版，第 130 页。

② 《毛泽东选集》第四卷，人民出版社 1991 年版，第 1254 页。

③ 《毛泽东选集》第四卷，人民出版社 1991 年版，第 1433 页。

用国家资本主义形式与“和平赎买”政策改造资本主义工商业，用逐步过渡的形式改造个体农业和个体手工业，成功开辟了一条适合中国国情的社会主义改造道路，从理论和实践上完成了在中国这样一个占世界人口近四分之一、经济文化落后的大国建立社会主义制度的艰难任务。根据中国特点，提出用国家资本主义的形式与“和平赎买”政策改造资本主义工商业，用逐步过渡的形式改造个体农业和个体手工业。在社会主义改造的过程中，保持了社会生产力的继续发展，广大人民生活水平继续得到提高，这是中国共产党的独特创造。新民主主义革命的胜利和社会主义基本制度的建立，为当代中国的一切发展进步奠定了根本政治前提和制度基础。

第三，建设社会主义时期的经济思想。社会主义改造基本完成以后，以毛泽东同志为主要代表的中国共产党人，领导全国人民对适合中国国情的社会主义建设道路进行了艰辛探索，积累了在中国这样一个社会生产力水平十分落后的东方大国进行社会主义建设的重要经验，并取得了重要的理论成果。其一，提出社会主义社会的基本矛盾仍然是生产关系和生产力之间的矛盾、上层建筑和经济基础之间的矛盾；国内的主要矛盾，已经是人民对于建立先进的工业国的要求同落后的农业国的现实之间的矛盾，已经是人民对于经济文化迅速发展的需要同当前经济文化不能满足人民需要的状况之间的矛盾。其二，提出集中力量发展生产力，建立独立的比较完整的工业体系，和国民经济体系，全面实现农业、工业、国防和科学技术现代化。其三，提出了许多关于社会主义建设的重要思想和方针，如处理好重工业和轻工业、农业的关系，沿海工业和内地工业的关系，经济建设和国防建设的关系，国家、生产单位和生产者个人的关系，中央和地方的关系，中国和外国的关系；要统筹兼顾、适当安排，处理好积累和消费的关系，注意综合平衡等。其四，在研究《苏联社会主义经济问题》和苏联《政治经济学教科书》的基础上，以苏联的经验教训为借鉴，结合中国实际，从理论上探讨了许多社会主义经济问题。在这一时期，以毛泽东同志为主要代表的中国共产党人努力寻找适合自己国情的社会主义建设道路，尽管在探索中有曲折甚至有失误，但经过长期奋斗，在中国建立起了适合自己国情的社会主义基本制度，进行了大规模的社会主义经济建设，为社会主义现代化建设积累了经验，奠定了重要的制度基础和物质技术基础。

四、中国特色社会主义理论体系对马克思主义政治经济学的贡献

改革开放以来，中国共产党人把马克思主义基本原理同中国具体实际结合

起来，团结带领人民进行建设中国特色社会主义新的伟大实践，使中国大踏步赶上了时代，实现了中华民族从站起来、富起来到强起来的伟大飞跃。在这一过程中形成和发展了包括邓小平理论、“三个代表”重要思想、科学发展观和习近平新时代中国特色社会主义思想在内的中国特色社会主义理论体系，这一理论体系把马克思主义政治经济学基本原理同改革开放新的实践结合起来，不断探索中国特色社会主义建设规律，形成了关于改革开放和经济发展的一系列重大创新成果。特别是提出在社会主义条件下发展市场经济，这是前无古人的伟大创举，是中国共产党人对马克思主义发展作出的历史性贡献。1984 年 10 月《中共中央关于经济体制改革的决定》通过后，邓小平评价说，“写出了一个政治经济学的初稿，是马克思主义基本原理和中国社会主义实践相结合的政治经济学”①。随着改革开放不断深入，我们党形成了中国马克思主义政治经济学的许多重要理论成果，比如：

第一，关于社会主义本质和根本任务。强调社会主义的本质是解放生产力，发展生产力，消灭剥削，消除两极分化，最终达到共同富裕。社会主义现代化必须建立在发达的生产力基础上。要把以经济建设为中心同坚持四项基本原则、坚持改革开放两个基本点统一起来，正确认识和妥善处理改革、发展、稳定关系，聚精会神搞建设、一心一意谋发展。要紧紧抓住和切实用好发展机遇，以高度的责任感和紧迫感大力解放和发展社会生产力，为中国特色社会主义事业奠定坚实的物质基础。

第二，关于中国社会的发展阶段。强调中国仍处于并将长期处于社会主义初级阶段，这是逐步摆脱不发达状态、基本实现社会主义现代化的特定历史阶段，是中国特色社会主义很长历史过程的初始阶段。经过新中国成立以来特别是改革开放以来的不懈努力，中国取得了举世瞩目的发展成就，从生产力到生产关系、从经济基础到上层建筑都发生了意义深远的重大变化，但中国仍处于并将长期处于社会主义初级阶段的基本国情没有变，人口多、底子薄、城乡区域发展不平衡、生产力不发达的状况仍然是中国的最大实际。要始终立足于社会主义初级阶段的基本国情，牢牢把握经济社会发展新的阶段性特征。

第三，关于社会主义经济体制改革。强调社会主义要保持强大的生命力，就必须通过改革不断完善自己。改革是经济社会发展的活力源泉，是中国走向

---

① 《邓小平文选》第三卷，人民出版社 1993 年版，第 83 页。

繁荣富强的必由之路。改革是一场新的伟大革命，其目的是冲破束缚生产力发展的体制障碍，解放和发展社会生产力。要坚持用改革的办法解决前进中的问题，努力形成与社会主义初级阶段基本国情相适应的比较成熟、比较定型的经济体制。中国经济体制改革的目标，是建立社会主义市场经济体制。社会主义市场经济是同社会主义基本制度相结合、同社会主义精神文明相结合的市场经济。要始终坚持改革的正确方向，提高改革决策的科学性，增强改革措施的协调性，不断推动社会主义市场经济体制的发展和完善。

第四，关于社会主义对外开放。强调对外开放是中国的一项长期的基本国策。必须树立全球战略意识，实施互利共赢的开放战略，着力转变对外贸易增长方式，全面提高对外开放水平，扬长避短、趋利避害，在更大范围、更广领域、更高层次上参与国际经济技术合作和竞争，使对外开放更好地促进国内改革发展。要把“引进来”和“走出去”更好地结合起来，扩大开放领域，优化开放结构，提高开放质量，完善内外联动、互利共赢、安全高效的开放型经济体系，形成经济全球化条件下参与国际经济合作和竞争的新优势。在对外开放中，必须始终注意维护国家的主权和经济安全，注意防范和化解国际风险的冲击，处理好对外开放同独立自主、自力更生的关系，把立足点放在依靠自身力量的基础上。

第五，关于社会主义初级阶段的基本经济制度。强调公有制为主体、多种所有制经济共同发展，是社会主义初级阶段的基本经济制度。公有制经济不仅包括国有经济和集体经济，还包括混合所有制经济中的国有成分和集体成分。公有制的主体地位主要体现在：公有资产在社会总资产中占优势；国有经济控制国民经济命脉，对经济发展起主导作用。集体经济是公有制经济的重要组成部分，对实现共同富裕具有重要作用。公有制的实现形式可以而且应当多样化。个体、私营等各种形式的非公有制经济是社会主义市场经济的重要组成部分，对充分调动社会各方面的积极性、加快生产力发展具有重要作用。要毫不动摇地巩固和发展公有制经济，毫不动摇地鼓励、支持、引导非公有制经济发展，坚持平等保护物权，形成各种所有制经济平等竞争、相互促进的新格局。

第六，关于社会主义初级阶段的分配制度。强调按劳分配为主体、多种分配方式并存，是社会主义初级阶段的分配制度。按劳分配为主体，是社会主义公有制经济主体地位的客观要求，也是防止两极分化、最终实现共同富裕的保障。资本、技术、管理等生产要素按贡献参与分配，有利于调动各种要素参与经济发展，不断增加国民财富。必须坚持和完善社会主义初级阶段的分配制度，初次分配和再分配都要处理好效率和公平的关系，再分配更加注重公平。加快建立覆盖城乡居民的社会保障体系，努力使人民共享改革发展的成果。

第七，关于社会主义经济管理和宏观调控。强调要在充分发挥市场对资源配置起基础性作用的同时，加强国家对国民经济的有效管理和宏观调控。依法维护公平竞争的市场秩序，调节收入分配，提供公共产品和服务，管理国有资产，从宏观上对国民经济和社会发展的目标、结构、速度、效果等基本因素进行有计划调节。统筹城乡发展，统筹区域发展，统筹经济社会发展，统筹人与自然和谐发展，统筹国内发展和对外开放，统筹中央和地方关系，统筹个人利益和集体利益、局部利益和整体利益、当前利益和长远利益，统筹国内国际两个大局，使经济发展各方面相协调，推动经济又好又快发展。

第八，关于社会主义经济发展。强调社会主义的发展必须是又好又快的发展。要坚持以人为本这个核心，坚持全面协调可持续这个基本要求，坚持统筹兼顾这个根本方法。加快转变经济发展方式，坚持走中国特色新型工业化道路，促进经济增长由主要依靠投资、出口拉动向依靠消费、投资、出口协调拉动转变，由主要依靠第二产业带动向依靠第一、第二、第三产业协同带动转变，由主要依靠增加物质资源消耗向主要依靠科技进步、劳动者素质提高、管理创新转变，推动产业结构优化升级，增强发展的协调性和可持续性。坚持走中国特色农业现代化道路，建立以工促农、以城带乡的长效机制，形成城乡经济社会发展一体化新格局；坚持走中国特色自主创新道路，把增强自主创新能力贯彻到现代化建设各个方面；坚持走中国特色城镇化道路，遵循大中小城市和小城镇协调发展的方针，积极稳妥地推动城镇化进程；坚持走生产发展、生活富裕、生态良好的文明发展道路，努力实现人与自然和谐相处，促进经济社会可持续发展；坚持走和平发展道路，通过维护世界和平发展自己、通过自身发展维护世界和平，促进世界经济共同繁荣发展。

这些重要理论成果，马克思主义经典作家没有讲过，改革开放前我们也没有这方面的实践和认识，是适应当代中国国情和时代特点的政治经济学，是当代中国的马克思主义政治经济学，有力指导了我国经济发展实践，开拓了马克思主义政治经济学新境界，形成了马克思主义政治经济学基本理论与改革开放新的实践相结合的政治经济学，即中国特色社会主义政治经济学。

在以上重要理论成果的基础上，党的十八大以来，我们党在坚持和发展新时代中国特色社会主义经济的实践中，不断丰富和发展马克思主义政治经济学、中国特色社会主义政治经济学，形成了习近平新时代中国特色社会主义经济思想，为马克思主义政治经济学的创新发展作出了新的重要贡献。

第五节　当代中国马克思主义政治经济学最新成果：习近平新时代中国特色社会主义经济思想

一、习近平新时代中国特色社会主义经济思想的形成

党的十八大以来，以习近平同志为主要代表的中国共产党人，顺应时代发展，从理论和实践结合上系统回答了新时代坚持和发展什么样的中国特色社会主义、怎样坚持和发展中国特色社会主义这个重大时代课题，创立了习近平新时代中国特色社会主义思想。在习近平新时代中国特色社会主义思想指导下，中国共产党领导全国各族人民，统揽伟大斗争、伟大工程、伟大事业、伟大梦想，推动中国特色社会主义进入了新时代。

新时代，中华民族伟大复兴战略全局和世界百年未有之大变局历史性交汇，我国发展的机遇和挑战前所未有。新时代，我国社会的主要矛盾发生了深刻变化，我国的发展阶段、发展环境、发展条件发生了深刻变化。国内外经济形势发生的深刻变化，给我国经济发展带来了前所未有的重大机遇和挑战，给我们的经济工作提出了许多新的重大课题。比如：如何认识新时代我国经济发展的阶段性特征，推动经济的持续健康发展；如何适应我国社会主要矛盾的变化，更好满足人民日益增长的美好生活需要；如何面对更多逆风逆水的外部环境，做好应对一系列新的风险挑战的准备；如何坚持和完善社会主义基本经济制度，更好彰显社会主义基本经济制度的显著优势；如何进一步深化经济体制改革，构建更加系统完备、更加成熟定型的高水平社会主义市场经济体制；如何正确认识和引导经济全球化的发展方向，引导经济全球化沿着正确的方向发展；如何正确处理发展和安全的关系，保证国内国际经济的循环畅通；如何完善国家的经济治理体系，不断提高党领导经济工作的能力和水平；等等。概括起来，就是必须从理论和实践结合上系统回答新时代如何坚持和发展中国特色社会主义经济，不断解放和发展生产力，实现更高质量、更有效率、更加公

平、更可持续、更为安全的发展，为全面建成社会主义现代化强国、实现中华民族伟大复兴奠定坚实基础，提供有力支撑。

时代课题是理论创新的驱动力。党的十八大以来，围绕新时代我国经济发展提出的新课题，以习近平同志为核心的党中央从理论和实践的结合上进行了深入探索，提出了一系列具有时代性、开创性的理论观点和战略方针，成功驾驭了我国经济发展大局，形成了习近平新时代中国特色社会主义经济思想。

二、推动我国经济发展实践的理论结晶

习近平新时代中国特色社会主义经济思想是在思考和回答新时代我国经济发展课题的基础上形成的，也是在指导新时代我国经济发展实践基础上形成的，是推动我国经济发展实践的理论结晶，具有十分丰富的理论内涵和实践要求，包括：坚持加强党对经济工作的集中统一领导，保证我国经济沿着正确方向发展；坚持以人民为中心的发展思想，把增进人民福祉、促进人的全面发展、朝着共同富裕方向稳步前进作为经济发展的出发点和落脚点；坚持适应、把握、引领经济发展新常态，立足大局，把握规律，看清长期趋势；坚持适应我国经济发展主要矛盾变化完善宏观调控，相机抉择，开准药方，把推进供给侧结构性改革作为经济工作的主线；坚持创新、协调、绿色、开放、共享的新发展理念，把新发展理念贯穿发展全过程和各领域；坚持推动高质量发展，着力推动经济发展的质量变革、效率变革、动力变革，增强经济的竞争力、创新力、抗风险能力；坚持建设现代化经济体系，推动新型工业化、信息化、城镇化、农业现代化同步发展；坚持以畅通国民经济循环为主，加快构建以国内大循环为主体、国内国际双循环相互促进的新发展格局；坚持完善包括公有制为主体、多种所有制经济共同发展，按劳分配为主体、多种分配方式并存，社会主义市场经济体制等在内的社会主义基本经济制度；坚持使市场在资源配置中起决定性作用和更好发挥政府作用，坚决扫除经济发展的体制机制障碍；坚持问题导向部署经济发展新战略，对我国经济社会发展变革产生深远影响；坚持“绿水青山就是金山银山”的理念，推动绿色发展，促进人与自然和谐共生；坚持农业农村优先发展，大力实施乡村振兴战略，巩固和完善农村基本经营制度；坚持正确工作策略和方法，坚持稳中求进工作总基调，保持战略定力，坚持久久为功，坚持底线思维，一步一个脚印向前迈进；坚持统筹发展和安全，防范化解重大经济金融风险，确保国家经济安全；坚持对外开放基本国策，推

动形成全面开放新格局和开放型经济新体制，推动构建人类命运共同体；等等。

这些重大的理论观点和战略方针，科学阐述了新时代我国经济发展的时代背景、根本目的、主题主线、政治保障、制度基础、政策框架、发展道路、发展格局、运行方式、重点任务和工作方法等一系列重大问题，将我国社会主义经济建设的丰富实践上升为系统化的经济学说，形成了规律性的理论认识，为新时代做好经济工作、搞好经济建设提供了科学指南。

三、为马克思主义政治经济学创新发展贡献中国智慧

党的十八大以来，习近平高度重视马克思主义政治经济学，多次就坚持和发展马克思主义政治经济学作出重要论述：强调要运用马克思主义政治经济学的基本原理和方法论，深化对我国经济发展规律的认识，提高领导我国经济发展的能力和水平；强调要把实践经验上升为系统化的经济学说，不断开拓当代中国马克思主义政治经济学新境界；强调要以马克思主义政治经济学为指导，坚持发展中国特色社会主义政治经济学，不断完善中国特色社会主义政治经济学理论体系，推进充分体现中国特色、中国风格、中国气派的经济学学科建设；强调我们对国外特别是西方经济学，要坚持去粗取精、去伪存真，坚持以我为主、为我所用，对其中反映资本主义制度属性、价值观念的内容，对其中具有西方意识形态色彩的内容，不能照抄照搬；等等。这一系列重要论述，阐明了新的历史条件下坚持和发展马克思主义政治经济学的正确方向和基本原则，为中国马克思主义政治经济学的发展指明了方向、开辟了道路。

习近平新时代中国特色社会主义经济思想是当代马克思主义政治经济学的集中体现，是中国特色社会主义政治经济学的最新成果，它创造性地回答了新时代中国特色社会主义经济发展的一系列重大理论和实践问题，开拓了当代中国马克思主义政治经济学新境界，为马克思主义政治经济学创新发展贡献了中国智慧。比如，坚持加强党对经济工作的集中统一领导的观点丰富和发展了对社会主义经济本质特征的认识；以人民为中心的发展思想丰富和发展了对社会主义生产目的的认识；新发展理念丰富和发展了对社会主义经济发展规律的认识；推动高质量发展的观点丰富和发展了对经济发展阶段性特征的认识；建设现代化经济体系的观点丰富和发展了对社会主义现代化的认识；推进供给侧结构性改革的观点丰富和发展了对社会主义宏观调控的认识；构建新发展格局的

观点丰富和发展了对经济循环规律的认识；坚持和完善社会主义基本经济制度的观点丰富和发展了对社会主义经济制度内涵的认识；使市场在资源配置中起决定性作用和更好发挥政府作用的观点丰富和发展了对社会主义市场经济的认识；构建人类命运共同体的观点丰富和发展了对经济全球化和对外开放的认识；坚持稳中求进工作总基调的观点丰富和发展了对国家治理规律的认识；等等。习近平新时代中国特色社会主义经济思想，以全新的视野深化了对社会主义经济建设规律、社会经济发展规律的认识，谱写了当代马克思主义政治经济学新的时代篇章。

四、在实践中不断坚持发展习近平新时代中国特色社会主义经济思想

理论源于实践，又进一步指导实践。党的十八大以来，我们党以习近平新时代中国特色社会主义经济思想为经济工作的指南，正确分析形势、把握方向、谋划大局、制定政策、部署战略、促进改革，推动我国经济发展取得了新的历史性成就，发生了历史性变革，创造了新的发展奇迹。

我国经济实现了从高速增长向高质量发展的历史转变，经济结构不断优化，创新能力显著增强，生态环境明显改善，人民生活水平显著提高，改革开放取得新突破，我国经济实力、科技实力、综合国力跃上新的台阶。2020 年经济总量迈上百万亿元新台阶，占世界经济的比重达到 17%左右。建成世界上规模最大的社会保障体系，基本医疗保险覆盖超过 13 亿人，基本养老保险覆盖近 10 亿人，解决困扰中华民族几千年的绝对贫困问题取得历史性成就，千百年来，中华民族孜孜以求的小康梦想全面实现，中华民族伟大复兴向前迈出了新的一大步。

尤其是，我国经济发展新的历史性成就，是在外部环境不稳定性、不确定性明显上升，风险挑战明显加剧的条件下取得的，是在 2008 年国际金融危机以来世界经济持续陷入疲软状态、矛盾和危机日渐深重的背景下取得的，是在 2020 年新冠肺炎疫情肆虐全球、世界经济陷入严重衰退、外部环境更加复杂严峻的重大考验面前取得的，成绩来之不易、难能可贵。这充分展现了我国经济发展具有的多方面优势和条件，充分彰显了党的领导和社会主义制度的优越性，也充分体现了习近平新时代中国特色社会主义经济思想强大的真理力量。

实践充分证明，习近平新时代中国特色社会主义经济思想，是推动我国经

济社会健康发展的科学指南，是科学应对重大风险挑战、有效解决重大困难问题的强大思想武器，是党和国家十分宝贵的精神财富，必须长期坚持、不断丰富发展，推动我国经济发展沿着正确的方向和道路不断前进。

党的十九届五中全会，以习近平新时代中国特色社会主义思想特别是习近平新时代中国特色社会主义经济思想为指导，深入分析了我国发展环境面临的深刻复杂变化，清晰展望了到2035年基本实现社会主义现代化的远景目标，明确提出了“十四五”时期我国经济社会发展的指导思想、主要目标、重点任务、重大举措，回答了一系列方向性、根本性、战略性重大问题，创造性地提出了许多新观点新要求，进一步丰富和发展了习近平新时代中国特色社会主义经济思想，在全面建设社会主义现代化国家的新征程上，不断坚持和发展这一思想，我国的经济发展必将取得更加辉煌的成就。

思考题：

1. 试述马克思主义政治经济学的研究对象。
2. 为什么说马克思主义政治经济学是科学性和阶级性的统一？
3. 请谈谈对经济规律客观性的认识。
4. 如何认识马克思主义政治经济学的研究方法？
5. 试述中国特色社会主义政治经济学对马克思主义政治经济学的丰富和发展。
6. 习近平新时代中国特色社会主义经济思想的原创性贡献表现在哪些方面？

第一篇 商品和货币

第一章　商　　品

在市场经济中，单个商品表现为社会财富的元素形式。体现在商品生产和商品交换中的生产关系，是商品经济中最基本的生产关系。因此，马克思主义政治经济学对市场经济的研究首先从分析商品开始。

第一节　商品及其内在矛盾

一、商品二因素

商品是用来交换的劳动产品。商品包含使用价值和价值两个要素，是使用价值和价值的统一。

（一）使用价值

商品首先表现为一个靠自己的有用性来满足人的某种需要的物。物的有用性使物具有使用价值。商品的使用价值，就是商品体本身。

商品的使用价值是由它的自然属性决定的。商品的自然属性不同，使用价值也不同。同一种商品还可以兼有多种自然属性，从而具有多种使用价值。当然，具有使用价值的物品并不都是商品，商品必须是劳动产品，必须是针对他人有用的使用价值，而且必须通过交换让渡给他人。

每一种有用物，如小麦、布匹、锄头等，作为使用价值来考察时总是和一定的量联系在一起，如几斤小麦、几尺布、几把锄头等。而度量使用价值量的尺度，如斤、尺、把等，一方面是由物本身的自然属性决定的，另一方面则取决于人们的约定俗成。人们对于商品的使用或消费，也就是商品使用价值的最终实现。

某种物品所具有的使用价值，并不随社会生产关系的变化而变化。比如小麦，无论是农奴生产的，还是雇佣工人生产的，它所具有的满足人对营养物质的需要这样一种使用价值，并不会有什么不同。也就是说，物品的使用价值是不体现特定社会经济关系的。因此，考察各种商品的特殊使用价值是商品学的任务，而不是政治经济学的任务。但是，在商品经济中，商品的使用价值同时又是交换价值的物质承担者。因而，政治经济学虽然不以使用价值本身为研究对象，但在研究商品关系时，又必须涉及使用价值。

（二）价值

交换价值表现为一种使用价值与另一种使用价值相交换的数量关系或比例。比如，在古代进行物物交换的集市上，某个农民用10斤小麦换了另一个农民的3尺布，3尺布就是10斤小麦的交换价值。这个农民还可以拿10斤小麦与其他使用价值相交换，比如从铁匠那里换回1把锄头。这时，10斤小麦的交换价值又表现为1把锄头。可见，一种商品在与其他多种商品相交换时，会形成不同的数量关系，从而具有多种交换价值的表现形式。

10斤小麦的交换价值等于3尺布或1把锄头，并不是凭拍脑袋随意决定的。同样，1架飞机可以换1亿件衬衫，也不是偶然和凭主观形成的。交换价值的大小，不能用主观意愿或个别商品交换的偶然性来解释。

一定量的某种商品，例如10斤小麦，可以同x量布匹或y量锄头或z量羊等交换，因此具有许多种交换价值。既然x量布匹、y量锄头、z量羊等都是10斤小麦的交换价值，那么，x量布匹、y量锄头、z量羊等，就必定是能够互相代替的或具有同样的交换价值。

10斤小麦等于3尺布，说明在两种不同的物里面，有一种等量的共同的东西，它在质上应该是相同的，因而在量上才能够比较。这种共同的东西就是无差别的一般人类劳动。把商品的不同使用价值舍去，商品就是无差别的一般人类劳动的凝结，也就是不论商品的使用价值多么千差万别，其中需要耗费的人的体力和脑力则是共同的。这种无差别的一般人类劳动凝结就是价值。正是由于一切商品都具有共同的东西——价值，它们才可以互相比较，按照一定的量的比例进行交换。

在这里，价值是一个客观、高度抽象的范畴，是以分工为基础并通过不同生产者之间的商品交换体现出来的。而西方经济学中的价值，则是一个主观的、反映现象的范畴。如“效用价值论”的价值，即效用，是用快乐、痛苦等个人主观心理反应作为衡量价值的标准。不管是采用基数形式还是采取序数形式来表达，“效用价值论”的价值都只能建立在主观判断基础上，既无法量化也难以保持恒定，这就使得价值成为一种偶然的、难以捉摸的东西。在实践中，它不可能实现对同一商品的定价，更不可能促成不同商品间的广泛交换。又如“供求价值论”的所谓“价值”，不是将商品的交换价值归结为价值，而是归根于市场的供求状况这一表象。它尽管对商品交换价值的波动有所揭示，但无法合理解释供求平衡时商品交换价值的大小到底是由何种因素决定的。

（三）商品是使用价值和价值的统一

商品具有使用价值和价值这两个因素或二重属性，是使用价值和价值的统一。一个物可以有使用价值但不含有价值，有使用价值是由于其自然属性，但它并不是人的劳动的产物。例如，空气、天然草地、野生林等。一个物可以有用，而且是人类劳动产品，但不是商品，耗费在其中的劳动不形成价值。比如人们用自己生产的产品来满足自己的需要或无偿地提供给他人消费，这种产品就只有使用价值，但不是商品。要生产商品，不仅要生产使用价值，而且要为别人生产使用价值，即生产社会化性质的使用价值，并且产品必须通过交换，转到把它当作使用价值使用的人手里。一个物如果没有使用价值，就是无用之物，即使人们为它付出了劳动，也不形成价值。

商品的使用价值与价值之间又存在着矛盾。对于商品生产者而言，他生产某种商品并不是为了取得这种商品的使用价值，而是为了取得它的价值。而要取得这种商品的价值，他就必须将商品的使用价值让渡给商品购买者。反过来说，商品的购买者要获得商品的使用价值，就必须支付商品的价值。在交换过程中，使用价值和价值进行着相反的运动。可见，正是因为存在着使用价值与价值之间的对立或矛盾，才产生了商品交换。也只有通过交换，商品内在的使用价值与价值之间的矛盾才能得到解决。而一旦交换失败，商品价值不能实现，使用价值不能进入消费，商品的内在矛盾就不能得到解决，商品生产者则会陷入困境。

二、生产商品的劳动二重性

商品之所以是使用价值和价值的统一体，是因为生产商品的劳动具有二重性。生产商品的同一劳动可以从具体形态和抽象形态两个方面进行考察，区分为具体劳动和抽象劳动。同一劳动，一方面，它是人类劳动力在特殊的有一定目的的形式上的耗费，即一定的具体形式的劳动，称为具体劳动。就具体的有用劳动这个属性来说，它生产商品的使用价值。另一方面，它是人类劳动力在生理学意义上的耗费，即无差别的一般人类劳动，称为抽象劳动。就相同的或抽象的人类劳动这个属性来说，它形成商品的价值。

从劳动的具体形态考察，生产商品的劳动在劳动目的、劳动对象、劳动工具、劳动方法、劳动成果上各不相同。比如，木匠的劳动目的是制作某种木器，劳动对象是木料，劳动工具是斧子、锯子、刨子等。经过木匠特有的制作方法，生产出人们所需要的木制品。而裁缝的劳动形式与木匠的劳动形式完全不同。

具体劳动创造商品的使用价值。不同商品之所以具有不同的使用价值，除了其构成的物质要素各有其特殊的自然属性外，还因为生产它们的劳动各有其特殊的具体形式。各种不同的具体劳动生产不同的使用价值，各种使用价值的总和表现了各种具体劳动的总和，即表现为社会分工。具体劳动的种类和形式随着社会生产力的发展、科学技术的进步和人们需要的改变相应地发生变化。各种不同的使用价值是具体劳动和生产资料这两种要素的结合。马克思指出，“劳动并不是它所生产的使用价值即物质财富的唯一源泉。正像威廉·配第所说，劳动是财富之父，土地是财富之母”①。具体劳动反映了人和自然、人和物的关系。不过，政治经济学所研究的具体劳动，不是作为劳动分工的具体劳动本身，而是作为商品交换基础的社会分工的具体劳动，是同抽象劳动发生相互关系的具体劳动。

从劳动的抽象形态考察，所有劳动都是人的体力和脑力的支出。如果抽象掉生产商品劳动的具体形式，无论是木匠还是裁缝，他们在劳动过程中，总要消耗劳动力，消耗自己的体力和脑力。抽象劳动是同质的、无差别的劳动，形成商品的价值。

抽象劳动是形成商品价值的唯一源泉，在价值中不包含任何一个自然物质的原子。生产任何一种商品，都必须耗费一定量的人类劳动。人类劳动的质的同一性，决定了抽象劳动在商品交换中进行量上比较的可能性。商品的交换本质上是等量抽象劳动相交换。作为价值实体的抽象劳动凝结在商品内，看不见摸不着，只有在商品交换的过程中才能表现出来，只有在交换价值上才能得到独立的体现。

具体劳动和抽象劳动是生产商品的同一劳动的两个方面。具体劳动是人类社会生存和发展的永恒条件，它是劳动的自然属性。抽象劳动则体现劳动的社会属性，并非任何时候的抽象劳动都形成价值且采用交换价值的形式。从生产商品的具体劳动中抽象出同质的抽象劳动，是由商品经济关系决定的。如果没有商品交换关系就不需要作这种抽象。只有在商品生产和商品交换的经济关系

---

① 《马克思恩格斯文集》第5卷，人民出版社2009年版，第56—57页。

中，具体劳动才需要抽象为抽象劳动，人类体力和脑力的耗费才形成价值，才以价值的形式表示。

具体劳动和抽象劳动是对立统一的。一方面，二者是统一的。商品生产者在从事具体劳动的同时，也耗费了抽象劳动。具体劳动和抽象劳动不是各自独立存在的两种劳动或两次劳动，它们在时间上和空间上是统一的，是生产者在生产商品的同一劳动过程中不可分割的两个方面。另一方面，二者又是有差别、有矛盾的。具体劳动是从生产商品的劳动具有某种特定的有用性和具体形式这一角度来考察的，与抽象劳动相比具有不同的形式和特点；而抽象劳动则是抽掉了劳动的有用性和具体形式，单纯从劳动是人类的体力和脑力的耗费这一角度来考察的。

生产商品的劳动二重性是由马克思首先揭示并进行论证的。劳动二重性是“理解政治经济学的枢纽”①。马克思在这里第一次确定了什么样的劳动形成价值、为什么形成价值以及怎样形成价值，阐明了具体劳动和抽象劳动在商品价值形成中的不同作用，在此基础上揭示了剩余价值的真正来源，创立了剩余价值理论。同时，资本有机构成理论、资本积累理论、社会资本再生产理论等马克思主义政治经济学的一系列重要理论的创立都同劳动二重性学说相关。而马克思以前的资产阶级古典经济学家虽然最早提出了劳动价值论，但是由于他们没有把创造使用价值的劳动和创造价值的劳动区别开来，没有正确理解具体劳动和抽象劳动的关系，从而无法科学地说明商品的使用价值和价值的关系，最终无法科学地说明剩余价值的真正源泉。

三、私人劳动和社会劳动

商品的使用价值和价值的矛盾、具体劳动和抽象劳动的矛盾，根源于私人劳动和社会劳动的矛盾。私人劳动和社会劳动的矛盾是商品经济的基本矛盾。

在商品经济中，由于生产资料归不同的生产者所有，商品生产者都是独立地进行生产并具有独立的经济利益，生产商品的劳动完全是他们的私人行为。生产什么、生产多少、如何生产，完全是不同生产者各自的私人事情，劳动产品也归生产者自己占有和支配。因此，生产商品的劳动具有私人性质，表现为私人劳动。同时，商品经济以社会分工为基础。在社会分工体系中，商品生产者互相联系、互相依赖。每个商品生产者的劳动都是社会总劳动的一部分。因

---

① 《马克思恩格斯文集》第 5 卷，人民出版社 2009 年版，第 55 页。

此，生产商品的劳动又具有社会性质，表现为社会劳动。

商品生产者的劳动由私人劳动转化为社会劳动，需要两方面条件：一方面，私人劳动必须作为一定的有用劳动，来满足一定的社会需要，从而表明它是社会总劳动的一部分；另一方面，只有在每一种有用的私人劳动可以同任何其他一种有用的私人劳动相交换，并且是等量劳动相交换时，私人劳动才能成为社会劳动。私人劳动所具有的社会劳动的性质，不能在生产者自己那里直接得到表现和承认。私人劳动要成为社会劳动必须经过市场交换。

商品进入市场并被市场所接受，对商品生产者具有决定性的意义。因为这使私人劳动获得了社会承认，成为社会劳动的一个部分。如果私人劳动的产品，或者全部、或者部分不被市场所接受，那么商品生产者的劳动就不能或不能全部为社会所承认，商品的使用价值就不能让渡出去，私人劳动就无法转化为社会劳动。由此产生私人劳动和社会劳动的矛盾。一旦出现这种情况，商品生产者的劳动耗费就得不到补偿，再生产过程就无法继续进行，商品生产者可能会因此而破产。

在商品经济条件下，商品生产者的劳动是私人劳动和社会劳动的对立统一。这种对立统一性存在于市场交换中。交换成功了，私人劳动转化为社会劳动，统一性得到体现；交换不成功，私人劳动就不能部分或不能全部转化为社会劳动，对立性或矛盾就暴露出来了。可见，私人劳动要转化为社会劳动必须经过流通、消费过程来实现。商品的流通和消费过程一方面是生产中形成的使用价值的流通、消费过程；另一方面是生产中形成的价值在流通、消费中实现的过程。

私人劳动和社会劳动的矛盾作为商品经济的基本矛盾，存在于商品经济发展的一切阶段。商品经济所具有的各种矛盾归根结底是由生产商品的劳动具有私人劳动和社会劳动这个基本矛盾所决定的。在资本主义市场经济条件下，私人劳动和社会劳动的矛盾表现为生产社会化和生产资料资本主义私人占有之间的矛盾，这是资本主义一切矛盾的总根源。

四、商品的拜物教性质

在商品经济中，通过商品生产和商品交换所体现的人与人之间的社会关系，表现为商品与商品之间的物的关系。商品生产者只有把商品这个物交换出去，才能得以生存；如果交换不出去，就得不到补偿，就会面临破产的危险。因此，商品与商品之间的物的关系就成为支配商品生产者命运的关系，成为物对人的统治关系。于是，商品生产者对作为商品的物产生了一种像对神一样的虚幻的崇拜。商品所具有的把人们之间的社会关系虚幻为物与物的关系的性质，就是商品的拜物教性质。

商品的这种神秘的拜物教性质不是来源于商品的使用价值，也不是来源于形成商品价值的抽象劳动，而是来源于劳动产品取得商品形态后，生产商品的劳动所特有的社会性质，即原来结合在一起的私人劳动和社会劳动发生了分离。随着劳动产品采取商品形态，商品生产者劳动的社会性质不能在生产过程中直接地表现出来，而只能通过商品与商品之间物的交换关系间接地表现出来。这样，商品生产者之间的劳动关系便表现为商品与商品之间的价值关系，而人与人之间的生产关系便表现为物与物的关系。商品形态在人们面前把人们劳动的社会性质反映成劳动产品的性质，反映成这些物的天然属性，从而把商品生产者同总劳动的社会关系反映成存在于商品生产者之外的物与物的关系。但商品生产者往往无法正确认识到商品作为物所掩盖的人与人之间的生产关系，于是，商品形态所具有的这种特殊性质在人们的头脑中就形成了相应的拜物教观念。在资本主义制度下，商品经济发展到了最高点。与此相联系，商品的拜物教性质也发展到了充分的程度，货币、资本等都具有了拜物教性质。商品拜物教性质体现了资本主义商品生产关系的基本特征，即人和物关系的颠倒。商品拜物教是商品生产和资本主义商品生产特有的经济关系，是与劳动生产力处于低级发展阶段相适应的。马克思曾经深刻地指出："只有当社会生活过程即物质生产过程的形态，作为自由联合的人的产物，处于人的有意识有计划的控制之下的时候，它才会把自己的神秘的纱幕揭掉。但是，这需要有一定的社会物质基础或一系列物质生存条件，而这些条件本身又是长期的、痛苦的发展史的自然产物。"①这就是说，随着人类社会的发展，商品拜物教关系最终是会被消除的。

第二节　商品价值量

一、社会必要劳动时间决定商品价值量

商品的价值量就是凝结在商品中的无差别的一般人类劳动量。在不考虑劳

① 《马克思恩格斯文集》第5卷，人民出版社2009年版，第97页。

动强度和劳动质量的情况下，劳动本身的量通常是用劳动的持续时间，即劳动时间来计量的。价值量也就是一定的劳动时间。

在现实生活中，生产同一种商品的不同生产者，由于生产的主客观条件的差异，他们在单位商品上所花费的劳动时间是长短不一的。一般来说，生产者的劳动效率越高，生产单位商品所花费的劳动时间也就越少。这就形成了生产同一种商品的不同生产者之间个别劳动时间的差别。既然价值量是社会所共同承认的包含在商品中的一般人类劳动量，那么商品的价值量也就不可能由生产这种商品的各种不同的个别劳动时间来决定，而只能由生产这种商品的社会必要劳动时间来决定。社会必要劳动时间是指，在现有的社会正常的生产条件下，在社会平均的劳动熟练程度和劳动强度下，制造某种使用价值所需要的劳动时间。在这里，社会正常的生产条件是指一定时期在某一生产部门中大多数生产者的生产条件，主要是生产资料的状况，它不是过去的，也不是将来的，而是现有的。平均的劳动熟练程度和劳动强度是指大多数生产者所具有的劳动熟练程度和劳动强度。

对于具有不同生产条件的生产者来说，其个别劳动时间各不相同。有的个别劳动时间可能正好等于社会必要劳动时间，而有的个别劳动时间或少于或多于社会必要劳动时间。既然商品的价值量是由社会必要劳动时间决定的，那么，劳动生产率越高，从而生产同种商品所花费个别劳动时间越少的生产者在市场中就越有利。由于个别劳动时间主要是由生产者的个别劳动生产率决定的，因而，商品生产者总是力求改进生产条件、提高劳动生产率。正是这种相互竞争的创新活动，促使社会劳动生产率不断提高。

从商品生产的社会整体过程出发，当考虑商品价值的实现时，社会必要劳动时间取得了进一步的含义，即由社会生产和生活需要最终决定，并由有支付能力的市场需求直接决定的应该或必须投入各类产品生产中的劳动量。这个劳动量就是第二种含义的社会必要劳动时间。正如马克思所说，“价值不是由某个生产者个人生产一定量商品或某个商品所必要的劳动时间决定，而是由社会必要的劳动时间，由当时社会平均生产条件下生产市场上这种商品的社会必需总量所必要的劳动时间决定”①。

由市场需求量直接决定的这种社会必要劳动时间量，与实际耗费在某种商品总量上的劳动时间量相比，存在三种情况：一是某种商品的实际生产量与市

---

① 《马克思恩格斯文集》第 7 卷，人民出版社 2009 年版，第 722 页。

场需求量正好相等，这时单位商品的价值量完全由第一种含义的社会必要劳动时间来决定，并且与第二种含义的社会必要劳动时间在量上相等。二是某种商品的实际生产量小于市场需求量，这时社会会按第二种含义的社会必要劳动时间量来购买这些商品，这时的社会必要劳动时间多于第一种含义的社会必要劳动时间。三是某种商品的实际生产量多于市场需求量，这时该商品中包含的第二种含义的社会必要劳动时间量就小于第一种含义的社会必要劳动时间量，两者之间的差额就不能实现为商品的市场价值量。这种情况可能单独发生在绝对过剩从而根本卖不出去的那部分商品上，也可能发生在所有商品都能卖出去，但其中有一部分是低价销售的那些商品上。可见，第一种含义的社会必要劳动时间决定商品的价值量；第二种含义的社会必要劳动时间则决定由第一种含义的社会必要劳动时间所决定的商品价值量的实现程度。

二、简单劳动和复杂劳动

不同商品生产者的劳动不是均质的，一般可以区分为简单劳动和复杂劳动。简单劳动是指不经过专门训练和学习就能胜任的劳动。复杂劳动是指需要经过专门训练和学习、具有一定技术专长才能胜任的劳动。

商品价值量与劳动时间相关，同一种劳动在同一劳动时间内创造的价值是相同的。但是，不同复杂程度的劳动在同一劳动时间内创造的价值是不相同的。一般说来，决定商品价值量的社会必要劳动时间中包含的劳动具有社会平均的劳动熟练程度和复杂程度。如果以简单劳动作为复杂劳动的计量单位，那么复杂程度不同的劳动所生产的不同种类商品的价值量，就是通过各种劳动转化为简单劳动的不同比例来实现的。在这个平均和还原的过程中，复杂劳动在同一劳动时间内创造的价值可以多倍于简单劳动，“比较复杂的劳动只是**自乘的**或不如说**多倍的**简单劳动，因此，少量的复杂劳动等于多量的简单劳动”①。这就是说，在同一时间内复杂劳动比简单劳动能生产出更多的商品价值。一小时复杂劳动生产的商品比一小时简单劳动生产的商品具有更多的价值。“比社会的平均劳动较高级、较复杂的劳动，是这样一种劳动力的表现，这种劳动力比普通劳动力需要较高的教育费用，它的生产要花费较多的劳动时间，因此它具有较高的价值。既然这种劳动力的价值较高，它也就表现为较高级的劳动，

① 《马克思恩格斯文集》第5卷，人民出版社2009年版，第58页。

也就在同样长的时间内对象化为较多的价值。”① 复杂劳动转化为简单劳动的比例，是由社会过程决定的，是在反复的市场交换实践中自发形成的。

简单劳动与复杂劳动的区别主要是由社会分工和科技水平及其在生产中的应用程度决定的，是因时因地变化的，因而它们的衡量标准是相对的。随着科学技术的发展和文化教育水平的提高，过去的复杂劳动可能是现在的简单劳动，现在的复杂劳动可能是未来的简单劳动。当然，无论在任何时期，都会存在复杂劳动与简单劳动的区分。在以自动化生产为基础的现代社会中，主要从事体力劳动的直接生产工人的比重大大减少，而主要从事脑力劳动的服务人员、科技人员、管理人员的比重则大大增加。随着复杂劳动者所占比重不断增大，在社会总价值中复杂劳动者创造的价值的比重也会越来越大。

三、劳动生产率和价值量

劳动生产力的水平高低一般用劳动生产率来表示。决定商品价值量的社会必要劳动时间，是随着劳动生产率的变化而变化的。劳动生产率是指劳动者生产某种商品的劳动效率。劳动生产率有两种表示方法：首先它可以由单位劳动时间内生产的商品数量来表示，此时数值越大，劳动生产率越高；其次它也可以由生产单位商品所耗费的劳动时间来表示，此时数值越小，劳动生产率则越高。

劳动生产率的高低是由众多因素决定的。其中主要有：劳动者的平均熟练程度，科技水平及其在生产中的应用程度，生产过程的社会结合（分工协作、劳动组织、生产管理）形式，劳动对象的状况（数量、质量和效能），以及自然条件（包括对自然资源和自然力的利用）等。

劳动生产率越高，单位时间内生产的商品数量越多，创造的使用价值越多。由此产生的结果是，尽管在同一劳动时间内所创造的价值量是不变的，但由于这一时间中生产的使用价值的数量增加了，单个商品生产所需要的社会必要劳动时间减少了，从而单位商品的价值量也随之减少。反之，劳动生产率越低，同一劳动时间内生产的商品数量越少，生产单位商品所需要的社会必要劳动时间便越多，单位商品的价值量便越大。提高劳动生产率只是指同一劳动时间内创造了更多的使用价值，而在同一劳动时间中仍然凝结着相同的价值总量，在这里变化的是单位使用价值（商品）所包含的价值量。比如，原来生产

---

① 《马克思恩格斯文集》第5卷，人民出版社2009年版，第230页。

10 双鞋子需要 10 小时，每双鞋子的价值是 1 小时劳动，而当劳动生产率提高时，10 小时则能够生产 20 双鞋子。从价值总量来看，其仍然是 10 小时的劳动，但是每双鞋子的价值只有 0.5 小时劳动的价值了。因此，劳动生产率同商品的使用价值量成正比，同单位商品的价值量成反比。

如果社会劳动生产率即社会平均的劳动生产率没有发生变化，从而在商品的社会价值不变的情况下，个别劳动生产率高的生产者的商品个别价值低于社会价值，但仍然可以按社会价值出售。这样，个别劳动生产率高的生产者从高于其个别价值的社会价值中获利。就如上例中，如果社会劳动生产率是 10 小时生产 10 双鞋子，每双鞋子的社会价值为 1 小时劳动，但某个生产者的个别劳动生产率更高，在 10 小时中生产了 20 双鞋子，虽然其个别价值为 0.5 小时劳动，但社会仍然会以每双 1 小时劳动的社会价值承认它。这意味着个别劳动生产率高的生产者在单位劳动时间内，不仅生产的商品数量增加，而且所创造的社会价值总量也会增加。这种状况一直会持续到这种较高的个别劳动生产率被社会上生产者普遍接受而成为社会劳动生产率，从而社会价值发生相应变化为止。

第三节　对劳动价值论认识的深化

一、当代劳动形式的新变化

创造商品价值的劳动在抽象规定性上是不变的，但其具体形式却随生产力发展而演变。当代劳动形式的新变化主要体现在以下三个方面：

一是脑力劳动所占比例上升、体力劳动所占比例下降。在生产力低下的传统社会中，体力劳动是劳动耗费的主体。在机器大工业确立后，各种生产工具被发明和制造出来替代直接生产过程中人的劳动，体力劳动的比例逐步下降，脑力劳动的比例逐步上升。这一变化本质上要求劳动者必须首先接受教育和技能培训。掌握新机器等新生产工具的使用，成为劳动者进入社会生产过程的先决条件，从而使得复杂劳动参与商品价值创造的作用越来越突出。在现代社会中，大量劳动已经从厂房转移至实验室、试验台和控制台，脱离了狭义上的直接生产过程。可以说，科技进步使人类劳动的内涵发生了质变，脑力劳动形式的劳动耗费逐渐占据了主导地位。

二是非物质生产领域的劳动的重要性日趋上升。在历史上，由于生产力水平的低下和生存资料匮乏，物质生产劳动曾经是主要的劳动形式。而在现代社会中，非物质生产的劳动特别是生产精神文化产品的劳动所占比例愈益上升。马克思对此有过这样的论述："在非物质生产中，甚至当这种生产纯粹为交换而进行，因而纯粹生产**商品**的时候，也可能有两种情况：（1）生产的结果是**商品**，是使用价值，它们具有离开生产者和消费者而独立的形态，因而能在生产和消费之间的一段时间内存在，能在这段时间内作为**可以出卖的商品**而流通，如书、画，总之，所有与艺术家所进行的艺术活动相分离的艺术品。在这里，资本主义生产只能非常有限地被运用……（2）产品同生产行为不可分离，如一切表演艺术家、演说家、演员、教师、医生、牧师等等的情况。在这里，资本主义生产方式也只是在很小的范围内进行……资本主义生产在这个领域中的所有这些表现，同整个生产比起来是微不足道的，因此可以完全置之不理。"① 显然，与马克思所处的时代相比，现代社会中的非物质生产领域已经不再局限于狭小的范围，它已经和物质生产领域相互融合并得到极大的发展，作为非物质形态的商品极大地增长，从而使生产商品的劳动在形态上被大大拓宽，用于精神文化商品和服务的社会劳动时间也快速增加。但正如马克思所预见的，这些从物质生产领域延伸出来的非物质生产领域的劳动，是随着现代生产方式的发展而不断增加的。相应地，非物质劳动形式在价值创造中的作用也会越来越突出。特别是20世纪以来，进入市场交换的各种非物质生产的劳动急剧上升，非物质生产劳动在社会总劳动中所占的比例越来越大，目前在发达国家已超过物质生产劳动所占的比重。

三是参与价值创造的劳动的范围拓宽了，价值实现领域的劳动日益融入商品价值生产过程。在传统社会生产中，商品生产和商品交换两个阶段相对独立。在现代社会中，商品生产和商品交换过程一体化程度大大提高。商品售前和售后服务成为常态，订单生产、代理销售、连锁经营、物流配送等新型商业形态不断涌现，还出现了融生产、科研、销售、服务为一体的新业态。这些变化，使部分生产活动转化为流通领域的活动，很多流通行为则直接成为生产活动。劳动者进入商品生产过程的素质门槛也大大提高，劳动更加具体化、专门化和差异化。

二、对劳动和劳动价值论的新认识

（一）科技劳动和管理劳动在价值创造中的作用日益突出

科技劳动是掌握了科学技术知识的劳动者所从事的生产性劳动，是具有高

① 《马克思恩格斯文集》第8卷，人民出版社2009年版，第416—417页。

度创造性的复杂劳动。科技劳动一方面是科学发现和发明的前提，另一方面是科学向技术转化并应用于生产的基础，决定着潜在生产力向现实生产力的转化。继蒸汽技术革命和电力技术革命之后，在以原子能、电子计算机、空间技术和生物工程的发明及应用为主要标志的第三次科技革命中，科技劳动发挥了决定性作用。进入21世纪以来，以基因工程、生物医药为标志的科技革命，大大提高了劳动者的生命质量，延长了其劳动寿命。而以信息技术为核心的新一轮科技革命，如人工智能、大数据、云计算、5G、“互联网+”等科技的应用和新的生产与商业运营模式，更是大大减少了直接生产过程中的劳动力投入，降低了生产要素的配置成本，缩短了生产过程的非劳动时间，极大地提高了劳动效率，改变了新价值创造的过程。

科技类产品的高附加值，是建立在科技劳动的前期高投入和使用过程的高复杂性基础上的。科技劳动参与价值创造不仅体现为直接创造新价值，也体现为用新的手段转移旧价值。科技劳动在当代社会的价值创造中越来越起主导作用，科技劳动者作为复杂劳动的提供者会取得更高的劳动所得。

管理劳动是现代商品生产中必不可少的要素。与手工生产中管理活动的非独立化不同，机器大工业生产中管理已经成为一种专职活动，承担合理组织生产的职能。在现代社会化大生产中，生产联系的高度复杂化和生产过程的高度精细化，使得管理劳动更加独立，也更加复杂，对创造新价值显然具有更重要的影响。不过，管理劳动具有双重性：一方面它是指挥生产过程的需要，另一方面它具有维护和完善所有制的职能。作为后者，它本身并不创造新价值，因而管理者的高额分配所得包含着所有者让渡出来的新创造价值。

（二）部分服务劳动和精神劳动参与价值创造过程

部分服务劳动和精神劳动参与价值创造过程，是社会生产力发展的结果。当代社会中大量服务劳动的独立化和部门化与社会分工的深化有关，尤其是生产性服务劳动，如运输、维修、仓储、通信、咨询等，均是为第一、第二产业服务的劳动，它们在社会总劳动中所占的比例日益上升。精神劳动是提供满足人们精神文化需要之产品的劳动，涵盖了科学、文化、教育、艺术、卫生、信息及咨询服务（咨询中介）等多方面，这些精神劳动在人类劳动中的比例也在逐渐提高。从经验事实看，由于部分服务劳动和精神劳动的发展，第三产业在国民经济结构中所占的比例越来越大。当今很多发达国家，第三产业产值约占GDP的60%—70%，就业比重甚至高达80%。

部分服务劳动和精神劳动参与价值创造，与社会生产的商品化程度提高有关。一般来说，在商品生产和交换发展的较低阶段，以物质财富形式存在的社会财富是商品价值的主要承担者。而在生产力发展水平较高阶段，精神财富会日益采取商品的形式并快速增长，随着社会文明程度的提高，社会总劳动中被投入精神财富生产的比例也越来越大。因此，在精神生产领域中分担商品生产总体职能某一部分的劳动，属于创造价值的劳动。同样，当代社会中为劳动者提供各种各样的服务直接决定着劳动力的生产和再生产，而这些以服务劳动形态存在的从直接生产过程中脱离出来的独立化的劳动，如劳动保健等，也逐渐融入创造价值的劳动的范畴。

（三）劳动价值论适用范围的拓展增强了其解释力

劳动价值论在当代拓展其适用范围，主要有两个方面的原因：一方面，作为价值载体的商品形态在当代进一步演变和发展。由于分工的细化，大量服务和精神类产品进入商品范畴，商品形态和价值的存在形式日益多样化，这促使部分服务劳动和精神劳动参与了价值创造过程。另一方面，创造价值的劳动在外延上的扩大，与“总体工人”外延的拓展有关。“产品从个体生产者的直接产品转化为社会产品，转化为总体工人即结合劳动人员的共同产品。总体工人的各个成员较直接地或者较间接地作用于劳动对象。因此，随着劳动过程的协作性质本身的发展，生产劳动和它的承担者即生产工人的概念也就必然扩大。为了从事生产劳动，现在不一定要亲自动手；只要成为总体工人的一个器官，完成他所属的某一种职能就够了。”① 在“总体工人”的共同劳动中，科技劳动和管理劳动的作用日益突出。

现代社会中，科技劳动、管理劳动和生产服务性劳动在价值创造中的作用的增加，证明了马克思关于“总体工人”范畴不断发展的科学预见。在劳动价值论中，创造价值的劳动是一种总体劳动，它既包括直接生产劳动，也包括间接生产劳动，涵盖了科学、知识、技术、管理、后续服务等因素。而超出直接生产功能并对社会物质生产过程产生影响的劳动，同样是物质生产过程中总体劳动的构成部分，都是创造价值的劳动。在总体生产中，创造价值的劳动者不仅包括工厂内部的工程师、技师、会计师、经济师以及间接作用于劳动对象的工程技术人员和经济管理人员，而且包括工厂外部科研机构中的直接科研人

① 《马克思恩格斯文集》第5卷，人民出版社2009年版，第582页。

员、间接科研人员和经济管理人员以及产品后续服务人员等。他们都是结合劳动人员，是“总体工人”中的一部分。事实上，社会生产发展进程也表明，后者在数量上的增加超过了工厂中从事直接劳动的人员的增加。

劳动价值论适用范围的拓展没有违背劳动价值论，反而进一步证明了劳动价值论的科学性。在当代社会，商品生产与商品交换仍然是社会经济行为的普遍而必然的形式，劳动价值论赖以建立的基本前提并没有发生根本的变化。从生产层面看，人类社会仍需要借助一定的劳动资料作用于劳动对象，并借此获取物质生活资料。从需要层面看，人类需求的多面性和多样性日益增强，社会分工需要进一步深化，并按照一定的比例分配社会总劳动。可见，“总体工人”范畴的扩大，仍然需要以劳动参与价值创造过程、承担商品生产部分职能为基础。而服务劳动和精神劳动中不直接承担商品生产部分职能的劳动，如军人、公务员、演员、家政服务人员的劳动等，就不成为创造价值的劳动。

三、几种与劳动价值论对立的观点

要深化对劳动价值论的认识，需划清与几种错误价值论的界限。

一是生产费用论。该观点认为，商品的价值是由生产商品的生产费用决定的，工资、利润和地租是交换价值的三个源泉。但这一观点无法解释生产费用的价值决定问题，从而陷入了循环论证。实际上，商品所包含的价值的增殖以及这种增殖的程度，在根本上还是取决于物化劳动所推动的活劳动量的大小。而对于生产费用的任何节约，在本质上也是用于生产的劳动量的节约。

二是要素价值论。该观点认为，商品生产投入的所有要素共同构成商品新价值的来源。这种观点混淆了物化劳动和活劳动、要素和要素所有权的界限。实际上，商品交换的本质归根到底是交换不同生产者之间物化于商品中的活劳动。商品生产过程中的设备、厂房、材料等资本，以及土地、原料等自然资源，均与创造价值的活劳动有本质的区别。设备、厂房、材料在商品生产过程中只是转移其旧价值；自然资源如矿山、油田等要素尽管进入商品生产和交换过程，并构成商品生产的成本，但并不包含价值增殖。资本和土地等要素所有者的收入是来自要素所有权，而不是要素创造的价值。

三是自动化生产创造价值论。该观点认为，随着信息技术和生产自动化的推广，机器人广泛替代人力，使得商品生产需要的活劳动大大减少，商品价值中的主体部分是由机器人所创造的。实际上，现代社会生产对自动化和信息化技术的应用是以科技人员的劳动为前提的，机器人本身并不创造价值。只有以科技人员的劳动为前提，自动化生产所需要的研发、材料研制、维护保养、编程、生产控制等一系列科技劳动才参与了价值创造过程。自动化生产创造出来的价值，在实体上仍然是凝结在科技产品中的科技劳动者的抽象劳动。从根本上说，它是由于劳动者掌握了先进科学技术而创造出来的更大的价值。

四是知识价值论。该观点认为，劳动价值论不适用于信息社会，而只适用于工业社会初期。在信息社会里，价值增殖主要通过知识来实现。事实上，知识本身并不能直接创造新价值。科学知识虽然是劳动的结晶，但潜在于人脑中，不能直接表现出来，只有通过人类劳动才能表现出来。劳动者掌握的知识越多，积累的劳动经验越丰富，从而越能胜任更复杂的劳动。因此，产生知识和运用知识的活劳动才创造新价值。知识在价值创造中的作用，主要在于它增加了现代生产中复杂劳动的比例，从而使劳动者在单位时间里付出了“倍加”的简单劳动。

思考题：

1. 解释下列概念：商品、使用价值、价值、具体劳动、抽象劳动、商品的拜物教性质、社会必要劳动时间。
2. 如何理解使用价值、交换价值、价值三者之间的关系？
3. 什么是生产商品的劳动二重性？为什么说劳动二重性是“理解政治经济学的枢纽”？
4. 简述私人劳动和社会劳动的矛盾是商品经济的基本矛盾。
5. 商品价值量是如何决定的？价值量与劳动生产率的关系如何？
6. 当代劳动形式发生了哪些新变化？对劳动和劳动价值论的新认识有哪些？

第二章　货　币

随着商品交换的发展，商品的价值形式经历了从简单的、个别的或偶然的价值形式，到总和的或扩大的价值形式，再到一般价值形式和货币形式的变化过程。货币是商品交换发展到一定阶段的产物，它是固定地充当一般等价物的特殊商品，体现了商品生产者之间的社会生产关系。货币具有价值尺度、流通手段、贮藏手段、支付手段和世界货币五种职能。货币形式由最初的金属货币演化为纸币和信用货币。纸币和信用货币发行要遵循货币流通量规律，防止通货膨胀和通货紧缩。

第一节　货币的本质和职能

一、货币的起源和本质

货币是人类社会生产发展到一定阶段的产物，是商品以及交换价值本身不断发展的结果。商品的价值形式经历了以下几个阶段或几种形式：

（一）简单的、个别的或偶然的价值形式

人类社会最初的产品交换是原始社会后期部落之间偶然进行的剩余产品的交换。例如，缺乏石器的部落拿绵羊同另一个部落交换斧子。这种偶然的交换关系，可表示为：

1只绵羊=2把斧子

这种交换所体现出来的是一种简单的、个别的或偶然的价值形式。说它是简单的，是因为这是一种产品与另一种产品的交换。说它是个别的，是因为在这里，绵羊只与斧子进行交换。绵羊不能交换别的产品，斧子也不能交换别的产品。这种交换是个别的，从而也就只能是偶然的。由于这个阶段人类生产的目的并不是为了交换，产品只是进入交换之后才具有了商品性，才表现为商品。因而，这里发生的实质是产品交换，而不是真正的商品交换。但是，最初的这种产品交换已经具有了商品交换的形式。

一切价值形式的秘密都隐藏在这个简单的价值形式中，它包含了一切价值形式的本质规定。在这种交换关系或价值形式中，绵羊和斧子分别起着不同的

作用，具有不同的地位和性质。按照等式的顺序，等式左边的绵羊处在主动的地位，它需要同斧子交换。而等式右边的斧子处在被动的地位，它可以同绵羊交换。即使把绵羊和斧子的位置颠倒过来，也不改变等式左边和右边的产品所具有的不同地位和性质。可以把等式左边的绵羊叫作相对价值形式，把等式右边的斧子叫作等价形式。一切价值形式都是由相对价值形式和等价形式这两个既对立又统一的方面或要素构成的。

从等式左边相对价值形式的特点来看，绵羊之所以能够同斧子交换，首先是因为绵羊本身具有使用价值。其次，1 只绵羊之所以能够交换 2 把斧子，是因为绵羊本身是凝结着一定劳动的产物，具有一定的价值量。而绵羊的价值及其价值量，只能通过与斧子的交换关系才能相对地表现出来。2 把斧子就是绵羊的内在价值量即其社会必要劳动时间的相对表现。等式两边商品的价值量不是固定不变的，它们会随着劳动生产率的变化而发生变动。如果生产斧子的劳动生产率提高，从而使每把斧子的价值下降，而绵羊的价值量不变，那么，1 只绵羊就可能等于 3 把斧子。这进一步表明，一种商品内在的价值量，在与另一种商品的交换中只是得到相对的表现，而不是绝对的表现。

从等式右边等价形式的特点来看，斧子之所以能够与绵羊交换，首先也是因为它本身具有使用价值。但是，在斧子与绵羊的交换关系中，斧子只是作为绵羊的价值量的表现形式即等价形式来发生作用的。等价形式具有三个特征：第一，使用价值成为价值的表现形式。在与绵羊的交换关系中，斧子通过自己的使用价值把绵羊内在的价值表现为外在的、看得见、摸得着的物，同时，把绵羊的价值量也明确表现出来了。第二，具体劳动成为抽象劳动的表现形式。作为等价形式的斧子是一定的具体劳动的产物，它在和绵羊交换时，成为表现绵羊价值的物品。因此，生产斧子的具体劳动也就成为抽象劳动的表现形式。第三，私人劳动成为直接形式的社会劳动。处于等价形式的斧子本来是私人劳动的产物，但是，在斧子和绵羊交换时，斧子却作为直接的社会劳动的产物而发生作用，从而表明生产绵羊的劳动具有社会性。

上述分析表明，在商品的价值形式中，潜藏在商品中的使用价值和价值的内部对立，通过外部对立即两个商品的关系表现出来。

由于简单的价值形式存在于偶然的商品交换，其等价物也是个别的，因此这种价值形式是不充分的。随着社会生产力的发展以及第一次社会大分工（农业和畜牧业分离）的出现，剩余产品增加了，产品表现为商品的可能性和必要性增强了，商品交换的种类和范围都得到了发展，一种商品已经不是偶然地同另一种商品相交换，而是可以同多种商品相交换了。这时交换已不是偶然的行为，而是比较经常的行为了，简单价值形式便发展为总和的或扩大的价值形式。

（二）总和的或扩大的价值形式

总和的或扩大的价值形式，是指一种商品与一系列商品相交换的形式。可表示为：

$$1\text{只绵羊}\begin{cases}=40\text{公斤小麦}\\=2\text{把斧子}\\=2\text{匹布}\\=1\text{克黄金}\\=\text{一定量其他商品}\end{cases}$$

在扩大的价值形式上，一种商品的价值已经不是偶然地表现在另一种商品上，而是经常地表现在一系列商品上。作为等价形式的已经不是一种商品，而是一系列商品。这时，绵羊与其他各种商品相交换的比例由一系列商品的价值量来调节，从而，绵羊的价值就能更加充分地表现为无差别的人类劳动的凝结。与简单的价值形式相比，在扩大的价值形式中，商品的价值量得到了更为充分的表现。

但是，扩大的价值形式也存在着自身的缺陷或矛盾。在这种价值形式中，每一种商品的价值都表现为各种不同量的其他商品，商品价值量的表现缺乏一个共同标准，从而产生了交换的困难。例如，有人愿意用绵羊交换小麦，但有小麦的那一方却不愿意要绵羊，而愿意要斧子。在这种情况下，需要用绵羊换小麦的人，首先得去找一个愿意换出斧子的人。如果换出斧子的人也不要绵羊，而愿意要布，那么，就得首先用绵羊去换布，再用布换斧子，再用斧子换小麦，几经周折，有绵羊的人才能实现自己的交换目的。

问题本身是与解决问题的条件同时产生的。在人类社会的生产和交换发展中，人们很快就找到了解决上述交换困难的办法，这就是一般价值形式和一般等价物的产生。

（三）一般价值形式

一般价值形式是扩大的价值形式颠倒了的形式。可表示为：

$$\left.\begin{array}{ll}\text{40 公斤小麦} & = \\ \text{2 把斧子} & = \\ \text{2 匹布} & = \\ \text{1 克黄金} & = \\ \text{一定量其他商品} & = \end{array}\right\}\text{1 只绵羊}$$

处于等式右边的绵羊成了等式左边商品的“一般等价物”。人们可以把一般等价物当作商品交换的媒介，参与交换的所有商品的价值都由一般等价物来表现。在人类历史上的不同时期、不同民族，牲畜、贝壳、盐、兽皮等都曾充当过一般等价物。

在一般价值形式中，由于一切商品的价值都表现在同一种商品上，因而，商品价值的表现是统一的。一般价值形式的出现，使价值形式发生了质的飞跃。商品的交换方式已由物物交换转变为以一般等价物为媒介的商品交换。商品生产者只要把自己的产品换成一般等价物，他的劳动就获得了社会承认，就可以用一般等价物来换取所需要的商品。实际上，充当一般等价物的商品已经在一定程度上起到了货币的作用。人类社会的货币发展史，就是不断以更适合充当一般等价物的商品替换不太适合的商品，最后固定在最适合充当一般等价物的商品上的历史。

（四）货币形式

货币形式是一般价值形式的进一步发展，是价值形式的完成形态。所谓货币，就是固定地充当一般等价物的特殊商品。

随着社会生产力的发展，特别是第二次社会大分工（手工业从农业中分离出来）的出现，商品交换不断发展，最后产生了真正意义上的商品生产，即直接目的不是消费而是交换的生产。随着商品生产的发展，商品交换在人类经济生活中的地位越来越重要。这就在客观上要求充当一般等价物的商品必须具有通用性和稳定性。于是，一般等价物最终固定在某种商品上，这种商品就成为货币。由于贵金属商品中黄金或白银的自然属性最适合充当货币材料，所以，在很长的历史时期内，它们充当了真正意义上的货币。

货币出现之后的价值形式可以表示为：

40公斤小麦 =	1克黄金
2把斧子 =	
2匹布 =	
1只绵羊 =	
一定量其他商品 =	

货币形式替代一般价值形式并没有发生本质的变化，唯一的区别在于，在货币形式中，一般等价物已经固定在黄金或白银等贵金属商品上。

黄金或白银之所以能够成为货币，首先是因为它们本身是具有价值的商品，而不是因为它们天然就是货币。马克思指出，“金银天然不是货币，但货币天然是金银”①。黄金或白银成为货币，完全是商品生产和商品交换发展到一定阶段的自然结果。

货币的出现克服了物物交换的困难，推动了商品交换的发展，也使得商品世界分裂为对立的两极：一极是具有各种特殊使用价值的商品；另一极是表示商品价值的货币。商品内在的使用价值和价值之间的矛盾、具体劳动和抽象劳动之间的矛盾，以及私人劳动和社会劳动之间的矛盾，外化为商品和货币的对立。如果商品生产者将其商品通过交换转换成货币，商品的内在矛盾得到了解决，商品的价值得到了实现，商品生产者的个别劳动也就得到了社会承认。反之，商品的内在矛盾就不能得到解决，商品生产者的生产就不能继续。货币的产生并没有根本消除商品的内在矛盾，只不过是使商品的内在矛盾取得了新的表现形式。

贵金属货币区别于普通商品的特点是：在商品世界中，只有货币起着一般等价物的作用。同时，作为货币的贵金属，本身仍然是商品，与普通商品一样，它具有价值和使用价值。贵金属作为普通商品时，具有自身特殊的使用价值，例如黄金可用作工业原料，也可用作装饰品。不过，作为货币时，贵金属增加了一种“形式上的使用价值”②，即固定地充当一般等价物的用途。

一般意义上的使用价值，在使用过程中通常要耗费自身来满足人的需要，但形式上的使用价值不需要发生实质上的耗费。贵金属在固定地充当一般等价物时，只是用来表现其他商品的价值，理论上是不会有损耗的。在实际的流通

① 《马克思恩格斯文集》第5卷，人民出版社2009年版，第108页。
② 《马克思恩格斯文集》第5卷，人民出版社2009年版，第109页。

过程中，贵金属经过无数次的运输、携带、搬动和清点，免不了会有磨损，通过发行可随时按面值兑换贵金属的银行券来代替贵金属流通，即可避免贵金属的磨损。货币作为一般等价物时不需要发生实质耗费，这一独特性质为后来纸币乃至电子货币的出现提供了可能性。

在商品交换过程中，由于所有的商品必须把自己的价值表现在货币商品上，这样，货币商品成为社会劳动的化身，具有与所有商品相交换的能力，成为社会财富的一般代表。价值形式的发展和货币产生的过程表明，货币作为从商品世界中游离出来固定地充当一般等价物的特殊商品，体现了商品生产者之间的社会生产关系。这就是货币的本质。

二、货币的职能

货币的本质是通过它的职能来实现或者表现出来的，货币的职能是由货币的本质决定的，是随着商品生产和商品交换而不断发展的。在发达的商品经济中，货币具有价值尺度、流通手段、贮藏手段、支付手段和世界货币等职能。其中价值尺度和流通手段是最基本的职能，货币首先是作为这两个职能的统一而出现并发挥作用的。

（一）价值尺度

从货币的起源和产生过程可以看出，货币的第一个职能就是价值尺度，即货币是表现、衡量、计算商品价值大小的尺度。货币之所以能够起到价值尺度的作用，是因为货币本身也有价值。这正如尺子之所以能作为衡量布和绳子长度的工具，是因为尺子本身也具有长度一样。货币作为价值尺度不过是商品内在价值尺度即社会必要劳动时间的外在表现形式。

货币执行价值尺度职能时，就是要把商品的价值表现出来。一方面，货币把所有商品的价值表现为同名的贵金属的量，使它们在质上相同，在量上可以相互比较。例如，2 匹布等于 1 克黄金，1 件上衣等于 2 克黄金，因此，1 件上衣的价值是 2 匹布价值的两倍。另一方面，商品的价值表现在货币上，就成为价格，因而，价格是商品价值的货币表现。由此，货币以外的所有商品的交换价值都统一表现为价格，货币本身的交换价值则表现为货币的购买力。

货币执行价值尺度职能时，并不需要现实的货币，而只需要想象的或观念上的货币给商品标明价格。

各种商品的价值量不同，表现为货币的数量也不同。为了能够衡量和计量各种商品的价值量，也为了交换的方便，必须确定货币本身的计量单位，即在技术上把某一标准固定下来作为货币单位，还可以把这一单位再划分为若干等分。这种货币本身的计量单位及其等分，通常称为价格标准。最初的价格标准同衡量货币商品的重量单位是一致的。比如，中国古代货币的计量单位是"两"。英国的货币单位是"英镑"，它原来是重1磅的银的货币名称。随着社会经济的发展和社会财富的增长，贵金属的数量已越来越不能满足交换的需要。同时，在国际贸易中各国的货币相互流通，出现了价格标准上的不一致。于是，价格标准和货币的实际重量逐渐分离开来，最终出现了完全不包含实际重量的货币单位或价格标准。如人民币以"元、角、分"为价格标准。这为货币形式的进一步发展提供了客观的可能性。

价格标准并不是货币本身的一个独立职能，而是为执行价值尺度职能派生出来的技术规定。货币的价值尺度职能，必须借助于价格标准来完成。

商品价格作为商品价值的货币表现，其变化反映商品和货币两个方面价值的变化。因而，商品价格的高低，既取决于商品价值的变动，又取决于货币价值的变动。商品价格与商品价值成正比，与货币价值成反比。在货币价值不变、商品价值提高时，或在商品价值不变、货币价值降低时，商品价格提高。反之，在货币价值不变、商品价值降低时，或在商品价值不变、货币价值提高时，商品价格降低。当货币价值与商品价值同时变动（同向或反向变动）时，商品价格的变化情况可以此类推。

在现实中，商品的价格与价值有可能发生背离，这反映了价格形式本身包含的矛盾。首先，在商品价值量不变而货币价值量发生变化时，可能导致商品的价格偏离价值。其次，市场供求关系变化会导致价格偏离价值。再次，价格与价值在质上也可能偏离，即"价格可以完全不是价值的表现"，"没有价值的东西在形式上可以具有价格"。[①] 例如，名誉、良心等，本来不是商品，没有价值，但在现实生活中却可以出卖，具有一定的价格。这是一种虚幻的价格形式。

（二）流通手段

货币的流通手段职能是指货币充当商品交换媒介的职能。此时需要的，就不能只是想象或观念上的货币，而必须是实实在在的货币。

---

① 《马克思恩格斯文集》第5卷，人民出版社2009年版，第123页。

商品交换以货币为媒介，使直接的物物交换发展为商品流通。商品流通就是以货币为媒介的商品交换。用公式表示为：

W—G—W（商品—货币—商品）

货币作为流通手段，改变了商品交换的形式。在货币出现之前，商品交换是直接的物物交换，买和卖在时间和空间上都是同一的，买就是卖，卖就是买。货币出现以后，物物交换发展为商品流通，买和卖在时间和空间上分离为两个不同的阶段或环节。对于商品所有者来说，商品的出卖即 W—G 的实现具有决定性的意义，马克思称之为“惊险的跳跃”，“这个跳跃如果不成功，摔坏的不是商品，但一定是商品占有者”①。现实中，就有商品所有者因为商品卖不出去而亏损甚至破产。相比而言，商品卖出去得到货币之后再购买商品的过程，即 G—W 这一过程通常会容易一些。

买和卖的分离，在推动商品生产发展的同时，也加深了商品生产的内在矛盾。这个矛盾表现在，统一的商品交换过程可能出现在时间和空间上的买卖脱节。卖了商品，持有了货币，但不马上买；或在本地卖了商品，持有了货币，而到其他地方去买。这就隐含了商品流通中断、商品卖不出去、发生经济危机的可能性。马克思指出，卖和买的对立“包含着危机的可能性，但仅仅是可能性。这种可能性要发展为现实，必须有整整一系列的关系，从简单商品流通的观点来看，这些关系还根本不存在”②。简单商品流通发展到资本主义生产后，这种可能性就有了现实性。

（三）贮藏手段

在商品经济中，只要商品所有者在出卖商品并持有货币后不立即购买他所需要的商品，货币就退出流通领域而行使贮藏手段职能。货币行使流通手段职能时，购买和销售可以在时间和空间上分离，这就为货币行使贮藏手段职能提供了基础。货币的贮藏手段职能，就是货币退出流通领域作为社会财富的一般代表可以被贮藏保值的职能。

在金属货币条件下，货币之所以能行使贮藏手段职能，是因为金属货币本身有价值。货币贮藏也是社会一般财富的贮藏，这种贮藏能够自发调节货币流通量。当流通中的货币过多，多余的货币就会暂时退出流通，成为贮藏手段。相

---

① 《马克思恩格斯文集》第 5 卷，人民出版社 2009 年版，第 127 页。

② 《马克思恩格斯文集》第 5 卷，人民出版社 2009 年版，第 135—136 页。

反，当流通中的货币不足，贮藏的货币就会成为流通手段。因此，货币行使贮藏手段职能时，还起着调节流通中货币量的“蓄水池”作用。

在纸币制度条件下，由于纸币本身没有价值，因此，纸币的贮藏与金属货币的贮藏具有不同的性质与特点。一方面，纸币也能执行部分贮藏手段的职能。这是因为作为货币的纸币，仍然是一般等价物，是社会财富的一般代表。另一方面，由于纸币本身没有价值或者说其价值可以忽略不计，纸币的购买力是由其发行量决定的，如果因为发行量过多而产生了货币贬值，那么，纸币的贮藏手段职能就会受到影响。在这种情况下，纸币就不会被人们贮藏，货币贮藏也就失去了调节流通中货币量的“蓄水池”作用。

（四）支付手段

货币的支付手段职能是指货币用于清偿债务或支付赋税、租金、利息、工资等的职能。货币的支付手段职能最初是由商品的赊购赊销引起的。在商品生产中，有些商品的生产时间长短不同，有些商品的生产还受到季节的影响，同时，各种商品的销售时间也存在差别，于是逐渐出现了先交货后付款的信用交易，出现了延期支付。当货币用于偿还赊购商品的货款时，商品的让渡同货款的支付在时间上已经分开。货币用于延期支付时，就执行了支付手段的职能。

货币要作为支付手段发挥作用，必须满足下列条件：第一，货币的购买力不降低。在货币贬值从而购买力降低的情况下，商品的卖者出于对自己利益的关心，常常不愿赊销商品，这样，货币作为支付手段的作用就会受到限制。第二，买者应支付一定数量的利息。在无利或低利的情况下，卖者往往不愿赊销商品，货币支付手段难以充分发挥作用。第三，确保到期偿还债务。在买者缺乏偿还债务的能力或不守信用而违约时，货币也就难以发挥支付手段的职能。

货币的支付手段职能，一方面促进了商品经济的发展，这是因为货币的支付手段职能使商品的实际交易在一定时期内突破了货币数量的局限性；另一方面又扩大了商品经济的内在矛盾，这是因为随着支付关系的发展，赊销方式使商品生产者之间形成了一长串的债权债务链条。如果其中有人到期不能支付，支付链条就有可能中断，也就是资金链断裂，使整个债权债务关系陷入混乱，出现支付危机，导致商品生产与经营无法顺利进行。“这种矛盾在生产危机和商业危机中称为货币危机的那一时刻暴露得特别明显。”①

---

① 《马克思恩格斯文集》第 5 卷，人民出版社 2009 年版，第 161—162 页。

（五）世界货币

货币一旦用于国际的商品交换，就取得了世界货币的职能。世界货币是指货币在世界市场充当一般等价物的职能。

货币执行世界货币的职能，是货币的国内职能在国际范围的延伸，它使货币的职能超越民族或国家的地域限制而在世界市场上发挥作用。在国际贸易中，世界货币首先也要执行价值尺度的职能。不过，决定商品的国际价值的社会必要劳动时间，表现为世界平均的必要劳动时间。其中，劳动生产率高的国家的国民劳动在世界市场上实现为更多的国际价值。

世界货币在国际市场上的其他具体职能有：一是作为国际支付手段，用来平衡国际贸易差额；二是作为购买手段，用于从外国购买商品；三是作为社会财富的代表，在国与国之间转移财富，例如对外国的资金援助、向外国借款、用于战争赔款等。

当货币执行世界货币这一职能时，必须以足值的金或银充当。第二次世界大战以来，世界各国在货币制度上陆续放弃了金本位，不再规定本国货币的含金量。国际贸易的差额，不再用黄金支付，而是按照各国双边协议商定的硬通货支付。美元、欧元等在一定范围内和一定程度上起着世界货币的作用。但是，与黄金充当世界货币的情况相比，在纸币等价值符号担当世界货币的条件下，国际货币体系处于极不稳定的状态。汇率即各国货币之间的兑换比例，随着各国经济实力的消长、国际资金的流动、国际货币市场短期供求变化而不断波动。

总的来说，货币的各种职能从不同方面反映了货币作为一般等价物的本质。它们之间存在着有机的联系，其中，价值尺度和流通手段是货币的基本职能，在此基础上产生了贮藏手段、支付手段和世界货币等职能。

第二节　货币的形式

一、货币形式的演化

（一）金属货币

货币的形式经历了从金属货币到纸币再到信用货币的演化过程。

金属货币，即贵金属（黄金或白银）货币，它是货币的最初形式。贵金属最初是以生产出来的自然形态即条状或块状直接充当货币的。由于自然条块状态的贵金属有重量的不同和含量的差别，因而，每次使用金属货币进行交易时都需要称其重量、鉴定成色，有时还要按交易额的大小对贵金属进行分割，这显然很不方便。

随着商品生产和商品交换的发展，在自然条块金属货币的基础上，产生了私人铸币。一些有经济实力和社会名望较高的商品所有者，在自然条块金属货币上打上印记，标明重量和成色。这相当于以该商品所有者的信誉担保某货币的重量和成色。如果交易双方认为该商品所有者的担保是可信的，那么在交易中就无须重新鉴定重量和成色，这就大大方便了货币的流通。但私人铸币受私人信用的局限，其流通具有区域性。当商品交换突破区域性范围后，对于自然条块金属货币的重量和成色就要求有更具权威的证明。最具权威的当然是国家。以国家信用为担保，按一定的重量和成色把自然条块金属货币铸成一定形状，就成为国家铸币，即由国家的印记证明其重量和成色的金属货币。

在铸币流通阶段，当交易额小于铸币面值时，出现了用耐磨损的贱金属铸造的不足值货币，以满足小额或零星交易的需要。这种货币即为辅币。辅币多用贱金属（铜、镍等）由国家根据小额或零星交易的需要垄断铸造。

金属货币上的印记主要包括形状、花纹、文字等。最初各国的金属货币有各种各样的形状。中国古代的铜铸币就有布币（铲形农具的缩影）、刀币（刀的缩影）、圜钱（圆形钱币）等形状。

（二）纸币和信用货币

在金属货币的基础上，出现了纸币。纸币是指由国家发行并依靠国家权力强制发挥货币职能的纸质货币。纸币本身没有价值或其价值可以忽略不计。纸币之所以能够成为货币并被社会普遍接受，靠的是国家的强制力量和信誉。

从货币的价值尺度职能来看，商品价值观念地表现在一个金量上，这个金量完全可以由纸币象征性地体现出来。从货币的流通手段和支付手段职能来看，对所有者来说，商品转化为货币或货币用于支付只是转瞬即逝的过程，只要货币能够继续执行流通手段和支付手段职能，货币本身是否具有足量的价值就不重要了。因此，在货币不断转手的过程中，单有货币的象征存在就够了。纸币在执行流通手段和支付手段职能时，起着价值符号的作用。只要其能在商品交换中被人们普遍接受，这种货币就能流通和用于支付。

信用货币主要包括银行券、支票存款、电子货币等形式。

最初的银行券是作为代用货币而出现的。它是银行发行的一种债务凭证。银行券持有人可以随时向发行银行兑换相应的金属货币。由于银行券的可兑换性和发行银行有较高的信誉，银行券在流通中被人们普遍接受，发挥着货币的职能。最初，一般银行都可发行银行券。19 世纪以后，逐渐改由中央银行集中发行。20 世纪 30 年代世界经济危机以后，各国的银行券先后停止其与金属货币的可兑换性，转而依靠国家的强制力量支持其流通，于是银行券纸币化，并成为信用货币的主要形式。

支票存款是信用货币的另一种主要形式，是指存款人能以支票即期提取、支付的存款。使用支票可以减少因携带大量现金而遭受丢失或失窃损失的风险，而且由于传递方便，省去找换零钱等程序，提高了交易效率。

在电子信息技术迅速发展、金融创新不断深化的当代，出现了电子货币。它是一种电子化存储的货币。比较典型的电子货币是储值卡。使用者支付一定数量的货币向发卡机构购买储值卡以后，直接用储值卡进行购买和支付。随着互联网的产生与发展，电子货币已经可以通过网络进行实时结算，更为快捷方便。

严格来说，电子货币并不是一种新的货币，而只是传统货币电子化的存在形式。在电子货币的使用过程中，所有支付过程都是电子化的，其效率要远远高于传统的交易和支付系统，在人类经济生活中的作用范围也越来越广泛。

二、货币层次

在现代经济社会中，除了上述货币形式之外，许多金融资产在一定程度上具有货币性，发挥着一定的货币职能，从而成为广义的货币。例如，储蓄存款与支票存款之间可以自由转换。在信用关系高度发达的国家中，将定期存款计入货币范围能更准确地反映商品与货币之间的关系。再如国库券、企业短期债券等，在金融市场上也能转换为现金或支票存款。

面对不断扩大的货币范围，国家需要把货币划分为不同的层次，以对货币供应量进行分层次的调控。各国对货币层次的划分有多种做法，但大都以流动性的大小为依据，即以某种资产转换为现金或支票存款的能力作为标准。国际货币基金组织制定并颁布的《货币与金融统计手册》对货币层次做了以下划分：

M_0：现金，本币流通中的现金；

M_1：狭义货币，M_0+可转让本币存款和在国内可直接支付的外币存款；

M_2：狭义货币和准货币，M_1+一定期限内（三个月到一年之间）的单位定期存款和储蓄存款+外汇存款+大额可转让定期存单；

M_3：广义货币，M_2+外汇定期存款+商业票据+互助金存款+旅行支票。

中国目前的货币供应量分为三个层次：

M_0：本币流通中的现金；

狭义货币 M_1：M_0+能开支票进行支付的单位活期存款；

广义货币 M_2：M_1+准货币（居民储蓄存款+单位定期存款+信托存款、委托存款、财政预算外存款、证券公司客户保证金等其他存款）。

第三节　货币流通量及其规律

一、货币流通量

货币产生之后，商品交换发展为以货币为交换媒介的商品流通。流通货币的数量直接影响着商品的市场价格，影响着商品的生产和交换，影响着投资和消费。

货币流通是指货币不断地作为流通手段和支付手段在买者和卖者之间运动。货币的运动形式，就是货币不断地离开起点，从一个商品所有者手里转到另一个商品所有者手里。在 W—G—W 的流通过程中，商品不断进入又不断退出流通过程，而货币则留在流通领域，表现为一个不断重复的运动。

从货币流通与商品流通的关系来说，是商品交换产生了货币及其流通。货币流通以商品流通为基础，服务于商品流通。

货币在执行流通手段职能时，流通中的货币需求量不是任意规定的，而是具有规律性。货币流通同商品流通相适应的规律，也称作货币流通量规律。其基本要求是，流通中的货币量必须满足商品流通的需要。

货币作为流通手段，其数量是由全部商品价格总额和货币流通速度这两个因素决定的。商品价格总额等于各种商品数量和各自价格的乘积之和。市场上流通的商品数量越多，商品价格水平越高，商品价格总额就越大，流通中所需要的货币量就越多；反之则越少。货币流通速度是指一定时期内同一货币单位的平均周转次数。货币流通速度越快，媒介同量商品所需要的货币量就越少；反之则越多。市场上待实现的商品价格总额和货币流通速度（次数）是按不同方向和不同比例不断变化的，由此引起了货币流通量的不断变化。货币流通量规律可以用公式表示为：

$$\text{一定时期内流通中需要的货币量}=\frac{\text{流通中商品价格总额}}{\text{同一货币单位的平均流通速度（次数）}}$$

上述公式表示的就是货币流通量规律，即“流通手段量决定于流通商品的价格总额和货币流通的平均速度这一规律”①。例如，一定时期（假定一年）内社会所需实现的商品价格总额是400亿元。假定每1元货币平均在一年内流通10次。那么，根据以上公式计算，只要有40亿元（400亿元÷10）的货币，就足够实现400亿元商品的交换。显然，一定时期内商品流通所需要的货币量，同商品的价格总额成正比例，而同货币流通速度成反比例。

货币执行支付手段职能也会影响货币流通量。一方面，用于清偿债务、支付工资以及交纳税款的货币会增加流通中的货币量。另一方面，随着信用制度的发展，商品买卖采取了赊账的形式，在一定时期内并不需要现实的货币；各当事人之间的债权债务还可以相互抵消，也减少了流通中所必需的实际货币量。这样，货币流通量公式就变为：

$$\text{一定时期内流通中需要的货币量}=\frac{\text{流通中商品价格总额}-\text{赊销商品价格总额}+\text{到期支付总额}-\text{互相抵消支付总额}}{\text{同一货币单位的平均流通速度（次数）}}$$

上述公式表示，流通中货币需求量同到期需要支付的总额呈同方向变化，同赊销商品价格总额和互相抵消的支付总额呈反方向变化。

货币执行贮藏手段职能也会影响货币流通量。金属货币的流通，由于金属货币本身有价值，货币流通量是自动调节的。当流通中的货币量超过货币需求量时，金属货币的购买力就会低于其所包含的金属的价值，这时，人们会将金属货币贮藏起来，从而使部分货币退出流通；当流通中的货币量少于货币需求量时，金属货币的购买力就会高于其所包含的金属的价值，这时，人们则会把金属货币投入流通，从而增加货币流通量。这种调节机制使金属货币的购买力与所含金属的价值基本保持一致，使货币流通量与货币需求量也趋于一致。

---

① 《马克思恩格斯文集》第5卷，人民出版社2009年版，第145页。

以上讨论的是金属货币下的货币流通量规律。纸币和信用货币代替金属货币时，这个规律仍然存在并发挥作用，但其实现形式有了变化。

二、纸币和信用货币流通量

纸币流通量规律是以金属货币流通量规律为基础的。由于纸币只是价值符号，是代表金属货币执行流通手段职能的，所以，“纸币流通的特殊规律只能从纸币是金的代表这种关系中产生。这一规律简单说来就是：纸币的发行限于它象征地代表的金（或银）的实际流通的数量”①。就是说，不管纸币发行多少，流通纸币总量必须同它所代表的金属货币流通量相等。既然如此，单位纸币所代表的金属货币量就应该是：

$$单位纸币所代表的金属货币量=\frac{流通中所需要的金属货币量}{流通中的纸币总额}$$

纸币一旦通过国家强制发行后，就成为一个常量，不能根据商品流通需要实现自行调节。纸币所代表的价值同它发行的数量成反比。“国家固然可以把印有任意的铸币名称的任意数量的纸票投入流通，可是国家的控制同这个机械行为一起结束。价值符号或纸币一旦进入流通，就受流通的内在规律的支配。”② 纸币发行的原则是：纸币发行量必须限于流通中所需要的金属货币量。

如果纸币发行量和流通中所需要的金属货币量相等，那么，单位纸币就能代表单位金属货币；如果纸币发行量超过了流通中所需要的金属货币量，则全部纸币仍然只能代表流通中所需要的金属货币量，因而单位纸币所代表的金属货币量就相应减少。若流通中货币需求量是 10 亿元金币，但纸币发行额不是 10 亿元而是 20 亿元，那么 1 元纸币就只能代表 0.5 元金币进行流通。当单位纸币所代表的金属货币量下降时，则表明纸币供给量大于纸币需求量，纸币就会贬值，商品的价格就会上涨，从而导致通货膨胀。相反，如果纸币发行量小于流通中所需要的金属货币量，则单位纸币所代表的金属货币量就会相应增加，纸币供给量小于纸币需求量，纸币就会升值，商品的价格就会下降，从而导致通货紧缩。

信用货币流通量规律与纸币流通量规律相同。信用货币的流通不再以自由兑换金属货币为条件。信用货币可以以国家信用为基础，也可以以银行信用、

① 《马克思恩格斯文集》第 5 卷，人民出版社 2009 年版，第 150 页。
② 《马克思恩格斯全集》第 31 卷，人民出版社 1998 年版，第 514 页。

商业信用（企业和企业之间所发生的信用关系）为基础。信用货币的流通量只限于它象征性地代表流通中货币的需求量。如果信用货币供给量大于货币需求量，信用货币就会贬值，物价就会上涨，从而导致通货膨胀。相反，如果信用货币供给量小于货币需求量，信用货币就会升值，物价就会下降，从而导致通货紧缩。信用货币的投放必须以货币流通量规律为基础。

西方经济学界流行的货币数量论也认为通货膨胀（紧缩）的主要原因是货币发行过多（过少），但它并没有提出货币发行过多或过少的基准。纸币流通量规律告诉我们，这个基准是纸币所代表的流通中需要的金属货币量。当金属货币作为流通货币时，由于货币贮藏手段职能所起的“蓄水池”作用，货币数量一般不会影响商品价格。可见，货币数量论反映的只是货币流通的表面现象，并没有阐明货币流通的本质。

三、通货膨胀和通货紧缩

纸币流通量规律和信用货币流通量规律说明，无论是纸币还是信用货币，投放时必须遵循货币流通量规律，根据流通中商品的数量、商品的价格水平、货币的流通速度所决定的货币需求量进行投放。但是，在市场经济条件下，商品流通规模的扩大或缩小，商品价格的上涨或下降，货币流通速度的加快或减缓，都是在各种市场因素的影响下发生的，因此，流通中对货币的需求量也是自发变化的。

纸币由国家权力强制发行，在技术上具有无限量供给的可能性。信用货币则依赖银行的信用关系，人们把货币存入某银行，该银行依据这些存款可以开出支票、借记卡或储值卡，形成支票存款货币和电子货币。同时，银行还将公众的存款在留下一部分作为准备金之后贷放出去，这部分贷放出去的货币将再次通过公众的存款行为产生新的支票存款货币和电子货币。如此循环往复，实现信用货币的创造。这就导致货币供给量和货币需求量之间的矛盾。如果过多投入纸币和信用货币，这些货币只有采取降低单位货币所代表的价值量来与经济生活中的实际需求相适应。这样，货币贬值就不可避免了，由此产生物价水平的持续上涨。所谓通货膨胀，就是指由于货币发行量超过流通中实际需要的货币量而引起的物价总水平持续上涨的经济现象；相反，则可能出现通货紧缩，即一般物价水平持续下降的经济现象。通货膨胀和通货紧缩都是与货币相关的经济现象。

信用货币流通还有可能产生支付危机。货币的产生把商品的交换过程分为卖和买两个过程，这就加深了商品的生产与消费、供给与需求之间的矛盾。在信用货币条件下，信用货币凭借着银行信用关系而流通。商品生产与消费的范围和规模扩大了，但生产与消费之间的矛盾进一步发展和深化了。企业开出商业票据、从银行取得贷款而获得支票存款货币以及电子货币等信用货币，商品价值大规模地提前实现，直接起到了扩大市场、刺激生产、拉动消费的作用。信用货币的这种扩张机制也有可能导致商品生产与社会需求间更大程度的背离。加之信用货币是建立在银行信用基础之上的，因此，一旦债务到期，发生支付方违约，或者债务的某个环节出了问题，造成整个债务链条的货币支付危机，就很可能使经济活动陷入混乱或出现通货紧缩。

严重的通货膨胀和通货紧缩对经济运行的危害很大，有可能引起经济和社会的动荡，影响经济的正常运行和健康发展。因此，在纸币流通和信用货币流通条件下，必须以货币流通量规律为基础，根据流通中商品数量、商品价格水平、货币流通速度所决定的货币需求量进行投放，防止通货膨胀和通货紧缩，以保证经济的顺利运行。

思考题：

1. 解释下列概念：货币、纸币、通货膨胀、通货紧缩。
2. 简述货币的起源和本质。
3. 简述货币的职能。
4. 简述货币形式的发展。
5. 简述货币流通量规律的内容。

第三章　市场经济和价值规律

市场经济是在商品经济基础上发展起来的，是商品经济发展到一定历史阶段的产物。其最主要的特征是社会生产主要通过市场来组织，生产要素的交换通过商品形式来进行，并由此引导和决定资源配置。价值规律是商品经济的基本规律，是市场机制在资源配置中起决定性作用的基础。价值规律对于促进生产、激励创新与合理配置资源具有积极作用。要充分发挥价值规律的作用，必须建立完备的市场体系和规范的市场秩序。

第一节　市场经济

一、自然经济和商品经济

（一）自然经济

自然经济是自给自足的经济，是生产直接满足生产者自身需要而非用于交换的经济形式。它存在于多个社会形态，在原始社会、奴隶社会和封建社会占主导地位。

自然经济以小生产和自然分工为基础，由许多单一的经济单位（家长制的农民家庭、原始村社、封建领地等）组成，是社会生产力水平低下、社会分工不发达的产物。在自然经济条件下，人们的经济活动局限于一个狭小的范围，无论是氏族部落共同体、奴隶主庄园或封建主庄园，还是农民家庭，都是一个自成系统的封闭式的经济单位，具有封闭、保守的特征，彼此处于分散、孤立的状态。

随着社会生产力和商品经济的发展，自然经济逐渐瓦解，并随着封建社会向资本主义社会过渡，其主导地位最终为商品经济所代替。但自然经济还没有完全退出历史舞台。在一些发展中国家的农村或落后地区，即使商品经济有了较大发展，自然经济依然广泛存在。

（二）商品经济

商品经济是商品生产和商品交换的统称。它是随着生产力的发展，在一定历史条件下产生、发展的。社会分工和生产资料归不同所有者拥有，是商品经济产生和存在的条件。

社会分工是商品经济产生的前提条件。社会分工是指社会劳动被划分为相对独立化的各种不同的生产环节、行业和部门。它使生产专业化，生产者专门生产某种产品。不同产品生产者之间需要对方的产品作为生产资料或生活资料，从而使相互交换劳动产品成为必然。原始社会末期的第一次社会大分工，使畜牧业从农业中分离出来。在此基础上，产生了畜牧产品与农产品的交换。随着生产力的进一步发展，产生了第二次社会大分工，手工业从农业中分离出来。与此相对应，“出现了直接以交换为目的的生产，即商品生产；随之而来的是贸易，不仅有部落内部和部落边境的贸易，而且海外贸易也有了”①。商品生产和交换不再是偶然的，而是实现了经常化。商品流通也随之从商品生产中分离出来，成为由商品所有者专门经营的新的行业和部门，这就是第三次社会大分工。随后，商品生产和商品交换的范围进一步扩大。

生产资料归不同所有者所有是商品经济产生的必要条件。当生产资料不再是共同财产，而是属于彼此独立的、不同的所有者时，劳动产品也相应地属于不同的所有者所有。在这种情况下，只有通过商品交换这种形式才能使人们的各种需求得到满足。在商品经济的发达阶段即市场经济阶段，同一所有者的生产资料还可以委托不同的人占有和使用，使这些生产资料占有人和使用人成为独立的利益主体。

马克思说，“商品生产和商品流通是极不相同的生产方式都具有的现象，尽管它们在范围和作用方面各不相同”②。商品经济的发展分为两个阶段：简单商品经济（又称“小商品经济”）和市场经济。简单商品经济是商品经济的初始形式，它以生产资料的个体私有制和个体劳动为基础。简单商品经济在原始社会后期产生，在奴隶社会和封建社会，它存在于自然经济的夹缝之中。进入资本主义社会以后，商品经济成为占支配地位的经济形式。市场在全社会资源配置中起决定性作用时，就意味着商品经济由简单商品经济阶段发展到市场经济阶段。

商品经济克服了自然经济的诸多不足，有力地推动了社会生产力的发展。这是由商品经济的以下特征决定的：其一，商品生产突破了自然经济的界限，

① 《马克思恩格斯文集》第4卷，人民出版社2009年版，第182—183页。

② 《马克思恩格斯文集》第5卷，人民出版社2009年版，第136页。

可以广泛调动社会资源进行社会生产。其二，商品生产者具有独立自主进行生产经营的权利，具有自己独立的经济利益，这是商品经济发展的内在动力。其三，商品生产者之间的交换是以等价交换原则为基础的，商品交换只有在平等的关系中才能得到真正的发展。其四，商品经济具有竞争性。不同商品生产者之间的竞争，推动了生产者提高效率并关心社会需要。

商品经济作为在几个社会形态中共同存在的经济形式，为人类社会带来了文明和进步。商品经济是社会生产力发展不可逾越的阶段。

二、市场经济的基本特征

市场经济是发达的商品经济。在市场经济条件下，市场机制作为资源配置方式，发挥决定性的作用。除具有商品经济的一般特征外，与简单商品经济相比，市场经济还具有一些新的特征。

第一，市场在资源配置中起决定性作用。市场不仅是商品交换的场所、渠道和纽带，还是各类商品和生产要素进行交换的统一平台。从本质上来说，市场关系表现为所有交换关系的总和，其中既包括有形的市场，也包括无形的市场，商品生产和商品交换以及资源配置主要由市场来调节。

第二，企业是市场的主体。市场经济的发展是建立在社会化大生产基础上的。在社会化大生产中，生产不是单个人的生产，而是建立在分工协作基础上、由许多人共同进行的联合生产，这种联合生产的组织形式就是企业。在市场经济中，企业成为市场主体，即商品生产和商品交换的主体。商品经济关系的实质是不同企业之间的等价交换关系。作为市场交换主体的企业必须是自主经营、自负盈亏的独立商品生产者，生产什么、生产多少、如何生产和为谁生产由企业自主决定。在现代市场经济中，企业还具备权责利高度统一的产权制度，其基本特征是归属清晰、权责明确、保护严格、流转顺畅。只有产权主体和产权收益归属明确，企业才能提高效率，成为市场竞争的真正主体。

第三，生产要素的市场配置。生产要素是指生产经营所需要的劳动力、土地、资本、技术、信息等各种经济资源。生产要素的种类会随着经济的发展而不断发展变化。在市场经济中，社会再生产过程首先体现为生产要素的配置过程。生产要素的市场化配置，以要素的价格市场化为前提，以要素的自由流动为条件。如果没有生产要素市场和生产要素在各部门的流动，市场机制对资源的有效配置也就难以实现。

第四，法治和信用成为交换关系的基础。商品交换的基本要求是交换者的市场地位平等和权利平等。在商品交换中，“一方只有符合另一方的意志，就是说每一方只有通过双方共同一致的意志行为，才能让渡自己的商品，占有别人的商品。可见，他们必须彼此承认对方是私有者。这种具有契约形式的（不管这种契约是不是用法律固定下来的）法的关系，是一种反映着经济关系的意志关系”①。在简单商品经济中，商品交换的规模、范围和密度是有限的，商品交换的秩序除了受国家法律调节外，还受到传统、习俗和道德的强烈影响。而在市场经济中，商品关系普遍化了，市场竞争无处不在，市场不仅成为资源配置的基础，而且成为支配整个社会生活的基本因素。只有依靠完备的法律体系和严格执法，才能保障商品交换的正常进行和市场秩序的规范。同时，信用的作用也不可忽视，信用可以弥补法律的不足，并为法律的有效运行提供条件。

第五，经济的开放性。开放是市场经济发展的必然要求。经济开放可以促进市场的扩大即交换范围的扩大，进而扩大生产规模和促进分工深化。社会化大生产把各个地区和各个国家日益紧密地联系起来，使市场经济的发展不仅冲破了一国内部地区之间的界限，形成国内统一市场、统一货币、统一分工体系和统一市场秩序，也把各个国家各个民族紧密地联系在一起，形成世界性市场、世界性货币、世界性分工体系和世界性市场秩序。

第六，国家调节的重要性。在简单商品经济时期，统一的市场体系尚未形成，国家对经济的调节还没有得到充分发展。资本主义生产把一个国家乃至世界的经济联结成了一个整体，各部门、各企业和各地区的联系日益紧密，客观上要求社会生产保持一定的协调性，但与此同时，在资本主义制度下，市场的自发性、盲目性和滞后性的缺陷更为明显，解决这一矛盾需要发挥国家作用。早期的资本主义实行自由放任政策，国家的作用主要限于维护法律秩序和提供必要的公共设施。在第二次世界大战后形成的现代资本主义市场经济中，国家调节成为市场经济发展不可缺少的条件。在社会主义市场经济中，国家的经济治理在经济发展中发挥着更加重要和积极的作用，维持宏观经济稳定、推动经济结构优化、增强创新能力和竞争力的有效途径。

三、市场机制

市场机制是指在市场经济中通过供求和价格变动、市场竞争、风险约束等

① 《马克思恩格斯文集》第5卷，人民出版社2009年版，第103页。

途径调节经济运行和实现资源配置的作用过程。市场机制主要包括价格机制、供求机制、竞争机制和风险机制。

（一）价格机制

价格是市场调节的信号。市场主体中的供应方为了实现自身利益目标，需要作出生产什么、生产多少、如何生产以及为谁生产的决策；需求方则需要作出购买什么、购买多少以及向谁购买的决策。所有这些决策的基本依据，就是市场价格信号。作为商品价值货币表现的价格，是整个市场机制的核心部分，直接决定市场主体利益目标的实现程度。在市场经济条件下，一方面，任何商品生产者的产品都可能成为他人、社会的使用价值，但产品是否为社会所需要只有通过市场的检验才能确定；另一方面，每个生产者又是独立作出生产决策的。那么，生产者是从哪里得到决策所需要的信息呢？一个重要来源就是市场上各种商品价格的变动。某种商品的价格上涨，说明这种商品供不应求；某种商品的价格下跌，说明这种商品供过于求。在逐利动机的驱使下，生产者会扩大价格上涨、供不应求的产品的生产，缩减价格下跌、供过于求的产品的生产。这样，社会总劳动和各类生产资源在不同生产部门的分配，就会通过供求变化和价格变动的信息而不断调整。

（二）供求机制

供求关系是市场供给与市场需求、生产者与消费者之间的相互关系。价格、竞争、时间、区域等各种因素都会对供求关系产生影响，供求关系的变动又会引起商品价格变动并影响商品生产者之间的竞争。供求机制是调节市场供给与需求矛盾、使之趋于均衡的机制。供求机制的作用表现为：一是通过调节商品价格，促使商品生产和消费趋向总量平衡；二是调节生产和消费的方向和规模，使生产资料和劳动力在不同部门之间合理转移，使商品生产和消费在部门间、地区间的供需规模上趋于平衡；三是调节生产结构和消费结构的变化，使商品生产和消费在部门类别、品种规格、花色质量等方面趋于平衡；四是促进供需在时间上达成平衡，避免或缓解季节等时间因素变化对供需的冲击，满足市场需求，缓解供求矛盾。供求关系在不断变动中取得相对平衡并推动社会生产的发展，是供求机制作用的实现形式。

（三）竞争机制

竞争是指各种市场主体为了实现自身利益目标而发生的相互排斥甚至相互冲突的利益关系。在市场经济中，“独立的商品生产者互相对立，他们不承认任何别的权威，只承认竞争的权威，只承认他们互相利益的压力加在他们身上的强制”①。竞争可以发生在同类商品的卖者之间，也可以发生在买者之间，还可以发生在卖者和买者之间。就卖者即同类商品的不同生产者而言，竞争主要表现为在市场需求有限的条件下，尽量扩大自己的市场占有份额，这意味着将同行从市场交易中排斥出去。就买者即同类商品的不同购买者而言，竞争主要表现为在商品供应数量有限的情况下，力争使自己的需求首先得到充分满足，这意味着将其他购买者从市场交易中排斥出去。就卖者和买者的竞争而言，前者总是力求把商品卖得贵一点，后者则总是力求压低商品价格。这些竞争有利于合理地配置资源。除了同一商品市场中的竞争，不同部门的生产者之间也存在竞争关系。这种竞争由生产者争夺获利空间驱动，通过社会资源在不同部门之间的转移来实现。资源的转移，则是由不同部门的商品之间的比价变动引导的。如果某个部门的商品价格处于上涨态势，而其他部门的商品价格不变，那么原先用于其他部门的那部分社会资源，就会被其所有者投入商品价格上涨的生产部门，以便获得更大收益。

（四）风险机制

市场经济参与者的决策是自主的，也是分散的。他们参与市场进行商品生产和交换，不仅要获得由自身行为所产生的利益，而且要承担由自身行为所产生的风险。风险是指因市场中存在不确定因素而使市场参与者面临受损的可能性。比如，生产商品，就会面临亏损乃至破产的风险；购买股票，就会面临股价下跌、投资受损的风险。风险机制实际上包含了市场经济参与者的利益刺激和获利约束。追求自身利益最大化是市场经济参与者的内在动力，趋利避害也是市场经济参与者的一种本能。在正常情况下，获利大小与风险大小呈正相关关系。所以，风险的存在对市场经济参与者具有双重意义：意味着损失的可能性，也意味着获取较高收益的可能性。市场风险及其机制的作用在于：一方面，鼓励市场经济参与者甘愿冒更大损失的风险去追求更大利益，特别是鼓励其通过科技创新来获取更大利益，这体现出社会对商品生产者的肯定；另一方面，强化市场经济参与者的自律意识，迫使其审慎决策、谨慎行事、遵从市场规则和法律规范，改善经营管理，以规避不必要和超出限度的损失。

---

① 《马克思恩格斯文集》第5卷，人民出版社2009年版，第412页。

第二节 价值规律

一、价值规律及其作用

当商品的价值是由一定数量的货币表现出来的时候，表现商品价值的货币额就是商品的价格。在市场上，不同的商品有不同的价格，同一种商品的价格也经常变动。在价格变动背后有一个规律起着支配作用，它通过商品供求关系、商品生产者之间的竞争关系等一系列中介机制，左右着价格变动，调节着资源配置和社会生产。这个规律就是价值规律。

价值规律是商品经济的基本规律。其主要内容是：商品的价值量由生产商品的社会必要劳动时间决定，不同商品的交换按照等价原则进行。价值规律既是价值决定的规律，又是价值实现的规律；既调节商品生产，又调节商品交换。价值规律在商品经济中有两项基本作用。

第一，微观作用，即激励创新、优胜劣汰。某个生产者生产某种商品的个别劳动时间形成商品的个别价值，生产这种商品的社会必要劳动时间形成商品的社会价值，而商品是按其社会价值交换的。在供求一致时，商品按市场价格出售，也就是按其社会价值交换。在这种情况下，那些劳动生产率高，单位商品包含的个别劳动耗费少，从而商品的个别价值低的生产者，在按社会价值出售商品时可以获得较多的货币收入；而那些劳动生产率低，单位商品包含的个别劳动耗费多，从而商品的个别价值高的生产者，在按社会价值出售商品时只能获得较少的货币收入。至于那些劳动生产率中等，从而商品的个别价值与社会价值相等的生产者，则可以获得平均收入。这种由商品的个别价值与社会价值的差别引起的收入差别，会引发商品生产者之间的竞争。

商品个别价值低于社会价值的生产者，即便将商品出售价格压低到其社会价值之下，只要高于个别价值，就不但能够使自己的个别劳动耗费得到补偿，而且还可以有盈余。因此，劳动生产率高的生产者，可以通过压价的竞争方式来扩大市场份额，从而将劳动生产率较低、商品个别价值较高的生产者排挤掉。在这种竞争的压力下，商品个别价值高于社会价值的生产者，会面临破产倒闭的威胁。所以，商品生产者为了追求更大的利益，为了使自己在竞争中处于有利地位，都力求提高劳动生产率。为此，就必须不断进行技术创新，改进生产的组织和管理。这种创新活动，促使社会劳动生产率不断提高，推动了经济发展。在激烈的竞争中，落后的生产者不可避免地要遭到淘汰，原先由他们掌握的经济资源会转到高效率的生产者手中，整个社会的资源利用效率由此得到提高。可见，价值规律具有激励创新、优胜劣汰、促进生产发展的重要作用。

第二，宏观作用，即分配社会劳动、调节资源配置。人类在生产中需要的劳动力和其他经济资源总是有限的。因此，对于任何社会形态来说，都必须按照社会需要将有限的劳动力和其他资源合理地分配到社会生产的各个部门，这就构成了经济上的资源配置问题。资源配置的核心，就是合理地分配由一定时期劳动人口数量决定的社会总劳动时间。而绝大多数自然资源都只有通过人的劳动，才能转化为社会所需要的产品。如果社会总劳动时间的分配与社会对各种产品的需求量脱节，社会需要不但不能得到最大可能的满足，还会造成社会劳动的浪费。这种在任何社会形态中都存在的按比例合理分配社会劳动的必要性，就是一种经济规律。在商品经济中，按比例分配社会劳动的规律，是通过价值规律的作用实现的。这就是马克思所说的“作为自然形成的社会分工部分而互相全面依赖的私人劳动，不断地被化为它们的社会的比例尺度，这是因为在私人劳动产品的偶然的不断变动的交换比例中，生产这些产品的社会必要劳动时间作为起调节作用的自然规律强制地为自己开辟道路，就像房屋倒在人的头上时重力定律强制地为自己开辟道路一样”①。

二、价值规律作用的制约因素与范围

价值规律所具有的交换平等、激励创新、优胜劣汰和分配社会劳动、调节资源配置的功能，体现了商品经济的积极作用。然而，这些积极作用的充分发挥，也会受到一定现实因素的制约。例如，交换双方在信息认知上的对称性，掌握的商品成本信息和市场供求信息的充分性和完全性，交换双方在定价权上的平等性，等等。同时价值规律所能调节的范围是有边界的，主要集中在商品生产和交换领域。如果在这一领域之外过度引入市场交易方式，则容易引发或加重社会的不平等，并带来一系列新的矛盾和问题。

在经济生活中，价值规律发挥作用受到诸多现实因素的制约，主要有：

第一，市场信息的真实性。市场信息的真实性是商品等价交换的基础。

---

① 《马克思恩格斯文集》第5卷，人民出版社2009年版，第92页。

市场信息的这种真实性，不仅仅指商品的价格和买卖双方的真实意愿，还包括商品的成本、质量、款式、规格、型号、类别、后期服务等信息，后者都是与形成价值的劳动直接相关的因素。这些信息只有通过价格全面、准确地体现出来，价值规律才能有效发挥调节社会生产和交换的作用。如果商品定价不能正确反映商品质量、服务等因素，就会导致对商品价格的高估或低估，进而造成商品价格与商品价值过度背离。市场信息的真实性，需要价格信号能够及时反馈供求关系，如果信息传递时效迟滞，会导致价格对现实经济状况作出扭曲或虚假的反映。此外，在现实的市场条件下，不同经济主体间存在着各自利益的对立，它们在商品交换中强弱地位的不同，也会加剧市场信息的失真。出于投机的需要，一些生产者会刻意囤积、惜售，或者部分消费者会对某种商品竞相抢购，这些都会导致市场供求状况脱离真实需求。在上述情形下，市场本身均没有能力给予矫正。这些失真信息的累积和放大，会使供给结构与需求结构发生相背离的严重扭曲，最终形成商品价值的实现危机。这时，价值规律就只能以破坏性的方式来恢复合理的社会劳动分配比例。

第二，市场信息的充分性。在社会化生产中，只有掌握足够的市场信息，单个商品生产者的个别决策与选择才能与社会化生产的整体要求和趋势相一致，才能避免盲目性。市场信息的充分性包含两个方面的含义：其一，单个经济主体能在市场的现实交易活动中得到足够的定价信息，这些信息足以指导其对相关商品的生产成本、功能和质量要求等作出判断。其二，经济主体能够从当前交易中发掘足够的相关信息，这些信息可以帮助生产者判断商品价格变动的影响因素及价格变动趋势。但在现实经济生活中，商品生产者掌握的市场信息有时并不充分，因为他们只能从当前市场上得到相关信息，这些信息往往只能反映当前的经济状况。动态地看，单个商品生产者要作出正确的决策，尤其是周期长、规模大的投资决策，单单依据当前的市场信息是不行的，更重要的是要了解未来商品市场的信息，因为当前的投资将成为未来的生产能力。虽然商品生产者可以对未来市场状况进行预测，但这种预测总是带有不确定性，预测涉及的未来离当前越远，不确定性就越大。因此，商品生产者的许多决策，不可避免地带有不同程度的风险性或盲目性，这种盲目性常常会导致供求的长期性或结构性失衡。

第三，市场活动的竞争性。竞争是市场活动的灵魂，是生产者、消费者等经济主体围绕价格、质量、服务等展开的自由和自主选择的过程。市场价格的形成，以市场平等为基础，以不同市场主体间的自由竞争为条件。过度竞争或者恶性竞争，都会破坏正常的市场交换关系，使商品生产和交换难以持续进行。维持适度竞争，前提是市场中要存在很多同类商品的生产者，他们根据自身利益进行独立决策和生产经营，这是市场经济有活力的保证。但不同的社会制度属性也制约着自由竞争和平等交换，进而影响价值规律作用的发挥。比如，在资本主义市场经济中，自由竞争的结果必然是弱肉强食，使生产资料逐步集中在少数生产者手中，在经济中造成垄断。垄断者可以利用现有的领先地位，采用种种手段打击竞争对手，造成不利于社会生产力发展的局面；同时还会在市场上强行维持垄断高价，损害消费者的利益，牟取暴利。当垄断现象出现时，如果没有反垄断立法和必要的政府干预，价值规律调节社会生产的作用机制就会失效。

作为商品生产和交换领域的基本规律，价值规律的作用范围不是无限的，而是有边界的。在商品经济早期，对自给自足的小农经济，价值规律就无法直接发挥调节作用。在商品生产和交换领域之外，价值规律的调节作用有限，调节效果有时甚至适得其反。比如，自然资源开发、土地规划和利用等方面的问题，尽管是与商品生产直接相关的领域，但它们并不单纯是商品生产者个体范围内的事务，还关系社会整体发展和长远发展，就不能完全依靠价值规律来调节。又如，生态破坏和环境污染等方面的问题，因社会生产而生，但事关社会成员的公共利益，对单个商品生产者而言既与其利益相关又无力化解，价值规律在该领域的调节作用有限。再如，国家经济安全和社会保障等领域，它们本身均具有高度的公共性和公益性，而且不属于商品生产和交换领域，就不能依靠价值规律来调节。以资本主义私有制为基础的市场经济存在着将一切事物都商品化的趋势，试图将一切东西都纳入市场交换范围，这种超出价值规律作用边界的过度的商品化和市场化，会带来严重的后果，引发经济社会危机。

总之，价值规律对经济生活的调节程度受到诸多现实因素的制约，调节的领域和范围也有一定的边界，单纯依靠市场调节存在明显的局限性和弊端。正因为市场调节具有上述局限性，在现代市场经济中，价值规律的要求并不单单通过自发的市场调节来实现，还需要政府的必要干预和调节，以维护价值规律正常发挥作用的社会经济条件，在一定程度和范围内减轻价值规律强制地为自己开辟道路所造成的破坏。

第三节 市场体系和市场秩序

一、市场体系的分类和构成

市场体系是指相互联系、相互补充的各级各类市场的总和。市场调节资源配置的前提，是各类生产要素和产品都进入市场，形成比较完备的市场体系。市场体系包含的范围很广，从不同角度进行划分可以有多种分类。

第一，按交易的对象划分，市场体系包括商品市场和生产要素市场两大类。在商品市场中，根据商品的最终用途划分，又可分为消费资料市场和生产资料市场。在生产要素市场中，根据生产要素的种类划分，又可分为金融市场、劳动力市场、土地市场、技术市场和信息市场等。

第二，按交易的空间范围划分，市场体系包括区域性市场、全国性市场和国际市场等。区域性市场是商品交易以某一地区范围为活动空间的市场；全国性市场是商品交易以某一国家范围为活动空间的市场；国际市场是商品交易以世界范围为活动空间的市场。

第三，按商品的流通环节划分，市场体系包括批发市场和零售市场。

第四，按市场交易的具体方式划分，市场体系包括现货交易市场、远期交易市场和期货交易市场。

第五，按市场交换客体的存在形态划分，市场体系包括物质产品市场和服务市场。商业、运输、电信和金融，以及法律、会计、咨询和旅游等，都是提供服务的，形成相应的服务市场。由于服务市场是在物质产品市场有较高水平的基础上产生的，因此，服务市场的发展水平能够反映整个市场体系的总体完备程度。

在现实生活中，各种市场分类相互交叉。下面主要分析商品市场和生产要素市场。

（一）商品市场

根据商品的最终用途，商品市场分为消费资料市场和生产资料市场，前者也被称为消费品市场。许多商品既可用作消费资料又可用作生产资料，消费资料和生产资料的区别是按商品最终用途划分的。消费资料市场直接满足人们的物质和文化生活需要，生产资料市场则满足社会再生产的需要。消费资料市场满足社会的最终消费需要，生产资料市场必须以消费资料市场为基础。

（二）生产要素市场

生产要素市场实现各类生产要素的交易。生产要素包括劳动力、资本、土地、知识、技术、管理、数据等。在市场经济的发展过程中，生产要素市场具有十分重要的地位。没有发达的生产要素市场，市场机制在资源配置中的决定性作用就不可能实现。这是因为，社会再生产过程实际上就是生产要素的配置过程，如果生产要素市场发育不健全，生产要素的配置就有可能被扭曲。同时，在市场经济中，企业要受生产要素市场发育的制约。只有形成完善的生产要素市场，使其投入也面向市场，所需要的各种生产要素都从市场上获取，受市场价格与竞争机制的调节，企业的经济行为才能真正受市场支配，市场机制的优胜劣汰功能才能充分发挥出来。

生产要素市场主要包括金融市场、劳动力市场、土地市场、技术市场和信息市场等。

1. 金融市场

金融市场是指货币资金融通和交易的市场。按照金融市场中融资期限的长短，一般可将金融市场划分为资本市场和货币市场。资本市场是指中长期资金的融通市场，融资期限一般是一年以上。货币市场是指短期资金的融通市场，融资期限较短，被融通的资金主要作为再生产中所需要的流动资金。资本市场主要是以有价证券作为融资工具，所以有时也被称为证券市场，它又可以分为发行市场和流通市场。发行市场也被称为初级市场或一级市场，是将新发行的证券从发行者手中转移到最初的证券投资者手中，可以没有固定的场所，主要由投资者、证券发行者和中介组成。流通市场也被称为次级市场或二级市场，是对已经发行的有价证券进行转让和交易的市场。流通市场又可以分为场内交易和场外交易两个市场。场内交易是在证券交易所进行有价证券的交易。证券交易所主要提供有价证券供求信息、规范交易和清算等服务，场内交易地点固定。场外交易是在证券交易所以外的地方进行有价证券的交易，一般没有固定的交易场所和地点。此外，根据融资方式的不同可以将金融市场划分为直接融资市场和间接融资市场。直接融资是指资金的供求双方直接进行资金的信贷和有价证券的买卖；间接融资是指通过金融机构进行融资的活动。

2. 劳动力市场

劳动力市场是指对劳动力资源进行交易的场所，主要由劳动力的供求双方和劳动力的价格（工资）组成。劳动力的供求由市场机制决定。一般来讲，随着工资的增加，劳动力的供给也会增加，反之就减少。此外，劳动力的供给还会受到各个国家劳动力资源充裕程度的影响。在劳动力资源丰富的国家，劳动力供给也会非常充足。劳动力市场的发展与完善，有利于促使劳动力资源合理配置，有利于促进劳动力的自由流动和发挥劳动者的积极性。在我国，劳动力市场是劳动者通过就业实现其自身价值同时共享社会成果的重要平台，体现了社会主义生产关系的要求。

3. 土地市场

土地市场是指以土地或其使用权作为交换客体的市场。在土地私有制的国家，土地市场实际上有两个层次：一是土地交易市场，以土地最终所有权为交易对象，相应地形成土地价格；二是土地租赁市场，以土地使用权为交易对象，相应地形成地租。在我国，土地市场是指依照国家有关法律法规而进行的土地使用权出让和转让的市场。

4. 技术市场

技术市场是指以技术商品为交易对象的市场。技术市场对发展市场经济的重要性主要表现为：第一，为研发和生产的协作建立了直接的联系，加速了技术向现实生产力的转化；第二，促进研发人员的流动和知识的共享，并借助技术的外溢，促进整个社会生产力的进步。技术商品与一般商品不同，是一种知识性商品，这就决定了技术市场的交易方式不同于一般市场。一是以图纸、资料、磁带等为物质载体的专利、技术诀窍、产品设计等技术交易，属于知识产权的转让。二是存在于人的大脑里的知识的交易，主要通过技术咨询、技术培训等方式进行。三是通过样机、样品等实物进行的技术交易。

5. 信息市场

信息市场是指信息商品进行交易的市场，包括信息服务和咨询、信息转让等信息交易活动。信息商品的价格除了由信息商品本身获取的难易程度决定外，还要受该信息使用所能带来的经济效益大小的影响。

二、市场秩序的建立和规范

市场秩序是市场运行中必须遵循的各种行为准则和行为规范的总称。具体包括市场规则和市场管理两个方面。市场秩序是保证价值规律发挥作用和市场有序运行的根本条件。

（一）建立和规范市场秩序的重要意义

第一，可以促进市场机制正常发挥作用。如果市场秩序混乱，市场运行无规则可循，投机倒把、欺行霸市、假冒伪劣商品充斥市场，市场机制就难以发挥作用。

第二，有利于保证国家对国民经济运行进行科学的宏观调控。在市场经济条件下，国家的宏观调控主要是通过税收、利率、价格等经济杠杆来引导企业而实现的。只有建立规范的市场秩序，企业才能对经济杠杆的调节信号作出正确的反应，使国家的调控目标顺利实现。

第三，有助于增强企业活力、有利于形成统一市场和促进公平竞争。在完善的市场秩序下，企业的经济行为才有法可依，活而不乱。如果市场秩序混乱，经济合同履约率低，企业就不可能根据市场供求来灵活调节生产经营。

第四，是畅通经济双循环的必要条件。国内市场秩序的规范发展，有助于打破地区间经济壁垒，扩大内需，带动进出口贸易的增长。反之，如果市场秩序不规范，就会扭曲市场信息，使国际经济循环受到阻滞和干扰，造成国内产品的积压、滞销或者难以发挥进口调剂余缺的作用，影响国内经济发展。

（二）市场规则

维护市场秩序，必须有完善健全的市场规则。市场规则是指国家为了保证市场有序运行所制定的各种规章制度，如法律、法规、契约和公约等。市场规则包括市场进出规则、市场竞争规则、市场交易规则和市场仲裁规则四个方面。

1. 市场进出规则

市场进出规则是市场主体和市场客体（即商品）进入或退出市场的行为准则与规范。具体包括：一是市场主体进入市场的资格规范，即依据规定，审查市场主体的资格与条件，允许合法的主体进入市场，拒绝不合法的主体进入市场。完善市场进出规则的前提是建设高标准市场体系，形成高效规范、公平竞争的国内统一市场。一方面，要放宽市场准入制度；另一方面，要实施统一的市场准入负面清单制度，规范企业参与市场的行为。二是市场主体的性质规范。主要包括明确市场主体的企业性质、注册资金、经营项目和经营范围等。三是市场主体退出市场的规范。市场主体退出市场要遵守一定的程序，履行必要的手续。四是市场客体进出市场的规范。进入市场交易的商品，不仅必须是合法的商品，而且在质量、计量及包装等方面必须符合有关规定。

2. 市场竞争规则

市场竞争规则是市场主体在市场竞争中所必须遵守的行为准则与规范。它是市场主体之间在地位平等、机会均等的基础上进行公平竞争的前提条件，主要由三部分组成：一是禁止经营者采用欺骗、胁迫、利诱、诋毁以及其他违背公平竞争准则的手段从事市场交易，损害竞争对手利益。二是禁止经营者滥用其拥有的市场优势地位和市场权力，或两个以上经营者通过协议等方式就交易价格、销售、条件等合谋，妨碍公平竞争，损害竞争对手利益。三是禁止经营者通过独占、兼并、独家交易等形式来全面、长久地排斥竞争对手，独占、控制和支配市场。在实践中，政府可以通过建立健全公平竞争审查机制，强化企业对市场竞争规则的认同和遵守。

3. 市场交易规则

市场交易规则是市场主体进行市场交易活动所必须遵守的行为准则与规范。主要内容包括：一是市场交易方式的规范。如在公开的场所进行交易，明码标价、公开竞争，禁止黑市交易和地下经济。二是市场交易行为的规范。如禁止强买强卖、骗买骗卖、缺斤少两、掺杂使假、囤积居奇、哄抬物价、牟取暴利等不法行为。

4. 市场仲裁规则

市场仲裁规则是市场仲裁机构在对市场主体之间的经济纠纷进行仲裁时必须遵守的行为准则与规范，目的是公平、公开、公正地解决市场主体之间的经济纠纷。仲裁规则最重要的是遵循公平原则，对发生纠纷的双方必须一视同仁，而不偏袒任何一方。

（三）市场管理

为保证市场有秩序、按规则运行，除了要建立并完善各种市场规则之外，还需要完善市场监管体制，对市场进行规范化管理。市场管理包括市场管理的组织机构和市场监管体系两大部分。市场管理的组织机构主要有三类：第一类是国家设置的专门从事市场管理的机构，其中包括政府的有关职能部门、政法系统的有关机构，如财政、税收、工商、统计、审计、银行、物价等机构。第二类是有关的技术管理机构，如计量检测、质量监督检验等机构。第三类是社会性及群众性管理机构，如消费者协会、质量监督协会等民间组织机构。市场监管体系主要包括行政执法、行业自律、舆论监督、群众参与四个方面。高标准市场体系建设，需要市场综合监管能力的提升和支持。

思考题：

1. 解释下列概念：自然经济、商品经济、市场机制、价值规律、市场体系。
2. 市场经济有哪些基本特征?
3. 简述价值规律的作用及其局限性。
4. 简述建立和规范市场秩序的重要意义。

第二篇 资本主义经济

第四章　资本主义经济制度及其演变

资本主义经济制度是在商品货币关系有了较大发展、封建制度逐步解体的过程中产生的，是以社会化大生产为基础、资本雇佣劳动为核心的一种经济制度。历史上，资本主义从自由竞争阶段演化到垄断阶段，又从私人垄断阶段发展到国家垄断阶段。20世纪后半期，资本主义经济制度发生了比较重要的变化，出现了许多新特点。

第一节　资本主义经济制度的形成

一、前资本主义经济制度的更迭

从人类产生到阶级社会出现的漫长历史长河中，人类社会一直处于原始社会形态。在原始社会，生产力水平极其低下，人们在氏族和部落的狭小范围内，从事简单协作形式的集体生产活动，生产资料归集体占有，产品按照自然形成的惯例在氏族和部落成员之间平均分配。通过采集和狩猎获取的产品往往仅够维持生存，没有多少剩余。

到了原始社会后期，由于农业耕作技术和动物驯养技术的进步，在满足自身需要之外有了剩余产品。畜牧业从农业中分离出来，发生了第一次社会大分工，产品交换随之发生。起先是偶然的交换，之后变得越来越频繁。随着氏族成员私有财产的产生，同一氏族内部不同成员之间的交换关系也开始产生并逐步发展起来。特别是青铜冶炼技术的发明、金属工具的广泛使用，使农业生产较以前有了很大发展，同时还使得原来附属于农业的手工业生产技术大大改进，手工业产品也日益多样化。这一时期，原来与农业结合在一起的手工业分离出来，形成与农业相区别的独立生产行业，这就是第二次社会大分工。生产力在第二次社会大分工的刺激下进一步发展，氏族成员之间贫富分化加剧，私有制发展加快，氏族内部产生了私有经济。

私有制产生以后，一方面，由于生产力的发展产生了剩余产品，从而具备了剥削他人劳动的物质条件；另一方面，因为社会生产的发展需要增加劳动力，于是战俘成了最早的奴隶，用来减轻生产者本身的劳动量。正如恩格斯所说："在这时已经达到的'经济状况'的水平上，战俘获得了某种价值；因此人们就让他们活下来，并且使用他们的劳动。"① 这样，在第一次社会大分工，即畜牧业和农业分离之后，又产生了第一次社会大分裂，分裂为两个阶级：主人和奴隶、剥削者和被剥削者。第二次社会大分工，即手工业和农业分离后，"生产的不断增长以及随之而来的劳动生产率的不断增长，提高了人的劳动力的价值；在前一阶段上刚刚产生并且是零散现象的奴隶制，现在成为社会制度的一个根本的组成部分；奴隶们不再是简单的助手了；他们被成批地赶到田野和工场去劳动"②。

古希腊和古罗马被公认为是典型的奴隶制社会。在早期，奴隶的使用主要是在家庭中，各个等级的公民家庭中都使用奴隶从事家内劳动，以后奴隶被广泛地使用在各个劳动领域。在法律上，奴隶是主人的财产，可以被出卖甚至被处死。

尽管奴隶制是人类历史上最野蛮、最残酷的剥削制度，然而，在当时的条件下，奴隶制是一个巨大的历史进步。因为，当时劳动生产率非常低，除了必要的生活资料，只能提供很少的剩余产品，生产力的提高、交往的扩大、国家和法的发展、艺术和科学的创立，都只有通过更大的分工才有可能，而这种分工的最简单形式正是奴隶制。甚至对于奴隶来说，这也是一种进步。成为奴隶的大批战俘以前都被杀掉，在更早的时候甚至被吃掉，而在奴隶制时期则成了生产工具，至少能保全生命了，且具有了一定的经济价值。随着生产力的进一步发展，奴隶制度逐渐丧失了合理性。一方面，通过战争获取到的奴隶数量逐渐减少，奴隶价格上升导致劳动成本上升；另一方面，奴隶普遍没有劳动积极性，他们消极怠工、破坏工具、虐待牲畜，导致生产效率下降。于是，奴隶主与奴隶之间的矛盾日趋尖锐，奴隶起义不断发生。奴隶制日益衰落，最终走到了尽头。

古代奴隶制度瓦解后，代之而起的是封建制度。封建制经济的基础是土地私有制。在中世纪的西欧，国王将土地封赐给下级领主，而这些领主再将他们的领地继续向下分封，通过这种层层封赐，形成等级式的土地私有制。下级领主从上级领主那里获得土地，必须为上级领主承担以军役为主的各种义务。这

① 《马克思恩格斯文集》第9卷，人民出版社2009年版，第188页。
② 《马克思恩格斯文集》第4卷，人民出版社2009年版，第182页。

种封建领地不得自由买卖或转让。封建领主把一部分领地作为自营地，另一部分领地以份地形式分给农奴耕种。农奴还要为领主无偿提供各种劳役。恩格斯指出："在中世纪，封建剥削的根源不是由于人民被剥夺而**离开了**土地，相反地，是由于他们占有土地而**离不开**它。农民保有自己的土地，但是他们作为农奴或依附农被束缚在土地上，而且必须给地主服劳役或交纳产品。"① 领主一般不能剥夺农民的份地，并且要为农奴提供"司法公正"以及各种"保护"。这种封建制关系是一种人身依附关系。

在古代中国，由于农业生产发展和独立经营的条件成熟较早，奴隶制度到战国时期就逐渐瓦解了，中国进入了封建社会。在独立农户竞争分化的基础上，基本确定了地主和小农的土地私有制，即所谓的"黔首自实田"。虽然在中国封建社会中，大部分土地为地主所占有，农民没有土地或只占有较少土地，不得不租用地主的土地，并支付高额的劳役地租、实物地租或货币地租；但自秦汉以后的多数朝代，土地是可以自由买卖的，这是中国的封建社会与西欧中世纪封建社会在政治、经济和意识形态上显著不同的重要根源。中国进入封建社会以后，商业和手工业持续发展，与西欧的领主经济相比，古代中国的地主经济可以说是封建经济更高的发展形态。

在封建社会，自然经济占统治地位，但商品经济也一直在缓慢地发展，个别时期甚至有很大发展，出现了经济和市场繁荣发展的景象。随着商品经济和市场的发展，城市也成长起来。城市手工业主要采取作坊式生产，作坊一般由师傅、帮工和学徒组成。根据行会的规定，要成为某个行业的师傅，必须先从学徒做起，然后升为帮工，最后才是师傅。学徒在学习期间要为师傅提供大量无偿劳动，而师傅对学徒也有一定义务，即教授徒弟手艺，负担徒弟的生活费用。这也是一种封建等级和人身依附关系。城市的经济生活被封建行会所垄断，如欧洲早期的行会限制本行业内各师傅之间的竞争，对行业外则造成一种垄断。这在一定程度上限制了商品经济和市场的发展。

二、资本原始积累和资本主义生产关系的产生

资本主义社会的经济结构是从封建社会的经济结构中产生的。资本主义生产关系的出现，必须在经济上具备两个条件：第一，一批失去生产资料并具有

---

① 《马克思恩格斯文集》第 4 卷，人民出版社 2009 年版，第 320 页。

一定人身自由的劳动者；第二，在少数人手中积累了为组织资本主义生产必需的一定规模的货币财富。封建社会末期，农业和手工业生产增长，城乡间社会分工扩大，商品经济迅速发展，自给自足的封建自然经济被逐步打破。一些小生产者破产，失去了生产资料，成为依靠出卖劳动力为生的雇佣工人。而在市场竞争中积累了财富的少数生产者，则成为资本家。同时，商人通过各种各样的形式控制和剥削小生产者，变成定期向小生产者收购商品的包买商。而从包买商那里获得原料甚至生产工具的小生产者，按照规定生产出商品后获得工资收入，他们逐步变成雇佣工人。在农村中，也出现了雇工进行耕种的富农和经营地主，以及租地经营的农业资本家。这样，资本主义开始萌芽。

在 14—15 世纪的欧洲，威尼斯、佛罗伦萨等地中海沿岸城市出现了资本主义萌芽，主要是在航运业、纺织业和采矿业中。从 16 世纪开始，生产呢绒、亚麻、丝绸、钟表、玻璃、武器等的工场手工业逐步遍及西欧各地。在农村，主要是 15—16 世纪货币地租出现后，农民两极分化加剧，商业资本也被吸引到农村中来，出现了租地和雇工经营的资本家。

对于中国资本主义萌芽的产生，史学界有不同看法。一般认为，16 世纪中叶，在商品经济比较发达的江南地区和东南沿海城市，丝织业、冶铁业和棉布染织业中已出现资本主义萌芽。到 18 世纪又得到进一步发展，地区也扩大到了华北、西北和西南。江南丝织业和棉布染织业、江西陶瓷业、四川井盐业、广东冶铁业、云南采铜业、陕西木材采伐业、河北采煤业中，都出现了工场手工业或商人包买主等形式，特别是井盐业和采矿业中雇工很多。在某些农村，也出现了由农民分化出来的富裕户去雇工和租地进行经营的情况。毛泽东曾指出：“中国封建社会内的商品经济的发展，已经孕育着资本主义的萌芽，如果没有外国资本主义的影响，中国也将缓慢地发展到资本主义社会。”①

从资本主义萌芽的出现到资本主义制度的确立，经历了一个特殊的历史过程。由于封建生产关系和封建制度的严重阻碍，资本主义生产关系的发展是非常缓慢和困难的。资本主义制度的产生需要一场大的历史变革。马克思指出：“为资本主义生产方式奠定基础的变革的序幕，是在 15 世纪

① 《毛泽东选集》第二卷，人民出版社 1991 年版，第 626 页。

最后30多年和16世纪最初几十年演出的。”① 这种变革的序幕就是资本原始积累过程。

资本原始积累过程是指通过暴力手段迫使生产者和生产资料相分离的历史过程。这个过程，一方面，使大量社会财富迅速集中在少数人手中并转化为资本；另一方面，使大批直接生产者被剥夺了生产资料而变成一无所有的自由劳动者。由此，为资本主义制度的产生创造了经济前提。

对直接生产者特别是农民的份地的剥夺，是整个资本原始积累过程的基础。在英国，地理大发现后欧洲市场对羊毛的需求急剧扩大，这促使封建贵族发起了一场延续300多年的“圈地运动”。他们圈占土地，将耕地变为牧场，而土地上的农民则被迫流离失所，不得不到资本家开设的手工工场去出卖劳动力。与此同时，其他一些暴力剥夺方式也加快了货币财富的集中和积累过程。这些方式，一部分是以最残酷的暴力为基础，如通过殖民地掠夺、奴役和杀人越货等行径实现财富在宗主国的累积，并进而转化成资本；另一部分则是利用国家机器，如通过国债制度、现代税收制度和保护关税制度等进行收入再分配，把国民收入中的一部分集中起来转化为资本。归结起来，所有这些方式都利用了国家权力，即有组织的暴力。由此，从封建社会向资本主义社会转变的过程被大大缩短了。马克思说：“暴力是每一个孕育着新社会的旧社会的助产婆。暴力本身就是一种经济力。”② 资本原始积累催生了资本主义生产关系，其实质是用暴力的手段为资本主义的发展创造历史条件，“这种剥夺的历史是用血和火的文字载入人类编年史的”③。

资本主义生产关系代替封建生产关系还需要相应的政治条件，这就是资本主义的政治制度。17世纪中叶后，英国、法国等西欧国家先后兴起了资产阶级革命，推翻了封建制度，确立了资产阶级的政治统治，实行了一系列有利于资本主义发展的经济、政治、法律、文化等措施。由此，为资本主义生产关系的发展扫清了道路，大大加速了资本主义经济制度的形成与发展。

资产阶级革命的胜利，虽然初步确立了资本主义制度，但其物质技术基础仍是手工生产，还处在工场手工业发展阶段，远远不能适应日益扩大的国内外市场和商品经济发展的需求，迫切要求通过科学技术革命发展社会化大生产，

---

① 《马克思恩格斯文集》第5卷，人民出版社2009年版，第825页。
② 《马克思恩格斯文集》第5卷，人民出版社2009年版，第861页。
③ 《马克思恩格斯文集》第5卷，人民出版社2009年版，第822页。

建立资本主义制度的物质技术基础。这个历史任务是通过工业革命实现的。从18世纪60年代开始一直到19世纪30年代，英国率先发生并完成了工业革命，以机器大工业为基础的工厂代替了以手工技术为基础的手工工场。19世纪30年代以后，其他各主要资本主义国家利用英国工业革命的技术和经验，也先后实现了工业化，建立起资本主义机器大工业生产体系。工业革命先是从工业领域开始，逐渐扩展到交通运输等领域。通过大幅度提高劳动生产率，以机器为主体的工厂制度逐步在各生产领域取代了以手工技术为基础的手工工场制度，社会生产因此发生了巨大变革。工业革命不仅引起生产技术的革新，使生产力获得了空前发展，开创了人类物质文明发展的新时代，而且引发了生产关系的重大变革，最终使资本主义制度得以确立。

第二节 资本主义所有制

一、资本主义所有制的本质特征

资本主义所有制具有私有制的一般特征，比如，生产资料归私人占有，劳动者与生产资料相分离，私人所有者控制着生产过程并剥削劳动者的剩余劳动，等等。但是，它又具有与人类历史上其他社会形态中的私有制相区别的特殊规定性。

资本主义所有制的本质特征是资本对劳动的雇佣和剥削。在资本主义生产关系中，生产资料与劳动力的结合是通过建立雇佣劳动关系实现的。当资本实现对劳动的雇佣后，资本主义生产过程随之展开。在资本主义生产中，工人创造的剩余价值被资本家凭借生产资料所有权而无偿占有，这构成了资本主义剥削的本质。

以雇佣劳动为基础的资本主义剥削，不同于奴隶社会和封建社会的剥削。资本主义的生产关系是以商品经济的充分发展为基础的，劳动者具有人身自由，工人和资本家之间的劳动力买卖表面上是一种自由、平等的交换关系，但是，工人由于丧失了生产资料，只能接受被雇佣被剥削的地位，以此换取必要的生活资料，因此，作为整体的工人阶级在事实上从属于作为整体的资本家阶级，他们在经济关系中的地位事实上是不平等的。

资本主义所有制是资本主义生产关系的基础，资本主义的生产、分配、交换和消费过程都要服从于资本对劳动的雇佣和剥削。资本与劳动的关系构成了资本主义社会所有经济关系的基础，整个资本主义经济的运动过程和运动规律就是以此为基础的。

二、资本主义所有制的主要形式

一定的所有制在现实中会表现为多种形式。资本主义所有制最初的形式是独资经营的业主制企业。在这一阶段，企业生产规模较小，每个私人资本都独立执行资本职能，企业主对私人资本拥有所有权、支配权、收益权和最终处置权。这一所有制适应了当时并不太高的社会生产力发展水平。在生产规模和生产范围都相对较小的条件下，企业适合由资本所有者直接控制和经营，所有者对企业资本拥有完全的控制权，有助于降低管理成本、提高效率。

但是，独资经营的业主制具有许多局限性。比如，财产占有关系具有封闭性，企业资本的扩大主要靠企业自身的积累，积累的源泉十分有限；企业的存亡在很大程度上取决于企业主及其子女的状况，随着企业主退出经营、死亡或家族无人继承而中止；企业所有者要对经营中的债务负无限责任，经营风险集中而且巨大。这些局限性不利于生产的发展。

随着资本主义经济的发展，科学技术在生产领域得到广泛应用，企业规模不断扩大，资本主义所有制形式也有了新的发展。在 19 世纪末 20 世纪初，私人股份所有制成为资本主义所有制的主要形式。私人股份所有制的特点主要有：第一，资本的所有者具有多元性。股份公司创立者将公司资本划分为众多股份，向社会发行，吸纳社会资金，形成独立的法人企业。第二，资本所有权具有一定的社会性。私人资本家虽然仍是资本的所有者，但拥有部分股份的资本家却失去了独立使用自己那份资本进行生产经营的权利，其持有的那部分股份已与其他出资者的股份结合在一起转化成所有股东共有的整体财产。第三，企业经营具有长期连续性。股东的更换不会影响整体资本的存在，公司的资本因而就可以长期生存和延续下去。第四，资本的所有者与经营者相分离。在私人股份所有制条件下，资本的所有者与资本的经营者不再统一于个人，而是发生了分离。作为所有者的股东可以参加股东大会，行使选举董事和决定公司大政方针的表决权，也可以参与公司收益的分配。作为资本的经营者，公司的经理阶层直接支配公司的资本，独立地进行生产和营销活动。

私人股份所有制的产生对资本主义经济的发展起到了积极的作用。股份公司能在短期内把社会分散的资金结合成一个庞大的资本，从而克服了个别资本积累的局限性，成为促进生产力发展的有力杠杆。19 世纪末 20 世纪初，私人股份所有制对重工业、铁路建筑等规模巨大企业的迅速发展发挥了有力的推动作用。

20 世纪中叶，随着生产社会化的进一步发展，法人股份所有制成为资本主义占主导地位的所有制形式。西方发达资本主义国家的许多法人组织以出资者身份持有其他法人企业的股票，其结果是大量法人组织由纯粹的财产管理者变为股票持有者。法人组织的股东化，改变了资本主义国家大公司的股权结构，使财产占有的形式呈现出由个人占有向非个人占有转变的趋势。包括企业、财团、基金会等在内的各种法人组织成为上市公司股票的主要持有者，大公司的股东也从以个人股东为主转变为以机构股东为主。

法人持股有助于加强法人组织间的联系，克服公司行为的短期性。法人持股与个人或家族持股的最大区别，是法人机构通过联合持股、交叉持股以及互兼董事等方式导致法人组织之间发生资本融合和人事结合。通过资本融合和人事结合，法人机构之间可以建立较稳定的关系。法人组织可以自觉协调彼此的经营目标和行为，克服摩擦和矛盾，使各自的利益都能得到保证。通过这种关系，法人组织经营环境的不确定性得以缓和，法人组织可以从长远利益出发制订公司的发展规划并进行决策。法人股份所有制是比私人股份所有制更适合生产社会化和垄断大公司发展需要的资本所有制形式。

由于股份制度的发展，资本主义所有制已发展成为一个复杂的财产关系体系。与个人资本相比，资本主义的股份制具有了一定的社会性。马克思指出："那种本身建立在社会生产方式的基础上并以生产资料和劳动力的社会集中为前提的资本，在这里直接取得了社会资本（即那些直接联合起来的个人的资本）的形式，而与私人资本相对立，并且它的企业也表现为社会企业，而与私人企业相对立。这是作为私人财产的资本在资本主义生产方式本身范围内的扬弃。"① 这种社会性主要体现在两个方面：一方面，这里的资本不再是单个私人资本，而是联合起来的许多个人的资本；另一方面，资本所有权与经营权相分离，资本的管理职能由职业经理人来承担。资本的社会化在一定程度上适应了

① 《马克思恩格斯文集》第 7 卷，人民出版社 2009 年版，第 494—495 页。

生产社会化的发展，但是，股份制作为资本主义所有制的实现形式并没有从根本上改变私有制的本质及其内在矛盾。随着生产力的发展和生产社会化水平的日益提高，私人资本的股份制也不能完全适应这种发展和变化。国家资本开始成为资本主义经济的一个重要组成部分。

国家资本早在资本主义发展初期就出现了，主要是国家在少数行业投资，如兵工厂、邮政系统和国有铁路等。此时，国家资本的地位和作用仅仅体现在辅助功能上，在社会经济生活中不占重要地位。随着资本主义的发展，生产社会化和生产资料资本主义私人占有之间的矛盾日益尖锐，自由市场经济的盲目性日益暴露出来，政府利用国家资本对经济生活进行干预就成为必要。通过国家资本来实现国家对社会经济生活的干预，具有一些独特的优势。国家资本通过政府投资创立企业，从一开始就可以是高技术和大规模的，从而有助于推进产业结构调整和升级；国家资本不限于竞争性产业部门，可以在非竞争性特别是基础部门和公共部门建立企业，有助于政府公共目标的实现；国家资本可以不受资本短期利润目标的约束，甚至可以在一定时期内亏损运行，为私人资本的长远发展创造条件。此外，在涉及国家主权、国家安全和国家竞争力的产业方面，国家资本具有较高的可靠性。20世纪中期，多数资本主义国家都通过国家资本干预社会经济生活，国家资本在国民经济中所占的比重大大提高。

资本主义所有制的发展是生产力与生产关系矛盾运动的产物，体现了生产社会化不断发展的要求，在一定程度上适应了生产力发展。然而，资本主义生产关系的性质并没有因为所有制形式的变化而发生根本的改变。正如马克思所说："无论向股份公司的转变，还是向国家财产的转变，都没有消除生产力的资本属性。"①

第三节　资本主义经济制度的演变

资本主义经济制度是不断发展演变的，大体经历了三个发展阶段：自由竞争资本主义、垄断资本主义和帝国主义、国家垄断资本主义及其新发展。

---

① 《马克思恩格斯文集》第9卷，人民出版社2009年版，第295页。

一、自由竞争资本主义

从资本主义制度的确立到19世纪70年代，是资本主义发展的自由竞争阶段。这一阶段，资本主义经济以分散的业主制企业为主体，不同生产者之间为争夺有利的生产和销售条件展开激烈竞争。竞争的主要手段是改进生产技术和扩大生产规模，以提高劳动生产率和降低商品成本。国家通过法律等手段维护资本主义经济秩序，为资本主义经济的发展提供社会条件，一般不干预经济活动。

19世纪三四十年代，英国完成了工业革命。工业资产阶级无论是在经济上还是在政治上，都取得了决定性的胜利，并实施自由竞争和自由贸易政策。自由竞争使资本主义市场经济的活力得到了发挥，解放了被封建制度束缚的生产力，促进了社会经济发展。但是，自由竞争资本主义以生产资料私有制为基础，企业数量众多、规模小、实力相当，单个企业没有控制市场的力量。这就不可避免地出现社会供给和社会需求失衡，进而导致严重的经济危机，造成企业大批破产、工人大批失业，社会生产力遭到严重破坏，生产资料的资本主义私人占有与生产社会化的矛盾日益尖锐。

二、垄断资本主义和帝国主义

（一）从自由竞争到垄断的发展

19世纪六七十年代，自由竞争资本主义发展到顶峰，开始向垄断资本主义过渡。19世纪最后30年间，主要资本主义国家发生第二次工业革命，电力、化学、钢铁、化工等新兴工业迅速发展，推动生产规模进一步扩大和生产社会化程度进一步提高，成为生产和资本集中的物质基础。与此同时，资本主义经济危机频频爆发，造成大批中小企业破产或被大企业吞并。而大企业为了保持竞争优势，纷纷联合或合并，这就加剧了生产和资本的集中。生产集中是指社会生产日益集中于少数企业的过程。在资本主义条件下，生产集中表现为资本集中，即社会总资本日益集中在少数资本家手中。

生产集中和资本集中导致了垄断的出现。垄断是指在生产集中和资本集中高度发展的基础上，少数资本主义大企业为获得高额垄断利润而对某些部门的生产和市场实施独占或控制。垄断的出现既是生产力发展和生产集中化的产物，也是资本主义经济关系发展的必然结果。生产和资本的集中为垄断提供了技术上的必要性和可能性，资本主义经济关系使这种必要性和可能性真正转化为现实。对更多剩余价值的追逐，促使每个资本主义企业通过资本积累来增强其市场竞争优势，这就造成了生产集中、资本集中和垄断的出现。

最初的垄断形式比较简单，只是一种销售协议，存续时间较短。1873 年爆发的世界经济危机，标志着自由竞争资本主义的结束和垄断资本主义的开始。到 19 世纪末 20 世纪初，垄断已成为资本主义经济生活的基础，自由竞争资本主义发展为垄断资本主义。

垄断资本主义的出现，并没有消灭市场竞争，而只是改变了市场竞争的条件和形式。竞争是商品交换关系存在和发展的基本条件和核心机制，资本主义经济依托高度发达的商品交换关系，它不可能从根本上消灭竞争。在现实生活中，垄断组织之间、垄断组织与非垄断企业之间、非垄断企业之间，都存在着激烈的市场竞争关系。因此，垄断资本主义阶段不但存在着竞争，而且竞争的主体、形式、内容和激烈程度，都较之自由竞争资本主义阶段有新的发展。

垄断资本主义的出现，加深了资本主义的一系列矛盾，产生了长远而深刻的影响。第一，由于垄断资本获取了高额的垄断利润，财富更向少数拥有雄厚资本的资本家聚集，广大劳动群众受到的剥削加重、贫困加深，全社会的购买能力下降，生产的相对过剩现象日趋严重，孕育了更大的经济危机。第二，虽然垄断不可能消灭竞争，但在很大程度上限制了竞争。垄断组织为了独占垄断优势，通过各种手段打压竞争对手，使相当数量的企业由此失去了竞争地位而沦为垄断组织的附庸或退出竞争。第三，垄断组织依靠自身的垄断地位，左右市场，操纵价格，降低了企业的市场反应能力和创新能力，阻碍了生产要素在部门间的流动和再配置，影响了社会经济结构调整的效率，抑制了国民经济的平衡发展过程。第四，垄断组织为了获得高额垄断利润，虽然有实力、有动力开展技术革新，但当占据垄断地位、享受高额垄断利润时，它们也会抑制新的技术革新，降低开展新的技术革新的动力。第五，新技术的应用要求新的投资，这会造成已有固定资本投资的巨大贬值，为此，垄断组织会人为延缓技术革新应用的进程。

当然，相对于自由竞争资本主义，垄断资本主义在一定程度上也适应了生产力进一步发展的客观要求。第一，垄断资本主义创造了规模巨大的企业，扩大了生产规模，能够发挥规模效应的优势。第二，通过横向和纵向联合，垄断资本主义能够有效降低市场交易成本和企业管理成本，提高经济效益。第三，垄断资本主义有足够的财力进行科技和生产研发活动，推动了技术革新进程。

总的来看，垄断加深了资本主义的基本矛盾，激化了无产阶级和资产阶级的阶级矛盾，加剧了劳动人民相对下降的购买力和迅速扩大的生产力之间的矛盾，限制了科学技术的创新与扩散，影响了资本主义的现实稳定和长远发展。为了缓和这些矛盾，资本主义国家通过制定反垄断法等各种措施限制垄断、鼓励竞争，维护整个资本家集团的利益，维护资本主义国家的稳定。但是，资本主义国家在反垄断上并不彻底，不可能从根本上消除资本垄断及由此产生的矛盾和弊端。

（二）帝国主义是垄断资本主义

列宁根据 19 世纪末 20 世纪初世界的经济政治情况，从资本主义发展规律出发，阐明了垄断资本主义的基本特征和实质，明确提出，帝国主义就是垄断资本主义，是资本主义的垄断阶段，它具有五个方面的特征：第一，生产和资本的集中发展到这样高的程度，以致造成了在经济生活中起决定性作用的垄断组织；第二，银行垄断资本和工业垄断资本已经融合起来形成金融资本，并在此基础上形成了金融寡头；第三，与商品输出不同的资本输出有了特别重要的意义；第四，瓜分世界的资本家国际垄断同盟已经形成；第五，资本主义列强已把世界上的领土瓜分完毕。这五个方面是内在联系的，其中，垄断是帝国主义的经济基础，金融资本的统治地位是帝国主义的突出特点，资本的输出、国际垄断同盟的形成和列强分割世界是垄断资本向外扩张的必然结果。

20 世纪初期，各主要资本主义国家的生产集中和资本集中已经达到很高程度，工业垄断组织已经成为资本主义市场经济的主体。在当时，比较重要的工业垄断组织包括：在部门内瓜分市场、通过垄断协议来规定产量份额和销售价格的卡特尔组织；联合采购原材料并销售产品的辛迪加组织；统一管理各成员企业生产、购销及财务活动以实现整体经营的托拉斯组织；以实力雄厚的大公司为核心，由不同部门的企业结成联合集团的康采恩组织。

在工业垄断资本形成的基础上，银行垄断资本迅速发展起来，银行的作用也相应地发生了根本变化，开始从普通借贷中介人变成控制工业企业融资活动乃至整个国民经济的万能垄断者。大银行资金实力雄厚、信用度高、竞争力强，可以给大企业提供大量借贷资金。而大企业也将闲置的巨额货币资本存入大银行。这样，大银行与大企业之间逐渐形成了较为固定的金融关系。银行还借此掌握了企业资金往来和经营情况，能对企业进行及时有效的监督和控制，甚至左右企业的命运。

在此基础上，工业和银行业的垄断资本互相渗透，彼此融合或混合生长，形成了垄断阶段最高形态的垄断资本，即金融资本。列宁指出："资本主义的一般特性，就是资本的占有同资本在生产中的运用相分离，货币资本同工业资本或者说生产资本相分离，全靠货币资本的收入为生的食利者同企业家及一切直接参与运用资本的人相分离。帝国主义，或者说金融资本的统治，是资本主义的最高阶段，这时候，这种分离达到了极大的程度。金融资本对其他一切形式的资本的优势，意味着食利者和金融寡头占统治地位，意味着少数拥有金融'实力'的国家处于和其余一切国家不同的特殊地位。"① 在金融资本形成的过程中，主要资本主义国家都产生了少数同时控制银行和工业的大资本家和资本家集团，即金融寡头。金融寡头在经济领域内主要是通过参与制，即通过掌握"股票控制额"而对母公司、子公司、孙公司建立层层控制，并进而控制整个国民经济。他们还进一步通过同政府进行"个人联合"，即由金融寡头或其代理人担任政府要职，或把卸任的军政官员聘请到企业担任要职，从而控制整个国家机器，使资产阶级政府成为其实行政治统治的工具。

资本的本性是在运动中最大限度地获得利润，资本必然要不断对外扩张，以获得更大的市场，更便宜的生产要素和更广阔的发展空间。与自由资本主义相比，垄断资本主义具有更为强烈的对外扩张的冲动和能力，形成了垄断资本对世界的统治。在这个阶段，与商品输出不同的资本输出具有了特别的意义，瓜分世界的资本家国际垄断同盟已经形成，主要资本主义国家想方设法把世界上的领土瓜分完毕，从而"资本主义已成为极少数'先进'国对世界上绝大多数居民实行殖民压迫和金融扼杀的世界体系"②。

自由竞争阶段资本主义的对外经济关系主要表现为商品输出，垄断阶段则主要表现为资本输出。进入垄断阶段后，垄断资本凭借垄断地位积聚的巨额资本，相对于国内投资需求而成为"过剩资本"，只能向国外寻找高额利润空间，并借垄断原料来源带动商品输出。与此同时，一些具有一定基础设施的发展中国家，其生产要素成本较低，成为垄断资本对外输出的理想场所。资本在世界范围内流动，构成了垄断资本对外扩张并建立世界体系的坚实基础，同时也是"帝国主义压迫和剥削世界上大多数民族和国家的坚实基础"③。

---

① 《列宁选集》第 2 卷，人民出版社 2012 年版，第 624 页。

② 《列宁选集》第 2 卷，人民出版社 2012 年版，第 578—579 页。

③ 《列宁选集》第 2 卷，人民出版社 2012 年版，第 628 页。

随着资本输出，垄断资本之间为争夺有利的投资场所、销售市场和原料产地而展开了激烈竞争。为避免两败俱伤，各国垄断资本之间通过建立国际垄断同盟来瓜分世界市场、分享利益。到20世纪初，国际垄断同盟已有很大的发展，主要形式是国际卡特尔，即若干国家的生产和经营同种产品的垄断组织之间，通过订立国际协议，垄断和瓜分该产品的世界市场，规定垄断价格，攫取国际垄断利润。

除了在经济上瓜分世界，垄断资本还通过争夺殖民地瓜分世界，以此获得最有利的投资场所、最可靠的商品市场和最有保障的原料供应地。从1876年到1914年，列强将世界领土瓜分完毕。随着经济、政治和军事实力对比的变化，列强之间又出现了重新瓜分世界领土的斗争。垄断资本主义发展过程中发生的两次世界大战，是列强之间争夺世界霸权和重新瓜分世界领土斗争的最高表现。列宁指出："资本家瓜分世界，并不是因为他们的心肠特别狠毒，而是因为集中已经达到这样的阶段，使他们不得不走上这条获取利润的道路；而且他们是'按资本'、'按实力'来瓜分世界的，在商品生产和资本主义制度下也不可能有其他的瓜分方法。"① 这表明，只要生产资料私有制还存在，在上述这样的经济基础上，帝国主义战争是绝对不可避免的。

（三）垄断资本主义的新特点

第二次世界大战后，随着科技革命的出现和经济全球化的发展，垄断资本主义呈现出一些新特点，主要表现为：

第一，生产和资本的集中度进一步加强，兼并、收购、联合、重组成为垄断资本扩张势力的基本途径，巨型垄断企业不断出现。在这个过程中，一些老的垄断组织，如冰箱、洗衣机、照相器材、钢铁等行业的垄断组织被削弱甚至消失了，但一些新的垄断组织，如信息行业的垄断组织又出现了。

第二，金融资本的统治地位进一步巩固。从微观上看，非金融企业通过银行借贷、证券市场等筹集的金融资本总量超过了产业资本并占据优势地位，企业资本来源越来越依赖于金融业。从宏观上看，一国乃至全球范围内，金融部门相对于实体经济急剧膨胀，金融业利润在利润总量中的比重上升甚至超过产业资本利润，经济活动越来越依赖金融资本。金融资本的不断扩张和膨胀，一方面，推动了生产社会化的发展，强化了金融资本对工业、商业和服务业的控

---

① 《列宁选集》第2卷，人民出版社2012年版，第638页。

制和融合；另一方面，加剧了资本主义经济固有的矛盾，并为全球性金融危机的频繁爆发埋下了祸根。

第三，垄断资本对外输出资本的规模迅速增长，其中，发达国家之间的资本输出增长迅速。在这个过程中，大型跨国集团不断涌现，跨国公司成为国际垄断资本的最主要形式。国际垄断资本体系的建立，推动了国际分工的深化，优化了生产要素和技术的全球配置，提高了经济效率。但是，垄断资本强化了对世界的控制，导致了一系列新的矛盾，如世界范围内的两极分化、全球生态系统的过度开发与破坏、全球性的经济金融危机不断爆发、发展中国家对发达国家的依附加深等。

第四，国际垄断同盟不断发展。第二次世界大战后，科技革命极大地推动了资本主义生产社会化和经济全球化趋势，各垄断资本主义国家之间的经济竞争越来越激烈，国际范围的经济协调成为必然选择。国际货币基金组织、世界贸易组织等国际性经济组织、国际经济协议、区域性经济集团的建立，都是调节国际经济关系的方式。

第五，采用新的方法继续对发展中国家进行控制和掠夺。第二次世界大战后，旧殖民体系因受到沉重打击而无法维持，赤裸裸的暴力和强权已经被国际社会所唾弃。西方发达国家被迫改变了旧的掠夺方式，转而采取更加隐蔽的手段，包括控制国际市场、操纵商品价格、经济援助、文化渗透等，加强对欠发达国家和地区的控制和掠夺。

随着垄断资本主义的发展，资本主义国家对经济的干预也发展起来了，国家在经济发展中的作用不断增强。

三、国家垄断资本主义及其新发展

20 世纪三四十年代以前，政府在资本主义社会中的角色都是保护社会安全的“守夜人”，经济上奉行自由放任主义，一般不干预经济活动。

1929—1933 年，席卷资本主义世界的经济大危机沉重打击了资本主义的经济，对人民的生活造成了极大的危害。严重的经济危机使人们认识到，自由放任的政策已经不能完全适应经济发展的要求，国家对经济的干预应运而生。在理论上，英国经济学家凯恩斯提出资本主义经济危机的原因在于有效需求不足，主张通过政府干预来加以解决。在实践上，美国政府率先通过大规模投入资金来挽救金融体系，恢复工商业和农业，救济贫民和失业者。大危机标志着资本主义自由市场经济的终结和国家垄断资本主义的产生。

国家垄断资本主义就是资本主义国家和私人垄断资本相结合而形成的一种垄断资本主义。由一般垄断资本主义向国家垄断资本主义发展是资本主义基本矛盾发展的必然结果，其原因主要有：

第一，私人垄断资本对关乎国计民生的重大项目以及对国民经济具有重要作用的基础性、支柱性产业或部门，因其投资规模大、周期长而缺乏投资意愿和投资能力。在科技革命推动下，新兴产业和部门不断涌现，社会分工不断深化，生产能力不断扩大，所需资本越来越大。在许多领域，特别是高精尖的新兴产业部门、对国民经济有举足轻重作用的支柱产业和部门，私人垄断资本往往无力承担，必须依靠国家的力量来筹集大规模建设所需的巨额资本。

第二，私人垄断资本不愿投资大规模公共设施的建设。随着经济社会的发展，对公共设施的需求越来越大。例如，道路交通、邮电通信、环境保护和治理等方面的建设，不仅投资巨大，而且往往需要很长时间才有可能收回投资，甚至没有经济收益。私人垄断资本一般不会在这些领域进行投资，这些设施只能通过国家的力量来建设。

第三，私人垄断资本不愿涉足重大的科学研究和技术开发。虽然科技成果在转化为现实的生产力之后，会带来极大的经济收益，但在基础研究阶段，并不会很快带来回报，同时还存在较大风险，私人资本往往不愿投资这些领域。因此，发达资本主义国家都把科研列为重要的社会经济发展项目，由国家投资进行研究和开发。

第四，私人垄断资本难以解决社会总产品的实现问题。资本主义社会存在着生产无限扩大的趋势与劳动人民有支付能力的需求相对缩小的矛盾。同时，社会化大生产的发展与私人垄断资本追求利益的矛盾不断加深。这些矛盾经常导致市场上商品过剩，促使经济危机的发生。私人垄断资本对这些矛盾无力解决，要求资本主义国家出面，对市场进行干预和调节。

第五，私人垄断资本无力调节社会财富的两极分化。财富占有的两极分化是资本主义制度固有的矛盾。私人垄断资本的出现加剧了这种矛盾，必然导致社会的不稳定，乃至威胁资本主义国家政权的稳固。这就要求资本主义国家介入国民收入再分配领域，调节收入分配关系，缓和阶级矛盾。

从以上分析可以看出，国家垄断资本主义的出现有其特定的历史条件和根源。资产阶级国家是垄断资本家的总代表，是“理想”的总资本家。国家和私人垄断资本的紧密结合，在一定程度上突破了私人垄断资本的局限性，缓和了资本主义基本矛盾，促进了生产力的发展。

根据国家和私人垄断资本结合的不同情况，国家垄断资本主义形成了各种形式：第一，实施国家调节，即作为总资本家的国家通过财政、金融和法律等手段对资本主义经济的运行过程进行调节，为资本主义经济的发展创造有利的宏观条件。第二，创办合营企业，即国家资本和私人垄断资本联合投资创办企业，或相互购买对方企业的股票。第三，建立国有企业，即国家作为资本家的总代表成为企业的所有者，国家资本和私人垄断资本融合为一体。在国家垄断资本主义的上述三种形式中，国家调节经济是最重要的形式。资本主义国家对社会资本再生产过程和经济运行过程的参与和影响，主要是通过国家调节来进行的。其主要内容包括：通过调节社会总需求，维护宏观经济的稳定；通过政府对商品和劳务的购买，为私人垄断组织实现剩余价值提供条件；通过投资基础产业、高科技产业和环境保护等，推动资本主义经济的发展；通过制定各种市场法律法规，调节私人企业的行为，促进和维护市场竞争。

从 20 世纪 70 年代开始，发达资本主义国家普遍陷入经济停滞与高通货膨胀并存的困境，以国家干预为特征的国家垄断资本主义也陷入困境。在这种情况下，以私有化、放松管制、紧缩货币、削减税收和财政开支为基本主张的新自由主义思潮成为新的主流经济学。新自由主义崇拜自由市场，反对国家调节。具体来说包括：一是明确反对政府旨在维护劳动力市场稳定运行的任何干预，认为工人失业是由于对工资要求太高而导致市场需求下降，市场需求下降从而加剧工人失业；二是明确反对政府对某些行业或企业的保护，反对一切形式的国有企业，主张全盘私有化；三是明确反对长期形成的国家公共服务体系，即使是对国民生活至关重要的公共服务（国防和公共医疗）。受此影响，美国、英国等发达资本主义国家采取了一系列自由放任改革措施，如对国有企业的大规模私有化、金融自由化运动、大规模减税及削减福利支出等。新自由主义经济实践导致资本主义经济的内在矛盾进一步累积加重，催生了严重的金融和经济危机，加剧了社会矛盾和冲突。

思考题：

1. 解释下列概念：垄断、国家垄断资本主义。

2. 简述资本原始积累的过程及其实质。
3. 资本主义所有制的本质特征是什么?
4. 简述私人股份所有制的特点及其历史作用。
5. 简述法人股份所有制成为资本主义占主导地位的所有制形式的原因。
6. 简述垄断对资本主义经济的影响。
7. 为什么说国家垄断资本主义的出现是资本主义基本矛盾发展的必然结果?

第五章　资本主义生产

剩余价值理论是马克思主义政治经济学的基石，剩余价值规律是资本主义的绝对规律。劳动力成为商品是货币转化为资本的前提，工资的本质是劳动力的价值或价格。资本主义生产是劳动过程和剩余价值生产过程的统一，其目的是最大限度地追求剩余价值。随着资本主义的发展，工资形式和劳资关系不断发生变化，但没有改变资本主义雇佣劳动关系的本质。

第一节　货币转化为资本

一、资本总公式及其矛盾

商品交换的发展导致了货币的出现，而货币在一定条件下转变成为资本。无论是在历史上还是在现实生活中，货币都是资本的最初表现形式。但是，货币本身并不就是资本，作为资本的货币与作为商品流通媒介的货币是有区别的。

简单商品流通的公式是：商品—货币—商品（W—G—W）。商品生产者先是出卖自己的商品，取得货币，然后再以货币买进自己所需的商品。在这个公式中，货币是单纯作为流通媒介存在的。资本流通的公式是：货币—商品—货币（G—W—G′）。资本家用货币买进商品，然后再把商品卖出去，重新取得货币。

这两种流通形式的区别是明显的。简单商品流通是为买而卖，目的是消费，是要得到另一种使用价值。处在简单商品流通公式两端的两种商品，在价值量上是相等的。资本流通是为卖而买，目的是要得到增殖了的价值。在资本流通过程的终点，除了收回始点预付的货币之外，资本家还从流通中获得一笔增加的货币。当货币在运动中发生了价值增殖，就转化为资本。这里，G′=G+ΔG，ΔG是运动过程中的价值增殖额，称为剩余价值。资本流通的目的，就是获得比预付货币价值更多的价值。在资本流通中，货币在运动中能够带来剩余价值，从而发生了价值增殖。这时，货币已不是普通的货币，而是转化为资本，成为资本的存在形式。所以，资本就是能带来剩余价值的价值。G—W—

G′这个公式，对一切形式的资本都适用。不仅商业资本的运动直接表现为先买后卖的过程，而且，产业资本和借贷资本运动的基本过程也是这样，它们不过是在这一公式基础上的补充或简化。因此，这一公式概括了产业资本、商业资本和借贷资本运动的共同特点，可以称为资本总公式。

从形式上看，资本总公式是同价值规律相矛盾的。价值规律要求商品交换按照等价原则进行，因而，交换的结果只会使价值的表现形式发生变化，而价值量不会发生变化。但资本总公式表明，货币资本在流通过程中发生了增殖。这就是资本总公式的矛盾。如何解释这一矛盾呢？

在资本总公式中，剩余价值表现为流通的结果，但是，剩余价值是不可能从流通领域中产生的。在商品流通中，无论是等价交换还是不等价交换，都不能产生剩余价值。如果是等价交换，一定量的价值体现在不同的商品上，但价值量是既定的，没有发生变化；如果是不等价交换，即低于价值购买或高于价值出卖，似乎可以得到更多的价值。但是，由于商品生产者不断变换买者和卖者的身份，他作为买者时多得的，在作为卖者时又会损失掉。即使某些商品生产者在交换中始终能贱买贵卖，从流通中获得更多的价值，这也不能说明剩余价值的真正来源。这是因为，他多得到的，正是别人失去的，流通中的价值总量没有增加。“可见，无论怎样颠来倒去，结果都是一样。如果是等价物交换，不产生剩余价值；如果是非等价物交换，也不产生剩余价值。流通或商品交换不创造价值。”① 那么，剩余价值离开流通过程能不能产生呢？也不能。如果离开流通过程，即货币所有者把货币贮藏起来，不同其他商品所有者发生联系，那么价值和剩余价值既无从产生，也无法实现。由此可见，剩余价值不能产生于流通过程，但又离不开流通过程，它必须以流通过程为媒介。这就是解决资本总公式矛盾的条件。

那么，价值增殖究竟是从哪里发生的呢？答案是，货币所有者购买到了某种特殊的商品，这种商品具有特殊的使用价值，通过对它的使用不仅能够创造价值，而且能够创造比这种商品自身价值更大的价值。这种特殊商品就是劳动力，劳动力成为商品，是货币转化为资本的前提。

二、劳动力的买和卖

劳动力是人体中存在的、每当人生产某种使用价值时所运用的体力和智力

① 《马克思恩格斯文集》第5卷，人民出版社2009年版，第190页。

的总和。在任何社会，劳动力都是基本的生产要素，但是，劳动力并非天然就是商品。劳动力成为商品，作为买卖对象，必须具备两个基本条件：第一，劳动者必须有人身自由，有权支配自己，能将自己的劳动力使用权当作商品出卖。而且，这种关系要维持下去，劳动者就必须将劳动力按一定的时间一次一次地出卖，而不是一次卖尽，否则就会成为卖身的奴隶，而不再成为自由的劳动者。第二，劳动者丧失了生产资料和生活资料，既没有发挥自己劳动力的物质条件，也没有其他手段来维持生存，除了自己的劳动力以外一无所有，因而不得不靠出卖劳动力为生。

作为买卖对象的劳动力商品，同样具有价值和使用价值。劳动力的价值也是由生产和再生产这种特殊商品所必需的劳动时间决定的。由于劳动力的生产以劳动者的存在为前提，因此，生产劳动力商品的社会必要劳动时间，可以还原为生产维持劳动者正常生活所需要的生活资料的劳动时间，或者说，劳动力的价值是由生产、发展、维持和延续劳动力所必需的生活资料的价值构成的。具体包括三个部分：在正常状况下维持劳动者本人生活所必需的生活资料价值的总和；维持家属生活所必需的生活资料的价值；劳动者的教育和培训费用。

劳动力对生活资料的需要是在一定的社会历史条件下形成的，其构成和范围，不仅取决于劳动者的生理需要，而且取决于一个国家的自然条件和经济文化的发展水平，还取决于该国的风俗习惯和社会道德，等等。随着社会经济和文化的发展，必要生活资料的种类和数量、质量和结构会发生变化，再生产劳动力所需物质资料的内容也会不断变化。劳动力的价值决定包含着历史和道德的因素，这是劳动力商品不同于其他商品的一个重要特点。不过，在一个国家的一定时期内，劳动者所需要的生活资料的范围和数量还是可以确定的。劳动力所有者维持生命过程必不可少的生活资料的价值，是劳动力价值的最低界限。

劳动力商品最主要的特点，表现在它的使用价值上。普通商品在消费或使用时，随着使用价值的消失，价值也消失或转移到新产品中去。劳动力的使用价值就是劳动，劳动凝结在商品中则形成价值。因此，劳动力商品的使用价值的特殊性在于它是价值的源泉。劳动力的使用不仅能为它的购买者创造出等同于劳动力价值的新价值，还能够创造出超出劳动力价值的剩余价值。

从表面现象看，在劳动力的买卖过程中，货币所有者和劳动力所有者是作为具有平等权利的商品生产者发生关系的。他们都支配属于自己的东西，平等进行交换，等价交换这一价值规律的要求并没有被违背。正如马克思所说，“这个领域确实是天赋人权的真正伊甸园”①。但是，一旦离开这个简单领域，进入生产领域，情况就发生了变化：“原来的货币占有者作为资本家，昂首前行；劳动力占有者作为他的工人，尾随于后。一个笑容满面，雄心勃勃；一个战战兢兢，畏缩不前，像在市场上出卖了自己的皮一样，只有一个前途——让人家来鞣。”②

第二节　剩余价值的生产

一、劳动过程和价值增殖过程

劳动力商品被资本家购买以后，就离开流通领域进入了生产过程。资本主义生产是以雇佣劳动为基础的商品生产，其生产过程具有两重性：一方面，是生产使用价值的劳动过程；另一方面，是生产剩余价值的价值增殖过程。资本主义生产过程是劳动过程与价值增殖过程的统一。

任何社会的劳动过程都是劳动者通过有目的的活动，运用劳动手段，作用于劳动对象，改变自然界物质的性质和形态，创造出满足人们某种需要的使用价值的过程。这一点对所有的社会而言都是一样的。但是，在不同的所有制关系下，劳动过程又具有不同的特点和内容。资本主义劳动过程具有以下两个重要特点：第一，工人的劳动属于资本家，工人在资本家的监督下劳动；第二，劳动产品全部归属于资本家。

资本主义劳动过程首先也必须生产出某种使用价值，满足人们的需要。但是，生产使用价值并不是资本家的目的，他的目的是生产剩余价值，获得价值增殖。资本主义生产的实质是剩余价值的生产。

那么，价值形成过程是如何变成了剩余价值的生产过程呢？其实，价值增殖过程不外乎是超过一定点而延长了的价值形成过程。这个“一定点”就是雇佣工人的活劳动所创造的新价值等于劳动力本身价值的那一点。简单地说，雇佣工人的劳动时间可以分为两部分：一部分是必要劳动时间，用于再生产劳动

① 《马克思恩格斯文集》第5卷，人民出版社2009年版，第204页。

② 《马克思恩格斯文集》第5卷，人民出版社2009年版，第205页。

力的价值；另一部分是剩余劳动时间，用于无偿地为资本家生产剩余价值。剩余价值就是雇佣工人所创造的并被资本家无偿占有的超过劳动力价值的那部分价值。它是雇佣工人在剩余劳动时间创造的价值。

假定生产一双皮鞋消耗的生产资料价值为 12 元，制鞋工人为生产一双皮鞋劳动 5 小时创造的价值是 3 元。这样，这双皮鞋的价值就是转移的生产资料价值 12 元和工人新创造的价值 3 元之和，共计 15 元。如果劳动力商品一天的价值也是 3 元，那么，资本家按照价值出售这双皮鞋，得到的 15 元与其投入的资本价值 15 元相等，这只是价值形成过程。如果资本家迫使工人一天劳动 10 小时，生产两双皮鞋。这样，生产两双皮鞋花费的生产资料价值是 24 元，资本家支付的劳动力价值仍是 3 元，即资本家共垫付的资本价值是 27 元。但两双皮鞋的价值，包括转移的生产资料价值和工人一天劳动 10 小时新创造的价值 6 元，共计 30 元。资本家按照价值出售这两双皮鞋，就能获得 3 元剩余价值（30 元−27 元）。这 3 元剩余价值是工人在一天劳动 10 小时中，除去补偿劳动力价值所必需的 5 小时，在另外 5 小时剩余劳动时间里所创造的。

由此可见，资本家购买了劳动力这一特殊商品之后，在生产过程中，劳动力的使用创造了价值量大于劳动力价值的商品，资本家按商品价值出卖商品，不仅收回了资本价值，而且获得了剩余价值。货币转化为资本的过程，既在流通领域进行（资本家必须在流通领域购买到劳动力这一特殊商品），又不在流通领域进行（价值增殖发生在使用劳动力的生产过程）。全部过程都符合价值规律，即资本家购买或出售商品都是以价值规律为基础。整个过程的关键在于劳动力具有特殊的使用价值，它的使用能创造出大于自身价值的价值。

二、不变资本和可变资本

资本家为了进行生产，就必须先垫付一定量的资本，一部分用于购买生产资料，另一部分用于购买劳动力。马克思根据这两部分资本在剩余价值生产过程或价值增殖过程中所起作用的不同，将其区分为不变资本和可变资本。

不变资本以生产资料的形式存在，它在生产过程中被消耗，生产出新产品。生产资料的价值是通过工人的具体劳动被转移到新产品中，其转移的价值量不会大于它原有的量。尽管转移的方式不同，有的是在一次生产过程中全部转移，有的是在多次生产过程中逐渐转移，但转移的总是生产资料原有的价值量。以生产资料形式存在的资本在生产过程中不改变自己的价值量，所以叫作不变资本（c）。

可变资本是变为劳动力的那部分资本。可变资本的价值在生产过程中不转移到新产品中去，因为资本家购买劳动力支付的价值被工人用于购买生活资料，在生产过程以外消费掉了。劳动力的价值是由工人的劳动创造的新价值的一部分来补偿的。劳动力在生产过程中发挥作用的结果，不仅再生产出劳动力的价值，而且生产出剩余价值。以劳动力形式存在的这部分资本价值，在生产过程中发生了量的变化，即发生了价值增殖，所以叫作可变资本（v）。

把资本区分为不变资本和可变资本的重要意义，就在于进一步揭示了剩余价值产生的源泉，进一步揭示了资本的本质。正如马克思指出的那样："黑人就是黑人。只有在一定的关系下，他才成为**奴隶**。纺纱机是纺棉花的机器。只有在一定的关系下，它才成为**资本**。脱离了这种关系，它也就不是资本了，就像**黄金**本身并不是**货币**，砂糖并不是砂糖的**价格**一样。"① 因此，资本不是物，而是属于一定历史社会形态的生产关系。它体现在一个物上，并赋予这个物以特有的生产关系。

三、剩余价值率

把资本划分为不变资本和可变资本，对于揭示资本家的剥削程度具有重要意义。

在资本主义生产过程中，资本家投入不变资本和可变资本，即 c+v。经过生产过程，产生剩余价值（m），结果生产出价值为 c+v+m 的产品。其中的剩余价值只是可变资本产生的。把剩余价值和可变资本相比，就可以表明资本家对工人的剥削程度。剩余价值率（m′）是剩余价值（m）同可变资本（v）的比率。

剩余价值率的表示方法有两种，一种是物化劳动，即价值表示法：

$$\text{剩余价值率}(m')=\frac{\text{剩余价值}}{\text{可变资本}}=\frac{m}{v}$$

它表示在雇佣工人的劳动所创造的价值中，资本家和工人各占多少份额。

另一种是活劳动，即劳动时间表示法：

$$\text{剩余价值率}(m')=\frac{\text{剩余劳动时间}}{\text{必要劳动时间}}$$

该公式表明，在工人一个工作日的全部劳动时间中，有多大部分用于补偿

① 《马克思恩格斯文集》第 1 卷，人民出版社 2009 年版，第 723 页。

劳动力的价值，有多大部分用于无偿地给资本家生产剩余价值。

剩余价值率的高低是决定资本家获得剩余价值量多少的一个重要因素，另外一个因素是雇佣工人的数量或可变资本总量的多少。如果资本家雇佣工人的总数是一定的，则剩余价值率越高，他获得的剩余价值量也越多。可见，资本家要获得更多的剩余价值，一般可以通过两条基本途径：提高对工人的剥削程度和增加可变资本总量。

第三节　剩余价值生产的两种形式

资本家提高剥削工人的程度的具体办法是多种多样的，但概括起来有两种基本方法，即绝对剩余价值生产和相对剩余价值生产。

一、绝对剩余价值生产

雇佣工人的劳动是剩余价值产生的唯一源泉。资本家为了获得剩余价值，必须把工人的劳动时间延长到必要劳动时间以上。绝对剩余价值生产就是指在必要劳动时间不变的条件下，由绝对地延长工作日的劳动时间而生产的剩余价值。资本主义制度下工人工作日的劳动时间分为两部分：必要劳动时间和剩余劳动时间。在必要劳动时间既定的条件下，工作日越长，剩余劳动时间就越长，资本家从工人身上榨取的剩余价值就越多，从而剩余价值率也就越高。在资本主义发展的早期，资本家总是力图通过延长工人的工作时间来榨取更多的剩余价值。此外，资本家还用提高工人劳动强度的方法来榨取剩余价值。提高劳动强度，意味着工人在同样的工作日劳动时间内支出了更多的劳动量，实际上等于延长了工作日。

工作日劳动时间的最低界限不能少于或等于必要劳动时间。若没有剩余劳动时间去生产剩余价值，资本主义生产就不复存在。因此，工人的工作日劳动时间必须多于必要劳动时间。工作日劳动时间的最高界限受两个因素制约：一是劳动时间的生理界限，工人每天必须有一部分时间用于休息、吃饭等，以便恢复体力；二是劳动时间的道德界限，工人在一天内总需要一定的时间用于家务活动、社会活动和文化活动（这种需要的范围和数量取决于社会的经济和文化发展水平）。在这两个因素的制约下，工作日劳动时间的长短总是要受到限制的。但是，由于这两个因素实际上都是可变的而不是固定的，因而，工作日劳动时间的长短也有很大的伸缩性。那么，工作日劳动时间长短的决定性因素是什么呢？就是无产阶级和资产阶级的力量对比。

资本家是人格化的资本。资本只有一种本能，就是增殖自身，就是用生产资料这种不变资本尽可能多地吮吸可变资本的剩余劳动，创造更多的剩余价值，尽量延长工作日劳动时间是实现这一目的最简单直接的方法。工人的健康和生命并不是资本家所要考虑的主要问题。寄希望于道德心、同情心来约束资本家的行为是苍白而无力的。一方面，资本家延长工作日劳动时间的行为不仅具有内在的冲动，也有自己的客观依据——商品交换规律。和其他商品购买者一样，他既有权充分消费自己购买商品的使用价值，也有权充分使用自己购买的劳动力。但是，另一方面，工人作为劳动力的所有者，也有充分理由反对资本家过度延长工作日劳动时间，要求在工作日的正常长度内进行劳动。如果过度延长工作日劳动时间，就会损害工人的健康。这里就出现了马克思所说的，“权利同权利相对抗，而这两种权利都同样是商品交换规律所承认的”①。权利与权利的对抗，结果取决于双方的力量对比。

在资本主义发展的早期阶段，由于工人阶级还没有成为一种自觉的政治力量，资本家凭借饥饿和法律的强制，将工作日劳动时间延长到现代人难以想象的地步。例如，在17世纪和18世纪直至19世纪的英国，工作日劳动时间长达14—16小时，甚至18小时。在这种情况下，连基本的生理和道德界限都被突破了，工人的身心受到严重摧残。从19世纪初开始，各国工人阶级为争取缩短工作日劳动时间进行了不屈不挠的斗争。但直到第一次世界大战以后，在工人阶级斗争的强大压力下，西方资本主义国家才被迫实行8小时工作制。第二次世界大战以后，由于工人阶级政治力量进一步增强，同时也由于新的科技革命使劳动生产率空前提高，西方资本主义国家的工作日劳动时间进一步缩短。然而，无论工作日劳动时间的绝对长度是多少，工作日劳动时间仍然由必要劳动时间和剩余劳动时间两个部分组成，因为只有在为资本家提供剩余劳动的条件下，工人才有工作的权利。

二、相对剩余价值生产

绝对延长工作日劳动时间生产剩余价值的方法，受到工作日劳动时间长度的限制，又容易引起工人阶级的反抗，不能满足资本家追求更多剩余价值的贪欲。

① 《马克思恩格斯文集》第5卷，人民出版社2009年版，第272页。

于是，资本家为了在工作日劳动时间长度既定的条件下提高剥削程度，就需要改变工作日中必要劳动时间和剩余劳动时间的比例，缩短必要劳动时间以延长剩余劳动时间。在工作日劳动时间长度不变的条件下，资本家通过缩短必要劳动时间相对延长剩余劳动时间而生产的剩余价值，就是相对剩余价值生产。

例如，假定工作日 10 小时不变，当必要劳动时间是 5 小时，剩余劳动时间是 5 小时，则 $m' = \frac{5}{5} = 100\%$；当必要劳动时间缩短到 4 小时，剩余劳动时间就延长到 6 小时，则 $m' = \frac{6}{4} = 150\%$。

怎样才能缩短必要劳动时间呢？必要劳动时间是再生产劳动力价值的时间。要缩短必要劳动时间就要降低劳动力的价值。劳动力价值由维持工人及其家属生活所必需的生活资料的价值所构成。这些生活资料的价值和生产它的劳动生产率成反比。要降低生活资料的价值，就必须提高这些生产部门的劳动生产率。同时，生活资料的价值中包括生产资料转移的价值，这些生产部门的劳动生产率提高了，也会降低生活资料的价值。因此，相对剩余价值的生产是由于社会劳动生产率的提高，降低了劳动力的价值，从而缩短了必要劳动时间，相应延长了剩余劳动时间的结果。

在现实的经济运行过程中，劳动生产率的提高总是从单个企业开始的。由于竞争的作用，企业必须不断提高劳动生产率，才能在竞争中得到生存和发展。不过，单个企业提高劳动生产率本身并不能产生相对剩余价值，而只能产生超额剩余价值。这是因为，商品价值决定于生产商品的社会必要劳动时间，而不是决定于个别劳动时间。所以，单个企业劳动生产率的提高不能使生活资料的价值降低，不能使社会必要劳动时间缩短，从而不能产生相对剩余价值。但单个企业提高了劳动生产率，它生产商品的个别劳动时间低于社会必要劳动时间，个别价值低于社会价值，因而就会产生超额剩余价值。超额剩余价值的源泉也是工人的剩余劳动。它的产生不是由于商品的价格高于价值，而是由于劳动生产率高的工人在同样的劳动时间中创造了更多的价值。

但是，个别或少数资本家获得超额剩余价值只是一种暂时的现象。为了追求超额剩余价值，资本家之间展开激烈的竞争。因此，少数企业不可能长期垄断先进生产条件，其他企业也会竞相采用新技术。当先进技术得到普及后，部门的平均劳动生产率将会提高，此时，生产商品的社会必要劳动时间降低，商品价值相应下降。原来的先进生产条件转化为一般的生产条件，社会价值和个别价值的差额将不复存在，从而超额剩余价值也就消失了。超额剩余价值在个别资本家那里消失，整个资本家阶级却普遍获得了相对剩余价值。当生活资料以及有关生产部门的劳动生产率提高以后，引起了劳动力价值下降。于是，工人的必要劳动时间便缩短，剩余劳动时间则相应地延长。可见，追求超额剩余价值是各单个资本主义企业改进生产技术、提高劳动生产率的直接动机，而各个资本主义企业追求超额剩余价值的结果，却是相对剩余价值的形成。

绝对剩余价值生产和相对剩余价值生产作为资本家提高剥削程度的两种基本方法，既有联系又有区别。

从资本家对雇佣劳动的剥削来看，这两种方法是一致的。无论是绝对剩余价值生产还是相对剩余价值生产，都延长了工人的剩余劳动时间，增加了资本家无偿占有的剩余价值量。但绝对剩余价值生产是资本主义剥削的一般基础，也是相对剩余价值生产的起点。资本主义剥削无论在什么时候都必须将工人的劳动时间绝对地延长到必要劳动时间以上，否则就不可能生产剩余价值。而相对剩余价值生产，则是以工作日已经分为必要劳动时间和剩余劳动时间为基础的，由此来进一步缩短必要劳动时间，相应地延长剩余劳动时间。

这两种提高剥削程度的方法在资本主义发展的不同阶段起着不同的作用。在资本主义生产的初期，由于生产工具没有重大变化，生产力发展比较缓慢，绝对剩余价值生产是资本主义加重剥削的主要方法。随着资本主义的发展，科学技术在生产中得以广泛应用，生产力有了突飞猛进的发展，从而，相对剩余价值生产的作用就日益突出了。当然，这两种方法不是互相排斥的，资本家总是尽可能地同时并用，以便从工人身上榨取更多的剩余价值。

三、剩余价值规律是资本主义的基本经济规律

最大限度地追求剩余价值是资本主义的基本经济规律，正如马克思所说：“生产剩余价值或赚钱，是这个生产方式的绝对规律。”① 之所以说它是基本经济规律，是因为：

第一，剩余价值规律决定着资本主义生产的实质。资本主义生产的实质就是生产剩余价值，获取尽可能多的剩余价值是资本家从事一切生产经营活动的决定性动机。资本主义企业生产什么、生产多少和如何生产，都是以能不能获得剩余价值以及获得多少剩余价值为转移的，对剩余价值的追求是资本主义生产发展的动力。

---

① 《马克思恩格斯文集》第5卷，人民出版社2009年版，第714页。

第二，剩余价值规律决定着资本主义生产发展的一切主要方面和主要过程。资本主义的生产、流通、分配和消费等主要方面和主要过程，都是以获取剩余价值为出发点和落脚点的。资本主义的生产过程是剩余价值的创造过程；资本主义的流通过程是剩余价值的流通过程；资本主义的分配过程实质上是分割剩余价值的过程；资本家的个人消费是消费无偿占有的剩余价值；雇佣工人的个人消费是劳动力的再生产过程。

第三，剩余价值规律还决定了资本主义经济的发展及其历史趋势。资产阶级为了追求剩余价值，总要设法进行技术创新，不断扩大生产规模和销售市场，从而推动了资本主义经济的发展。同时，正是由于资产阶级为了追求剩余价值，不断扩大和加强对工人阶级和其他劳动群众的剥削，从而不断激化和加深资本主义社会生产力与生产关系的矛盾。而这种矛盾的发展决定了资本主义生产关系最终必然为更适应生产力发展要求的新的生产关系所代替。

第四节　资本主义工资

一、资本主义工资的本质

在资本主义社会里，从表面现象上看，雇佣工人在资本家的工厂里劳动一天，资本家付给一天的工资；劳动一个月，付给一个月的工资；或者按照生产的合格产品件数付给工资。这样，就给人们造成一种印象，好像工人出卖给资本家的是劳动，而不是劳动力，工人的全部劳动都得到了报酬。然而，这只是一种假象。劳动力和劳动是两个不同的概念。在资本家同工人的买卖关系中，工人出卖的是劳动力，而不是劳动，能成为商品的只是劳动力，而劳动根本不能成为商品。这是因为：

首先，如果劳动是商品，价值量就无法计算。商品价值是耗费在商品生产上的抽象劳动的凝结，商品的价值量是用它所包含的劳动量来计量的。如果说劳动是商品，它有价值，那么，试问 12 小时劳动的价值是多少呢？回答只能是 12 小时劳动的价值是 12 小时的劳动。这种劳动的价值由劳动来决定的说法，是毫无意义的同义反复。

其次，劳动不是独立存在的“经济的具体物”，不能作为商品出卖。假如劳动能够作为商品在市场上出卖，它必须在出卖前就已经存在。但是，当工人以卖者的身份走进资本家的工厂时，劳动过程还没有开始。当劳动过程开始时，劳动已不再属于工人，也就不能再被工人出卖了。在出卖以前能够独立存在的劳动，只有物化劳动，即以劳动产品形式存在的劳动，而如果出卖的是这个形式的劳动，那么，工人出卖的就是商品而不是劳动了。

最后，把劳动看作商品，不是违背价值规律，就是违背剩余价值规律。假定劳动是商品，资本家用货币（物化劳动）同作为商品的活劳动直接交换，要获得剩余价值只能发生两种情况：一是实行不等价交换，这就违背了价值规律的要求；二是实行等价交换，这就不能获得剩余价值，就否定了剩余价值规律的存在。

因此，劳动不是商品，劳动力才是商品。劳动者出卖的是劳动力，而不是劳动。工资不过是劳动力价值或价格的转化形式。劳动力的价值或价格，表现为劳动的价值或价格，是由工资的特点及其支付形式产生的假象。这是因为：

第一，工人的劳动能力存在于活的人体内，使用前看不见，人们看到的只是生产过程中一定时间的劳动。因此，工人出卖的虽然是一定时间的劳动力，但看起来好像是一定时间的劳动，于是，工资就好像是劳动的价格。

第二，在劳动力的买卖上，货币充当支付手段，因为资本家通常在工人劳动以后才支付工资，这使人们误认为它不是对劳动力而是对劳动的支付。

第三，在工资形式的实际运动中，工资的特点及支付形式也显示出许多现象，似乎企业支付给工人的不是劳动力的价值或价格，而是劳动的价值或价格。例如，工人为企业劳动的时间越长，或生产产品件数越多，得到的工资也越多；劳动的强度不同，劳动熟练程度不同，得到的工资也不相同。

第四，劳动对工人来说是谋生的手段，所以，工人出卖劳动力所得的工资，往往也被工人看作是由他的劳动换来的。

总之，工资的本质是劳动力的价值或价格，而不是劳动的价值或价格。

在资本主义社会，资本家阶级和工人阶级之间经济利益的对立和冲突，最直接地表现在工资问题上。在最大限度地榨取剩余价值动机的驱使下，资本家具有将工人工资尽量压低至劳动力价值之下的内在冲动。工人则力图维护自己的劳动力价值或价格，使之至少不低于由必需的生活资料的价值所决定的最低界限。围绕工资问题反复重演和升级的劳资冲突，往往使资本主义社会再生产的基本条件遭到破坏。为了缓和阶级矛盾，资本主义国家逐步实行了最低工资立法，并在此基础上形成了劳资集体谈判制度。劳资集体谈判的内容主要包括：劳动报酬协议，即在政府制定的强制性最低标准的基础上，对工资类别、计时工资标准和职员月薪数额的谈判；工资、薪金范围协议，即对工资、薪金级别和每一级别工资、薪金的范围作出规定；奖励工资；企业津贴与福利；等等。这种制度使工资的确立在一定程度上超越了单纯的市场调节的局限，缓和了劳资矛盾。

二、资本主义工资的基本形式

资本主义工资的形式多种多样，但基本形式不外乎两种：计时工资和计件工资。计时工资是按照劳动时间支付工资的形式，如日工资、周工资、月工资、年工资等。从现象看，它表现为活劳动的报酬，实质上是劳动力的日价值、周价值、月价值、年价值的转化形式。

计件工资是按照劳动成果数量支付工资的形式，这种工资形式同计时工资并无本质区别。它表面上是物化劳动的报酬，实质上是一定劳动时间劳动力价值或价格的转化。因为在实行计件工资时，每件产品的工资单价，就是根据日计时工资额和平均日产量计算出来的。可见，计件工资只是变相的计时工资。

一般说来，计件工资是更有利于降低工资成本、刺激工人提高劳动生产率的形式。因为计件工资把工人收入同劳动成果直接挂钩，工人劳动的数量、质量和强度，都由工资形式本身来控制，这就使工资成为从物质利益上刺激工人更紧张、更有效劳动的重要手段。

三、资本主义工资数量的变动趋势

工资采取货币形式，就必然存在名义工资和实际工资的问题。名义工资即货币工资，是指工人出卖劳动力所得到的货币数量；实际工资是指工人用货币工资实际买到的各类生活资料和服务的数量。在实际生活中，实际工资是用名义工资扣除物价变动因素来加以衡量的。

名义工资和实际工资有着密切的联系。在其他条件不变的情况下，两者的变动是一致的，即名义工资越高，实际工资也就越高；反之亦然。但两者也常常不一致，即名义工资虽然不变甚至提高，实际工资却可能降低。这是因为，实际工资的多少不仅取决于名义工资的高低，而且还取决于物价的高低。如果名义工资不变，物价上涨，或者名义工资的增长速度赶不上物价上涨速度，实际工资就会降低。名义工资和实际工资都是表示工资绝对数量的概念。

资本主义工资的变动趋势具有以下特征：第一，名义工资一般呈增加趋势。因为货币工资是劳动力价值的货币表现，而资本主义国家的货币由于存在通货膨胀而不断贬值，致使物价不断上涨，从而使名义工资不得不有所增加。第二，从资本主义发展的历史过程来看，实际工资则有时降低、有时提高。在经济危机和战争时期，实际工资是下降的；在经济高涨时期，实际工资则有所提高。在第二次世界大战后的一段时间内，工人的实际工资确有增加。随着社会劳动生产率的迅速提高，工人在相同时间内创造的财富增多，一定数量的货币工资所能买到的各种生活资料和服务的数量及种类也就增多；同时，随着技术进步的加快，劳动者的培训费用大大增加；再加上工人阶级的长期斗争，劳动者的社会保险和社会福利也有所增加。但是，20 世纪 70 年代以后，资本主义经济出现“滞胀”现象，工人的实际工资也趋于停滞，甚至下降。

考察资本主义经济中工资的变动趋势，不能只看工资本身的增长或减少、工资的绝对量，还要考察工资的相对量。相对工资是指工人新创造的价值 $v+m$ 中，工人工资 v 所占的份额。即使在名义工资和实际工资不变甚至有所增长的情况下，只要工资的增长速度赶不上资本家获得剩余价值的增长速度，相对工资仍然是下降的。例如，某工人每天新创造的价值为 100 元，剩余价值率 $m'=100\%$，则该工人的日工资为 50 元，其工资的相对量为$\frac{1}{2}$。现在，由于某种原因（如市场的变化），该工人每天新创造的价值增多为 150 元，日工资由 50 元增加到 60 元。那么，现在他的工资的相对量变为$\frac{60}{150}=\frac{2}{5}<\frac{1}{2}$，说明剥削程度提高了。这时的剩余价值率实际上已经上升到了 150%。

第二次世界大战后，随着国家干预的加强和福利国家的出现，工人阶级在收入分配中的相对地位有所改善。但从 20 世纪 70 年代开始，在发达资本主义国家，崇尚自由市场的新自由主义政策产生影响，国家干预主义、福利国家和工会组织受到一定程度的削弱，剩余价值率又有所上升。同时，劳动生产率的提高速度长期高于实际工资的增长率，工人所创造的财富有更大的部分被资本家无偿占有。这意味着，如果没有国家对收入分配的调节，在工人创造的新价值中，资本家利润所占的比重将越来越大，相对工资出现下降趋势。

四、资本主义工资的国民差异

通常，劳动力在部门和地域间的自由流动和转移，会推动同工同酬原则的实现，相同劳动力获得大体相同的劳动力价值，其工资报酬水平大体相同。但从国际范围看，劳动力在国家间的自由流动和转移会受到若干客观因素的制约，相同劳动力在不同国家的劳动力价值往往会存在巨大的差异，这导致了工资的国民差异。具体而言，当劳动力不能在国家间自由流动和转移时，劳动力价值及工资的国民差异主要取决于以下三方面原因：

第一，劳动生产率的国际差异。根据马克思的劳动价值论，商品价值量决定于生产该商品所耗费的社会必要劳动时间。随着经济全球化的深入，商品价值量决定于国际范围内生产该商品所耗费的社会必要劳动时间。一般来说，发达资本主义国家的劳动生产率比较高，相同劳动在单位时间内生产的商品数量也比较多，按国际社会必要劳动时间来衡量，该劳动创造更大的价值。在劳动剥削程度相同的情况下，劳动生产率较高的发达资本主义国家，劳动力价值及工资水平自然较高；而劳动生产率较低的落后资本主义国家，劳动力价值及工资水平相应较低。

第二，劳资力量对比的国际差异。基于不同的历史条件，各资本主义国家的劳资力量对比状况存在很大差异，导致各国的劳动剥削程度也不尽相同。在欧美地区，特别是北欧等发达资本主义国家，工人的长期斗争取得了一定成果，工会组织集体谈判权的认可，失业救济、医疗及社会保障等福利制度的建立等，赋予了工人一定的市场势力。这有助于抑制剥削程度的提高，使得劳动力价值及工资水平比较高。而在落后的资本主义国家，工人的组织程度较低，以及福利制度缺乏，使得资本家具有较强的市场势力。这导致剥削程度相对较高，劳动力价值及工资水平因此相应较低。

第三，垄断资本主义世界体系下落后资本主义国家与发达资本主义国家的差异。为了在全球范围内攫取更多的高额垄断利润，发达资本主义国家逐渐建立起符合其利益要求的世界经济体系。该体系中的落后资本主义国家严重依附于发达资本主义国家。在世界经济体系中，发达资本主义国家不仅依靠其先进的生产力和强大的经济、政治和军事等方面的力量，在国际贸易和金融市场中获得高额利润，还在相当长的时期内利用殖民统治和暴力手段对落后国家进行掠夺。通过剥削全世界，发达资本主义国家积累了雄厚的经济实力，这样就有可能在国内实行比较完善的福利制度，提高国内劳动者的工资，以缓和国内阶级矛盾。恩格斯曾指出：“英国无产阶级实际上日益资产阶级化了，因而这一所有民族中最资产阶级化的民族，看来想把事情最终弄到这样的地步，即除了资产阶级，它还要有资产阶级化的贵族和资产阶级化的无产阶级。自然，对一个剥削全世界的民族来说，这在某种程度上是有道理的。”①

第五节 资本主义再生产和资本积累

一、资本主义简单再生产和扩大再生产

一个社会任何时候都不能停止消费，因而也就不能停止生产，社会的生产总是连续不断、周而复始地进行的。每一个社会生产过程，同时也是再生产过程。再生产按其规模来说，可以分为简单再生产和扩大再生产。简单再生产就是在原有规模上进行的再生产。在简单再生产的条件下，剩余价值作为投入生产过程的资本价值的周期性增加额，全部作为资本家的消费基金被消费掉；已实现的产品价值扣除资本家消费基金后，仅够补偿已经消耗掉的生产资料和生活资料。扩大再生产则是大于原有生产规模的生产。在这种条件下，剩余价值一部分作为消费基金供资本家消费，另一部分作为追加资本加入新的生产过程。

资本主义再生产的特点是扩大再生产，而不是简单再生产。但是生产无论怎么扩大，总要以原有的规模作为基础和出发点。因此，研究资本主义再生产必须从它的简单再生产开始。

（一）资本主义简单再生产

在简单再生产的情况下，工人创造的全部剩余价值都被资本家用于个人消费，再生产只是在原有规模上重复进行。分析资本主义简单再生产，可以更清楚地认识资本主义生产过程的某些重要特点。

首先，对再生产过程的分析表明，资本家购买劳动力的可变资本，即支付给劳动者的购买生活资料的价值，是劳动者自己创造的。在通常情况下，工人是在生产过程中劳动一段时间后（如一个星期或一个月）才能够领到工资，而在领取工资的时候，工人所生产出的产品却不一定已经售出。因此，如果单就一次生产过程来看，似乎工资是资本家用自己的货币垫付给工人的，是资本家通过这种垫付关系养活了工人。但从再生产的角度来看，情况就不同了。虽然工人在这次生产过程中所生产的商品还没有售出，但是，他在前一个时期所生

① 《马克思恩格斯文集》第 10 卷，人民出版社 2009 年版，第 165 页。

产的商品已经被资本家在市场上销售掉并转化为货币了。因此，工人得到的工资并不是资本家用自己的货币垫付的，而是用工人自己在前一时期所生产的一部分产品来支付的。所以，工人不仅为自己创造了劳动基金，而且还为资本家创造了剩余价值；不仅养活了自己，还养活了资本家。

其次，对再生产过程的分析还表明，资本家手中的全部资本不管它最初是怎么来的，经过一定的时期后，都会变成剩余价值的积累物，变成由剩余价值积累起来的资本。假设资本家有资本 100 万元，每年能带来的剩余价值为 10 万元，如果每年生产的剩余价值都被资本家消费掉，那么经过 10 年的时间，资本家就消费了 100 万元的剩余价值，恰好等于他原来拥有的资本数量。这就是说，资本家原有的资本已经被他消费光了，而他现有的 100 万元资本不过是同一个时期内由工人所创造的并由他无偿占有的剩余价值积累起来的。因此，工人不仅创造了自己的劳动基金，还同时创造了资本家的全部资本。

最后，对再生产过程的分析进一步表明，雇佣工人的个人消费也是完全从属于资本家追逐剩余价值需要的。在资本主义再生产过程中，工人进行着两种消费：一种是生产消费，这种消费是工人在生产过程中消耗生产资料和自己的劳动力，其结果是为资本家生产出包含着剩余价值的商品；另一种是个人消费，这种消费是工人用工资购买生活资料以满足自己的生活需要。由于个人消费是在生产过程以外进行的，所以，孤立地考察某一次生产过程，似乎只有生产消费才与资本家的利益有关，工人的个人消费则完全是工人自己的事。但是，如果从再生产的角度来考察，工人进行个人消费的过程，实际上是劳动力的再生产过程。通过这种消费，工人在生产中已经消耗掉的劳动力得到恢复，新的劳动力不断得到补充。因此，工人的个人消费也是资本主义再生产所不可缺少的一个要素。

在再生产过程中，工人不仅生产出商品、剩余价值，而且还要再生产出资本家的全部资本和自己的劳动基金，即把资本主义生产关系存在的条件也重新生产出来了。这就充分证明，资本主义再生产是物质资料再生产和资本主义生产关系再生产的统一。

（二）资本主义扩大再生产和资本积累

如果资本家不把全部剩余价值用于个人消费，而是将其中的一部分合并到原有的资本中去，用以购买生产资料和劳动力，使生产在扩大的规模上进行，这就是资本主义的扩大再生产。而把剩余价值转化为资本，或者说，剩余价值的资本化，就叫作资本积累。扩大再生产是从物质形态上看的，资本积累是从价值形态上看的，它们是同一个事物的两个方面。

假设某资本家拥有资本 100 万元，其中 80 万元为不变资本，20 万元为可变资本，剩余价值率为 100%。在当期生产结束后，工人就为资本家创造了 20 万元的剩余价值。假设资本家为了扩大再生产，将剩余价值中的 10 万元转化为资本。如果不变资本和可变资本的比例不变，则会有新增不变资本 8 万元和可变资本 2 万元追加到原有资本中去，而总资本也扩大为 110 万元。资本规模增大了，在其他条件不变的情况下，资本家就能够购买更多的生产资料和劳动力，使生产规模扩大。如果剩余价值率保持不变，则在第二期生产结束后，资本家就能够获得 22 万元的剩余价值。这样不断进行下去，资本规模就能不断增加，生产规模也会不断扩大，而剩余价值的数量也会不断增多。

由此可见，资本积累的本质不过是资本家通过无偿占有工人生产的剩余价值来扩大自己的资本，并以此为基础进一步占有更多的剩余价值。从资本积累中还可以看出，劳动力的买卖从形式上看是等价交换，但实际上是资本家用无偿占有的剩余价值去占有工人生产的更大量的剩余价值，以等价交换为基础的商品所有权规律就这样转化成为资本主义的占有规律。劳动力的不断买卖是形式，其内容则是：资本家用他占有的已经物化的工人劳动的一部分，来不断换取更大量的工人的活劳动。

因此，资本积累不仅是资本家剥削工人的结果，而且是资本家扩大剥削的重要手段；由资本积累而实现的资本主义扩大再生产，同时也是资本主义生产关系的扩大再生产。

二、资本积累的一般规律

资本积累过程对资本主义经济运动过程有什么样的影响呢？为了考察这一问题，马克思用资本有机构成这一范畴揭示了资本积累的一般后果和趋势。

（一）资本有机构成的提高

资本的构成可以从两个方面来理解。从物质形态上看，资本是由生产资料和劳动力构成的，两者之间存在一定的比例。这种比例通常是由生产的技术水平决定的，生产技术水平越高，每个劳动力运用的生产资料就越多。这种反映生产技术水平的生产资料和劳动力的比例，叫作资本技术构成。从价值形态上看，资本是由不变资本和可变资本构成的，它们之间的比例叫作资本价值构成。资本的技术构成和价值构成之间有密切的联系。一般来说，前者决定后者，前者的变化引起后者的变化。这种由资本技术构成决定并且反映技术构成变化的资本价值构成，叫作资本有机构成。

从资本积累的规律看，资本有机构成具有不断提高的趋势。这是因为资本主义生产的目的是无止境地追求剩余价值，而增加剩余价值的方式不外乎两种，即绝对剩余价值生产和相对剩余价值生产。由于绝对剩余价值生产要受到劳动者生理和社会条件的限制，因而，不断提高劳动生产率，通过缩短必要劳动时间，来相对增加剩余劳动时间的方式就成了增加剩余价值的主要手段。劳动生产率的提高表现为每个劳动者所运用的生产资料增多。资本技术构成的这一变化反映在资本的价值构成上，是资本价值的不变部分的增加和可变部分的减少。资本价值构成对于资本技术构成的反映虽然只是近似的，但是，从总体和长期的趋势看，资本有机构成随着劳动生产率的提高具有不断提高的趋势。而劳动生产率和资本有机构成的提高也就是加速资本积累的方法。剩余价值不断转化为资本，表现为进入生产过程的资本量的不断增长。这种增长又成为不断扩大生产规模和提高劳动生产率的基础。

（二）相对过剩人口和失业

随着资本积累的发展和资本有机构成的提高，社会总资本中不变部分和可变部分的比例会发生变化，可变资本部分相对减少，不变资本部分相对增加。由于对劳动力的需求不是由总资本的大小决定的，而是由总资本中可变部分的大小决定的，所以，在资本有机构成提高的条件下，对劳动力的需求，同资本量相比相对地减少了。从表面上看，总资本中可变部分的相对减少，好像是由于工人人口的绝对增长超过了可变资本的增长。但实际上，人口的过剩是由资本增殖的需要决定的。这种人口过剩既不是绝对的，也不是自然的，而是由资本主义制度造成的，是相对于资本增殖需要而言的人口过剩。

在现实经济运行过程中，相对过剩人口规律并不是以简单、机械的方式赤裸裸地表现出来的。也就是说，相对过剩人口并不是简单地表现为就业人数的不断下降，而是随着资本积累运动周期性的变化，并分布在不同的生产部门之中。在有些部门，资本有机构成发生变化而资本的绝对量没有增长；在有些部门，资本的绝对量的增长是同它的可变部分或它所吸收的劳动力的绝对减少结合在一起的；在有些部门，资本时而在一定技术基础上持续增长，并按照它增长的比例吸收追加的劳动力，时而有机构成发生变化，资本的可变部分缩小。从总体的和发展的趋势上看，随着资本积累的发展，资本的有机构成总是在不断提高，因此，工人人口本身在生产出资本积累的同时，也以日益扩大的规模生产出使他成为相对过剩人口的手段，这就是资本主义特有的人口规律。

相对过剩人口是资本积累的必然产物，同时反过来又成为资本积累的杠杆，甚至成为资本主义生产存在的一个条件。劳动力商品是资本主义经济存在的前提，这种特殊的商品同样要受价值规律和市场机制的调节。相对过剩人口的存在，构成了劳动力市场和剩余价值规律发生作用的机制和条件。这是因为：首先，资本主义经济的运动是由繁荣、危机、萧条和复苏等阶段组成的周期性的波动过程，资本增殖对于劳动力的需要随着经济的周期性波动而在不断发生变化，相对过剩人口的存在可以随时调节和满足不同时期资本对劳动力的需要，从而起到劳动力蓄水池的作用。其次，相对过剩人口形成一支可供支配的产业后备军，不仅可以随时为资本增殖的需要提供劳动力资源，而且通过劳动力市场的竞争，对工人的就业和工资水平的形成施加压力，从而把劳动力市场的作用范围限制在符合资本增殖需要的界限之内。

相对过剩人口的存在意味着，在资本主义经济制度下，失业问题是制度性的，是资本主义制度的不治之症。相对过剩人口规律的存在，是无产阶级生活陷于贫困、工人对资本依赖不断加深的重要根源。

（三）资本的积聚和集中

在资本主义经济中，个别资本的增大是通过资本的积聚和集中两种形式实现的。所谓资本积聚，是指个别资本依靠自身剩余价值的资本化来增大资本总额。因此，资本积聚是资本积累的直接结果，它和资本积累直接联系。资本积累的规模越大，资本就积聚得越多，从而，个别资本的规模也就越大。但是，仅仅依靠资本积聚是不够的，那些影响资本积累规模的诸多因素，直接限制了个别资本规模增大的速度。真正使得个别资本规模迅速增大的是资本集中。

所谓资本集中，是指几个资本结合成为一个较大的资本而引起的个别资本规模的增大，也即许多分散的小资本通过相互合并或者联合形成少数大的资本。在资本集中的过程中，资本之间的相互竞争是一个有力的杠杆。在竞争中，那些分散的小资本不断地被大资本排挤和打击，最终往往被大资本吞并。在生产技术上，大资本相对于小资本具有较大的优势，大资本所建立的生产过程能够广泛地使用各种先进的技术和科学的劳动组织，实行广泛的劳动分工和专业化生产，从而具有较高的劳动生产率；大资本建立的生产和销售体系能够提高设备利用率，更方便地利用物流和营销方面的便利条件，从而能够节省生产费用和降低成本；大资本也更容易获得银行和其他金融机构的支持；等等。正是由于大资本具有的这些有利因素，不仅使其能够占据较大的市场份额，而且使其平均成本也较低，因此，在竞争中也常常处于相对有利的地位。大资本可以凭借这些有利因素打败小资本，使其破产并以较低价格将其吞并，或者通过清偿债务和自愿联合等方式将众多小资本吸纳进自己的体系。所以，资本主义的竞争过程同时也是资本的集中过程。

促进资本集中的另一个强有力的因素是信用。一方面，资本主义信用能够通过贷款等金融工具加强大资本的竞争能力，帮助其在竞争中取得相对于小资本的生产和市场优势；另一方面，资本主义信用也能够促使一些原来分散的小资本主动联合起来，形成规模较大的股份公司。因此，资本主义信用体系的发展大大加速了资本集中的进程。

虽然资本的积聚和集中都是个别资本增大的形式，但是，它们之间有着显著的区别：资本积聚是依靠剩余价值的资本化实现的，因此，随着个别资本的积聚，社会资本总额也会随之增大；而资本集中则是通过资本在资本家之间的重新分配和组合，从众多分散的小资本转换为少数集中的大资本，因此，它不会改变社会资本的总额。同时，资本的积聚和集中之间也有着紧密的联系：随着资本积聚的不断进行，在其他条件相同的情况下，大资本能够把规模更大的剩余价值用于资本积累，使其竞争能力更强，从而促进资本集中更为迅速地发展；另外，资本集中的加速反过来又会促进资本积聚，这是因为集中起来的大资本所具有的诸多优势使其能够获取更多的剩余价值，从而增大积累的规模，促进资本积聚。

（四）资本积累的一般规律与两极分化

上述分析表明，在资本主义制度中，随着生产力的发展和劳动生产率的提高，资本对劳动力的需要相对减少，劳动者的相对地位进一步恶化。因此，资本积累的结果，一极是财富的积累，另一极是贫困的积累，这就是资本积累的一般规律。马克思对资本积累的一般规律做过这样的表述：“社会的财富即执行职能的资本越大，它的增长的规模和能力越大，从而无产阶级的绝对数量和他们的劳动生产力越大，产业后备军也就越大。可供支配的劳动力同资本的膨胀力一样，是由同一些原因发展起来的。因此，产业后备军的相对量和财富的力量一同增长。但是同现役劳动军相比，这种后备军越大，常备的过剩人口也就越多，他们的贫困同他们所受的劳动折磨成反比。最后，工人阶级中贫苦阶层和产业后备军越大，官方认为需要救济的贫民也就越多。**这就是资本主义积累的绝对的、一般的规律**。”① 资本积累的这一规律必然导致资产阶级与无产阶级在财富占有上的两极分化。

第六节 资本主义生产的新变化

一、生产社会化的发展

生产社会化是指由分散的、小规模的个体生产，转变为集中的、由社会分工联系起来的大规模社会生产过程，是社会生产力和社会分工发展到一定高度的必然表现。

资本主义生产把小手工业者和小农分散的、小规模的个体生产，转变为由资本家同时雇佣许多工人并在其监督下分工协作进行的集中的大规模生产。随着资本积累的进行，生产的物质技术基础由使用手工工具转变为使用机器体系，工农业生产和交通运输业获得了空前的发展。

19 世纪 60 年代至 20 世纪初，以电力和电动机的发明为标志的第二次科技革命及其在工业中的普遍应用，使传统机器和工厂布局得到大大改善。铁路网的建设、海洋航线的开辟、电报电话的开通等，将各国国内的生产和市场转变为世界性的。这一时期的生产社会化主要表现为：第一，资本主义生产社会化不仅扩大了各个部门之间的分工，而且使各种产品的生产乃至一种产品的主机、部件、零配件的生产和工艺操作，都变成了专业化生产。发达资本主义国家充分发挥分工和专业化的优越性，采用高效率的专用设备和自动流水线，出现了多单位、多功能、多样化经营的巨型垄断组织。第二，随着股份公司及垄断组织的发展，资本所有权与经营权进一步分离，企业的经营权已经由职业经理人来行使。第三，发达资本主义国家之间，不仅存在着不同生产部门之间的国际分工，而且存在着同一部门之间的同一产品的国际分工，资本主义国际

① 《马克思恩格斯文集》第 5 卷，人民出版社 2009 年版，第 742 页。

分工体系形成了。第四，资本输出把一切弱小国家都卷入了世界资本主义经济和政治体系。资本主义生产社会化不仅要冲破地区、部门等因素的限制，在一国范围内充分发展起来，而且要冲破国界的限制，在国际范围内普遍发展起来。当一国的社会生产过程越出国家疆界以后，它就转变为国际性的社会生产过程。

20 世纪 50 年代以来，随着新的科技革命的发展、电子计算机和自动控制技术的出现和应用，资本主义国家工业生产的社会化程度进一步加深。20 世纪 80 年代以来，以信息化为基础的通信技术的发展，使得原材料和产品具有了前所未有的流动性，也使得市场在空间上大规模地扩展了，同时催生了新型的网络化生产组织形式，进一步加深了资本主义生产的社会化和国际化。生产社会化的国际性体现在：第一，生产国际化促使生产分工更加精细，某个国家的某个企业只是生产产品的某个部件；同时也促使协作的范围更加广泛，协作的空间可跨越许多国家，最终产品也成为世界性的产品。第二，跨国公司在全球迅速发展，以跨国公司生产活动为纽带的生产国际化已成为各国经济联系的主要渠道，加深了各国经济的相互依赖。第三，随着互联网时代的到来和网络经济的兴起，出现了跨国网络化生产组织形式，在多主体、多中心和多层次的网络组织中实现规模经济并提高经济效益，进一步加深了生产的社会化和国际化。

二、劳动对资本从属关系的演变

资本主义经济制度产生以后，劳动方式相继经历了简单协作、以分工为基础的工场手工业、以机器大工业为基础的工厂三个阶段。这三个阶段，一方面，是社会生产力和劳动生产率不断提高的过程；另一方面，又是资本主义生产关系不断发展、资本对雇佣劳动的剥削不断加强，以及劳动对资本的从属关系不断加深的过程。

许多人在同一生产过程中，或在不同的但相互联系的生产过程中，有计划地协同劳动，这种劳动形式被称为协作。在同一生产过程中，劳动者之间彼此没有分工的协同劳动被称为简单协作，它是资本主义生产的起点。

简单协作的进一步发展，产生了以分工为基础的工场手工业。工场手工业的基本特点是，劳动者在手工劳动明确分工的基础上进行协作劳动。由于实行分工，工人专门从事一个部件或一道工序的操作，可以大大提高劳动的熟练程度和技术水平；由于缩短了各个生产阶段在空间上的距离，可以减少劳动的非生产性消耗，提高劳动强度；工具的日益专门化，使复杂的工艺日益分解为许多个别的操作，使劳动工具大大改进。工场手工业虽然促进了劳动的社会化，提高了劳动生产率，但是对雇佣工人来说，工场手工业的产生和发展却加深了他们的痛苦。这是因为：工场手工业的分工迫使工人长年累月甚至终生从事某种局部的操作和繁重的体力劳动，造成工人生理上的畸形，压抑了工人多种多样的才能和爱好，加剧了体力劳动和脑力劳动的分离，导致工人对资本控制下的分工体系的依赖。

从 18 世纪 60 年代开始，西欧各主要资本主义国家先后发生了工业革命，资本主义生产由工场手工业逐渐过渡到机器大工业。机器大工业的特点是：机器代替了手工工具，机械化的劳动代替了手工劳动。机器被普遍使用，引起了资本主义生产过程的重大变化。大工业把巨大的自然力和自然科学并入生产过程。机器生产改变了社会劳动的组织和劳动协作的性质，使原来局部的工人协作劳动变成了适应机器技术性质要求的直接社会化的共同劳动。劳动方式的这种重大变化，一方面，使生产社会化的程度和劳动生产率得到大幅度提高，从而使资本家获得更多的相对剩余价值；另一方面，机器的使用还加深了工人阶级对资本的依赖，或者说巩固和强化了资本对劳动的统治。由于机器简化了劳动操作过程，许多劳动可由妇女和儿童来承担。这样，机器便把工人家庭的全体成员，不分男女老少，统统置于资本的直接控制之下。随着机器的广泛使用，劳动者的手工技巧在生产中已不起决定作用，劳动者本身也成了机器体系的简单器官和附属，机器成了统治劳动者的手段。在工场手工业条件下，具有复杂手工劳动技能的工匠离开了资本家也能够凭手艺独立谋生。在机器大工业条件下，离开了作为资本的固定形式的机器体系，工人就根本无法从事生产活动。马克思用劳动对资本的“形式上的从属”转变为“实际上的从属”来描述劳资关系的这种演变。

19 世纪 60 年代至 20 世纪初，第二次科技革命使资本主义经济中的劳动方式发生了重要变化，出现了流水线生产作业方式。这种作业方式在美国福特汽车工厂的运用取得极大成功，因而迅速地被汽车生产部门和其他工业部门采用，形成了一种新的劳动组织方式，即福特制。在流水线作业条件下，操作变得越来越简单，生产效率得到空前提高。与此同时，劳动对资本的“实际上的从属”也进一步加深了。

第二次世界大战后，特别是20世纪80年代以来，伴随着新的科技革命和信息化技术的发展，资本主义社会的劳动方式发生了新的变化。随着自动控制技术的发展，尤其是电子计算机的应用，流水线生产作业方式发展到自动化阶段。资本主义国家某些生产部门如化工、电力、冶金、炼油、机械和汽车制造等，出现了自动化与半自动化生产的趋势，使直接生产过程中雇佣工人的数量大为减少。而在人工智能应用越来越普遍化的条件下，劳动可能将不再以流水线上的工人为主，而是以流水线背后从事科学研究和研发的高素质劳动者为主。同时，自动化对工人操作技能的要求也大幅度降低。如果说工业革命的出现使机器代替体力劳动成为可能，从而加剧了工人对资本的依赖，那么，信息技术的发展使机器代替脑力劳动成为可能，技术工人越来越易被机器或更低工资的雇佣工人所替代。资本借助自动化技术加深了对劳动过程的控制。

总之，劳动对资本的从属关系，不仅与生产力的发展紧密联系，更与生产资料的资本主义私有制有关。在资本主义条件下，生产力成为资本的生产力，成为资本支配、统治雇佣劳动者的手段，劳动者自己创造的生产力异化为与劳动者相对立的力量。在资本主义生产体系内部，提高社会劳动生产率的办法是靠牺牲工人个人来实现的，发展生产的手段变成统治和剥削生产者的手段。这是生产力与生产关系在资本主义经济制度下相互作用的具体形式。

三、劳动和资本关系的变化

第二次世界大战后，在劳动对资本从属不断加深的同时，工人与资本家的关系出现了一些新特点。

第一，工会组织发展。从资本主义产生到19世纪末，工人还没有组织工会的合法权利，无法维护自己的利益。斯密曾这样描述他那个时代的情形："雇主的人数较少，团结较易。加之，他们的结合为法律所公认，至少不受法律禁止。但劳动者的结合却为法律所禁止。"① 从20世纪初到70年代，随着资本主义经济的发展，工人阶级队伍急剧扩大，这为工会的产生和发展创造了条件。经过长期的斗争，西方资本主义国家的工人最终取得了建立工会的权利。通过

① ［英］亚当·斯密：《国富论》上卷，郭大力、王亚南译，商务印书馆2014年版，第60—61页。

工会，工人可以采取罢工等集体行动来反抗资本家的压迫，保护自己的利益，并逐步形成劳资双方集体谈判制度。但是，一般来说，工会组织的各种活动，包括要求提高工资、减少工作时间或改善工作条件的罢工等，都不以消灭雇佣劳动制度为目的，而只是在承认资本主义雇佣劳动制度“合理性”的前提下，争取提高工人的劳动力价格。工会以及集体谈判对工人利益的保护能力也是有限的。20 世纪 80 年代以后，随着新自由主义泛滥，工会组织遭到打击，工会成员数显著下降，工人的斗争性减弱，工人的实际工资增长长期停滞，贫富差距拉大。

第二，雇员参与制度和雇员持股制度出现。雇员参与制度是指资本主义国家根据本国的法律和集体合同的规定，由雇员选出自己的代表，参与企业内各级决策和管理。主要有以下四种形式：自主管理，企业内部建立各种业务小组，把完成生产任务的责任由工头转移到小组全体成员身上；雇员建议制度，鼓励雇员对企业的生产和经营管理提出改进意见和合理化建议；雇员参加董事会制度，即吸收雇员代表参加企业董事会；设立工厂委员会，雇员通过它参与企业管理。在资本主义企业中，无论哪种形式的雇员参与制度，都只是刺激雇员的劳动积极性、减少作为资本家代理人的管理者与雇员之间摩擦的手段，而绝不意味着雇员有了经营决策权，因为他们作为雇佣劳动者的身份和地位并没有丝毫改变。

雇员持股制度是一种与雇员参与制度类似的管理手段。在美国，一些企业每年从净利润中提出一定比例作为“雇员持股信托基金”，规定凡在该企业工作一定年限的雇员都是该基金会的成员。每个雇员根据自己的工资水平或劳动贡献的大小，从基金中获得一定的股份和相应的红利。在日本，主要是推行“内部员工持股会”，其做法是：员工持股会主要由员工个人出资形成，公司给予一定的补贴，帮助员工个人积累资金，购买本公司的股票。员工持股会的管理体制是设立理事会，理事会由会员大会选举产生，理事长代表持股会参加企业股东大会，行使决议权。员工持股会推行的目的是形成一定的相对稳定的股东，增强员工的归属感。

在当代资本主义社会，工会、雇员参与管理和雇员持股，都是在资本主义雇佣劳动制度框架内进行的改良。这些改良并不能从根本上改变劳动与资本的对立关系，只是在一定程度上缓和了生产过程中的劳资对立。

第三，管理者阶层的地位发生了变化。随着股份公司的出现以及公司规模的不断扩大，大公司的股份越来越分散化，股东的数量增多，所有权与经营权分离。在这种情况下，公司的经营权在很大程度上已转移到职业经理人或管理者阶层的手里。管理者阶层的队伍有了很大发展，在经济生活中的地位明显上升。但是，在资本主义制度中，企业经理是别人资本的管理人，是特种雇佣劳动者。经理的薪金是某种熟练劳动者的工资，这种劳动力价格也受劳动力市场调节，经理人员也就不可能成为脱离所有者阶级并超越于所有者阶级的独立社会阶层。随着管理者阶层在企业决策中控制权的加强，他们的社会地位和收入水平发生了分化。中小企业管理者的地位较低，收入主要限于劳动力价值。但在一些大公司中，高级管理者的地位较高，收入也不限于其劳动力价值，而部分参与了剩余价值的分割。

思考题：

1. 解释下列概念：资本、剩余价值、绝对剩余价值生产、相对剩余价值生产、剩余价值率、不变资本、可变资本、剩余价值规律。
2. 比较 W—G—W 和 G—W—G′的异同；简述资本总公式及其矛盾。
3. 劳动力商品与普通商品相比有什么特性？
4. 怎样理解资本主义的劳动过程和价值增殖过程？
5. 为什么说剩余价值规律是资本主义的基本经济规律？
6. 资本主义工资的本质是什么？
7. 如何理解资本积累的社会经济后果？
8. 当代资本主义生产出现了哪些新变化？

第六章 资本主义流通

资本主义生产过程就整体来看，是生产过程和流通过程的统一，资本只有在运动中才能实现价值增殖。资本的运动过程包括单个资本的运动和社会总资本的运动，它们之间既有联系，又存在区别。单个资本的运动表现为单个资本的循环和周转，社会总资本的运动表现为社会总资本的再生产。考察单个资本的循环，重点是分析资本运动过程中所经历的各个阶段及所采取的各种职能形式，揭示资本顺利循环的条件。考察单个资本的周转，重点是分析资本的周转速度，揭示资本周转速度对剩余价值数量的影响。考察社会总资本再生产，重点是分析整个社会总资本再生产的实现条件。

第一节 资本的循环

一、产业资本循环的三个阶段和三种职能形态

产业资本是指投在生产领域、能够生产剩余价值的资本，如工业、农业、建筑业、交通运输业等领域的资本。考察资本如何在不断的运动中实现价值增殖，应以产业资本作为研究对象，因为在各种资本（包括产业资本、商业资本、借贷资本等）中，只有产业资本才能发生价值增殖，能完整体现资本的运动过程。

产业资本的运动表现为从生产到流通、从流通到生产的不断转换过程，从而具有了循环的形式。产业资本在它的循环运动过程中，依次经过购买、生产、销售三个不同阶段，与这三个阶段相联系，依次采取三种职能形态。

产业资本运动的第一个阶段是购买阶段。在这个阶段，产业资本家首先以购买者的身份出现在市场上，买到生产所需的生产资料和劳动力，从而为生产剩余价值准备条件。这个过程可以表示为：

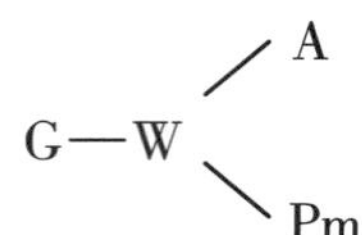

这里，G 表示货币，W 表示商品，A 表示劳动力，Pm 表示生产资料。

在这个阶段，产业资本以货币的形式出现。这里的货币同普通消费者手里的货币一样，执行着购买手段或支付手段的职能。但是，这两种货币又存在区别。因为资本家手里作为资本来使用的货币不是用来购买普通的消费品，而是购买生产资料和劳动力，从而为生产剩余价值准备了物质条件。

资本家手里的这部分货币执行了为生产剩余价值准备条件的特殊职能，这种以货币形态存在的资本即货币资本。资本首先必须采取货币的形式，因为只有用货币的形式，资本家才能购买到生产剩余价值所需要的各种要素。但是，货币本身并不就是资本，只有在用于购买生产资料和劳动力的时候才成为资本。当货币购买到生产资料和劳动力以后，货币资本就转化为以生产资料和劳动力形态存在的生产资本。

产业资本运动的第二个阶段是生产阶段。在这个阶段，工人运用生产资料为资本家生产出商品。这个过程可以表示为：

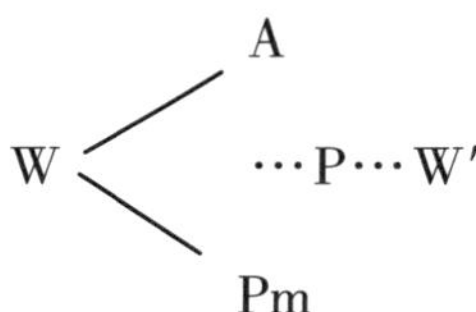

这里，P 表示生产过程，W′表示生产出来的包含剩余价值的商品，…表示流通过程的中断。

从产品的生产来看，这里的生产同其他任何社会的生产没有什么不同。但是，从资本主义生产的角度看，它不仅是生产一般产品的过程，而且是生产剩余价值的过程。这里的生产资料和劳动力不仅执行着一般的生产职能，而且执行着资本的职能，生产资料和劳动力的这种特殊形态表现为生产资本。显然，生产资料和劳动力虽然是一切生产的共同要素，但是，只有在资本主义生产过程中它们才起到生产剩余价值的作用，从而表现为资本的一种特殊形态。生产阶段中所生产的商品是包含剩余价值的新商品，这种以商品形式存在的资本即商品资本。产业资本循环的第二个阶段就是由生产资本转化为商品资本的阶段。

产业资本运动的第三个阶段是销售阶段。在这个阶段，资本家以商品所有者和售卖者的身份再回到市场上来，把商品卖出去。这个过程可以表示为：

W′—G′

这里，G'表示增殖了的货币资本，它等于预付资本与剩余价值之和，即$G'=G+\Delta G$。

这里的商品同其他任何条件下生产出来的商品一样，要通过流通转化为一定数量的货币。但它又有自己的特殊性，即其中包含着预付资本和剩余价值。资本家通过出售商品不仅要收回投资或成本（即预付资本），还要实现资本的价值增殖。如果商品有一部分卖不出去或全部都卖不出去，那么，已经生产出来的剩余价值就不能得到实现，甚至会血本无归。所以，把生产出来的商品实现为货币，对于资本家而言总是“惊险的跳跃”。商品销售表现为整个资本运动的最后一个环节，也是实现资本增殖最重要的一个环节。这里的商品售卖承担着收回投资或成本并实现剩余价值的特殊职能，资本的这种特殊形态表现为商品资本。当然，商品本身并不就是资本，只有资本主义企业生产出来的商品才表现为商品资本。产业资本循环运动的第三个阶段是由商品资本转化为货币资本的阶段。

以上分析表明，产业资本的运动依次经过购买、生产、销售三个阶段，分别采取货币资本、生产资本、商品资本三种形态，实现价值增殖，最后又回到原来的出发点。这个过程称为产业资本的循环。

从产业资本循环的全过程可以看出，货币资本、生产资本、商品资本并不是三种不同的、独立的资本，而是同一个产业资本在运动过程中所采取的三种不同形态，并通过这些不同形态完成不同的具体职能，最终实现价值增殖。这个循环过程，同时也表现为生产过程和流通过程的有机统一。其中，第一个阶段和第三个阶段属于流通过程，第二个阶段属于生产过程。在产业资本循环中，生产过程起着决定性的作用，因为只有生产过程才能生产出价值和剩余价值。但是，对于资本家来说，流通过程同样重要。因为在资本主义市场经济中，生产过程总是以流通过程为前提的，而且已经生产出来的剩余价值只有通过流通过程才能实现为货币，资本家才能达到获取剩余价值的目的。

不仅如此，资本家追求价值增殖是没有止境的。从最初的货币投入，到最后实现价值增殖，只是表示资本循环的暂时结束，资本家在之后还会继续进行投资。于是，循环过程又重新开始。正是通过这种不断的资本循环，资本家才可以从中不断地赚取剩余价值。这个过程可以表示为：

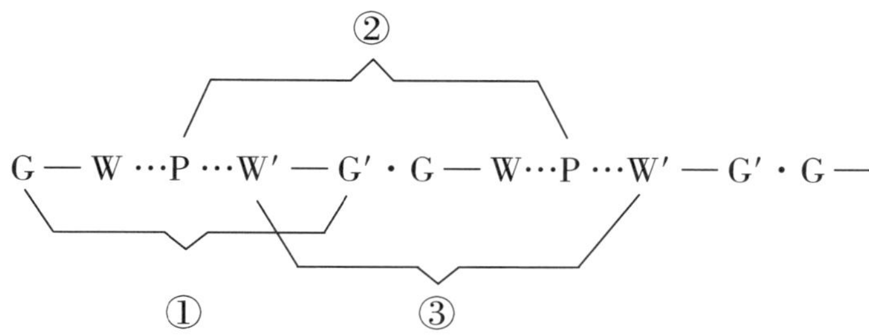

从图示可以看出，在货币资本的连续循环中包含着另外两种循环形态，即生产资本的循环（②所示）和商品资本的循环（③所示）。因此，产业资本循环具有货币资本循环、生产资本循环和商品资本循环三种循环形态。这三种形态分别从不同侧面反映了资本运动的不同特征，同时又容易给人们造成一定的错觉。

货币资本循环（G···G′）表明，资本运动的目的就是价值增殖，就是赚取剩余价值。但它又造成了一种假象，好像货币本身就能生出更多的货币，从而把剩余价值的真正来源给掩盖了。

生产资本循环（P···P）表明，资本运动是一个不断的再生产和扩大再生产的过程。但它又造成了一种假象，好像资本主义生产的目的就是为了生产，从而把资本家榨取剩余价值的真正目的和动机给掩盖了。

商品资本循环（W′···W′）表明，资本运动是商品不断被消费（生产消费和生活消费）和不断再生产出来的过程，并且通过这个过程，商品的数量是不断增加的。但它又造成了一种假象，好像资本运动的目的就是生产商品、满足社会对商品的消费需要，从而歪曲了资本的实际目的。

因此，从任何一个孤立的角度来看待资本的运动都是片面的，只有把三种循环形态统一起来，才能全面深刻地认识资本循环的本质和规律。

二、产业资本正常循环的条件

资本运动的目的是实现剩余价值的最大化，这不仅要求资本在单位时间内生产出更多的剩余价值，而且要求资本在最短的时间里获取尽可能多的剩余价值。对资本家来说，资本的运动速度与生产的效率具有同样重要的意义。为了保证能够连续不断地获得剩余价值，资本必须连续不断地循环，而要实现连续循环，必须具备以下两个条件：

第一，必须保持产业资本的三种形态在空间上并存。要保持资本总体上的连续运动，必须把资本分成三部分，使它们同时处在循环过程的不同阶段和不同形态。这三种形态在价值上各占多大的比重，取决于企业的具体情况。如果不能保证资本同时存在于三种形态，或者这三部分的比例不适当，都会造成资本循环不畅，从而影响资本的价值增殖。

第二，必须保持产业资本的三种形态在时间上相继转化。要保持资本在总体上的连续运动，它的每一部分都必须连续不断地相继通过循环的三个阶段，依次从一种形态转化为另一种形态，实现各自的循环。否则，资本的任何一种循环在任何一个阶段上发生停顿，都会使单个资本的总循环发生或大或小的停滞。

产业资本的三种形态在空间上的并存和在时间上的相继转化，是互为条件、互为前提的。一方面，只有资本的每个不同部分能够依次相继从一个阶段转化到另一个阶段、从一种形态转化为另一种形态，才能保证资本总体在空间上的并存；另一方面，只有资本总体分成不同的部分，同时又处在三种不同的形态上，才能使资本的三种形态之间在时间上的相继转化保持连续性。

产业资本的三种形态在空间上的同时并存和在时间上的相继转化，也就使产业资本的三种循环形态在空间上同时并存。因而，产业资本的连续运动是三种循环形态的有机统一。

总之，资本要不断地增殖，就必须不断地进行循环。只有通过这种循环运动，才能实现获得剩余价值的目的。不断地运动是资本的内在要求和本性。资本一旦停止运动，价值就无法增殖，资本就不成其为资本了。因此，资本在本质上不仅是一种特定的生产关系，即资本家占有工人创造的剩余价值的关系，还是一种不断的运动。资本占有剩余价值的本质，正是通过这种不断的运动实现的。

三、生产时间和流通时间

资本运动是在生产过程与流通过程的不断循环中实现的，因而，资本的循环时间就是生产时间和流通时间之和。资本停留在生产过程中的时间就是生产时间，资本停留在流通过程中的时间就是流通时间。分析循环时间，就是要分析资本循环的这两部分时间对资本价值增殖具有的不同意义。

资本的生产时间，主要包括以下四个部分：一是生产资料的储备时间，即生产资料购买以后虽然进入生产过程，但并没有直接进入使用过程的这段时间；二是劳动时间，即劳动者实际使用生产资料制造或生产产品的时间；三是劳动中断的时间，特别是机器、设备的检修时间；四是自然力作用的时间，无论是在哪一种产品的生产中，除了劳动本身作用于劳动对象使其发生预期的变化而成为产品之外，往往也需要自然力发挥一定的作用。正因为资本的生产时间包含着这些不同的部分，所以，劳动时间与生产时间并不是一致的。一般来说，劳动时间包含在生产时间之内，但生产时间并非全部是劳动时间。在其他条件相同的情况下，生产时间越长，资本循环也就越慢。生产时间对于资本价值增殖而言具有双重意义：一方面，资本循环只有通过生产过程才能生产出剩余价值，资本要经过生产过程具有客观必然性；另一方面，资本在生产过程中停留的时间对于资本价值增殖的目的而言，并不是越长越好。相反，生产时间越短，生产效率越高，资本给资本家带来的剩余价值就越多。因此，资本主义的生产趋势，是尽可能地缩短生产时间。资本主义很多新的生产技术正是围绕这一点而发明的。

生产时间及其各组成部分在不同部门和不同产品中是各不相同的。例如，工业生产时间和农业生产时间就有很大的不同，其中，自然力作用的时间不同是造成工农业生产时间不同的主要因素，这一点在传统农业中表现得尤为明显。重工业的生产时间和轻工业的生产时间也是不同的。产品性质、生产技术水平和劳动生产率、生产过程的管理与协调等是影响生产时间长短的主要因素。

流通时间包括生产要素购买时间和商品销售时间。流通过程本质上都只是商品价值形式的转换过程，并不能使资本的价值发生增殖。对于资本来说，它必须经过流通过程，否则不可能实现价值增殖。同时，流通时间又是对资本价值增殖的一种限制。因为同一个资本不可能同时既处在生产过程中又处在流通过程中，生产时间与流通时间是互相排斥的。资本处在流通过程中的时间越长，流通占用的资本额就越大，而用于生产的资本就会相对越少，从而越不利于资本的增殖。资本的流通时间越长，资本增殖就越慢。

就流通时间中的生产要素购买时间和商品销售时间这两个部分来说，它们也是有一定区别的。一般来说，生产要素购买时间比商品销售时间要短些，因为对于发达的市场经济而言，由货币转化为商品比由商品转化为货币要容易得多。而就商品销售时间而言，主要受到市场供求状况、交通运输条件和商品自然属性的影响。

第二节 资本的周转

一、资本周转和资本周转速度

资本家要使自己的资本不断增殖，就必须使资本不断地循环。这种周而复始、连续不断的资本循环就是资本周转。考察资本循环，主要是分析资本在运动中要经过哪些阶段、采取哪些形态，揭示个别资本运动必须具备的条件。考察资本周转，则是进一步分析影响资本运动速度的主要因素，资本周转速度的快慢对于资本价值增殖的影响和意义。

资本周转速度指资本周转的快慢，可以用周转时间或周转次数这两个指标来衡量。周转时间就是指资本总价值周转一次的时间。具体来说，就是资本总价值从某种形态出发，经过不断的循环，从而实现了总价值的回流，其间经历或需要的时间。周转时间越短，说明资本周转速度越快；反之，则说明资本周转速度越慢。资本周转时间的长短和周转速度的快慢，取决于各个生产部门生产和流通的具体条件。各个生产部门的条件不同，资本的周转时间和周转速度也就各不相同。

资本周转速度还可以用周转次数来衡量。周转次数就是指资本总价值在一年中周转的次数。如果已知资本周转一次的时间，周转次数的计算公式就是：

$$n=\frac{U}{u}$$

上式中，n 表示周转次数，U 表示一年的时间，u 表示资本周转一次所需要的时间。在一年的时间内，资本周转的次数越多，表明资本周转速度越快；反之，则表明资本周转速度越慢。例如，一种资本周转一次需要 3 个月，那么，它在一年内的周转次数就是$\frac{12}{3}=4$ 次。又如，另一种资本周转一次需要 24 个月，那么，它在一年内的周转次数就是$\frac{12}{24}=0.5$ 次。无论用周转时间还是用周转次数比较，前一种资本的周转速度都是后一种的 8 倍。

总之，资本周转速度与周转时间成反比，与周转次数成正比。资本周转越快，同一资本发挥作用的次数就越多，就越能给资本家节约资本，并带来更多的剩余价值。

二、固定资本和流动资本

资本周转与循环具有十分紧密的联系。资本的周转时间是由资本循环中经历的生产时间和流通时间之和构成的。因而，生产时间和流通时间的长短是影响资本周转速度的直接因素。如果其他条件相同，生产时间或流通时间越长，资本周转时间就会越长，资本周转速度就越慢，反之则越快。但是，在生产时间和流通时间一定的条件下，影响资本周转速度的主要因素就不再是资本循环的时间了，而是生产资本的构成。生产资本的不同构成部分，按其价值周转方式的不同，可以分为固定资本和流动资本。

固定资本是指以机器、厂房、工具等劳动资料形式存在的生产资本。这部分资本在物质形式上全部参加生产过程，并且往往要在多次生产过程中反复发挥作用，虽然它们会在生产中有磨损，但是直到报废以前，它们的使用价值基本上仍然是完整的。但是这部分资本的价值在生产过程中却会一部分一部分地被转移到产品中去，并随着商品的销售一部分一部分地周转回来。根据劳动资料在价值流通和价值周转方式上的这种特点，我们把体现为劳动资料的生产资本叫作固定资本。

流动资本是指以原料、辅助材料、燃料等生产资料形式，以及劳动力形式存在的生产资本。其中，体现为原料、辅助材料、燃料等形式的生产资本，它们的使用价值在生产过程中被全部消费，从而，它们的价值也被全部转移到产品中去。随着产品的销售，它们的价值又被全部周转回来。体现为劳动力形式的这部分生产资本，它的使用价值即劳动也是参加生产过程的，但是，劳动力的价值并不是由工人的劳动转移到产品中去的，而是由工人的活劳动再生产出来的。从这一点看，它与原料、辅助材料、燃料等生产资料不同。但是，从价值流通和价值周转的形式来看，它的价值也是一次性地投入生产过程，并且从流通过程中全部回流，这一点又与原料、辅助材料、燃料等生产资料相同。因而，根据这些生产资本在价值流通和价值周转上的特点，我们把它们都叫作流动资本。

固定资本和流动资本不仅价值流通和价值周转方式不同，而且在物质更新方式和价值周转时间上也是不同的。从物质更新方式来说，固定资本的物质要素在其有效期内可以不断使用，并不需要更新；流动资本则在每一个生产过程中都被全部消费，因而需要不断更新。从价值周转时间来说，固定资本的使用寿命比流动资本长，周转时间也长，固定资本的一次周转往往包含流动资本的多次周转。

如上所述，固定资本的价值是按照它的磨损程度一部分一部分地被转移到新产品中去的。而固定资本的磨损又分为有形损耗和无形损耗两种。固定资本的有形损耗是指由于生产性使用或自然力的作用而造成的固定资本在物质上的损耗，又叫物质损耗。固定资本在使用过程中会造成它在物质上的损耗和功能上的逐步丧失。例如，机器的运转会造成机器在功能上的逐渐衰减。连续运转的时间越长，它在实物上的损耗就越严重。固定资本即使不使用，单纯由于自然力的作用也会发生物质上的损耗。例如，厂房和机器的木质部分会腐朽、金属部分会生锈、涂漆会脱落等。

固定资本的无形损耗是指由于劳动生产率的提高而引起的价值损失，又叫精神损耗。根据劳动生产率提高所造成的不同影响，固定资本的无形损耗又分为两种。一种是由于生产技术的改进和劳动生产率的提高，生产同样的机器设备所需要的社会必要劳动时间减少，从而使原有的机器设备的价值降低。另一种则是由于出现了更为低廉和更有效率的替代品，从而引起了原有固定资本价值的贬损。无论哪一种无形损耗，固定资本的这种价值上的损耗都不能完全被转移到产品中去。正因为如此，在科技进步和产品更新换代加快、劳动生产率不断提高的当代，为了尽可能减少无形损耗带来的损失，资本家往往通过延长工人的劳动时间、提高工人的劳动强度、增加工人的劳动班次等办法来提高固定资本的利用率。另外，通过加速固定资本的折旧也可以在一定程度上减少固定资本的无形损耗。

为了使再生产能够继续进行，在使用寿命完结的时候，固定资本在实物上必须得到更新，而这一点又是以其价值上的补偿为前提的。固定资本的价值按照其磨损的程度逐渐被转移到产品中去，并随着产品的销售，已经被转移的这部分价值不断以货币形式积累起来，这个过程就叫作固定资本折旧，以这种方式积累起来的用于补偿固定资本价值的货币叫作折旧基金或折旧费。由于固定资本本身是由不同的部分组成的，它们的使用寿命是各不相同的，因而，固定资本各组成部分的折旧费分别按它们各自的使用寿命（通常以年为单位）进行计算。固定资本折旧费与固定资本原始价值之间的比率叫作折旧率。

三、预付资本的总周转

由于固定资本和流动资本的价值流通和价值周转方式不同，在考察单个资本的周转速度时，必须计算预付资本一年中的总周转。预付资本的总周转速度可用下列公式计算：

$$预付资本一年中的总周转次数=\frac{一年中固定资本周转的价值额+一年中流动资本周转的价值额}{预付资本总额}$$

从上述公式可以看出，影响预付资本总周转次数的主要因素有两个：一个是固定资本和流动资本的比例，另一个是固定资本和流动资本各自的周转速度。一般来说，在固定资本和流动资本周转速度一定的条件下，固定资本所占的比重越大，预付资本的总周转速度就越慢；反之则越快。在固定资本和流动资本的比例一定的条件下，预付资本的总周转速度与固定资本和流动资本的周转速度呈同方向变化。

四、提高资本周转速度的意义和途径

资本周转速度的快慢对于资本具有重要的意义：一方面，它会影响资本家进行投资时所需要的预付资本量的大小；另一方面，它会影响一定数量的资本在一年中生产的剩余价值量的多少和年剩余价值率的高低。

（一）资本周转速度的快慢，影响预付资本的数量

资本周转速度对于预付资本量的影响，主要是由劳动期间和流通期间的长短来决定的。劳动期间是指制造一个完整的成品所需要的连续工作日；流通期间是指商品资本转化为货币资本的时间，而不包括货币资本再转化为生产资本的时间。一般来说，劳动期间和流通期间越长，资本周转速度就越慢，需要的预付资本量也就越大；反之，需要的预付资本量就越小。那么，劳动期间和流通期间的长短又是由什么决定的呢？

劳动期间的长短，是由产品本身的特点和生产技术水平所决定的。例如，现代化的生产流水线生产一辆小汽车只需要几分钟时间，而修建一条远距离的铁路需要几年时间。流通期间的长短，则取决于商品运输距离的远近、交通运输技术和条件以及市场供求关系。运输距离越近，交通手段越先进，运输效率越高，市场供给与需求越适合，商品的销售和流转就越快，流通期间就越短。

（二）资本周转速度的快慢，影响年剩余价值量的多少和年剩余价值率的高低

资本周转速度对剩余价值生产的影响，主要体现为可变资本的周转对年剩余价值量和年剩余价值率的影响。年剩余价值量就是资本在一年中剥削的剩余价值总量。在全部预付资本中，只有可变资本才能带来剩余价值。因此，可变

资本的周转速度越快，同一数量预付可变资本在一年中发挥作用的次数就越多，剥削的劳动力数量就越多，从而它给资本家带来的年剩余价值量也就越多。年剩余价值量与预付可变资本周转次数的关系可以表示为：

$$M=m'vn$$

其中，M 表示年剩余价值量，m′表示剩余价值率，v 表示预付可变资本，n 表示可变资本周转次数。

从这个公式可以看出，年剩余价值量与可变资本的周转速度成正比。只要预付可变资本在一年内的周转次数大于 1，年剩余价值量就会大于剩余价值量，用公式表示为：$m=m'v$，其中，m 表示剩余价值量。年剩余价值率就是年剩余价值量与预付可变资本的比率，用公式表示为：

$$M'=\frac{M}{v}$$

其中，M′表示年剩余价值率。把年剩余价值量的计算公式考虑进来，则有：

$$M'=m'v\frac{n}{v}=m'n$$

从上述公式可以看出，在剩余价值率相同的情况下，预付可变资本周转次数不同，年剩余价值率就不同，只要可变资本的周转次数大于 1，年剩余价值率就会大于剩余价值率。年剩余价值率与剩余价值率不仅在数量上往往是不同的，而且它们所表示的关系也是不一样的。剩余价值率是剩余价值与预付可变资本的比率，反映的是资本家对工人的剥削程度。年剩余价值率是年剩余价值量与预付可变资本的比率，反映的是预付可变资本在一年中的增殖程度。

上述分析表明，资本周转速度的快慢不仅会影响预付资本量的大小，而且也会直接影响剩余价值的生产。因此，加速资本周转对于资本家来说是非常重要的。为了节约预付资本，剥削更多的剩余价值，资本家会采取各种办法来加速资本周转。

第三节 社会总资本的再生产

在资本主义社会中，每个企业的资本都在独立地进行循环和周转，实现价值的增殖。这种独立发挥职能的资本就是单个资本或个别资本，但是，各个独立的个别资本并不是彼此孤立地运动，而是互相依赖、密切联系的。每一个企业既要从其他企业购买生产资料，又要向其他企业销售产品。这种互相联系的单个资本的总和，就是社会总资本。这种相互交织、相互联系、相互依存的单个资本运动的总和，就是社会总资本的运动。

社会总资本的运动是由单个资本的运动汇合而成的整体运动，但社会总资本的运动和单个资本的运动又存在明显的区别：考察单个资本的运动，主要是从资本连续不断的运动中来分析剩余价值的生产及资本化，至于单个资本在流通领域中的相互联系，例如，生产所必需的生产资料从哪里购买、生产出来的产品如何销售等问题，则被认为不存在困难。接着，我们要从各个单个资本的相互联系、相互依存的关系上来研究社会总资本的运动。社会总资本的运动既包括生产消费也包括生活消费，既包括资本流通也包括一般商品流通，既包括预付资本的流通也包括剩余价值的流通。要研究工人和资本家从哪里获得自己的消费品、资本家从哪里获得生产资料又如何卖出自己的产品，就需要从生产出的社会总产品出发，研究社会总资本的再生产。

一、社会总产品

考察社会资本运动的核心问题是社会总产品的实现问题。社会资本的再生产运动过程就是社会总产品不断实现，以及它的各组成部分不断得到补偿的过程。所谓社会总产品，是指社会各个物质生产部门在一定时期内（通常以年为单位）生产出来的全部物质产品的总和。所谓社会总产品的实现，是指社会从商品资本到货币资本的转化，也是社会总产品在价值上的补偿，即社会总产品各个组成部分的价值通过商品的出售以货币形式回流，用于补偿在生产中预付的不变资本和可变资本，并且取得剩余价值。同时，价值补偿完成以后，还有一个实物补偿问题，即社会总产品各个组成部分转化为货币以后，必须进一步转化为所需要的物质产品。其中，相当于不变资本价值的部分，重新取得所需要的生产资料；相当于可变资本价值的部分以及资本家用于个人消费的剩余价值部分，重新取得所需要的生活资料。社会总产品的价值补偿是物质补偿的前提，只有预付的不变资本和可变资本的价值都得到补偿，同时获得剩余价值，才能重新购买再生产所需要的生产资料和劳动力，社会再生产才能重新进行。如果社会总产品不能或不能全部销售出去，生产这些产品所消耗的资本价值就不能或不能全部得到补偿，已经生产出来的剩余价值就不能或不能完全得到实现，这样，社会再生产就无法正常进行。而社会总产品的物质补偿是社会资本运动正常进行的关键。社会资本再生产运动要正常进行，最起码的条件就是要保证上一个生产过程中所消耗掉的生产资料和消费资料能够得到补偿和替换，否则，社会再生产过程就会发生中断或者萎缩。可见，社会总产品的实现是社会资本再生产的核心问题。

二、考察社会资本再生产的理论前提

社会总产品的实现包括价值补偿和实物补偿两个方面。

从价值补偿形态上来看，社会总产品包含了不变资本价值（c）、可变资本价值（v）和剩余价值（m）三个部分。其中，不变资本价值是旧价值的转移，用于补偿生产中消耗的生产资料的价值。可变资本价值和剩余价值是工人创造的新价值，用于补偿生产中已消耗掉的预付可变资本、提供资本家的个人消费和扩大再生产的资本积累。

从实物补偿形态上来看，社会总产品在最终用途上，不是用于生产就是用于生活，可分为生产资料和消费资料两大类。其中，生产资料用于补偿生产中已经消耗掉的生产资料以及用于扩大再生产的追加生产资料，消费资料则用于满足资本家和工人的个人生活需要。据此，可以把整个社会生产分成两大部类：第一部类（Ⅰ）由生产生产资料的部门构成，其产品进入生产领域；第二部类（Ⅱ）由生产消费资料的部门构成，其产品进入生活消费领域。

把社会生产从使用价值的构成角度划分为两大部类以及从价值的构成角度划分为c、v、m三个部分的原理，是马克思研究社会资本再生产运动的两个基本理论前提。把社会生产分成两大部类，揭示了社会总产品的基本用途和实现条件；把社会总产品的价值分成三个部分，则揭示了社会总价值中各个部分的性质和实现的途径。同时，这两个方面的划分还指明了价值补偿和实物替换的相互联系及其制约关系。马克思正是从劳动二重性理论和这两个基本原理出发，科学地解决了资产阶级经济学在再生产问题上长期未能解决的问题，为最终揭示社会资本再生产和流通的规律奠定了坚实的理论基础。

三、社会总产品的实现条件

资本主义再生产的特征是扩大再生产，而不是简单再生产，但是，考察社会资本扩大再生产问题又必须从社会资本简单再生产开始，并且以它为重点。这是因为：一方面，从社会资本扩大再生产的实际运动来看，简单再生产不仅是扩大再生产的基础和组成部分，而且它直接为扩大再生产提供了前提；另一方面，从理论的角度来看，困难不在于说明与扩大再生产直接相关的资本积累是如何实现的，而在于揭示社会总产品实现的基本途径和规律。从简单再生产出发，把简单再生产条件下社会总产品的实现和补偿问题解决了，扩大再生产的实现问题也就比较容易解决了。

（一）社会资本简单再生产的过程和实现条件

为了分析社会资本简单再生产的过程和实现条件，马克思设计了一个简单再生产的数值模型：

$$\text{I}\ 4000c+1000v+1000m=6000$$

$$\text{II}\ 2000c+500v+500m=3000$$

两大部类的产品价值总额即社会总产品价值为 9000（6000+3000）货币单位。第一部类产品价值为 6000，其中，不变资本价值为 4000，可变资本价值为 1000，剩余价值为 1000，第一部类全部产品都表现为生产资料；第二部类产品价值为 3000，其中，不变资本价值为 2000，可变资本价值为 500，剩余价值为 500，第二部类全部产品都表现为消费资料。

假设社会总产品的实现都是通过市场交换来进行的。社会总产品的各个组成部分实现价值补偿和实物补偿的过程，也就是社会资本简单再生产的实现过程，这个过程主要包括以下三个方面的交换过程：

首先，第一部类内部各部门、各企业之间的交换。第一部类中的产品 4000c，在实物上由各种生产资料所构成，在价值上则代表本部类已消耗掉的不变资本价值。为了维持简单再生产的正常进行，生产中消耗了的 4000c 必须用新生产出来的生产资料来补偿和替换，而这 4000c 在实物形态上就是新生产出来的生产资料。因此，这部分产品在价值和实物上的实现和替换可以在第一部类内部实现，即主要通过第一部类内部各部门、各企业之间的产品交换而得到实现。

其次，第二部类内部各部门、各企业之间的交换。第二部类中的产品 500v 和 500m，在实物上由各种消费资料所构成，在价值上代表本部类工人和资本家个人消费的可变资本价值和剩余价值。为了维持再生产的进行，工人和资本家在个人生活消费中所消耗掉的消费资料同样必须用消费资料来补偿，而第二部类中的 500v+500m 在实物形态上就是各种消费资料。因此，这部分产品在价值和实物上的实现和补偿也可以在第二部类内部实现，即通过第二部类的工人和资本家购买本部类的各种消费资料而得到实现。

最后，两大部类之间的交换。第一部类中的产品 1000v 和 1000m 在价值上代表本部类的可变资本价值和剩余价值，用于第一部类的工人和资本家的个人消费。但这些产品在实物形态上是生产资料，它们不能直接进入个人消费，因而无法直接用它们来补偿第一部类已经消耗掉的消费资料，而必须和第二部类的消费资料进行交换，以换取消费资料。

第二部类的产品 2000c 在价值上代表第二部类已消耗掉的不变资本价值，但它们在实物形态上却是消费资料，因而无法直接用来替换第二部类所需要的生产资料，也无法在第二部类内部来实现和补偿，从而必须和第一部类的生产资料进行交换。因此，两大部类都有部分产品需要进行交换。

在上述模型中，第一部类中价值 1000v+1000m 的生产资料，与第二部类中价值 2000c 的消费资料正好价值相等。因此，通过它们的交换，第一部类把价值 2000 的生产资料卖给第二部类的资本家。同时，从第二部类购买自己所需要的消费资料。在同一过程中，第二部类的资本家把价值 2000 的消费资料卖给第一部类，并从第一部类购买自己所需要的生产资料。

在两个部类的交换过程中，不仅有两大部类的资本家之间的交换，而且有第一部类的工人和第二部类的资本家之间的交换。而且事实上，全部交换正是从第一部类工人同第二部类资本家之间的交换开始的。具体来说，第一部类工人先用资本家预付的相当于 1000v 的货币工资与第二部类资本家的价值 1000c 的消费资料相交换。通过这个交换，工人得到消费资料，第二部类的资本家得到货币；第二部类的资本家再用这部分货币去购买与第一部类的价值额相同的生产资料，使第一部类 1000v+1000m 中价值 1000 的生产资料得到实现；第一部类的资本家再用这个货币去购买第二部类的消费资料，从而使第二部类剩下的消费资料得到实现；第二部类的资本家再用这部分货币去购买所需要的生产资料，从而使第一部类价值 1000v+1000m 中剩下的生产资料得到实现。通过上述过程，第一部类的资本家和工人得到了消费资料，第二部类的资本家得到了生产资料。

通过以上三个方面的交换，社会总产品的各部分不仅在价值上得到实现和补偿，而且在实物上也得到替换，这样，简单再生产就可以继续进行了。需要明确的是，以上三个方面的交换绝不是一次完成的，而是在一年中经过各部门、各企业的资本家以及工人的无数次交换逐步完成的，社会资本再生产过程本身就是这种复杂的商品交换和商品流通的过程。

以上分析表明，社会资本简单再生产的实现必须具备一定的基本条件，即两大部类的生产之间必须保持一定的比例关系。具体来说，就是第一部类的可变资本价值和剩余价值之和，必须等于第二部类的不变资本价值。用公式表示为：

$$\text{I}(v+m)=\text{II}c$$

这个条件表明，在社会资本简单再生产的条件下，社会生产两大部类之间存在着互为条件、互为依存、互为制约的内在联系，即第一部类提供给第二部类的生产资料和第二部类对生产资料的需求之间、第二部类提供给第一部类的消费资料和第一部类对消费资料的需求之间，必须保持一定的比例关系。

如果 $\text{I}(v+m)<\text{II}c$，第二部类所生产的消费资料就不能得到完全实现，出现了生产过剩，同时，第二部类所消耗的生产资料也不能得到充分补偿和替换。同样，如果 $\text{I}(v+m)>\text{II}c$，第一部类所生产的一部分生产资料就不能得到完全实现，出现了生产过剩，同时，第一部类所消耗的生活资料也得不到充分补偿。在这两种情况下，再生产条件都遭到破坏，从而使社会总产品的实现遇到困难。

从 $\text{I}(v+m)=\text{II}c$ 这个基本条件中可以引申出另外两个条件：

第一，$\text{I}(c+v+m)=\text{I}c+\text{II}c$。它反映第一部类的生产与两大部类对生产资料的需求之间的内在联系，即第一部类生产的生产资料价值的总和，必须等于两大部类所消耗的不变资本价值的总和。同时，第一部类所生产的生产资料在使用价值上还必须与两大部类对于生产资料的需要相符合。如果满足不了这个条件，社会资本简单再生产就不可能顺利进行。这个公式表示了生产资料生产与需求之间的关系。

第二，$\text{II}(c+v+m)=\text{I}(v+m)+\text{II}(v+m)$。它反映第二部类的生产与两大部类的工人和资本家对消费资料的需求之间的内在联系，即第二部类生产的消费资料价值的总和，必须等于两大部类的可变资本价值和剩余价值的总和。同时，第二部类所生产的消费资料在使用价值上还必须与两大部类对于消费资料的需要相符合。如果满足不了这个条件，社会资本简单再生产同样不可能顺利进行。这个公式表示了消费资料生产与需求之间的关系。

这三个公式，体现了简单再生产过程中两大部类之间以及两大部类内部都应遵循的基本比例关系。这些基本的比例关系从不同侧面反映了社会资本简单再生产的规律性，即社会生产与社会消费之间、社会生产两大部类之间、生产资料生产与其需求之间、消费资料生产与其需求之间，在使用价值和价值两个方面都必须保持一定的比例关系。只有这样，社会生产和生活才能得以正常进行。这正是马克思的再生产理论所揭示的基本内容。

（二）社会资本扩大再生产的过程和实现条件

如同个别资本的扩大再生产一样，社会资本扩大再生产同样以资本积累为前提。资本积累所形成的追加资本分为两部分：一部分作为追加不变资本，用于购买追加的生产资料；另一部分作为追加可变资本，用于购买追加的劳动力。资本主义产业后备军是追加劳动力的主要来源。因此，主要问题在于社会总产品能否为扩大再生产的进行提供追加的生产资料和追加劳动力所需要的追加消费资料。

扩大再生产所追加的生产资料都是第一部类生产的，因此，第一部类的产品除了满足两大部类简单再生产对生产资料的需要外，还必须有一个余额，用以满足两大部类扩大再生产对追加生产资料的需要。用公式表示为：

$$\text{I}\ (c+v+m) > \text{I}\,c + \text{II}\,c$$

简化后为：

$$\text{I}\ (v+m) > \text{II}\,c$$

这个公式表明，第一部类向第二部类提供的生产资料，除了满足第二部类简单再生产对生产资料的需要外，还必须有剩余，以满足两大部类扩大再生产对追加生产资料的需要，这就是社会资本扩大再生产的第一个基本前提条件。

同样的道理，第二部类的产品，除了满足两大部类简单再生产过程中工人和资本家对消费资料的需求外，也必须有一个余额，用以满足两大部类扩大再生产对追加消费资料的需要。

如果用$\frac{m}{x}$表示剩余价值中供资本家个人消费的部分，那么，$m-\frac{m}{x}$就表示剩余价值中供积累用的部分。上述要求用公式表示为：

$$\text{II}\ (c+v+m) > \text{I}\ \left(v+\frac{m}{x}\right) + \text{II}\ \left(v+\frac{m}{x}\right)$$

简化后为：

$$\text{II}\ \left(c+m-\frac{m}{x}\right) > \text{I}\ \left(v+\frac{m}{x}\right)$$

这个公式表明，第二部类向第一部类提供的消费资料，除了满足第一部类简单再生产时工人和资本家的个人消费需要外，还必须有一个余额，用以满足两大部类扩大再生产对追加消费资料的需要，这就是社会资本扩大再生产的另一个基本前提条件。

只有同时满足以上两个基本前提条件，资本积累才有可能转化为实际的扩大再生产。

通过资本积累，使简单再生产转化为扩大再生产，就必须使社会总产品和社会生产结构按照扩大再生产的上述两个基本前提条件进行调整和重新组合，使社会总产品的各组成部分全部得到实现。根据这个要求，马克思设计了一个适合于分析扩大再生产的数值模型：

$$\text{I}\ 4000c+1000v+1000m=6000$$

$$\text{II}\ 1500c+750v+750m=3000$$

在这个公式中，Ⅰ（1000v+1000m）>Ⅱ1500c，符合Ⅰ（v+m）>Ⅱc 这个扩大再生产的基本前提条件，具备了进行资本积累和扩大再生产的可能。在资本积累过程中，社会总产品必须提供追加的生产资料和消费资料，这样，社会总产品 9000 就必须按照扩大再生产的要求重新加以调整和组合。

假定第一部类的资本积累率是 50%，即资本家把剩余价值 1000 中的一半用于积累，另一半用于资本家个人消费，同时假定积累的资本按原有的资本有机构成进行追加，那么，用于积累的 500m 就转化为追加不变资本 400Δc 和追加可变资本 100Δv。这样，第一部类的产品价值按照扩大再生产的用途重新组合为：

$$\text{I}\ (4000c+400\Delta c)+(1000v+100\Delta v)+500m=6000$$

简化后为：

$$\text{I}\ 4400c+1100v+500m=6000$$

其中，4400c 代表用于维持和扩大第一部类再生产的生产资料价值，它的实物形态是生产资料，因而这部分产品可以在第一部类内部通过各部门、各企业之间的交换得到实现和替换。1100v 和 500m 在价值上代表第一部类工人和资本家用于个人消费的价值，而它的实物形态是生产资料，因而，这部分产品只有与第二部类的消费资料进行交换才能得到实现和替换，同时使第二部类消耗掉的生产资料得到替换和补偿。

由于第二部类需要在实物上替换的不变资本价值只有 1500c，比第一部类需要与之交换的 1100v+500m 少 100 个单位，因此，第二部类资本家有必要从剩余价值 750m 中提取 100，用作追加不变资本。为了分析问题的方便，假设第二部类追加资本的有机构成不变，那么，还必须从剩余价值中提取 50 作为追加的可变资本。这样，第二部类也相应地完成了资本积累过程。这时第二部类的产品按照扩大再生产的需要重新组合为：

$$Ⅱ\ (1500c+100\Delta c)+(750v+50\Delta v)+600m=3000$$

简化后为：

$$Ⅱ\ 1600c+800v+600m=3000$$

其中，800v 和 600m 代表第二部类用于工人和资本家个人消费的消费资料价值，它的实物形态是消费资料，因而，这部分产品可以在第二部类内部通过各部门、各企业之间的交换得到实现和替换。1600c 在价值上代表第二部类已经消耗掉的和追加的生产资料价值，但它在实物上是消费资料，因而，这部分产品只有与第一部类的生产资料进行交换才能得到实现和替换。

通过上述交换过程，社会总产品全部得到实现或补偿，并为社会资本扩大再生产的继续进行创造了条件。在下个年度的扩大再生产过程中，如果剩余价值率仍为 100%，那么，两大部类生产的社会年总产品的价值构成是：

$$Ⅰ\ 4400c+1100v+1100m=6600$$

$$Ⅱ\ 1600c+800v+800m=3200$$

因此，社会年总产品的总价值由上一年的 9000 个单位扩大为 9800 个单位，实现了社会资本的扩大再生产。根据上述方法，对以后各年社会资本扩大再生产的实现过程可以作类似的分析。

上述分析表明，社会资本扩大再生产的实现必须具备一定的基本条件，即两大部类之间必须保持一定的比例关系。具体来说就是，第一部类原有的可变资本价值，加上追加的可变资本价值，再加上本部类资本家用于个人消费的剩余价值，这三者之和必须等于第二部类原有的不变资本价值和追加的不变资本价值之和，用公式表示为：

$$Ⅰ\left(v+\Delta v+\frac{m}{x}\right)=Ⅱ\left(c+\Delta c\right)$$

这个公式表明，在社会资本扩大再生产的条件下，社会生产两大部类之间存在着互为条件、互相依存的内在联系，即第一部类提供给第二部类的生产资料同第二部类对生产资料的需求之间、第二部类提供给第一部类的消费资料同第一部类对消费资料的需求之间必须保持一定的比例关系。否则，社会资本扩大再生产就不能顺利地实现。

从上述基本公式也可以引申出另外两个实现条件：

$$\text{Ⅰ}(c+v+m) = \text{Ⅰ}(c+\Delta c) + \text{Ⅱ}(c+\Delta c)$$

$$\text{Ⅱ}(c+v+m) = \text{Ⅰ}\left(v+\Delta v+\frac{m}{x}\right) + \text{Ⅱ}\left(v+\Delta v+\frac{m}{x}\right)$$

以上这两个公式分别反映了在社会资本扩大再生产条件下，第一部类生产资料的生产与两大部类对于生产资料的需求之间的关系、第二部类消费资料的生产与两大部类对于消费资料的需求之间的关系。

上述三个公式，体现了在社会资本扩大再生产的条件下，两大部类之间以及它们内部应遵循的基本比例关系。这些基本比例关系从不同侧面反映了社会资本扩大再生产的规律性，即社会生产两大部类的资本积累和扩大再生产是互相依存、互为条件、互相制约的。第一部类的积累和扩大再生产的规模决定着第二部类的积累规模和积累率，同时，第二部类的积累和扩大再生产对第一部类的扩大再生产也有制约作用。

第四节 资本主义流通的新变化

资本追求剩余价值的本性，迫使资本流通不断随着时间和空间条件的变化而发生变化。在当代，生产力水平和社会化程度不断提高、新技术大量涌现、生产规模持续扩大、分工和协作关系向纵深发展，资本主义流通无论是从单个资本的循环和周转还是从社会总资本的再生产来看，都有了一些新的变化。

一、资本循环的新变化

随着经济全球化的不断发展，大规模的资本国际循环开始形成和发展，资本主义生产方式越来越表现为一种世界性的生产方式。经济全球化不仅意味着生产活动超越国家的疆域，同时意味着资本运动的全球化、资本循环的国际化，资本循环在购买、生产、销售三个阶段都呈现出新的特征。

从购买阶段看，在经济全球化背景下，资本家在全球范围内寻找生产资料和劳动力的最佳购买场所，全球商品流通大幅度增长；发达资本主义国家从发展中国家获取大量廉价的生产要素，大量进口能源、原材料。伴随着世界经济增长和新技术、新产品的出现，高技术产品在国际贸易中的比例提高了。同时，资本家为了利用不同地区的特殊优势，将特定产品生产过程的不同工序进行分解，配置到具有特殊优势的国家和地区进行，中间产品贸易比例提高了。对劳动力的购买也发生了明显变化，即越来越注重劳动力的素质，采取各种措施在全球范围内雇佣高科技人才和管理人才，充分利用经济全球化和科学技术发展带来的好处。

从生产阶段看，全球生产体系已经形成。随着分工和专业化发展以及市场范围的扩大，越来越多的生产环节已经从跨国公司价值链上独立出来，转移到国外，分工相应地从产品分工转向要素分工。发达国家与发展中国家之间的分工不再是复杂加工工业与简单加工工业之间的分工，更主要体现为知识密集型生产与劳动密集型生产之间的分工，甚至是设计与制造的分工。产品的研究与设计在发达国家进行，产品的制造在发展中国家进行，发展中国家成为发达国家的“加工厂”和“车间”。生产阶段的变化还表现在自动化生产和人工智能的发展，直接生产过程中资本和技术的作用越来越大，劳动力的使用份额下降。

从销售阶段看，全球销售场所也有明显变化。一是随着经济全球化的发展，资本可以在世界市场范围内寻找更有利的销售场所，能够更大限度地实现价值和剩余价值，获取更多利润。二是随着信息化和网络技术的发展，商品流通具有了新模式。例如，电子商务的出现使商品资本向货币资本的转化不再依赖于有形市场，借助于电子商务平台，销售规模和范围呈几何级数增长，商品价值实现随之加快。

总之，经济全球化和科学技术发展是资本循环发生新变化的两个基本驱动力，借助于全球市场和新技术，资本流动的空间和时间限制大大缓解了，发达国家的资本实现了全球购买、全球生产和全球销售，剩余价值生产和实现的国际化程度明显提高。

二、资本周转的新变化

资本周转的关键是资本周转速度，而影响资本周转速度的一个重要因素是资本周转时间。第二次世界大战以来，技术、基础设施和管理方式的创新，使得资本的周转时间缩短、流通费用减少。

第一，企业原材料储备数量和储备时间大大减少，甚至实现了无储备。水路、公路、铁路、管道、航空等交通运输业迅速发展，大大提高了运输速度，使得企业能够减少原材料的储备数量和储备时间。同时，仓储业的发展，可以为企业提供专业化的仓储服务，一些企业可以实现无储备生产和销售。信息化的发展，加快了储备环节从生产和销售企业中分离，使之成为物流业的一部分。

第二，资本主义国家发达运输体系建设，缩短了购买和销售时间，加快了资本周转速度。为了提高资本的空间流动性，发达资本主义国家都很注重基础设施和运输体系的建设，并将交通工具的创新同以互联网为基础的运输服务模式创新结合起来，提升了资本流通的智能化水平。

第三，电子商务的崛起，极大地提高了流通效率。在网络环境下，买卖双方无需碰面就能进行各种交易，降低了生产者和购买者的信息收集成本和商品搜寻成本，突破了传统市场的边界。生产型企业电子商务的发展，降低了商品销售的空间拓展成本，也降低了购买者的交易成本。同时，中间环节的减少，大大缩减了商品流通耗费的时间。

三、社会总资本再生产的新变化

社会总资本再生产所要求的两大部类之间以及部类内部的比例关系，在资本主义经济中是通过经济波动和周期性经济危机强制性实现的，这一规律没有发生变化。第二次世界大战以后，科学技术革命引起生产社会化程度的提高，国家垄断资本主义的发展及政府对社会经济生活的广泛干预，经济全球化和资本国际化的加强，发展中国家的兴起和资本主义发展不平衡的加剧等，使资本主义再生产过程和经济危机出现了某些新的特点。

第二次世界大战后，凯恩斯主义经济政策在发达资本主义国家得到广泛推广，发达资本主义国家通过财政政策和货币政策等进行社会总需求管理。这在一定程度上暂时减轻了劳动者支付能力不足所带来的影响，促进了社会生产力的恢复和发展。但凯恩斯主义并没有消除经济危机的根源，反而引发了新的问题。20 世纪 70 年代以后，西方经济逐渐陷入“滞胀”状态。面对“滞胀”，美国里根政府运用供给学派的政策刺激经济复苏，但没有达到预期效果。凯恩斯主义和供给学派的政策主张不仅没有解决社会资本再生产过程中的各种矛盾，还衍生出新的经济危机因素。2008 年以来的国际金融危机就是很好的证明。

马克思在分析社会总资本再生产问题时，强调货币资本的作用。在当代资本主义经济中，货币资本、信用关系发挥的作用更加明显，虚拟经济对社会再生产过程的影响越来越大。虚拟经济是建立在虚拟资本运动基础上的，虚拟资本是以有价证券形式存在、能给持有者带来一定收入的资本。虚拟经济扩大了资本的活动范围，如果规模适度，就能够对社会再生产的顺利进行起到润滑和推动作用；但如果脱离实体经济的发展而规模膨胀，就会成为扰乱社会再生产，进而演变为金融危机和经济危机的重要因素。

思考题：

1. 解释下列概念：产业资本、资本循环、资本周转、固定资本、流动资本、资本总周转、年剩余价值率。
2. 资本的循环时间是由哪几个部分组成的？生产时间和流通时间各包含哪些组成部分？
3. 固定资本和流动资本的划分与不变资本和可变资本的划分有什么不同？
4. 加速资本周转有什么意义？
5. 社会资本简单再生产的实现条件是什么？
6. 社会资本扩大再生产的实现条件是什么？
7. 资本主义流通出现了哪些新变化？

第七章　剩余价值的分配

产业资本在生产过程中形成的剩余价值，要在资本的各种具体形式及土地所有权之间进行分配。利润、利息、地租都是对剩余价值的分割，是剩余价值的转化形式。随着社会生产力的发展和资本主义经济关系的调整，当代资本主义分配关系也出现了一些新变化。

第一节　平均利润和生产价格

一、生产成本

在资本主义制度下，商品价值（W）由三部分组成：不变资本价值（c）、可变资本价值（v）和剩余价值（m），用公式表示就是：W＝c+v+m。在商品生产的过程中，生产商品不仅耗费了体现在各种生产资料中的物化劳动，还耗费了工人的活劳动，这些物化劳动耗费和活劳动耗费构成全部劳动耗费。

但是，生产商品的全部实际耗费与资本的耗费并不完全相同。生产商品的实际耗费即全部劳动耗费，等于商品的全部价值，即 c+v+m；而资本耗费是 c+v，两者的差额就是被资本家无偿占有的剩余价值。在资本家心目中，生产商品所耗费的预付资本价值就是生产成本或生产费用，即 c+v，用 K 表示。由此商品价值中的 c+v 转化为生产成本，商品价值就等于生产成本与剩余价值之和，用公式表示为：W＝K+m。显然，生产成本小于商品的价值，两者之间的差额为剩余价值。

商品生产中资本家所耗费的东西和商品生产本身所耗费的东西，是两个完全不同的量。商品的资本费用，是按照资本的耗费来计算的，而商品的实际费用是按照劳动的耗费来计算的。对于资本家来说，生产商品所耗费的只是他的资本价值 c+v，资本家在确定生产成本时，考虑的只是他所耗费的资本量，超出生产成本之外的剩余价值 m 是资本家无偿获得的，是预付资本的增殖。

生产成本这一范畴掩盖了不变资本和可变资本的根本区别，掩盖了它们在价值增殖过程中的不同作用。剩余价值本来只是可变资本的一个增长额，但当不变资本和可变资本被归结为生产成本这一范畴时，剩余价值就被看作商品价值在生产成本以上的余额，即资本家所耗费资本的产物。

生产成本这一范畴对资本主义生产也有着实际的意义。首先，生产成本的补偿是资本主义再生产的条件。生产成本作为资本的耗费，资本家必须在出卖商品后将它收回，才能重新购买生产中消耗的各种生产要素，使再生产得以不断进行。其次，生产成本是资本家经营企业赢利或亏本的标志。资本家出售商品的价格，如果高于生产成本，他就能赢利；如果低于生产成本，就必然亏本。生产成本是商品销售价格的最低界限。最后，生产成本的高低，也是决定资本家在竞争中胜败的关键。由于生产成本是商品价值的构成部分，因此它们之间便存在一个差额，这个差额的大小可以影响商品在市场上销售价格的高低。商品的生产成本越低，这个差额就越大，其商品的销售价格就可以降得越低，从而在竞争中就越处于有利地位。

二、剩余价值转化为利润

剩余价值并不是由生产中所耗费的全部资本带来的，而是由可变资本带来的。但是，资本家关心的只是资本的投入和产出的比，剩余价值被看作是由生产过程中所耗费的全部资本带来的，是全部资本的产物。这样，原来的那个能清楚表明剩余价值真实来源的表达式 c+（v+m）变成了（c+v）+m，即剩余价值变成了所费资本的一个价值增加额。不仅如此，对于资本家来说，剩余价值不但是全部所费资本的一个增加额，而且是全部垫付资本的一个增加额。因为在资本家看来，那些没有耗费的资本虽然不形成商品的成本，但作为生产的物质要素，它们同样参加了商品的生产过程，因而也就同样参加了剩余价值的生产过程。

当剩余价值不被看作可变资本的产物，而被看作全部预付资本的这样一种观念上的产物或增加额时，剩余价值便取得了利润这个转化形式。利润和剩余价值本来是一个东西，所不同的是，剩余价值被看作是由可变资本带来的，而利润则被看作是由全部预付资本带来的。剩余价值是利润的本质，而利润则是剩余价值的转化形式。如果用 p 表示利润，商品价值的公式 W=c+v+m=K+m 便进一步变成了 W=K+p。由于剩余价值采取了利润的形态，因而，关于它如何产生的问题，便神秘化起来，仿佛它就是资本自行产生出来的。

剩余价值之所以会采取利润的形态，表现为全部资本的产物，源于资本主义生产方式的特殊性。由于资本家垫付的不变资本和可变资本采取了生产成本的形式，因而可变资本是剩余价值的唯一源泉的本质被掩盖了，剩余价值的源泉被自然地归到全部资本上面。进一步，由于劳动力的价值采取了工资的形式，因而，工人的全部劳动就好像都得到了报酬。这样，剩余价值就好像不是劳动创造的，而是资本创造的。在生产成本和利润的形态下，剩余价值的真正来源、资本家对工人的剥削关系都被掩盖了。

剩余价值与全部预付资本的比率叫利润率。利润率是剩余价值率的转化形式，是同一剩余价值量用不同的方法计算出来的另一种比率。剩余价值率是剩余价值与可变资本的比率，而利润率则是剩余价值与全部预付资本的比率。用 p'表示利润率，C 表示全部预付资本，利润率 $p'=\frac{m}{C}$。剩余价值率与利润率是两个完全不同的范畴，剩余价值率揭示的是资本家对工人的剥削程度，而利润率表示全部预付资本的增殖程度。由于全部预付资本总是大于可变资本，因此，利润率在量上也总是小于剩余价值率。

由于利润率是衡量资本增殖程度的重要指标，因而受到资本家的关注，资本家总渴望把资本投入到利润率较高的行业和部门中去。正如《资本论》第 1 卷脚注中所引托·约·邓宁的一段话："资本害怕没有利润或利润太少，就像自然界害怕真空一样。一旦有适当的利润，资本就胆大起来。如果有 10%的利润，它就保证到处被使用；有 20%的利润，它就活跃起来；有 50%的利润，它就铤而走险；为了 100%的利润，它就敢践踏一切人间法律；有 300%的利润，它就敢犯任何罪行，甚至冒绞首的危险。"①

资本主义生产的目的就是以最小的预付资本取得最大限度的利润。如果资本量一定，利润的大小就取决于利润率的高低。影响利润率变动的因素主要有以下四个：一是剩余价值率。在预付资本量和资本有机构成不变的条件下，利润率与剩余价值率呈正向变化。剩余价值率越高，利润率就越高。二是资本有机构成。在剩余价值率和劳动力价值不变的条件下，利润率与资本有机构成呈反向变化。资本有机构成越低，同量资本所使用的劳动力越多，创造的剩余价值就越多，利润率也就越高。三是资本周转速度。在其他条件不变时，一年中资本周转的次数越多，可变资本周转次数也就越多，同量资本所带来的剩余价值量就越大。这就会提高资本的年剩余价值率，从而提高年利润率。四是不变资本的节约。在剩余价值率和剩余价值量不变的情况下，不变资本节省得越

① 《马克思恩格斯文集》第 5 卷，人民出版社 2009 年版，第 871 页。

多，利润率就越高。因此，资本家总是不惜牺牲劳动者的健康来节省劳动条件的开支，借以节省不变资本，提高利润率。

三、利润转化为平均利润

资本主义社会的不同工业生产部门，其生产类别、生产条件、技术水平等各不相同，因而，各个生产部门的资本有机构成和资本周转速度存在差别。而资本有机构成的高低和资本周转速度的快慢，直接影响利润率的高低。在不同的生产部门中，投入等量资本，即使剩余价值率等其他条件相同，但由于资本有机构成和资本周转速度不同，利润率会各不相同，获得的利润量也各不相同。

这就意味着，一定数量的预付资本，投在资本有机构成较高或资本周转速度较慢的生产部门中，在一定时间内获得的剩余价值较少，利润率就较低；相反，一定数量的预付资本，投在资本有机构成较低或资本周转速度较快的生产部门中，在一定时间内获得的剩余价值较多，利润率就较高。

资本家在不同的生产部门预付了等量资本，而在一定时间内获得不等量的利润，那些把资本投入利润率较低生产部门的资本家是不会甘心这种情况存在的，会想方设法把自己的资本转投到利润率较高的生产部门。这就形成了不同生产部门资本家之间的竞争。

不同生产部门资本家之间的竞争是围绕争夺有利的投资场所而展开的。竞争的手段是进行资本转移，即把资本从利润率低的部门撤出，转移到利润率高的部门。这样，原先利润率高的部门由于大量资本涌入，商品供过于求，价格就会下降，利润率也就相应下降；而原先利润率低的部门由于大量资本撤出，会发生相反的变化。不同生产部门之间这种以资本转移为特点的竞争引起供求关系的变化，导致商品价格的变化。这种资本转移的过程以及由此带来的价格和利润率的变动要一直持续到各个部门的利润率大体平均，即形成平均利润率时，才会趋于停止。所以，平均利润的形成过程，是不同生产部门资本家通过竞争而重新瓜分剩余价值的过程。平均利润形成后，资本有机构成高的部门得到的利润要大于本部门创造的剩余价值；而资本有机构成低的部门，得到的利润则要小于本部门创造的剩余价值；只有资本有机构成等于平均资本有机构成的部门，得到的利润才与本部门创造的剩余价值相一致。

表 7-1　平均利润率和平均利润的形成

生产部门	资本	剩余价值率（%）	剩余价值	平均利润率（%）	平均利润	平均利润与剩余价值的差额
食品工业	70c+30v	100	30	20	20	-10
纺织工业	80c+20v	100	20	20	20	0
机械制造业	90c+10v	100	10	20	20	+10

从表 7-1 可以看出，食品工业部门创造了 30 的剩余价值，但只得到 20 的平均利润；机械制造业部门创造了 10 的剩余价值，却获得 20 的平均利润；只有纺织工业部门所得的平均利润恰好同本部门创造的剩余价值一样多。从所有的部门来看，利润既没有增加，也没有减少，利润总额与剩余价值总额仍然是相等的。

由此可见，平均利润是不同部门的资本家通过竞争重新瓜分剩余价值的结果，平均利润率实质上就是把社会总资本作为一个整体看待时所得到的平均利润率，用公式表示为：

$$平均利润率=\frac{剩余价值总额}{社会总资本}$$

在利润率平均化的条件下，各部门的资本家便可以根据平均利润率获得与其预付资本量大小相适应的平均利润，即：

$$平均利润=平均利润率\times预付资本$$

平均利润率的高低取决于两个因素：第一，部门利润率水平。如果部门利润率水平比较高，则平均利润率也比较高；反之，则比较低。第二，社会总资本在各部门之间的分配，即投在各部门的资本在社会总资本中所占比重的大小。如果投入利润率高的部门的资本在社会总资本中所占的比重大，平均利润率水平就较高；反之，则较低。各个部门的不同利润率转化为平均利润率，只是一种一般趋势，不能认为是利润的绝对平均化。事实上，在平均利润率起作用的条件下，各个部门的利润率仍然可以存在差别。从个别年份看，在某些部门之间，利润率甚至存在较大差别。不过，从较长一个时期看，各个部门的利润率确实存在着平均化趋势。

剩余价值转化为利润，已经掩盖了剩余价值的真正来源，但利润量与剩余价值量还是一致的。而在利润转化为平均利润后，许多部门的利润量与剩余价值量就不一致了。等量资本获取等量利润，似乎利润的多少只和资本量有关，这就进一步掩盖了利润的本质和来源。

四、价值转化为生产价格

利润转化为平均利润，价值也就转化为生产价格。平均利润率形成以后，商品不是按照价值出卖，而是按生产价格出卖。生产价格是生产成本与平均利润之和，它是价值的转化形式。

生产价格的形成是以平均利润的形成为前提的。生产价格和价值之间存在差别。在质的方面，生产价格同资本相联系，同活劳动没有直接联系。因为从生产价格的构成来看，生产成本是由耗费的资本构成的，平均利润是按预付资本的比例分得的利润，它只是同耗费的资本和预付资本相联系。在量的方面，生产价格和价值经常不一致。举例说明见表 7-2。

表 7-2 生产价格和价值

生产部门	资本	剩余价值	平均利润	价值	生产价格	生产价格与价值的差额
食品工业	70c+30v	30	20	130	120	−10
纺织工业	80c+20v	20	20	120	120	0
机械制造业	90c+10v	10	20	110	120	+10
合计	240c+60v	60	60	360	360	0

资本有机构成高的部门，如机械制造业，其产品的生产价格高于价值。资本有机构成低的部门，如食品工业，其产品的生产价格低于价值。只有资本有机构成相当于社会平均资本有机构成的部门，如纺织工业，其产品的生产价格正好同价值相等。

虽然从整个社会来看，生产价格和价值没有发生量的变化，但从资本有机构成较高和较低的部门来看，生产价格和价值的差额是经常存在的。这样，在价值转化为生产价格的条件下，价值规律起作用的形式就发生了变化。在生产价格形成以前，价值规律起作用的形式是市场价格围绕价值上下波动；在生产价格形成以后，价值规律起作用的形式变为市场价格围绕生产价格上下波动，生产价格成为市场价格波动的中心。

由于价值存在社会价值与个别价值之分，生产价格也有社会生产价格与个别生产价格之别。在同一部门中，各个生产条件不同的企业，它们的个别生产价格是不同的。个别生产价格等于个别生产成本加平均利润。但商品的市场价格并不决定于个别生产价格，而是决定于社会生产价格。社会生产价格一般是由社会平均生产条件决定的。个别生产价格低于社会生产价格的企业，可以获得高于平均利润的超额利润。

生产价格的变动主要取决于价值的变动。从一个部门来看，生产价格和价值可以不一致，但生产价格还是以价值为基础，随着社会必要劳动时间的变动而变动。平均利润是以剩余价值为基础的，它只是剩余价值在不同部门间重新分配的结果。生产价格是价值的转化形式。所以，只有在劳动价值论的基础上才能说明生产价格的界限及其运动过程。商品按照生产价格出售，不是对价值规律的违背，而只是价值规律起作用的形式发生了变化。第一，虽然从个别部门来看，资本家获得的平均利润总额与本部门工人创造的剩余价值不一致，但从全社会来看，整个资本家阶级获得的利润总额与雇佣工人所创造的剩余价值总额还是相等的。第二，虽然从个别部门来看，商品的生产价格同价值不一致，但从全社会来看，商品的生产价格总额必然和价值总额相等。第三，生产价格随着商品价值的变动而变动，生产商品的社会必要劳动时间减少了，生产价格就会降低；反之，生产价格就会提高。

从价值到生产价格的转化，是随着资本主义大工业的出现和发展而完成的。价值、剩余价值、平均利润、生产价格，体现着从抽象到具体的逻辑发展过程，也反映了由小商品生产到资本主义商品生产、由资本主义发展的较低阶段到较高阶段的历史发展过程。

价值规律作用形式的这种变化，是由于受到平均利润率规律的影响。在资本主义以前的简单商品经济中，商品按价值出卖，对小商品生产者来说符合等量劳动相交换的原则。但在资本主义社会，按照平均利润率规律的要求，商品不是按价值出售，而是按生产成本加平均利润出售。生产价格不是市场价格，它是一种相对稳定的、具有内在标准的价格。市场价格以它为中心，受供求关系的影响而波动。所以，价值规律现在不是直接通过价值，而是通过生产价格起作用。但这并没有否定价值规律，不过是价值规律起作用形式的变化。

对平均利润和生产价格的分析是以自由竞争资本主义为背景的。进入垄断资本主义阶段后，由于垄断价格和垄断利润的存在，资本主义经济中的利润平均化有了新的变化。在垄断资本主义阶段，垄断资本家不会仅仅满足于追求平均利润，而是会追求垄断利润。垄断利润是垄断价格与生产成本之间的差额。

垄断价格是由垄断组织控制的商品价格，既包括垄断组织出售自己商品时规定的垄断高价，也包括垄断组织向非垄断组织和小生产者购买商品时支付的垄断低价。

马克思的平均利润和生产价格理论具有十分重要的意义。首先，这一理论科学地解决了劳动价值论同等量资本得到等量利润之间表面上的矛盾。这一理论表明，生产价格只是价值的形式，它的基础仍然是生产商品所耗费的社会必要劳动时间即价值。因此，只有在劳动价值论的基础上，才能说明平均利润和生产价格变动的规律，平均利润和生产价格学说是劳动价值学说的进一步丰富和发展。其次，这一理论揭示了整个资产阶级和整个无产阶级之间的对立：整个资产阶级都参加了社会总剩余价值的瓜分，每个资本家得到多少利润，不仅取决于他对本企业工人的剥削程度，而且取决于全体资本家对全体雇佣工人的剥削程度。剩余价值总量越大，平均利润也就越高。资本家虽然在瓜分剩余价值上也有矛盾，但在剥削无产阶级这一根本问题上，他们的利益却是完全一致的。因此，资本主义社会中工人与资本家的对立最终表现为无产阶级与资产阶级的对立，劳动者要摆脱剥削并最终解放自己，就必须推翻资本主义制度。

五、平均利润率下降趋势

（一）平均利润率的下降

为了追求更多的剩余价值，资本家必须不断地把剩余价值转化为资本，并且会推动劳动生产率和资本有机构成不断提高。在其他条件相同（特别是剩余价值率相同）的情况下，资本有机构成越高，可变资本在社会总资本中所占的比例越小，所生产的剩余价值相对来说就越少，从而利润率就越低。也就是说，随着资本有机构成的提高，同样的剩余价值率必然表现为不断下降的平均利润率，形成平均利润率下降的趋势。

平均利润率的下降趋势并不排斥利润总量的绝对增加。资本家能够获得的利润总量一方面与平均利润率有关，另一方面与预付资本量有关。在资本总量不变的条件下，利润量会随着平均利润率的提高而增加，随着平均利润率的降低而减少；在平均利润率不变的条件下，利润量会随着资本总量的增加而增加，随着资本总量的减少而减少；在资本主义经济发展的条件下，随着资本积累和资本有机构成的不断提高，资本总量在不断增加。因此，尽管随着资本有机构成的提高，可变资本的相对量在减少，但绝对量却在不断增加，这使得在平均利润率下降的同时，实现的利润量在增加。

（二）阻碍平均利润率下降的因素

在资本主义制度下，平均利润率的下降表现为一种下降的趋势，但同时还存在着一些起反作用的因素阻碍着平均利润率的下降。这些因素包括：

第一，劳动剥削程度的提高。资本家可以通过延长工作时间、提高劳动强度、提高劳动生产率等办法，来提高剩余价值率，从而阻碍平均利润率的下降。

第二，工资被压低到劳动力价值以下，从而直接将劳动力价值的一部分转变为资本家的利润，提高了平均利润率。

第三，不变资本各要素变得便宜。随着科学技术的发展和社会劳动生产率的提高，生产资料的价值相应下降，这就减缓了资本有机构成提高的速度，从而延缓了平均利润率下降的趋势。

第四，相对过剩人口的存在。相对过剩人口的大量存在，使资本家容易压低劳动者的工资，增加剩余价值量；同时，也使劳动力价格变得更便宜，导致一些生产部门和企业选择多使用劳动力而少使用机器。这些都会延缓资本有机构成的提高，从而阻碍平均利润率的下降。

第五，对外贸易的发展。资本主义国家通过对外贸易，可以在国际市场上买入廉价的生产资料，销售商品，获得巨额利润，阻碍了平均利润率的下降。

（三）平均利润率下降规律内在矛盾的展开

利润率下降和利润绝对量增加，成为平均利润率下降规律的一个内在矛盾。这个内在矛盾的展开，必然引起和加深资本主义的一系列矛盾。

第一，生产扩大和价值增殖之间的矛盾。为了生产更多的剩余价值，资本家不断增加资本积累、扩大生产规模，结果却导致利润率下降；而为了阻止利润率下降，资本家又会改进生产技术，提高资本有机构成，结果又引起了利润率下降。这就形成了资本主义生产扩大和价值增殖之间的矛盾。

第二，相对人口过剩和资本过剩的矛盾。随着平均利润率的下降，单个资本家从事生产所需使用的资本最低限额增加了。如果利润率的下降不能由利润量的增加而得到补偿，就会造成资本过剩。资本过剩同相对人口过剩一样，都是由资本积累和资本有机构成的提高造成的。

第三，剩余价值生产和剩余价值实现之间的矛盾。资本家为了增加利润量，阻碍利润率的下降，就会不断地进行资本积累，改进技术，提高劳动生产率。但随着社会生产的扩大、资本有机构成的提高，而可变资本会相对减少，这会导致劳动者有支付能力的消费呈现相对缩小的趋势，从而增加了剩余价值实现的难度。

第二节 商业利润、利息和地租

一、商业资本和商业利润

（一）商业资本的本质和作用

商品资本的职能从产业资本中分离出来独立化为商业资本。资本主义发展初期，由于生产规模不大，市场范围狭小，产业资本的三种职能形式是结合在一起的：产业资本家既从事商品的生产活动，又从事商品的销售活动。随着资本主义生产的发展，市场范围不断扩大，产业资本家所经营的商品销售活动日益增多，流通过程中的商品资本数量逐渐增大。在这种情况下，产业资本家继续从事商品的销售业务，必然会增加流通资本的数量，这样就会相对地，有时甚至是绝对地减少生产资本的数量，从而引起产业资本家利润率的降低。于是，就产生了把商品资本的职能独立出来交给专门的资本家去执行的必要性。这样，在资产阶级中，就出现一部分资本家把自己的资本专门用于为产业资本的流通服务，销售产业资本家的商品。商品资本的职能从产业资本的运动中独立出来，就形成了资本主义的商业资本。商业资本执行着流通资本的职能，即销售商品，实现价值和剩余价值。

商品资本的职能转化为商业资本的职能，需要具备两个基本条件：第一，在产业资本家和专门从事商品流通的商人之间形成特殊的分工，商品的销售成为专门从事商品买卖的商人的独立业务，它不再由产业资本家来兼任。第二，专门从事商品买卖的商人，必须有自己独立的投资。商人必须预付一定数量的货币资本去购买产业资本家的商品，然后再通过商品的销售，取得更多的货币。这样，产业资本循环中的 W′—G′，就转化为商业资本独立循环 G—W—G′。

商业资本变成一种独立的资本形式，对于产业资本的发展和产业利润的增加，起着重要的作用。主要表现在：商业资本的存在有利于产业资本家提高经济效益，有利于节省流通资本；商业资本的活动可以加速产业资本的周转；商业资本的活动可以缩短流通时间。

但是，应当指出，只有当商业资本的数量不超过社会必要的比例和限度时，才能对产业资本起到有利的作用。如果商业资本的数量超过社会必要的比例，那不仅是一种浪费，还会延缓社会资本的周转速度，并造成平均利润率的降低。商业资本的存在，还有不利于资本主义经济发展的消极方面。当产业资本家把商品卖给商业资本家以后，商品并未最终进入消费领域，而是仍然停留在流通领域，有的商人还把商品囤积居奇或转手倒卖，因而形成虚假的市场需求，促使产业资本家更加盲目地扩大生产，从而导致生产和消费的脱节，加深资本主义再生产的矛盾。当这个矛盾发展到异常尖锐的地步时，便会导致经济危机的爆发。

（二）商业利润

商业利润是商业资本家从事商业经营活动所获得的利润。商业资本家预付一定数量的货币资本从事商业活动，目的也是取得商业利润。从长期的趋势上看，商业利润不能低于平均利润，否则商业部门中的资本就会转移到生产部门去。当然，商业利润也不能高于平均利润，否则生产部门中的资本也会转移到商业部门中去。所以，资本主义的部门竞争促使商业利润大体上相当于平均利润。

商业资本家获得的商业利润来自商品销售价格和购买价格之间的差额。这样，就会造成一种假象，仿佛商业利润是从流通领域中产生的。但事实上，流通领域中的纯粹商品买卖活动根本不能产生商业利润，商业利润不过是产业资本家让渡给商业资本家的一部分剩余价值，商业利润的真正来源是产业部门的工人创造的剩余价值。产业资本家之所以要把一部分剩余价值让渡给商业资本家，是因为商业资本家是专门为产业资本家销售商品服务的，由于这种服务而使产业资本的周转速度加快，使产业资本家用于流通的资本减少、用于生产的资本增加，从而使其获得的剩余价值增加。所以，产业资本家就应当把剥削来的剩余价值的一部分转让给商业资本家，这比他自己兼营商业更为有利。因此，产业资本家便按照低于生产价格的价格把商品销售给商业资本家，商业资本家再按照生产价格销售商品。这样，商业资本家就获得了产业资本家转让给他的那一部分剩余价值。

那么，产业资本家究竟把多少剩余价值让渡给商业资本家呢？既然商业资本是一种与产业资本并列的独立的资本形式，因而也要和产业资本一样获得平均利润。商业利润的多少，同样受平均利润率规律的支配，取决于产业资本家和商业资本家之间的竞争，最终在商业资本家和产业资本家之间形成统一的平均利润率，商业资本家因而也获得平均利润。举例来说，假定一年中预付的总产业资本为 720c+180v=900，剩余价值率为 100%，则剩余价值为 180m。假定不变资本价值在一年内全部转移到新产品中去，则社会总产品的价值或总生产价格就为 720c+180v+180m=1080，社会总产业资本的平均利润率就为（180÷900）×100%=20%。假定一年中预付的总商业资本为 100，它和产业资本共同参与 180 剩余价值的分配，也要求获得平均利润。那么，这时社会总资本的平均利润率就降低为［180÷（900+100）］×100%=18%。产业资本家获得的平均利润为 900×18%=162，商业资本家获得的平均利润为 100×18%=18。在这种情况下，产业资本家是按照生产成本（K）+产业利润（p），即 900+162=1062 的出厂价格把商品卖给商业资本家的。商业资本家再加上 18 的商业利润，即以 900+162+18=1080 的生产价格把商品卖给消费者。所以，商业资本家的商品销售价格与商品的生产价格是相等的，而商品的出厂价格与商品的生产价格的差额，就是商业资本家获得的商业利润。可以看出，商业资本家所从事的纯粹的商品买卖活动，并不创造剩余价值，但要参加剩余价值的分配，因而降低了社会总资本的平均利润率。商业资本在社会总资本中所占的比重越大，社会总资本的平均利润率就越低。

（三）商业流通费用及其补偿

商业资本家在进行商业活动时，除了需要预付一定数量的资本用于购买商品外，还需要在商品流通过程中支付各种费用，即商业流通费用。商业流通费用分为生产性流通费用和纯粹流通费用。生产性流通费用是由商品使用价值运动所引起的费用，如商品的保管费、运输费、包装费等，这些费用是生产过程在流通领域内的继续而产生的相关费用。纯粹流通费用是由商品的价值运动所引起的费用，即在商品变为货币、货币变为商品的单纯的商品买卖过程中所支出的费用，如商店的簿记费、广告费、办公费、商业店员的工资等。

商业资本家支出的各种流通费用，是他预付的商业资本的组成部分，因而要通过商品的销售加以收回和得到补偿，同时，还要按照平均利润率获得相应的平均利润。

既然生产性流通费用是与生产过程在流通领域的继续有关的费用，从事商品的保管、运输和包装等劳动就属于生产性劳动。它既能把所消耗的物质资料的价值转移到商品中去，同时又能把新创造的价值加入商品价值中去。因此，生产性流通费用可以使商品的价值增加，通过商品的销售，可以使这部分费用得到补偿，并给商业资本家带来相应的利润。纯粹流通费用仅仅是同商品买卖有关的费用，它属于非生产性开支，不能增加商品的价值。但是，纯粹流通费用每年都需要从实物上和价值上得到补偿。

纯粹流通费用从实物上得到的补偿，就是每年都要从社会总产品中拿出一部分物质资料供商业部门用作商业设备、商业办公用品、商业店员的生活用品等。纯粹流通费用从价值上得到的补偿，就是从每年的剩余价值总额中扣除相应的部分。纯粹流通费用之所以要用剩余价值来补偿，是因为社会总产品的价值是由不变资本、可变资本和剩余价值三个部分组成的。为了保证社会再生产的正常进行，不变资本必须继续用于补充生产中消耗掉的生产资料，可变资本必须继续用于雇佣劳动力，它们都不能用来补偿纯粹流通费用。纯粹流通费用是一种非生产性费用，它不能创造价值，只能从剩余价值的扣除中获得补偿。在实践中，人们把垫付的纯粹流通费用，通过成本加价的方式，加到商品的售卖价格中，使商品的价格提高了。商业资本家支出的纯粹流通费用，就是靠提高商品的售卖价格而得到补偿的。商业资本家垫付的纯粹流通费用同时也是其预付资本的一部分，这部分资本不但要求得到补偿，而且还要参加利润的平均分配，取得相应的平均利润。按照上面的例子，我们假定资本家还要追加50作为纯粹流通费用，此时180的剩余价值，首先要扣除50用来补偿纯粹流通费用，剩下的部分才由产业资本家和商业资本家按照资本数量进行分配。这样，平均利润率就从18%降为$[(180-50)\div(900+100+50)]\times100\%=12\frac{8}{21}\%$。因此，产业资本家应分得利润$900\times12\frac{8}{21}\%=111\frac{9}{21}$，产业资本家按照$900+111\frac{9}{21}=1011\frac{9}{21}$的价格把商品卖给商业资本家，然后，商业资本家加上商业利润和其垫付的纯粹流通费用以及纯粹流通费用所应获得的利润，即按照$1011\frac{9}{21}+12\frac{8}{21}+50+50\times12\frac{8}{21}\%=1080$的价格把商品卖给消费者。

商业资本家雇佣的商业店员所从事的商品买卖活动属于非生产性劳动，商业资本家所获得的商业利润是产业工人所创造的剩余价值的一部分，但这并不意味着商业店员就不受商业资本家的剥削。商业店员的工资属于纯粹流通费用，而纯粹流通费用又是由产业工人创造的剩余价值来补偿的，但这也并不意味着产业工人也受商业店员的剥削。商业店员同产业工人一样，也是劳动力的出卖者，他们虽然不创造价值和剩余价值，却为商业资本家实现商品的价值和剩余价值，商业店员也遭受商业资本家的剥削。这是因为，商业店员的劳动时间也分为必要劳动时间和剩余劳动时间。在必要劳动时间内所实现的剩余价值，用以补偿商业资本家用来支付商业店员工资的可变资本；在剩余劳动时间内实现的剩余价值，除其中一部分用来补偿商业资本家的各种费用开支外，其余的部分则被商业资本家作为商业利润无偿占有。商业店员的工作日劳动时间越长，或者劳动效率越高，所提供的剩余劳动就越多，实现的剩余价值也越多，从而为商业资本家带来的商业利润也就越多。商业资本家就是通过剥削商业店员的剩余劳动，来获得产业资本家让渡给商业资本家的那一部分剩余价值的。

二、借贷资本和利息

（一）借贷资本

借贷资本也是从职能资本（包括产业资本和商业资本）运动中分离出来的独立的资本形式。借贷资本的形成同资本主义再生产过程中的资本循环有密切的关系。在资本主义再生产循环过程中，职能资本往往会有暂时闲置的货币资本，它们成为借贷资本的主要来源。这些暂时闲置的货币资本主要有：暂时闲置的固定资本折旧费、暂时闲置的流动资本、暂时闲置的用于资本积累的剩余价值。这些暂时闲置的货币资本，不能给资本家带来利润，发挥不了资本的作用，因此，货币资本的所有者要为其寻找出路。而在资本主义再生产过程中，有的资本家确实需要补充货币资本。因为资本主义再生产过程中的各个单个资本的循环是相互交错进行的。一些资本家在资本循环过程中有暂时闲置的货币资本；另一些资本家在资本循环中却需要补充货币资本，如需要购置固定资产和原材料、需要支付工资、需要追加积累资本等，但有时自有资本不足，需借入一定数量的资本。因此，拥有暂时闲置货币资本的资本家，就可以把这些货币资本贷给需要补充货币资本的资本家使用。而取得贷款的资本家在一定时期后归还贷款时，必须将剥削来的剩余价值的一部分以利息形式作为报酬支付给贷方。所以，从职能资本运动过程中暂时游离出来的货币资本，为获取利息而借贷出去时，就转化为借贷资本。借贷资本就是借贷资本家为了取得利息而暂时贷给职能资本家的货币资本。

（二）利息和利息率

随着借贷资本的产生，货币资本的所有权和使用权发生分离。借贷资本家把自己所拥有的货币资本贷给职能资本家使用，这部分货币资本是在职能资本家使用它时，才在生产和流通过程中发挥资本职能的。但是，职能资本家不能无偿使用这些货币资本，借贷资本家凭借对货币资本的所有权，在收回货币资本时必须取得利息收入。利息就是职能资本家使用借贷资本而让渡给借贷资本家的一部分剩余价值。

职能资本家在使用借到的货币资本从事生产经营活动时，能获得平均利润。这个平均利润当然不能由职能资本家独占，而是分割为两个部分：一部分是借贷资本家凭借资本所有权取得的利息，另一部分是职能资本家由资本的使用权所获得的企业利润。企业利润是指在存在利息的情况下产业利润和商业利润的总称，它在数量上就是平均利润和利息的差额。利息是平均利润的一部分，而平均利润是剩余价值的转化形式，因此，利息就是剩余价值的特殊转化形式。平均利润分割为利息和企业利润，实质上是剩余价值在借贷资本家和职能资本家之间的分割。利息的来源，归根结底是生产部门的雇佣工人所创造的剩余价值的一部分。由此可见，利息既体现着借贷资本家和职能资本家共同剥削雇佣工人的经济关系，又体现着借贷资本家和职能资本家之间共同瓜分剩余价值的经济关系。平均利润分割为利息和企业利润，使资本主义剩余价值的本质关系被进一步掩盖，似乎剩余价值并不是雇佣工人所创造的：利息表现为资本所有权的收入，似乎是资本自身产生的果实；企业利润表现为职能资本家使用借贷资本从事生产经营活动带来的收入，似乎是监督劳动或指挥劳动所获得的报酬。所以，在利息和企业利润形式上，它们都是剩余价值的转化形态这个共同的本质就被掩盖了。

借贷资本家将货币资本贷给职能资本家，要按照确定的利息率收取利息。利息率是一定时期内的利息量与借贷资本总额的比率，即：

$$利息率=\frac{一定时期内的利息量}{借贷资本总额}$$

利息的数量则由借贷资本总额和利息率两个因素所决定，即：

$$利息量=借贷资本总额\times利息率$$

利息率可以在一定范围内变动。在通常情况下，利息率的最高界限不能等于平均利润率，更不能高于平均利润率，否则，职能资本家就无利可图，从而不去借款。所以，利息率一般低于平均利润率。利息率的最低界限不能等于零，否则，借贷资本家会毫无所获，这就意味着否定了借贷资本家对其资本的所有权，从而使其不会贷款给职能资本家。所以，利息率的界限是在平均利润率和零之间波动的。一定时期利息率的高低，主要受两个因素的影响，即平均利润率的高低和借贷资本的供求状况。借贷资本供不应求，利息率就上升；反之，利息率就下降。此外，利息率的高低还受其他一些因素影响，如预期价格变动率、国家的财政货币政策、借贷资本风险的大小、借贷时间长短等。利息率的高低虽然受多种因素影响，并且经常变动，但在一个国家的既定时期内，它又是确定的。在每次借贷行为中，都预先确定了利息率的高低。

（三）银行和银行利润

货币资本的借贷主要是通过银行来进行的。银行是专门经营货币资本的企业。银行的主要职能有两个：吸收存款和发放贷款。银行充当货币资本的所有者和使用者，即贷款人和借款人的信用中介，同时，银行也是资本家相互之间的支付中介。银行信用是由银行资本家向职能资本家提供贷款而形成的借贷关系。银行的信用业务有负债业务和资产业务。负债业务就是以吸收存款方式借入资金，资产业务就是通过发放贷款贷出资金。

银行所掌握的资本即银行资本，由两个部分构成：一是银行资本家自己投入的资本，即自有资本，只占银行资本的一小部分；二是银行吸收的存款，即借入资本，占银行资本的大部分。

银行资本家投资于银行业，其目的也是获取利润，而且，银行资本家所获得的利润应相当于平均利润。这就是说，银行资本家所获得的银行利润与其自有资本的比率，应相当于平均利润率。如果银行资本家不能获得平均利润，他就会在竞争中把资本转移到其他部门。通过竞争，资本在不同部门之间转移的结果，最终使银行资本家可以获得按银行自有资本计算的平均利润。

银行利润是由存款利息和贷款利息的差额所构成的。银行向外贷款所收取的贷款利息，大于吸收存款所支付的存款利息，两者的差额再减去经营银行的业务费用，就形成银行利润。它在数量上相当于银行资本家自有资本所获得的平均利润。

银行利润的来源是生产部门的雇佣工人所创造的剩余价值，它是由向银行借款的职能资本家将其剥削雇佣工人所获得的剩余价值的一部分作为利息付给银行而形成的，所以，银行资本家也参与了剩余价值的瓜分。

银行资本家之所以能以银行利润形式瓜分到一部分剩余价值，是依靠银行雇员的劳动而实现的。银行雇员的劳动并不创造价值与剩余价值，但他们的劳动也分为必要劳动和剩余劳动，并在剩余劳动时间内为银行资本家实现银行利润。

（四）股份公司

股份公司是一种通过发行股票的方式把分散独立的单个私人资本组织起来统一经营的企业组织形式。股票的持有者是向股份公司投资的股东。现代资本主义国家的大中型企业，大都采取股份公司的形式。股份公司有多种形式，其典型和成熟的形式是股份有限公司。这里所说的股份公司，主要是指这种股份有限公司，它是通过发行股票筹集资本所设立的企业法人组织。企业以其经营的法人财产为限，股东以其投资额为限，对企业的债务承担有限责任。

股票是股份公司发给股东的入股凭证，是股东借以取得股息的一种有价证券。股票虽然本身没有价值，但它代表一定的金额，体现着股份资本的所有权。股份公司通过发行股票筹集资本，股票的持有者作为股份公司的股东，其所投入公司的资本构成企业生产经营的基础。股息是股票持有者根据股票的票面额从企业利润中分得的收入。股票持有者有权参加股份公司利润的分配。资本主义股份公司的利润是剩余价值的转化形式，因而，股息实质上是雇佣工人所创造的剩余价值的转化形式。

股份公司的股票持有者虽然不能向公司退股抽出资本，但是，股票可以在证券市场上买卖，持股者可以通过出卖股票收回投资。由于股票能定期取得股息收入，所以，它成为一种特殊商品。这种商品没有价值，却有价格。股票价格往往与股票的票面额不一致。股票票面额代表投入股份公司的现实资本价值，而股票价格却不是这个现实资本价值的货币表现。由于股票的买卖实际上是买卖获取股息的权利，所以，股票价格实际上是股息收入的资本化。这就是说，股票价格等于这样一笔货币资本，把这笔货币资本存入银行所获得的利息与凭这张股票所取得的股息相等。所以，股票价格主要取决于股息和银行存款利息率两个因素。用公式表示为：

$$股票价格=\frac{股息}{利息率}$$

股票价格与股息成正比变化，与存款利息率成反比变化。

决定股票价格的基本因素是股息和存款利率，但股票价格还受其他一些因素的影响，如市场上股票的供求状况、物价水平、政府的财政税收和金融货币政策、经济周期变动，以及政治、心理、投机等因素。

（五）虚拟资本

虚拟资本是指能定期带来收入的、以有价证券形式表现的资本形式。它主要有两种形式：一种是信用形式上的虚拟资本，主要有期票、汇票、银行券、国家债券等；另一种是收入资本化产生的虚拟资本，主要由股票、债券等构成，以资本所有权证书的形式进入流通领域。这些有价证券之所以被称为虚拟资本，是因为股票等有价证券所代表的真实资本已经进入企业的运行，它们本身并没有价值，只是用于证明现实资本所有权的凭证，只是“现实资本的纸制复本”。

虚拟资本作为索取收益的权利凭证，其价格不是其面值，而是其预期收入的资本化。虚拟资本的价格 $=\frac{\text{预期收益}}{\text{平均利息率}}$。虚拟资本的价格不是由现实资本的价格决定的，其价格也不完全随现实资本价格的变动而变动，其价格的决定往往脱离现实资本的价值，获得相对独立的运动。虚拟资本的数量变化取决于各种有价证券发行量和它们的价格水平，其增长速度往往快于现实资本的增长速度。

虚拟资本的存在和发展要以现实资本为基础。没有现实资本，就没有虚拟资本。如果没有股份制企业，没有发行债券和其他有价证券的经济实体，股票和债券等有价证券就不可能出现，虚拟资本也就不可能产生。

但是，虚拟资本又独立于现实资本之外，有着自己的运行规律。虚拟资本虽产生于并必须借助于现实资本，但又是从现实资本中独立出来的另一套资本。以上市股票为例，投入股份制企业的资本实体，以劳动力、厂房、机器原料、成品等形式处于生产和经营过程，不断创造新价值和利润，发挥着资本的作用。而与此同时，这些股票中有的又在资本市场流通转让，频繁交易，被用于获取交易（价差）利润，充作同实体经济相对应的另一套资本的载体。

虚拟资本不是虚无资本，尽管其运动有独立性，但它仍然是在现实资本基础上产生的，最终要受现实资本运动的制约。当虚拟资本运动与现实资本运动严重偏离，其价格大大偏离所代表的现实资本的价值时，就可能引起经济泡沫，进而引发金融危机和经济危机。所谓经济泡沫，就是虚拟资本的价格由于过分乐观的预期，脱离自身的价值基础和社会物价水平畸形上涨，进而导致社会中大多数商品的价格也脱离其价值上涨，形成虚假的经济价值，造成虚假的经济繁荣，导致经济的大起大落。

虚拟资本的发展在一定程度上反映了资本运动的客观要求，对现实资本的发展有重要的作用，它能够创造货币，为现实资本的运动提供了所需的价值手段、流通手段和支付手段，保证现实的生产和流通活动的进行；能够促进信用关系和股份制的发展，推动资本的社会化；能够增加整个资本和整个经济的流动性，提高资本的运动速度和效率。但是，虚拟资本的发展也给现实经济的发展带来了新的矛盾和问题。由于这类资本并不直接生产商品和创造价值而只参与剩余价值的分割，所以，它的过度发展经常是以牺牲和挤压现实资本的发展和获得的利润为代价的，影响现实经济的发展，加剧市场上投机、欺诈和操纵行为，使金融体系的盲目性和脆弱性更加严重，更容易出现震荡。不仅如此，虚拟资本的发展很容易脱离现实经济的需要，制造出经济泡沫。

三、资本主义地租

（一）资本主义土地私有制和资本主义地租的本质

在资本主义制度下，土地归私人所有者占有，农业由资本家经营。资本主义在农业中的发展和资本主义土地私有制的形成，在不同的国家具有不同的途径。为了使资本主义土地私有制迅速发展，西欧一些国家采取暴力手段掠夺土地，强制农业小生产者与土地分离，这就是农业中的资本原始积累过程，这个过程在英国表现得最为典型。在其他一些国家，由于各自的具体历史条件不同，资本主义土地私有制的建立有多种形式，但概括起来有两种类型：一种是封建地主经济通过改良方式，采用雇佣劳动，按照资本主义经营方式改造地主庄园，逐步转变为资本主义土地私有制。这种类型在西欧的普鲁士表现得最为典型，所以称为普鲁士式的道路。另一种是建立在自由农民土地所有制基础上的农业资本主义发展道路。在这种类型中，封建制度和地主经济已不再存在，个体农民的土地所有制是农业生产的基本形式，通过小农经济的两极分化，逐渐形成了资本主义的大农场，形成了资本主义土地私有制。这种类型在美国表现得最为典型，所以称为美国式的道路。

资本主义土地私有制反映了土地所有者、农业资本家和农业工人三个阶级之间的关系。在资本主义土地私有制条件下，大土地所有者手中掌握和集中了大量土地，他们一般不直接从事农业生产经营，而是把土地租给农业资本家，建立起以土地租赁为基础的资本主义农场。农业资本家雇佣农业工人，采取雇佣劳动剥削方式从事农业生产经营，并把剥削雇佣劳动者的剩余价值的一部分，以地租形式缴纳给土地所有者。

资本主义地租是农业资本家租种地主的土地而向地主缴纳的地租，它是农业工人所创造的超过平均利润以上的那一部分剩余价值，即超额利润。资本主义地租的基本形态有级差地租和绝对地租，它们是由不同的原因和条件所引起的。

（二）级差地租

资本主义农业中的基本生产资料是土地，不同地块的土地在肥沃程度、地理位置等方面有差别，形成了不同等级的土地。它们所提供的单位面积农产品数量是不相等的。农业资本家租种等级不同的相同面积的土地，所缴纳的地租数量便有等级差别。因此，与土地的不同等级相联系，形成了地租的级差性。资本主义级差地租就是与土地的不同等级相联系的地租，它是由农产品的个别生产价格低于社会生产价格的超额利润所构成的。

关于级差地租形成的条件。土地有肥沃程度、地理位置等方面的差别，同量资本投入生产条件不同的相同面积的土地，劳动生产率和产量收益就会不相同。投资于条件较好的土地，劳动生产率高，产量多，农产品的个别生产价格就较低；投资于条件较差的土地，劳动生产率低，产量少，农产品的个别生产价格就较高。而农产品必须按照由条件较差的劣等地生产的农产品的个别生产价格所决定的社会生产价格出售。只有这样，租种劣等地的农业资本家才能获得平均利润，才肯租种劣等地。因此，投资于条件较好的优等地和中等地的农业资本家，其农产品的个别生产价格虽低于社会生产价格，但仍按社会生产价格出售，从而获得超额利润。租种优等地和中等地所获得的超额利润，便由农业资本家作为级差地租缴纳给土地所有者，农业资本家自己则获得平均利润，而租种劣等地是不缴纳级差地租的。所以，级差地租形成的条件是土地有肥沃程度、地理位置等方面的差别。下面举例说明级差地租Ⅰ的形成（见表7-3）。

表7-3　级差地租Ⅰ的形成

土地级别	投入资本（元）	平均利润（元）	产量（公斤）	个别生产价格（元）		社会生产价格（元）		级差地租（元）
				每公斤	全部产出	每公斤	全部产出	
优等地	100	20	60	2	120	3	180	60
中等地	100	20	50	2.4	120	3	150	30
劣等地	100	20	40	3	120	3	120	0

假定租地由优等地、中等地和劣等地三个等级构成，三块土地的面积相

等；假定每块土地上的投入资本都是100元，在一个生产周期中，这100元投入资本价值全部消耗掉，取得的平均利润都是20元；假定优等地产量60公斤，中等地产量50公斤，劣等地产量40公斤。这样，优等地全部农产品的个别生产价格低于社会生产价格，其差额为180元-120元=60元，这60元超额利润就形成优等地的级差地租。中等地全部农产品的个别生产价格低于社会生产价格，其差额为150元-120元=30元，这30元超额利润就形成中等地的级差地租。

关于级差地租形成的原因。级差地租是由土地的资本主义经营垄断形成的。

首先，土地的资本主义经营垄断，使得经营优等地和中等地的农业资本家都能获得超额利润，形成级差地租。这是因为，优等和中等条件的土地数量是有限的，农业资本家无法随意扩大租种优等地和中等地的范围，从而形成租种优等地和中等地的农业资本家的经营垄断，使得资本不能自由转入农业，特别是不能自由投入到优等地和中等地。但是，当只租种优等地和中等地不能满足社会对农产品的需要时，劣等地也需要投入生产。如果农产品的社会生产价格由中等地或平均生产条件决定，租种劣等地的农业资本家就因得不到平均利润而不去经营劣等地。而劣等地如不投入生产，农产品由于供不应求，价格便会上涨，一直上涨到与劣等地的农产品的个别生产价格相等。这样，农产品的社会生产价格就等于劣等地的农产品的个别生产价格，租种劣等地也能获得平均利润，从而农业资本家才会去经营劣等地。由此可见，土地的资本主义经营垄断，使得农产品的社会生产价格，不取决于农业中的平均生产条件，而总是由劣等地的生产条件所决定。由于经营优等地和中等地的产量较高，农产品的个别生产价格低于劣等地的农产品的个别生产价格，从而低于农产品的社会生产价格。在农产品按照社会生产价格出售的情况下，经营优等地和中等地的农业资本家就可获得超额利润，这个超额利润便形成级差地租。

其次，土地的资本主义经营垄断，使农业可以长期稳定地获得表现为级差地租的超额利润。资本主义农业中有限的优等地和中等地被某些农业资本家承租经营后，形成了对这些土地的经营垄断，别的农业资本家在一般情况下无法再制造出优等地和中等地，因而不能与已经经营优等地和中等地的农业资本家相竞争。所以，土地的资本主义经营垄断限制了农业资本的竞争，使得由优等地和中等地的农产品的个别生产价格低于社会生产价格而形成的超额利润，长期地、稳定地存在，成为一种固定的收入，这个固定收入便稳定地作为级差地租而存在。土地私有权只是农业中的超额利润以级差地租形式从农业资本家手中转入土地所有者手中的原因。

关于级差地租的源泉。级差地租不是来源于土地本身，土地作为一种自然条件，本身不能创造任何价值与剩余价值。形成级差地租的超额利润，是耕种优等地和中等地的农业雇佣工人所创造的超额剩余价值。这些雇佣工人的劳动是一种具有较高劳动生产率的劳动，这种劳动是作为加强的劳动在起作用的，可以在相同的劳动时间内创造出较多的价值，因而能够创造出形成级差地租的超额利润。

关于级差地租的形态。级差地租由于形成的具体条件不同而有两种形态，即级差地租第一形态（级差地租Ⅰ）和级差地租第二形态（级差地租Ⅱ）。

形成级差地租Ⅰ的条件有两个：一是土地肥沃程度的差别；二是不同地块地理位置的差别。

把等量资本投入肥沃程度有差别而面积相同的各个地块上，由于不同地块土地的肥沃程度不同，其劳动生产率高低就不相同，各块土地的产量也就有差别。当农产品的社会生产价格由劣等地的农产品的个别生产价格决定时，优等地和中等地的农产品的个别生产价格就低于社会生产价格而产生超额利润，这个超额利润就形成级差地租Ⅰ。

土地的地理位置是指土地距离市场和交通线的远近。由于不同地块土地的地理位置不同，也能形成级差地租。土地距离市场近，农产品的运费少；距离市场远，则农产品的运费多。如果社会对农产品的需求量大，农产品社会生产价格就要由距离市场位置最远的土地的农产品的个别生产价格来决定。这样，租种距离市场近的土地，就能因为运费少而成本低，农产品的个别生产价格低于社会生产价格，从而获得超额利润。这个超额利润也形成级差地租Ⅰ。

形成级差地租Ⅱ的条件在于在同一块土地上连续追加投资的劳动生产率不同。在同一块土地上连续追加投资，实行集约化经营，所获得的农产品的产量只要高于劣等地的产量，而农产品的社会生产价格仍由劣等地的农产品的个别生产价格所决定，这时连续追加投资所生产的农产品就可以获得超额利润，这个超额利润就形成级差地租Ⅱ（见表7-4）。

表 7-4 级差地租Ⅱ的形成

土地级别		投入资本（元）	平均利润（元）	产量（公斤）	个别生产价格（元）		社会生产价格（元）		级差地租（元）
					每公斤	全部产出	每公斤	全部产出	
优等地	初次投入	100	20	60	2	120	3	180	60
	追加投入	100	20	80	1.5	120	3	240	120
劣等地		100	20	40	3	120	3	120	0

在表 7-4 中，投入劣等地上的 100 元资本，其产量和生产价格与前面级差地租Ⅰ形成的情况相同，初次投入优等地上的 100 元资本，其产量和级差地租与表 7-3 的数字一致。现在假定在优等地上追加投入 100 元资本，由于劳动生产率提高了，它所带来的产量提高到 80 公斤，这样，每公斤农产品的个别生产价格是 1.5 元，但仍按照社会生产价格 3 元出售。这样，追加投入 100 元资本就能获得 120 元超额利润，形成级差地租Ⅱ。

级差地租Ⅰ是由于土地肥沃程度和地理位置不同而产生的级差地租；级差地租Ⅱ是由于在同一块土地上增加投资的劳动生产率较高而产生的级差地租。级差地租Ⅰ是级差地租Ⅱ的基础。

在超额利润转化为级差地租这一点上，级差地租Ⅰ和级差地租Ⅱ是不同的。构成级差地租Ⅰ的超额利润，一般都在租约上规定归土地所有者所有。而构成级差地租Ⅱ的超额利润，在租约期内归农业资本家所有；当租约期满签订新租约时，就会通过提高地租额而转归土地所有者所有。农业资本家和土地所有者之间经常为了租期长短与租额多少展开斗争，反映了这两类资本家在瓜分剩余价值上的矛盾。

（三）绝对地租

前面考察级差地租时，假定租种劣等地的农业资本家只获得平均利润，不能获得超额利润，因而不向土地所有者缴纳级差地租。但事实上，在资本主义土地私有制条件下，租种任何土地，包括劣等地在内，都必须向土地所有者缴纳地租。地租是土地所有权在经济上的实现。如果土地所有者把劣等地的使用权转让给农业资本家，却不能收取地租，这就等于否定了他对土地的私有权。果真如此的话，土地所有者宁肯让土地荒芜，也不会白白把土地让给别人使用。实际上，农业资本家即使租种劣等地，也必须缴纳地租。这种由于土地私有权的存在，租种任何土地包括租种劣等地都必须缴纳的地租，就叫作绝对地租。概括地说，资本主义绝对地租就是土地所有者凭借土地私有权垄断所获取的地租。

关于绝对地租形成的条件。既然租种各种等级的土地包括租种劣等地都必须缴纳绝对地租，而且各个农业资本家自己都要获得平均利润，那么，农产品就必须以高于社会生产价格的价格出售，农业资本家才能在获得平均利润之后，还有一个利润余额作为绝对地租缴纳给土地所有者。为什么农产品的价格可以高于社会生产价格来出售呢？这是因为，在相当长的发展时期内，农业生产技术是落后于工业的，因而农业资本有机构成低于工业资本有机构成，或低于社会平均资本有机构成。农业资本有机构成较低，同量资本在农业中可推动更多的活劳动，在剩余价值率相同的情况下，农业部门所创造的剩余价值就高于工业部门，从而使农产品的价值高于其社会生产价格。所以，农产品按照超过它的社会生产价格出售，实际上是按照它的价值出售。这样，农产品的价值高于社会生产价格而产生的超额利润，便形成绝对地租。因此，绝对地租形成的条件，是农业的资本有机构成低于工业的资本有机构成。下面举例说明绝对地租的形成（见表 7–5）。

表 7–5 绝对地租的形成

生产部门	资本有机构成（元）	剩余价值（剩余价值率=100%）（元）	平均利润（平均利润率=20%）（元）	产品价值（元）	产品社会生产价格（元）	绝对地租（元）
工业	80c+20v	20	20	120	120	0
农业	60c+40v	40	20	140	120	20

假定工业部门和农业部门的投资各为 100 元，工业部门的资本有机构成为 80：20，农业部门的资本有机构成为 60：40；假定剩余价值率为 100%，则工业部门可获得 20 元剩余价值，农业部门可获得 40 元剩余价值；假定平均利润率为 20%，则平均利润为 20 元。农业平均利润率是以工业平均利润率为标准的，农业资本家获得与工业资本家同样的 20 元平均利润。这样，全部农产品的价值总量为 100 元+40 元=140 元，而全部农产品的社会生产价格总额为 100 元+20 元=120 元，二者的差额为 140 元−120 元=20 元。这 20 元就是农业资本家所获得的超额利润，它由农业资本家以绝对地租形式缴纳给土

地所有者。

关于绝对地租形成的原因。农产品之所以能够按高于社会生产价格的价值出售，农产品价值高于社会生产价格的差额之所以不参加利润的平均化，而能保留在农业部门形成绝对地租，是由农业中土地私有权垄断所决定的。

土地私有权的垄断，使农产品价值高于社会生产价格的余额有可能留在农业部门形成绝对地租。土地私有权垄断是指农业中有限的土地被私人土地所有者占有以后，别人无法再去拥有对土地这种生产资料的私有权，从而形成了对土地的私有权垄断。土地私有权垄断阻碍和排斥资本自由转入农业。剩余价值转化为平均利润，需要具备资本在不同部门之间竞争和自由转移这个条件，而农业部门并不具备这个条件，土地的私人垄断限制了资本自由转入农业部门。所以，农业中的剩余价值并不参加全社会的利润平均化过程。这样，农产品就能够不按照社会生产价格的价值出售，而是按照高于社会生产价格的价值出售。价值高于社会生产价格所形成的超额利润，就有可能保留在农业部门，转化为被土地所有者占有的绝对地租。

因此，绝对地租产生的原因，在于资本主义农业中存在着土地私有权的垄断。农业资本家租种劣等地并不缴纳级差地租，但必须缴纳绝对地租。租种优等地和中等地则不但要缴纳级差地租，而且还要缴纳绝对地租。绝对地租是农产品价值的一部分，而农产品的价值包括剩余价值是由农业工人所创造的。因此，绝对地租的源泉是农业工人的剩余劳动所创造的剩余价值的一部分，即超额剩余价值。绝对地租是这部分超额剩余价值的转化形式。

关于土地价格。未开垦的土地不是劳动的产品，而是自然界存在的东西，因而没有价值。但是，在资本主义制度下，私人占有土地，并能凭借土地所有权获取地租。在商品关系普遍存在的情况下，凡是被私人所占有的有用的东西，大都可以当作商品来买卖，因而，被私人所占有的土地同样可以被作为商品买卖，并有了土地价格。土地本身没有价值，土地价格并不是价值的货币表现。实际上，土地价格是资本化的地租，即土地价格相当于能够取得这笔地租收入的货币资本。这就是说，土地价格相当于这样一笔货币资本，把这笔货币资本存入银行每年所得的利息，等于购买这块土地后将其出租每年所获得的地租。所以，土地价格是由地租数量和银行存款利息率两个因素所决定的。土地价格和地租数量呈正向变化，和银行存款利息率呈反向变化。当然，现实中土地价格的变化还要受土地供求关系等因素的影响。

第三节 资本主义分配关系的新变化

一、国民收入分配关系的变化

随着生产力和生产关系的发展以及它们之间矛盾运动的变化，资本主义的分配关系也出现了一些新变化。

资本主义经济中的国民收入的分配，主要是对新创造价值（v+m）部分进行分配。v 是资本家以工资的形式支付给工人的，但是在现实生活中，工资采取了许多具体形式，例如基本工资、年功工资、绩效工资、岗位工资、奖金、津贴、保险金等薪酬形式。这些工资形式还可以归结为生存性工资、激励性工资、福利性工资、保障性工资等。资本家从竞争的需要出发，往往倾向于压低生存性和保障性工资的比例，提升具有激励性质的工资份额。作为劳动力价值，不管工资的具体形式如何，以什么样的名目出现，以什么样的方式支付，其目的都是为资本增殖服务。它既不会改变其作为劳动力价值的性质，也不会使其总量超过劳动力价值。

在前面阐述的内容中，假定分割剩余价值的主体仅仅局限在资本家阶级范围内。但事实上，随着资本主义的发展，参与剩余价值分割的主体已经不再局限于资本家，而是扩展到企业管理人员、劳动者等。企业管理人员通过股权激励计划获得企业的部分股权，科技劳动者通过技术入股获得企业的部分股权，普通劳动者可以通过购买企业股票获得企业的部分股权，他们凭借自己的股权而获得一部分剩余价值。财产性收入的增加是资本主义收入分配的一个重要变化。随着股票、住房市场的不断发展，越来越多的企业员工和社会普通群众参与了股票和住房的交易。他们以财产所有者的身份参与剩余价值分配，获得一定数量的股息、红利和租金收入。但这并没有改变资本主义分配关系的实质，也没有改变资本主义财富两极分化的必然趋势。

二、国家的社会福利制度

社会福利制度是资本主义国家对国民收入进行再分配的一种形式。在这种制度下，资本主义国家依据法律和相应的社会政策从国民收入中获得部分收入，并通过再分配向部分公民或全体公民提供某种无偿或优价服务。在实行社会福利制度的资本主义国家，工人的收入不仅包括他们实际所得的工资，而且还包括他们所享有的各种社会福利，如养老金、失业津贴、贫困救济等。社会福利主要由三方面内容——社会保险、社会救济和社会服务组成，其中社会保险是社会福利最基本的内容。

资本主义社会福利制度的建立是无产阶级与资产阶级的阶级矛盾不断深化和阶级斗争日益尖锐化的产物。资本家为了获得更多剩余价值，总是通过绝对剩余价值生产和相对剩余价值生产等各种方法加强对雇佣工人的剥削，提高剩余价值率。随着资本主义经济的不断发展，无产阶级也在不断发展壮大。他们为了争取自己的合法权利和改善生活条件，与资产阶级进行了长期的斗争。资本主义国家的福利制度就是在这样的历史背景下产生的。早在 19 世纪初，法国就开始建立针对某些阶层如受雇于国家的职员、军人、海员和矿工等的保险制度。到了 19 世纪末，德国也有了社会福利保险，当时的德意志帝国为了缓和同产业工人的矛盾，制定了社会福利法。第二次世界大战结束前，主要资本主义国家基本上都有了社会福利制度的框架。第二次世界大战结束后，西方发达资本主义国家都广泛建立了社会福利制度。资本主义国家的社会福利制度是通过对国民收入再分配的途径建立起来的。形成这种制度的主要原因有：

第一，随着生产力的不断发展和科学技术的不断进步，资本家获得的剩余价值不断增多，资本主义国家从中获得的税收也不断增加，这样就有可能把来源于剩余价值的一部分国民收入置于国家的控制之下，用于社会福利。

第二，在资本主义经济中，存在着劳动与资本的对立，导致了生产和消费之间的深刻矛盾，需求的增长经常赶不上生产的扩张。社会福利制度的建立，在一定程度上缓和了生产过剩与消费不足的矛盾，促进了资本主义经济的发展。

第三，无产阶级为了维护自身的利益与资产阶级进行了长期的斗争，特别是马克思主义的广泛传播和世界社会主义运动的发展壮大，对资本主义的剥削制度给予了沉重的打击。资产阶级为了缓和阶级矛盾，维护自身的统治，不得不改变其统治的体制和政策，推行各种福利制度。

第四，发达资本主义国家通过长期的殖民统治和不平等的国际经济秩序，从广大殖民地和发展中国家掠夺和榨取了大量的财富。发达资本主义国家因此有可能从这些积累的财富中拿出一部分用于社会福利。这就为发达资本主义国家实行社会福利制度提供了物质条件，这种条件是落后的资本主义国家所不具备的。

资本主义国家的社会福利制度在一定程度上缓和了阶级矛盾，提高了劳动人民的生活水平，推动了社会的进步。但是，社会福利制度的这种作用是有限的，它并不能从根本上解决无产阶级和资产阶级的矛盾和对立。这是因为，从表面上看，好像国家出钱造福于劳动人民，但实际上羊毛出在羊身上，福利制度只不过把劳动人民创造的财富以一种方式拿走，再以另一种方式用在他们身上而已。另外，社会福利制度的发展还给资本主义经济带来了新的矛盾。高福利给资本主义国家带来巨大的财政负担。特别是在经济全球化的条件下，为了追逐高额利润，很多企业不愿意雇佣本国的工人，不愿意在本国境内投资，宁愿到劳动力成本比较低的发展中国家投资，这在一定程度上制约了发达资本主义国家经济的发展。20 世纪 80 年代以后，一些资本主义国家开始尝试对社会福利政策进行改革，其中包括改革税制、削减社会福利、减少国家补贴等，使社会福利制度受到了一定程度的削弱。

三、发达资本主义国家在全球范围的掠夺和剥削

由于历史等原因，当代西方发达国家拥有比较雄厚的经济实力和科技优势。它们凭借这些有利条件，通过技术垄断、不等价交换和资本输出等手段，在世界市场上大肆掠夺，攫取超额垄断利润。特别是第二次世界大战后，西方列强依靠经济交往和文化渗透等手段，来维护并扩大它们在发展中国家侵占的各种利益。而新科技革命和国家垄断资本、国际垄断资本的积聚，也使发达国家拥有更多的人力、物力和财力，推行霸权主义和强权政治。它们在使用经济和文化手段进行全球扩张的同时，还使用军事、政治等手段，给发展中国家施加压力和影响。这种不合理的国际经济政治秩序，不仅是发达国家剥削和掠夺发展中国家的重要工具，而且是维护西方国家经济增长和繁荣的重要因素。现代发达资本主义国家在全球范围掠夺和剥削的途径与方式很多，主要有以下几点：

（一）通过商品市场的不平等交换获取暴利

经济全球化给各国带来了机遇，增加了收益，促进了经济的发展，但它的利益分配是不平衡的。在经济全球化的过程中，形成了这样的分工和交易模式：发达国家生产高技术产品，发展中国家生产劳动密集型产品或高耗能产品。这种交换属于典型的国际不平等交换，因为高技术产品出自资本有机构成比较高的部门，低技术产品则出自资本有机构成比较低的部门。按照生产价格

原理，资本有机构成高的部门生产的产品，其生产价格高于价值，而资本有机构成低的部门生产的产品，其生产价格低于价值，两者的交换使资本有机构成低的部门的一部分利润转移到资本有机构成高的部门。同时，高技术产品具有技术上的垄断性，其价格大大高于价值，而低技术产品则往往是充分竞争的，其价格低于价值。这就是说，在资源配置国际化的今天，通过不等价交换，发达国家占有了大量发展中国家创造的价值。发达国家为了维护自己的经济地位，通过对国际性政治、经济组织的控制，制定对自己有利的“游戏规则”，千方百计地垄断高新技术，控制其流向发展中国家，目的主要是维护自身的利益。

（二）通过国际资本市场获取暴利

某些发达国家因为拥有强大的经济实力，其货币拥有世界货币的地位。一旦有了这样的地位，它就可以得到在世界范围内发行货币、控制全球资源的好处。在经济全球化迅速发展的今天，这样的好处越来越大。货币税是其中的好处之一。货币税也被称为“铸币税”，是货币发行者凭借其发行特权所获得的货币面值与发行成本之间的差额，是源于货币创造而获取的财政收入。当货币流通超越国界后，就产生了国际货币税①。利用世界货币的特殊地位，一国还可以通过制定货币政策获得额外的好处。比如，在本国主要产业竞争力强的时候，通过高估本币的政策，扩大本国利润总量；在全球生产过剩和本国经济低迷的时候，通过货币贬值政策，维持本国经济的繁荣。当需要购买别国商品和资产的时候，高估本币；当需要扩大出口的时候，增加本币投放，使其贬值，可以扩大国际货币税，直接导致其购买力和财富增加。

（三）通过政治和军事的干预获取暴利

有的西方发达国家就是依靠政治、军事干预来剥削和掠夺全世界的。如在国际石油问题上，它们不惜利用战争手段，掠夺石油资源，并通过制造国际石油市场的价格波动，大量攫取石油利润。它们还通过跨国公司将剥削和掠夺之手伸向全世界。世界上一些实力很强的跨国公司发布世界性的政策，制约着一些国家政府和军队的行动。跨国公司还掌控了一些国际组织，利用不平等的国

---

① 国际货币税是一国因其发行货币为他国所持有而得到的净收益。持有外国货币做储备，就等于向外国政府缴纳一种货币税或铸币税。

际经济秩序来剥削发展中国家，滥用发展中国家的自然资源，以发展中国家的环境恶化和日趋贫困为代价获取暴利。

思考题：

1. 解释下列概念：生产成本、利润、生产价格、商业利润、利息、级差地租、绝对地租。
2. 剩余价值是怎样转化为利润的？
3. 平均利润是如何形成的？
4. 生产价格形成后，价值规律作用的形式有什么变化？
5. 商业资本、借贷资本和土地所有权是如何分割剩余价值的？
6. 如何认识现代资本主义社会福利制度？

第八章　资本主义经济危机和历史趋势

资本主义经济制度的出现，打破了以小生产为基础的封建生产关系，推动了生产力的巨大发展和社会进步。但是，资本主义经济制度蕴含着深刻的内在矛盾，在一定条件下又成为社会化大生产进一步发展的桎梏。随着资本积累的不断发展，资本主义的基本矛盾也在不断深化，资本主义的发展最终为一种新的社会制度——社会主义制度的产生提供了物质前提。

第一节　资本主义经济危机

一、资本主义经济危机的实质和原因

资本主义经济危机，是在资本主义再生产过程中由资本主义经济制度因素引发的周期性生产过剩危机，这是资本主义生产方式产生的特殊的经济问题。第二次世界大战以前的资本主义经济危机，主要表现为大量“过剩”商品因找不到销路而积压在仓库，企业生产迅速下降，成千上万的企业因无法实现再生产过程而倒闭，失业人数激增，信用关系破坏，股票、债券和其他有价证券的行情暴跌，劳动群众生活水平大幅下降。在经济全球化、信息化和金融资本高度发展的当代，这种经济危机的发展过程突出表现在实体经济部门生产能力闲置和资本过剩，发达国家的生产和资本转移或输出到生产成本较低的欠发达国家，导致本国产业空心化，大量“过剩”资本因无法进入现实的再生产过程而滞留在金融部门，使得虚拟经济严重脱离实体经济，金融投机盛行。一旦投机泡沫破裂，就会使银行坏账猛增，大金融机构、大企业甚至一些国家将出现债务危机，导致区域性乃至全球性的经济衰退。

资本主义经济危机的实质是生产相对过剩的危机。

从一般意义上说，只要存在商品生产，就有经济危机发生的可能性。货币出现之后，直接的物物交换（W—W）转变为商品流通（W—G—W）。在这个过程中，每个商品生产者都必须将自己的商品卖出，变为货币，然后才能用货币购买自己所需要的其他商品。买和卖在时间和空间上都分成了两个独立的行为，流通过程就有出现中断的可能性。在商品货币关系发展到一定历史阶段

时，货币就不仅表现为流通手段，而且具有了支付手段的职能。信用的出现使危机出现的可能性进一步增加。在信用关系中，商品所有者发生了连锁的、交错的债权债务关系。债务人为了按期还债，就必须在相应的期限内销售掉他的商品，借以收回一定数额的货币。如果债务人不能顺利地把商品转化为货币，债权人不能按期收回债款，就可能引起支付的危机，破坏正常的流通过程和生产过程。

尽管在简单商品生产中就已经包含了经济危机的萌芽，但是在资本主义以前的经济形态中，经济危机主要是由于自然灾害、瘟疫或战争等天灾人祸造成的生产不足，而不是生产过剩。只有在资本主义社会中，生产相对过剩才成为一种经常的规律性的现象，才表现出资本主义所特有的周期性经济危机。在简单商品生产中，交换的目的是获得使用价值而不是价值，生产的直接目的是消费。而在资本主义商品生产中，价值的增殖是生产和交换的唯一目的，使用价值则仅仅成了价值增殖的一种手段。资本主义经济制度的这个根本特征必然导致生产和消费的严重冲突。

西方经济学，总是把资本主义市场经济当作一种自然和理想的经济组织形式。因而，他们或者否认资本主义社会发生全面经济危机的可能性，或者把经济危机产生的根源归结为政策和行为的偶然失误以及某些外部因素的冲击。马克思主义政治经济学不否认政策和行为的失误以及外部因素冲击的影响会引发经济危机，但同时认为，对经济危机的认识，不能停留在这种现象层面的解释上，而需要从资本主义经济制度的本质和资本主义内在矛盾运动中，寻找资本主义经济周期性危机发生的根源、具体原因和演变趋势。资本主义经济危机爆发的根本原因，在于生产的社会化和生产资料资本主义私人占有这一基本矛盾。可以从资本主义基本矛盾的两个具体表现进一步认识资本主义经济危机爆发的不可避免性。

第一，资本主义生产无限扩大的趋势和劳动人民有支付能力的需求相对缩小之间的矛盾，必然导致资本主义经济危机。由于资本主义生产的目的是追求价值的增殖而不是使用价值，因而，资本主义生产就突破了资本家自身消费的限制而具有了无限扩大的趋势，这主要是由两方面原因造成的：一方面，追求剩余价值是资本主义生产的目的，这种绝对的致富欲是无止境和无限制的；另一方面，竞争作为资本主义经济的内在规律从外部强制支配着每一个资本家，迫使他们不断积累，进行扩大再生产，力图在竞争中获得生存和发展。对剩余价值的无止境追求与竞争的外在压力相结合，使资本主义生产具有了无限扩大的趋势，生产的商品越来越多。

生产的不断扩大和使用价值的大量增加，需要社会购买力的相应增加作为保证，才能使社会再生产过程不断进行。然而，资本家对剩余价值的贪婪追求使社会财富分配中的两极分化现象日益严重，全社会有支付能力的购买力跟不上生产能力的增长。在资本主义生产方式中，雇佣工人既是生产者，又是自主消费者。工人在资本主义社会中的这种双重地位，带来了资本主义经济的一个矛盾——每个资本家在自己的工厂内部剥削工人越成功，工人的相对收入就越低，但对总体资本家而言，其商品实现也就越困难，因为工人作为自主的消费者是社会需求的重要来源。劳动与资本之间的这种对抗关系随着资本积累的发展而日趋严重，因为资本积累的发展使社会财富日益集中在少数人手中，工人阶级在社会总财富中所占份额相对于资本家阶级在不断缩小，使全社会的整体购买力不断降低。生产和需求的这种矛盾发展到一定程度之后，就会造成生产相对过剩，进而引发经济危机。因此，马克思指出，“一切现实的危机的最终原因，总是群众的贫穷和他们的消费受到限制”①。

第二，资本主义个别企业内部生产的有组织性与整个社会生产的无政府状态之间的矛盾，必然导致资本主义经济危机。在存在发达专业分工的资本主义经济中，资本主义再生产得以顺利进行的必要条件是各个生产部门之间保持一定的比例关系。只有这样，各个部门的资本家才能将自己的商品在市场上按照价值或生产价格全部销售出去，并从市场上购买下一阶段生产所需要的生产资料和劳动力。但是资本主义经济经常偏离正常的比例关系，这是因为，在生产资料私有制的条件下，生产什么、生产多少完全是每个资本家私人的事情，社会不能进行有效调节，因而，整个社会的生产处于无组织无政府状态。当然，社会生产的这种无政府状态并不意味着资本主义生产总是混乱不堪，没有任何秩序。由于价值规律的自发调节作用，资本家虽然不能自觉地按照社会再生产所要求的比例进行生产，但会根据市场价格的变化安排企业的生产和销售，尽可能地适应社会的需要。正是价值规律的这种调节使得资本主义企业内部具有相当严密的组织性，资本主义各生产部门之间能够自发地形成某种比例，并且为社会资本再生产的进行提供可能的条件。但是，由于价值规律

① 《马克思恩格斯文集》第7卷，人民出版社2009年版，第548页。

的调节具有自发性和盲目性，并且，市场价格的波动有时并不能完全准确地反映社会对各种商品需求的变化，因而，资本主义再生产所要求的比例关系、社会总产品实现所需要的各种条件，实际上只能通过经济的不断波动甚至巨大的动荡，自发地和强制地加以实现。这必然伴随着生产力的巨大浪费和破坏。

同时，信用的发展是加剧资本主义经济危机的重要因素。信用给资本主义的生产和消费带来了巨大的伸缩性，使生产和消费可以超出生产者和消费者自有资金的限制而获得跳跃式的增长，暂时掩盖了生产和消费之间的矛盾。这样，信用在促进生产和消费迅速发展的同时，也创造出了巨大的过剩生产能力和大量的虚假需求，使生产过剩的状况进一步恶化，生产和需求的矛盾进一步激化。因此，信用加速了经济危机的爆发，并增强了经济危机的破坏力。

资本主义再生产过程是以货币和信用为基础的。生产过剩的经济危机使资本正常的循环和周转过程受到破坏，造成信用关系紊乱、银行倒闭、货币紧缩，导致金融危机。因此，金融危机往往是生产过剩危机的一个结果。不过，在有些情况下，在生产过剩的危机还没有发生时，银行、交易所和金融部门的投机活动也会造成虚拟资本的过度膨胀，导致金融危机的独立发生。虽然虚拟资本是伴随企业资本扩张与商品流通发展而产生的，但它在一定条件下却能够摆脱生产流通的限制，而依靠信用制度获得独立发展。虚拟资本的这种独立发展如果超过一定限度，就会造成虚拟资本价格大幅飙升，导致资产泡沫膨胀。而一旦资产泡沫破裂，必然会造成金融危机，使股市、债市、汇市、期市狂跌不止，财富大量蒸发，恐慌蔓延，消费急剧缩减，需求急剧下降，信用中断，进而又加剧了生产过剩的经济危机。因此，经济危机与金融危机往往是互为条件、互为因果，交织在一起的。

资本主义经济危机是资本主义基本矛盾的集中体现和强制性的暂时缓解，是资本主义经济运动的必然结果，是资本主义经济制度的必然产物。经济危机暴露了资本主义无法解决自身对抗性矛盾这一事实，体现了资本主义的历史局限性。

二、资本主义经济危机的周期性

在现实的资本主义世界中，经济危机不可避免，而且总是每隔一段时间就爆发一次，呈现出一定的周期性。从一次危机的开始到下一次危机的开始为一个经济周期。一般情况下，一个经济周期包括危机、萧条、复苏和繁荣四个阶段，其中危机阶段是周期的决定性阶段，它既是上一周期的终点，又是新周期的起点。经济周期的各个阶段具有以下特征。

（一）危机阶段

作为经济周期的开始阶段，生产力的破坏以暴风骤雨般的形式表现出来，与此相伴随的特征突出地表现在：商品生产过剩、价格猛跌、支付手段奇缺、信用关系遭到破坏、生产急剧缩小、失业急剧增长、工资下降。

（二）萧条阶段

生产的下降、商品价格的下跌、企业的倒闭、失业队伍的增加等都已趋缓，但是，社会购买力仍然很低，商品销售仍然困难。与此同时，游资充斥，利率低下，信用关系处于呆滞状态。在生产下降已达谷底并经历了一段时间的停滞后，市场上对商品的需求开始出现增加的趋向。在危机中幸存下来的经过调整的企业开始恢复生产，有的甚至开始扩大生产规模。为了能使生产保持一定的利润率，资本家努力寻找能够降低生产成本的途径，如尽量加紧对工人的剥削，进一步降低工资和提高劳动强度；采用先进生产技术，更新固定资本，重新装备企业，从而使生产在价格低下的情况下仍能获利。对固定资本更新的大规模投资，推动了生产资料和生活资料生产的全面恢复和增长。于是经济周期逐渐由萧条阶段进入复苏阶段。

（三）复苏阶段

这一阶段经济开始增长。市场的销售量开始增加，物价开始回升，生产逐步扩大，就业人数逐渐增加，有支付能力的需求随之提高。随着企业利润的增长，信用关系也活跃起来，促使资本家进一步扩大生产经营。当社会生产达到并超过危机前所达到的最高点时，经济周期的复苏阶段就进入了繁荣阶段。

（四）繁荣阶段

消费日渐旺盛，市场容量增加迅猛，推动着生产迅速膨胀，新建企业层出不穷，工人就业人数也随之增加。尽管商品大量增加，但价格也在逐步上升。在资本家的利润急剧增长的同时，工人的收入也有所增长。金融市场活跃，信用膨胀。由于整个生产过程呈现出购销两旺的势头，这种情况诱使资本家把生产的增长推到狂热的程度，为下一次生产过剩危机的到来提供了条件。

资本主义经济危机之所以能以周期性的方式进行，原因在于经济周期中存在着推动危机周期性发生的物质基础，这个物质基础就是固定资本的更新。

第一，固定资本的大规模更新为暂时摆脱危机、促进复苏和繁荣阶段的到来准备了物质条件。当经济进入停滞阶段，出于竞争的需要，资本家开始了新一轮投资，对原有设备进行大规模的技术改造，并大量增加新的、技术含量更高的技术设备。大规模的投资带动了经济的增长，从而使生产摆脱危机。但是，随着经济的复苏，投资以加速的方式进行，把经济迅速推向繁荣的极限，从而形成了下一次经济失衡的条件。

第二，固定资本的大规模更新，提高了资本的有机构成，使资本对劳动力的需求相对或绝对减少，这又进一步推动了相对过剩人口的增加，从而使劳动者有支付能力的需求进一步减少。这两方面因素的发展，使生产和消费的矛盾不断加剧，并孕育着下一次经济危机的到来。

19 世纪 20 年代之后，资本主义经济危机不断地发生周期性爆发，对经济生活的影响日益深刻。面对这一严峻事实，经济学家包括资产阶级经济学家对经济发展的周期性现象进行了大量研究，其中影响比较大的、有代表性的观点主要有以下四种：

第一种，主周期，又称“朱格拉周期”（7—11 年）。克莱蒙特·朱格拉是 19 世纪下半叶法国著名的经济学家与统计学家。他为了证明经济的周期性危机具有规律性和必然性，收集了大量资料。这些资料包括：贴现与垫支、贵金属储备、银行券流通、存款与活期账户、价格、外贸，以及某些商品的生产、消费与库存的资料。通过对资料的分析，朱格拉得出结论：经济周期是资本主义经济增长本身所固有的。这种周期，在 19 世纪尽管长度有差别（最短 3 年，最长 11 年），但大致持续的时间是 10 年。由于这种周期与工商业固定资本投资的周期相一致，又被称为“投资周期”。

第二种，次周期，又称“基钦周期”（3—5 年）。约瑟夫·基钦是美国经济学家，他在 1923 年发表的《经济因素中的周期与趋势》一文中，对美国 60 年间和英国 100 年间经济活动中每月的银行清算、批发价格、短期利率和若干实物产量数列的详细资料进行了研究，提出经济周期除了主周期之外还有次周期的观点。他认为，一个次周期为 40 个月左右，2—3 个次周期构成一个主周期，主周期是次周期的聚合。由于次周期与商品库存变动的周期基本一致，又被称为“库存周期”。

第三种，中长周期，又称“库兹涅茨周期”（15—25年）。西蒙·库兹涅茨是美国经济学家，他在1930年出版的《生产和价格的长期运动》中提出了这种经济周期。库兹涅茨对美国1840—1914年间某些商品的生产与价格变动的长期趋势进行了研究，其结论是：如果用移动平均法把生产和价格数列中的短期波动消除掉的话，这些数列就会呈现出一种较长期的起伏周期。测算表明，这种周期的平均持续期，在生产数列上约为22年，在价格数列上约为23年。由于这种周期与美国建筑业的周期相吻合，又被称为“建筑周期”。

第四种，长波周期，又称“康德拉季耶夫周期”（45—60年）。最早系统地提出长波周期的是苏联经济学家尼古拉·康德拉季耶夫。他收集了法国、英国、美国、德国等国从1780年至1920年的价格、利率、工资、外贸、银行存款，以及几种产品生产量等数列，观察到了这样的情况：经济在相当长时间的上扬之后出现相当长时间的下落，而后又出现相当长时间的上扬。这种波动的周期为50年左右。

关于经济周期的上述观点对认识资本主义经济的周期性波动具有一定的参考价值。但是，这些分析主要是从现象上进行观察和归纳，并没有准确把握资本主义经济周期变动的本质特征和客观规律。

三、当代资本主义的金融和经济危机

第二次世界大战后，受战后重建全面展开和国家干预主义政策的广泛实施等因素的影响，资本主义经济经历了持续20多年的繁荣，被称为经济增长的黄金时期。但是，进入20世纪70年代以后，整个资本主义世界出现了持续性的资本积累过剩和利润率低迷，甚至出现了失业和通货膨胀并存的“滞胀”局面，凯恩斯主义在“滞胀”问题面前失效了。正是在这样一个历史背景下，发达资本主义国家的经济在20世纪的后20年里出现了一系列深刻的重要转变，主要是，经济的信息化、资本的全球化和金融化，集中表现为虚拟经济相对于实体经济急剧膨胀，经济发展的不确定因素明显增强。以美国为例，金融业占国内生产总值的比例，1950年为2.8%，1980年为4.9%，2006年上升到8.3%。① 2007年美国次贷危机爆发，之后几年金融业的比例略有下降，2017

① 参见R. Greenwood, D. Scharfstein, “The Growth of Finance”, *Journal of Economic Perspectives*, Vol. 27, No.2, 2013, pp.3-28。

年又回到了次贷危机前的水平。

资本主义经济的上述发展变化，使资本主义经济周期呈现出一些同第二次世界大战前相比不同的新特点。从引发经济危机的因素看，过度的金融投机越来越成为主要的直接因素。资本主义金融和信用体系的发展帮助资本主义体系克服其在生产、销售和消费等方面的矛盾冲突，大大促进了资本主义经济的发展，同时也为资本主义经济带来了更大的危险：金融和信用体系将整个资本主义体系紧密地联系在一起，由金融投机所引发的经济危机会迅速地波及整个经济体系，从而形成全局性的严重危机。20 世纪 80 年代以后，世界性经济危机无不与金融泡沫的破灭紧密相关，使周期性世界经济危机由原来突出地表现为产业危机演变为金融危机。从经济危机波及的范围和区域看，具有了明显的全球性或世界性。经济全球化满足了资本在世界范围内配置资源和组织生产、销售的需要，也将世界经济捆绑在一起，一个经济体出现危机很有可能迅速演变为更大范围甚至世界性的经济危机。

资本主义经济周期的新特点说明，资本主义重视经济周期、控制经济周期取得了一定成效，但资本主义经济发展潜伏着的新的风险也在增加，经济危机有可能在某个时点以前所未有的方式猛烈爆发。2007 年美国次贷危机爆发，一路演变成国际金融危机和国际经济危机，就有力地证明了这一点。

2008 年爆发的国际金融危机，从表面上看，与美国过度宽松的货币政策有密切联系，实际上是资本主义基本矛盾不断加深的结果。2001—2004 年，美联储连续 13 次降息，信贷机构向不符合信用标准的低收入居民大量发放贷款（即次级抵押贷款），金融大资本为了追逐垄断利润，推出名目繁多的金融衍生品，大量资金进入房地产业，形成巨大的房地产泡沫。

在这一过程中，金融垄断资本获取了巨额利润，同时过多的货币供给推动了物价总水平上升，通货膨胀风险加大。2004 年以后，美联储为遏制通货膨胀，又连续 17 次加息，联邦基金利率从 1%调高至 5. 25%。由于利率升高，低收入居民住房贷款还贷压力加大，违约现象明显增多，由次级信用住房抵押贷款派生的一系列金融衍生品市场信用度全面下降，一些主要房屋抵押贷款机构纷纷出现资不抵债的问题，房地产泡沫破裂，次贷危机爆发。为应对危机，主要发达国家中央银行联手救市，向市场注入大量流动性资金。但是，这些举措未能阻止危机影响的扩大，次贷危机迅速波及全球。

在金融高度全球化的背景下，全球主要投资机构为追逐暴利购买了大量金融衍生品，次贷危机导致大量投资银行、商业银行、信用评级机构深陷其中，面临偿还债务的严重危机。2008 年 9 月，美国雷曼兄弟公司倒闭，美欧金融体系陷入融资功能严重失效和流动性资金大量短缺的困境，一些大型金融机构破产或被政府接管，主要发达国家股市暴跌，一些新兴市场国家和发展中国家资金大量外流，金融市场出现全面信用危机。

这场危机从局部性危机发展为全球危机，从发达国家传导到新兴市场国家，从金融领域扩散到实体经济领域，危机愈演愈烈，冲击波一浪接着一浪，世界经济剧烈动荡，各种矛盾日益加剧，这给世界各国经济发展和人民生活带来严重影响。对于这场危机爆发的原因，人们从不同方面、不同层次提出了不同解释，如消费过度透支、货币政策失误、金融衍生品滥用、金融创新过度、政府监管不力、金融资本贪婪、世界经济失衡等。但是，在马克思主义政治经济学看来，上述这些因素并不是孤立的、偶然的，而是存在着内在的紧密联系，是资本主义社会基本矛盾不断深化和集中爆发的结果。深入分析资本主义社会的基本矛盾，可以发现其在当代呈现的新特点。

第一，资本与劳动的矛盾进一步加剧。20 世纪 80 年代以来，无论在发达国家还是发展中国家，收入差距的扩大和两极分化的现象都十分突出。据统计，1987—2013 年，占全球人口亿分之一的顶级富豪，平均财富从 30 亿美元增加到 350 亿美元，平均增速经通货膨胀率调整后为 6.8%。而全球人均财富同期增速只有 2.1%，人均收入增速更是只有 1.4%。① 2017 年，全年产生的财富中有 82%流向了全球最富有的 1%的人，而占人口一半的 37 亿低收入人口的财富却没有增加。② 实际工资增长停顿和家庭收入增长乏力，严重制约了作为美国经济重要推动因素的个人消费的增长。随着 20 世纪 90 年代后期互联网泡沫的破灭，在原有的消费信贷之外，通过抵押住房获得消费资金又成了促进消费的重要方法。这种没有实际收入增长，仅仅依靠借贷实现的虚假的消费繁荣终究是不可持续的，这种虚假的消费繁荣破灭之时就是经济衰退之始。

第二，经济运行的无政府状态更加严重。20 世纪 70 年代以后，新自由主义在理论和政策上获得了支配地位。新自由主义崇尚弱肉强食的“丛林法则”，主张对公共部门实行私有化、削减社会保障和福利、削弱工会和对劳动力市场

① 参见［法］托马斯·皮凯蒂：《21 世纪资本论》，巴曙松等译，中信出版社 2014 年版，第 448 页。

② 参见 Oxfam International, “Reward Work, Not Wealth”, *Oxfam Briefing Paper*, January 2018。

的保护、开放商品市场和资本市场、放松对市场的管制。与传统的自由主义相比，新自由主义特别强调金融资本的作用，反对对金融资本的严格监管。上述理论和政策体现为所谓的“华盛顿共识”，曾在全世界推销，使自由市场经济和资本主义经济关系在全球迅猛扩张，同时也使市场经济的自发性、盲目性和无政府状态空前加剧。

第三，虚拟经济与实体经济严重脱节。虚拟资本和金融部门相对于实体经济的急剧膨胀，使经济关系和社会资产越来越表现为债权股权等金融关系和金融资产，从而使利润越来越多地被金融渠道瓜分，而商品生产和贸易的利润则不断下降。20 世纪 70 年代以后，制造业利润持续下降导致资本积累过剩，大量过剩资本涌入金融部门。随着美元与黄金脱钩，货币、信用与资本日益虚拟化，加之新自由主义政策的强力推动，导致金融资本急剧膨胀，与实体经济严重脱节。第二次世界大战后，美国金融资产流量相对国内生产总值的比例在 1952—1979 年平均为 25.7%，而在 1980—2007 年迅速增加到 41.8%。非金融公司金融资产与实际资产之比，在 70 年代超过 40%，到了 90 年代接近 90%。80 年代初，金融部门的利润只占全美企业利润的 10%。到了 2008 年国际金融危机爆发之前，占据了整个经济 7%的金融部门，只创造了 4%的就业岗位，却几乎赚到了全美企业利润的 1/3。[①] 金融化不断膨胀的结果必然导致资产泡沫的破裂，从而导致金融危机，进而引起和加剧生产过剩的经济危机。

第四，世界经济严重失衡。世界经济失衡，主要表现为发展中国家与发达国家之间经济发展水平、消费水平的失衡，一些主要经济体特别是发达国家消费与储蓄失衡。一些高收入国家的居民最终消费支出占世界居民最终消费支出的绝大部分，特别是美国在“美元霸权”的支撑下，通过持续宽松的货币政策，长期形成了负债消费模式，成为全世界最大的消费市场。与此同时，美国等发达国家的一些金融机构只顾自身利益而过度扩张，在虚拟经济领域进行了大量所谓的“金融创新”，吸纳了新兴市场国家和资源富集国家大量的结余外汇储备，使发达国家经济结构大幅虚拟化、金融资产占国内生产总值的比重大幅攀升，金融风险日益加剧。从深层次看，世界经济最大的失衡是南北发展的严重不平衡。美国等西方发达国家主导国际经济秩序，制定有利于发达国家的

① 参见 Foroohar, Rana, Makers, Takers, *The Rise of Finance and the Fall of American Business*, New York: Crown Publishing Group, 2016, p.7。

国际经济规则，利用资金和技术优势，采取政治歧视、设置贸易壁垒和技术垄断等手段，掠夺发展中国家资源、控制发展中国家经济命脉，导致发展中国家贫困加剧，消费能力减弱，南北差距持续扩大，全球市场不断萎缩，为全球性金融危机的爆发埋下了祸根。

第二节　资本主义的历史地位

一、资本主义的历史进步性和局限性

生产力与生产关系的矛盾运动，是推动人类社会进步的根本动力。在资本主义社会中，生产力与生产关系这一基本矛盾集中表现为生产的社会化和生产资料资本主义私人占有之间的矛盾。资本主义的历史地位是由资本主义所处的历史阶段决定的，但本质上是由资本主义所固有的基本矛盾决定的。资本主义制度的产生，一方面，打破了封建社会对生产力发展的束缚，推动了历史的进步，为一个新的更高级社会的产生奠定了基础；另一方面，随着资本主义的发展，资本主义基本矛盾不断深化，成为社会化生产进一步发展的障碍，使社会主义制度的产生成为必然。相对于奴隶制、封建制等剥削制度，资本主义制度更有利于生产力的发展，具有一定的历史进步性；但从人类历史发展的总趋势看，资本主义制度具有明显的历史局限性。

资本主义造成了商品关系的普遍化，促进了生产的社会化，并且使生产社会化的范围突破国界、遍及全球。“资产阶级在它已经取得了统治的地方把一切封建的、宗法的和田园诗般的关系都破坏了。它无情地斩断了把人们束缚于天然尊长的形形色色的封建羁绊，它使人和人之间除了赤裸裸的利害关系，除了冷酷无情的‘现金交易’，就再也没有任何别的联系了。”① 商品关系的普遍发展打破了自然经济和封建等级制度对人类社会发展的严重束缚，形成了人与人之间全面的相互依赖和广泛的社会交往，促进了协作、分工、生产的集中以及劳动和自然科学的结合，推动了生产资料和劳动过程的社会化，冲破了各民族之间的封闭状态，使一切国家的生产和消费都具有世界性，把人类的历史变成了真正的“世界历史”。“资产阶级，由于开拓了世界市场，使一切国家的生

① 《马克思恩格斯文集》第2卷，人民出版社2009年版，第33—34页。

产和消费都成为世界性的了。……过去那种地方的和民族的自给自足和闭关自守状态，被各民族的各方面的互相往来和各方面的互相依赖所代替了。物质的生产是如此，精神的生产也是如此。"① 20 世纪 90 年代以来，经济全球化得到了进一步发展，世界市场的一体化程度大幅度提高，促进了生产要素在全球范围内的高效配置和更充分利用，顺应了生产力发展的客观要求。

对剩余价值的无止境追求，使资本主义社会具有了前所未有的创新动力，推动了生产力的发展、科学技术的不断创新和人类社会的进步。马克思、恩格斯曾经这样肯定资产阶级的革命性作用："资产阶级在它的不到一百年的阶级统治中所创造的生产力，比过去一切世代创造的全部生产力还要多，还要大。"② 马克思、恩格斯作出上述论断后的 100 多年来，资本主义社会在创造和发展生产力方面又取得了新的进展，先后发生了以电力革命和信息革命为代表的新技术革命，劳动生产率大幅提高，体现了资本主义生产关系在推动生产力发展中的作用。

劳动力的商品化，使劳动者摆脱了奴隶制和封建制条件下对统治阶级的人身依附关系，表面上实现了法律上的平等和自由。恩格斯指出："大规模的贸易，特别是国际贸易，尤其是世界贸易，要求有自由的、在行动上不受限制的商品占有者，他们作为商品占有者是有平等权利的，他们根据对他们所有人来说都平等的、至少在当地是平等的权利进行交换。"③ 这种法律上的平等和人身自由的获得，使劳动者摆脱了前资本主义社会形成的人身依附关系，有利于发挥生产者的积极性和创造性。

但是，资本主义制度对封建制度的代替毕竟是用资本主义私有制代替封建私有制，用资本主义剥削方式代替封建剥削方式，存在着不可克服的根本矛盾和严重弊端，其历史局限性是客观存在的。资本主义制度从它诞生那天起就充满了激烈的矛盾和对抗。资本原始积累的过程，是一个充满劳动人民的巨大牺牲和苦难的过程。正如马克思所说的："资本来到世间，从头到脚，每个毛孔都滴着血和肮脏的东西。"④ 即使资本主义经济进入了比较成熟的阶段，资本主义的发展过程也绝不像田园诗那样美妙，而是伴随着经济危机、两极分化、阶

① 《马克思恩格斯文集》第 2 卷，人民出版社 2009 年版，第 35 页。
② 《马克思恩格斯文集》第 2 卷，人民出版社 2009 年版，第 36 页。
③ 《马克思恩格斯文集》第 9 卷，人民出版社 2009 年版，第 110 页。
④ 《马克思恩格斯文集》第 5 卷，人民出版社 2009 年版，第 871 页。

级对立、社会动荡乃至战争。随着资本积累和资本主义的发展，生产社会化和生产资料资本主义私人占有之间的矛盾不断加深。个别企业生产中的有组织性和整个社会生产中的无政府状态之间的矛盾、市场竞争的自发性和盲目性，在不断调整变化的同时，也在以新的方式更加突出地表现出来；生产无限扩大趋势与劳动人民购买力相对缩小之间的矛盾、社会财富分配中的两极分化现象日益严重。经济危机的不断发生，暴露出资本主义经济制度在适应现代社会化大生产上面临新的更大困难。生产社会化的不断发展迫使资产阶级在资本主义制度内部可能的限度内，越来越把生产力当作社会生产力看待，资本的所有权与经营权逐步分离，私人资本向股份公司和国家资本转变，生产资料资本主义私人占有制度的历史合理性正在消失。随着生产力的进一步发展，资本主义生产关系必将被一种新的生产关系所代替，资本主义制度必然灭亡，社会主义制度必然胜利。

二、资本主义生产关系的自我调整

自资本主义生产关系产生以来，为了适应生产力的不断发展、应对工人阶级的不懈斗争，资本主义国家通过各种形式进行自我调整，以维护资本主义生产关系的持续存在。

第一，所有制结构的调整。生产社会化发展到一定阶段后，股份资本所有制也变得不适合了，资本主义国家不得不出面对某些重要的部门和企业进行直接控制，建立国有经济。第二次世界大战后，一些发达资本主义国家曾掀起了规模较大的国有化浪潮，建立了一大批国有企业。比如，英国就曾掀起两次国有化浪潮。1945—1951 年，除了英格兰银行外，部分煤炭矿井、煤炭加工厂、发电厂、供电系统、钢铁厂以及铁路、公路、港口、内河航运、民航等都被收归国有，国有经济基本覆盖了英国的基础产业。1974—1979 年，英国又掀起了第二次国有化浪潮。政府投资组建国家企业局和国家石油公司，又将部分飞机制造业和造船业收归国有，并以控股方式收购了电子、航天、科学仪器、医疗设备等新兴产业部门的一批企业。经过两次国有化浪潮，到 1979 年，英国国有企业的产值、职工人数、固定资本投资额分别占其国内生产总值、全国就业人数、固定资本投资总额的 11.1%、8.1%、20%。除英国外，法国、意大利、奥地利等国也都曾在第二次世界大战后掀起过不同程度的国有化浪潮。在 20 世纪 80 年代，一些主要资本主义国家接受了新自由主义的主张，采取了大规模的“私有化”政策，国有经济在整个国民经济中所占的比重大大降低了。但是，从总体上看，国有经济并没有完全退出经济领域，它仍然是资本主义国家保障社会再生产顺利进行的重要手段。与传统的资本主义私有制相比，经过调整后的、包含一定资本主义国有化成分的资本主义所有制，在一定程度上适应了社会化生产的要求，为社会生产力的发展提供了更大的余地，为缓和资本主义的经济矛盾和社会矛盾创造了条件。然而，从根本上来说，资本主义国家是资产阶级的“总代表”，国家是代表整个资产阶级占有和支配生产资料的，它总是千方百计地利用国有资本为资产阶级的利益服务。因此，资本主义国有资本在整个国民经济中只是私人资本的一种补充形式。每当资本主义经济面临严重困难和危机，资产阶级依靠自身和市场的力量无法摆脱危机时，他们总是借助国家的力量，推动一定程度的“国有化”；而每当经济趋于好转，资产阶级就竭力鼓吹私有化，把国有经济成分以有利于资本家的形式转移到私人手里。因此，国有化和私有化在这里不过是实现资本利益的两种不同手段而已。

第二，宏观政策的调整。早期的资本主义实行的是自由放任政策，国家不干预经济。1929—1933 年震撼资本主义世界的经济大危机爆发后，主要资本主义国家纷纷开始实行国家干预政策，通过财政政策、货币政策、收入分配政策等手段对社会的总供求关系进行调节，以维护宏观经济的稳定，遏制资本主义经济危机频繁发生。此外，生产力的迅猛发展、生产社会化程度的空前提高，也使一些资本主义国家开始对国民经济的发展制订计划和规划，使得资本主义经济的发展具有了一定程度的计划性。资本主义的经济计划包括：总的经济发展计划、产业中长期发展计划、国家重点投资计划、财政收入与金融调整计划、科技教育发展计划等。这些曾经与社会主义相关联的调控手段，也逐渐成为资本主义社会发展中克服危机、缓和矛盾的经常性手段。但是，过度的国家干预会影响资本主义企业的经营自由，影响资本主义市场经济的正常运行，引发财政赤字过大、社会福利负担过重和企业活力不足等弊病。在这种情况下，对国家干预的批评开始增多，经济自由主义政策又重新受到重视。这就形成了历史上国家干预主义和经济自由主义政策之间的不断交替。国家干预主义和经济自由主义是资本主义国家在不同时期和不同条件下的两种政策，都服务于资本主义经济的发展，并不改变资本主义经济制度的根本性质。所以，不管资本主义国家的经济政策如何变动，都只能应付经济体制因素引起的短期经济波动，不可能避免周期性的生产过剩危机。

第三，收入分配的调整。在资本主义经济中，无产阶级与资产阶级之间在经济利益上是根本对立的。资产阶级为了获得更多剩余价值，就必须尽可能压低工人的工资，这样就导致了资本主义基本矛盾的尖锐化，影响社会的稳定和正常的社会需求。为了缓和阶级矛盾，资本主义国家不得不通过税收等手段，对收入分配过程进行调节，建立社会福利制度，在失业、养老、医疗等一系列方面形成了比较完整的保障体系，从而为劳资严重对立的资本主义生产关系形成了一个有效缓冲的渠道，在一定程度上调整了资本主义生产关系，缓和了阶级矛盾，稳定了资本主义的社会经济秩序。然而 20 世纪 80 年代以来，随着新自由主义的泛滥，初次分配中劳动份额明显下降，贫富差距急剧拉大。即便在发达资本主义国家，尽管再分配体制仍在起作用，但同样无法改变居民间可支配收入日益悬殊的局面。

第四，国际政策的调整。生产社会化的发展必然导致经济的全球化，而经济全球化的发展又使资本主义基本矛盾的作用范围进一步扩大。随着世界各国之间的经济联系日益密切，资本主义的经济危机也成了世界性的经济危机。对于这种世界性的矛盾和危机，不可能依靠一国力量去解决，因此，迫切需要加强国际经济协调。第二次世界大战后，资本主义世界陆续建立起一系列超国家的国际经济组织，如国际货币基金组织、关税及贸易总协定、世界银行等。这些国际经济组织的建立，为第二次世界大战后国际经济协调发挥了一定的作用。20 世纪 70 年代以后，西方发达国家之间开始通过举行多层次、多方面的国际会议，对宏观经济进行协调。90 年代以来，区域经济集团化组织的规模不断扩大，一体化程度不断提高。北美自由贸易区成立，亚太经济合作组织产生，欧共体发展成为欧盟，世界贸易组织正式成立并取代关税及贸易总协定成为协调多边贸易的重要国际机构。国际经济协调在维护世界经济秩序、推动世界经济稳定发展等方面，发挥了一定作用。但是，在世界经济体系中，国际经济政策的协调是以主权国家的存在为前提的，在发达国家与发展中国家之间以及发达国家之间，既有广泛的协调，又存在着根本利益的矛盾和激烈的竞争。特别是由于历史因素和现实力量对比，国际经济规则的制定权被垄断在少数发达国家手中，而对广大发展中国家来说，这些规则是不公正、不合理的，这导致发展中国家与发达国家之间的矛盾、发达国家之间争夺利益的矛盾将长期存在。

资本主义生产关系的自我调整，从客观上说适应了生产力发展的要求，在一定程度上缓和了资本主义的基本矛盾，推动了社会生产力的发展，但由于这些调整是被迫的、局部的、有限的，并没有根本改变资本主义经济制度，因而也不可能从根本上克服资本主义的固有矛盾。随着生产力的发展，这些矛盾还将不断深化并以各种新的方式表现出来。

第三节 资本主义发展的历史趋势

一、当代资本主义基本矛盾的运动

资本主义基本矛盾是支配资本主义经济运动过程和发展趋势的主线。随着生产力与生产关系的不断发展，资本主义基本矛盾的表现形式也在不断变化和发展。

（一）无产阶级与资产阶级的矛盾

无产阶级与资产阶级之间的对立是资本主义基本矛盾的主要表现形式。第二次世界大战后，科技革命和产业结构的变化，使得资本主义社会阶级结构发生了一些变化。比如，传统的从事体力劳动的工人大量减少，第三产业和其他新兴产业的从业人员越来越多，从事脑力劳动的工人所占比重越来越大，等等。但是，这些并不意味着资本主义的阶级矛盾已经发生了根本性转变，无产阶级和资产阶级的阶级矛盾并没有消失。一方面，资产阶级财富不断积累；另一方面，无产阶级与资产阶级之间的贫富差距不断积累。资本主义积累必然导致两极分化的一般规律，仍然是资本主义经济发展的内在规律。

（二）生产过剩的经济危机

生产过剩的经济危机是资本主义基本矛盾的必然产物。第二次世界大战后，各主要资本主义国家都加强了对经济生活的干预和调节，采取种种“反危机措施”，使经济危机的严重程度和破坏作用有所缓和。但是，资本主义的经济危机并没有因此而消失。第二次世界大战后，资本主义世界发生了多次经济危机，美国也经历了十多次经济危机。在20世纪90年代，美国经济出现了长达十年的持续增长。当时，有的西方学者认为，这是一种在信息化和全球化基础上的较长时期的高增长、低通胀、低失业，因而被称作“新”经济。还有的学者认为，在新经济中，具有知识的劳动者成为经济生活的主人，知识代替资本成为权力和价值分配的基础。新经济的概念出现以后，曾经被大肆渲染。在一些人看来，新经济的出现从根本上改变了资本主义的性质和规律，经济周期、失业和通货膨胀等经济生活的基本问题开始消失，资本主义社会进入了一个全新的发展时期。然而，严峻的事实彻底否定了这种天真的幻想。2000 年，美国互联网网络泡沫破灭，使资本市场遭受了沉重打击，实体经济也遭到重创。2007 年，美国爆发了次贷危机，2008 年演变为国际金融危机，金融危机又迅速影响到实体经济，很快发展成为生产过剩的经济危机。从发达资本主义国家到发展中国家，整个世界经济都受到了严重影响。

（三）生产、消费规模不断扩大与生态环境间的矛盾

资本主义生产具有无限扩张的内在冲动，无止境地追求利润的冲动和社会生产的无组织性，使资本家不断在全世界范围内开办工厂、开拓市场、开发自然资源。自然资源商品化和资本化，必然引发全球性的人口、资源、环境和生态难题。过度的资源消耗、严重的环境污染，日益威胁着环境和生态的平衡，破坏着社会再生产的正常条件。生态危机成为当前资本主义经济体系面临的一个新的重要问题。伴随生态危机的发展，资本主义生产关系的社会调节突破了单纯的经济领域，开始进入生态和环境领域，例如土地整治、资源使用规划、人口和健康政策、有毒有害废物处理计划、全球气候变暖应对机制等。但在资本主义制度中，获取剩余价值是资本主义生产的唯一目的，人与自然之间的矛盾和人与人之间的矛盾紧密地联系在一起，人类的生态危机不可能得到根本的解决。

二、资本主义基本矛盾的深化

20 世纪下半叶，信息技术革命引发了第三次工业革命，使社会生产和消费从工业化向自动化、智能化转变，并引起了以物联网、大数据以及人工智能为代表的新一轮科技革命和产业革命的深入发展，促进了生产力的巨大进步和生产社会化的进一步发展，但同时也使资本主义基本矛盾进一步深化，资本主义制度的弊端进一步显露，具体表现为以下几个方面。

第一，垄断程度加强，市场竞争弱化。在具有代表性的新技术领域，资本对于技术和行业的垄断局面正日益加强。如谷歌、脸书、亚马逊等大型“平台”公司凭借“网络效应”以及对大数据的垄断，不断加强自身在行业内的垄断程度，挤压中小企业发展空间，弱化了市场竞争机制。

第二，高科技公司金融化日益严重，阻碍技术创新。通过资本市场的助

力，虽然高科技公司能够在初期迅速占领市场，获得利润；但也正因为如此，部分被金融资本“俘获”的企业逐渐偏离了技术创新的轨道，呈现出越来越投机化和泡沫化的趋势，反而阻碍了生产力的进步。

第三，就业不稳定性增强，劳动者地位降低。随着人工智能、深度学习等技术的发展，体力劳动以及部分简单重复的脑力劳动出现了被进一步替代的趋势，资本通过技术变革不断地使工人受到失业的威胁。同时，平台经济背景下“非雇佣制”“零工制”的兴起，增加了就业的不稳定性。整体看来，劳动者在劳资冲突中处于相对劣势的地位。

第四，对新技术的不平衡占有造成贫富差距加大。一方面，技术的发展增加了机器对体力甚至脑力劳动替代的可能性，从而弱化了劳动者对工资的议价能力；另一方面，资本凭借对新技术的垄断性占有，获得超额利润以积累大量财富。同时，劳动者内部也出现日益分化的趋势：涉及技术创新的部分工作者、企业的高级管理层等由于掌握了专业知识和技能，工资较高，然而中低技能体力劳动者将持续受到被新技术替代的威胁，工资较低，贫富差距日益扩大。

总之，在资本主义的生产方式下，科技进步和生产力的发展始终以榨取最大利润为目的，只能使少数垄断资本集团从中获益，而不能给大多数劳动者带来普遍的福利，这必然会加深资本主义基本矛盾，加深生产过剩、两极分化、经济动荡、失业和贫困等资本主义的深刻弊端。正如马克思揭示的那样，“一切提高社会劳动生产力的方法都是靠牺牲工人个人来实现的；一切发展生产的手段都转变为统治和剥削生产者的手段”①。

突如其来的新冠肺炎疫情，是百年来全球发生的最严重的传染病大流行，波及之广、危害之大、影响之深远，已经成为第二次世界大战结束以来最严重的全球公共卫生突发事件。新冠肺炎疫情给各国的经济社会发展带来了严重的冲击，也导致了资本主义基本矛盾进一步深化、经济危机进一步加深。

新冠肺炎疫情的蔓延，使世界范围内的资本循环过程被强制性中断，商贸活动暂停、生产全面停滞、失业率上升、消费缩减、企业破产，资本主义发展的盲目性和无政府状态大大削弱了世界各国政府合作应对的效率。

马克思曾经一针见血地指出，“资本是根本不关心工人的健康和寿命的，

① 《马克思恩格斯文集》第5卷，人民出版社2009年版，第743页。

除非社会迫使它去关心”①。资本增殖第一，资本利益至上，这是资本主义产生公共卫生危机的深刻的制度根源。在新自由主义政策主导下，一些发达国家将医疗、健康和其他社会公共权利商品化、市场化，将社会公共权利的管理置于资本支配之下，导致民生保障和公共服务供给严重不足；各利益集团之间为了各自的利益彼此掣肘、互相扯皮，将私人利益凌驾于社会利益之上，严重妨碍了社会的团结动员，难以形成抗击疫情的强大合力；政客们对人民的生命安全和身体健康麻木不仁、消极冷漠，贫富分化进一步加剧。资本主义的深刻弊病鲜活地展现在世界人民面前，呈现出一幅资本主义基本矛盾不断深化的历史图景。

三、社会主义代替资本主义的历史趋势

资本主义的基本矛盾随着资本主义经济的发展而不断发展，这种矛盾发展的最终结果必然是社会主义代替资本主义。

（一）马克思的两个伟大发现揭示了社会主义代替资本主义的历史规律

恩格斯指出，马克思一生有两个伟大发现，“这两个伟大的发现——唯物主义历史观和通过剩余价值揭开资本主义生产的秘密，都应当归功于**马克思**。由于这两个发现，社会主义变成了科学”②。

唯物主义历史观揭示了人类历史的一般发展规律，那就是生产力决定生产关系、经济基础决定上层建筑。正是在这一客观规律的支配下，人类不同社会形态的更替表现为一种自然历史过程。社会主义代替资本主义的历史趋势归根结底也是由这一客观规律决定的。一方面，资本主义创造了高度发达的生产力；另一方面，资本主义的生产关系和上层建筑无力继续容纳和驾驭这种生产力。只有社会主义代替资本主义，才能从根本上解决资本主义社会生产力和生产关系、经济基础和上层建筑的矛盾。

马克思运用唯物史观研究资本主义社会，揭示了资本主义所特有的运动规律，创立了科学的剩余价值理论。马克思从商品中所包含的使用价值和价值两个因素，以及相应地体现在商品中的劳动二重性出发，揭示了劳动力成为商品是货币转化为资本的前提，从而揭示了剩余价值的真正源泉和资本主义剥削的

---

① 《马克思恩格斯文集》第 5 卷，人民出版社 2009 年版，第 311 页。

② 《马克思恩格斯文集》第 3 卷，人民出版社 2009 年版，第 545—546 页。

秘密，揭示了资本主义积累的一般规律和内在对抗性质，即在一极是资产阶级财富的不断积累，在另一极是无产阶级与资产阶级贫富差距的不断积累。资本主义积累所产生的贫富两极分化不仅反映在资本主义国家内部，而且反映在发达资本主义国家与广大发展中国家之间。资本主义积累的对抗性质表现为无产阶级和资产阶级的对立，从而为资本主义造就了掘墓人。恩格斯指出，“社会主义现在已经不再被看做某个天才头脑的偶然发现，而被看做两个历史地产生的阶级即无产阶级和资产阶级之间斗争的必然产物”①。

（二）生产社会化为社会主义代替资本主义提供了物质条件

在资本主义社会，科学技术的不断进步、资本积累的不断扩大、生产力的不断发展，使得资本主义生产社会化的程度不断提高，从而为社会主义代替资本主义提供了物质条件。马克思指出，“在资产阶级社会的胎胞里发展的生产力，同时又创造着解决这种对抗的物质条件”②。生产社会化的发展主要表现在以下五个方面。

第一，生产资料使用的日益社会化。生产资料已经“从个人的生产资料变为**社会化的**即只能由**一批人共同**使用的生产资料”③。从简单协作到工场手工业，再到机器大工业，共同使用生产资料的人数越来越多，共同使用的生产资料的规模越来越大。特别是在那些生产资料规模很大的部门和行业中，如铁路、邮政、航空航天、汽车、石化、钢铁行业等，生产资料使用的社会化程度更是不断提高。

第二，生产过程的日益社会化。恩格斯指出：“同生产资料一样，生产本身也从一系列的个人行动变成了一系列的社会行动，而产品也从个人的产品变成了社会的产品。”④ 生产和资本的规模越来越大，社会分工越来越细，企业之间、部门之间、地区之间甚至国家之间相互依赖、相互制约的关系越来越密切、越来越复杂。

第三，劳动产品的日益社会化。由于生产资料和生产过程的社会化，劳动产品也从个人的产品变成了社会的产品。恩格斯指出：“现在工厂所出产的纱、布、金属制品，都是许多工人的共同产品，都必须顺次经过他们的手，然后才

---

① 《马克思恩格斯文集》第3卷，人民出版社2009年版，第545页。
② 《马克思恩格斯文集》第2卷，人民出版社2009年版，第592页。
③ 《马克思恩格斯文集》第9卷，人民出版社2009年版，第285页。
④ 《马克思恩格斯文集》第9卷，人民出版社2009年版，第285页。

变为成品。他们当中没有一个人能够说：这是我做的，这是**我的**产品。”①

第四，生产组织的日益社会化。随着生产资料使用、生产过程和劳动产品的日益社会化，生产组织也日益社会化。在生产组织社会化的发展过程中，股份公司把个人资本联合起来，形成资本家集体所有的资本，从而突破了单个资本的限制，使其取得了社会资本的形式。马克思指出，股份公司的建立表明，“那种本身建立在社会生产方式的基础上并以生产资料和劳动力的社会集中为前提的资本，在这里直接取得了社会资本（即那些直接联合起来的个人的资本）的形式，而与私人资本相对立，并且它的企业也表现为社会企业，而与私人企业相对立”②。随着生产力的进一步发展，少数控制生产和市场的大股份公司便联合起来，形成私人垄断资本，生产组织的社会化程度进一步提高。当私人垄断资本仍不能完全容纳生产力的发展时，资本主义国家便不得不部分地担负起组织社会经济的职能，形成了由国家和垄断资本结合在一起的国家垄断资本主义，生产组织的社会化程度达到新的高度。

第五，生产管理的日益社会化。与生产组织的日益社会化相适应，生产管理也日益社会化了，资本的所有权与经营权相分离。过去由资本家亲自履行的经营管理职能逐步独立出来，由职业经理人来履行，资本的经营管理职能实现了社会化。这在股份公司管理中也表现出来。马克思指出，股份公司的建立，使“实际执行职能的资本家转化为单纯的经理，别人的资本的管理人，而资本所有者则转化为单纯的所有者，单纯的货币资本家”，因此，“在股份公司内，职能已经同资本所有权相分离，因而劳动也已经完全同生产资料的所有权和剩余劳动的所有权相分离”③。恩格斯也曾指出：“大的生产机构和交通机构向股份公司和国家财产的转变就表明资产阶级在这方面是多余的。资本家的全部社会职能现在由领工薪的职员来执行了。资本家除了拿红利、持有剪息票、在各种资本家相互争夺彼此的资本的交易所中进行投机以外，再也没有任何其他的社会活动了。”④

生产社会化的发展要求在事实上承认生产力的社会性质，要求生产资料占有的社会化，这在资本主义制度内是无法根本解决的。在资本主义制度下，社

---

① 《马克思恩格斯文集》第 9 卷，人民出版社 2009 年版，第 285—286 页。
② 《马克思恩格斯文集》第 7 卷，人民出版社 2009 年版，第 494—495 页。
③ 《马克思恩格斯文集》第 7 卷，人民出版社 2009 年版，第 495 页。
④ 《马克思恩格斯文集》第 9 卷，人民出版社 2009 年版，第 295 页。

会化的生产力变成了资本的生产力，变成了剥削剩余价值和进行资本积累的能力；社会化的、由劳动者共同使用的生产资料，却被少数资本家私人所占有；严密分工、广泛协作的社会化生产过程，却被资本家按照追求剩余价值原则进行管理；共同劳动生产的社会化产品，却被资本家私人占有和支配，成为他们的私有财产；资本所有权与管理权的广泛分离使资产阶级在社会再生产过程中成为多余，但他们却仍掌握着生产资料的所有权。生产社会化的发展客观上要求由社会来共同占有社会化的生产资料，有组织地管理社会化的生产过程，共同占有社会化的劳动成果。马克思指出："生产资料的集中和劳动的社会化，达到了同它们的资本主义外壳不能相容的地步。这个外壳就要炸毁了。资本主义私有制的丧钟就要响了。剥夺者就要被剥夺了。"① 这种新的生产方式就是社会主义生产方式，它能够破除阻碍生产力和社会进一步发展的制度性桎梏。

（三）社会主义代替资本主义的长期性和曲折性

人类社会发展的历史证明，一种新的社会经济形态代替一种旧的社会经济形态，往往需要经历漫长和曲折的历史过程。马克思指出："无论哪一个社会形态，在它所能容纳的全部生产力发挥出来以前，是决不会灭亡的；而新的更高的生产关系，在它的物质存在条件在旧社会的胎胞里成熟以前，是决不会出现的。"② 在资本主义社会，生产社会化的发展虽然会逐步提供新的社会制度所需要的物质条件，但并不意味着资本主义制度会自动退出历史舞台。一方面，资本主义生产关系在进行各种形式的自我调整，以在资本主义制度的范围内尽可能适应生产社会化发展的要求；另一方面，作为统治阶级的资产阶级，也必然会采取各种手段维护自己的统治地位、维护资本主义制度。更为重要的是，一种新的社会制度要彻底战胜旧的社会制度，归根到底要求新的社会制度比旧的社会制度创造出更高的劳动生产率。但在现实中，建立社会主义制度的国家都不是资本主义高度发达的国家，而是经济发展相对落后的国家。这些国家往往既要努力完善社会主义制度，积极利用先进的科学技术，壮大经济实力，逐步创造出高于资本主义的劳动生产率；同时，又要警惕国际资本主义的干涉、颠覆和渗透，维护国家主权和民族独立，捍卫社会主义。因此，社会主义代替资本主义注定是一个非常复杂、充满曲折的长期历史过程。20 世纪 80 年代末

① 《马克思恩格斯文集》第 5 卷，人民出版社 2009 年版，第 874 页。
② 《马克思恩格斯文集》第 2 卷，人民出版社 2009 年版，第 592 页。

90 年代初，世界社会主义运动遭受挫折，就说明了这种历史过程的长期性、曲折性。

道路是曲折的，前途是光明的。习近平指出："时代在变化，社会在发展，但马克思主义基本原理依然是科学真理。尽管我们所处的时代同马克思所处的时代相比发生了巨大而深刻的变化，但从世界社会主义 500 年的大视野来看，我们依然处在马克思主义所指明的历史时代。这是我们对马克思主义保持坚定信心、对社会主义保持必胜信念的科学根据。"① 青山遮不住，毕竟东流去。社会主义代替资本主义，开启人类社会发展的新华章，是人类历史发展的客观规律和必然趋势，是任何人和任何势力都无法阻挡的。中国特色社会主义的成功，改变了世界社会主义与资本主义的力量对比，使冷战结束后世界社会主义万马齐喑的局面得到很大程度的扭转，也使社会主义在同资本主义竞争中的被动局面得到很大程度的扭转，社会主义优越性得到很大程度的彰显，坚定了越来越多国家的人民对社会主义的信心，正在推动世界社会主义运动走出低潮、迎来复兴。

思考题：

1. 解释下列概念：资本主义经济危机、资本主义基本矛盾、资本主义发展的历史趋势。
2. 资本主义经济危机产生的根源是什么？
3. 如何理解资本主义的历史进步性和局限性？
4. 资本主义国家是如何调整资本主义生产关系的？
5. 试述社会主义代替资本主义的历史趋势。
6. 试述新技术革命对资本主义制度的深刻影响。

---

① 《习近平谈治国理政》第二卷，外文出版社 2017 年版，第 66 页。

第三篇 社会主义经济

第九章　社会主义经济制度

列宁领导的十月革命的胜利，使社会主义从理论变为现实。在经济文化比较落后的条件下，如何建立和完善社会主义经济制度，创造出超越资本主义的更高的生产力，是一个全新的重大课题。为了完成这一课题，社会主义国家在长期的探索实践中既取得了巨大的成就、积累了丰富的经验，也遭遇了严重的挫折、吸取了深刻的教训。中国特色社会主义经济制度，是在深刻总结历史经验教训、借鉴人类文明有益成果的基础上建立起来的，是科学社会主义基本原则与当代中国实践和时代特征相结合的产物。中国特色社会主义进入新时代，我国发展进入新阶段，社会主义基本经济制度日益成熟完善，在实践中显示了强大的优势。

第一节　社会主义经济制度的建立和发展

一、马克思、恩格斯关于未来社会的科学构想

社会主义经济制度是在马克思主义科学社会主义理论指导下建立和发展的。科学社会主义克服了空想社会主义从人类公平正义等理性原则出发批判资本主义弊端，并在此基础上构想未来理性王国的缺陷，依据辩证唯物主义和历史唯物主义的科学世界观和方法论，阐明生产力与生产关系、经济基础与上层建筑矛盾运动的基本规律，深刻分析了资本主义生产方式的内在矛盾，揭示了人类社会发展的规律和方向，从而实现了社会主义从空想到科学的发展。

马克思、恩格斯科学地证明了，人类社会必然要从资本主义向社会主义和共产主义过渡，社会主义是共产主义的低级阶段，同时，他们认为，在当时条件下谈论共产主义社会的细节难免会陷入空想，他们的任务是从人类社会发展的规律和趋势中揭示未来社会的大体轮廓和基本特征。根据他们的有关论述，未来社会在经济方面可以主要概括为以下几点。

（一）消灭私有制，生产资料社会占有

在马克思、恩格斯的设想中，未来社会将是“一个集体的、以生产资料公

有为基础的社会"[①]，它"在实行全部生产资料公有制（先是国家的）基础上组织生产"[②]。他们认为，生产资料私有制是一切剥削制度的经济根源。资产阶级私有制是"建立在阶级对立上面、建立在一些人对另一些人的剥削上面的产品生产和占有的最后而又最完备的表现"[③]，因此，他们始终把所有制问题即消灭私有制代之以公有制作为无产阶级解放运动的"基本问题"[④]。在《共产党宣言》中，他们指出："共产党人可以把自己的理论概括为一句话：消灭私有制。"[⑤] 他们设想的生产资料公有制应当"使生产资料受联合起来的工人阶级支配"[⑥]，"使整个社会直接占有一切生产资料——土地、铁路、矿山、机器等等，让它们供全体成员共同使用，并为了全体成员的利益而共同使用"[⑦]。

（二）消灭商品生产，社会生产实行有计划调节

在马克思、恩格斯的设想中，未来社会将实行有计划的生产。由于"生产者不交换自己的产品；用在产品上的劳动，在这里也不表现为这些产品的**价值**，不表现为这些产品所具有的某种物的属性，因为这时，同资本主义社会相反，个人的劳动不再经过迂回曲折的道路，而是直接作为总劳动的组成部分存在着"[⑧]。恩格斯指出："一旦社会占有了生产资料，商品生产就将被消除，而产品对生产者的统治也将随之消除。社会生产内部的无政府状态将为有计划的自觉的组织所代替。"[⑨] 在生产资料的社会化和由此而来的管理的社会化的基础上，每一个行业的生产以及这种生产的增加都不再通过价值规律和市场机制调节，而是直接由社会需要调节和控制，由社会"按照一个统一的大的计划协调地配置自己的生产力"[⑩]。

（三）尽可能快地发展生产力

马克思、恩格斯认为，生产力的巨大增长和高度发展，是建立共产主义社会"绝对必需的实际前提"[⑪]。如果没有生产力的巨大发展，共产主义社会

---

① 《马克思恩格斯文集》第 3 卷，人民出版社 2009 年版，第 433 页。
② 《马克思恩格斯文集》第 10 卷，人民出版社 2009 年版，第 588 页。
③ 《马克思恩格斯文集》第 2 卷，人民出版社 2009 年版，第 45 页。
④ 《马克思恩格斯文集》第 2 卷，人民出版社 2009 年版，第 66 页。
⑤ 《马克思恩格斯文集》第 2 卷，人民出版社 2009 年版，第 45 页。
⑥ 《马克思恩格斯文集》第 2 卷，人民出版社 2009 年版，第 113 页。
⑦ 《马克思恩格斯文集》第 4 卷，人民出版社 2009 年版，第 319 页。
⑧ 《马克思恩格斯文集》第 3 卷，人民出版社 2009 年版，第 433—434 页。
⑨ 《马克思恩格斯文集》第 9 卷，人民出版社 2009 年版，第 300 页。
⑩ 《马克思恩格斯文集》第 9 卷，人民出版社 2009 年版，第 313 页。
⑪ 《马克思恩格斯文集》第 1 卷，人民出版社 2009 年版，第 538 页。

“将没有任何物质基础，将建立在纯粹的理论基础上，就是说，将是一种纯粹的怪想”[①]。没有生产力的巨大进步和普遍交往的发展，“那就只会有**贫穷**、极端贫困的普遍化；而在**极端贫困**的情况下，必须重新开始争取必需品的斗争，全部陈腐污浊的东西又要死灰复燃”[②]。因此，在共产主义社会的第一阶段即社会主义社会，无产阶级的主要任务，将是“尽可能快地增加生产力的总量”[③]。

（四）按劳分配和按需分配

马克思、恩格斯提出了共产主义社会发展阶段的设想。马克思指出：“我们这里所说的是这样的共产主义社会，它不是在它自身基础上已经**发展了的**，恰好相反，是刚刚从资本主义社会中**产生出来的**，因此它在各方面，在经济、道德和精神方面都还带着它脱胎出来的那个旧社会的痕迹。所以，每一个生产者，在做了各项扣除以后，从社会领回的，正好是他给予社会的。他给予社会的，就是他个人的劳动量。……他从社会领得一张凭证，证明他提供了多少劳动（扣除他为公共基金而进行的劳动），他根据这张凭证从社会储存中领得一份耗费同等劳动量的消费资料。”[④] 因此，在共产主义社会的第一阶段，个人生活资料还只能根据个人的劳动量实行按劳分配。而“在共产主义社会高级阶段，在迫使个人奴隶般地服从分工的情形已经消失，从而脑力劳动和体力劳动的对立也随之消失之后；在劳动已经不仅仅是谋生的手段，而且本身成了生活的第一需要之后；在随着个人的全面发展，他们的生产力也增长起来，而集体财富的一切源泉都充分涌流之后，——只有在那个时候，才能完全超出资产阶级权利的狭隘眼界，社会才能在自己的旗帜上写上：各尽所能，按需分配！”[⑤]

（五）消灭阶级对立，建立自由人的联合体

马克思、恩格斯认为，在未来社会阶级将被消灭，国家将自行消亡。他们认为，无产阶级在消灭旧的生产关系的同时，“也就消灭了阶级对立的存在条件，消灭了阶级本身的存在条件，从而消灭了它自己这个阶级的统治”[⑥]。“当阶级差别在发展进程中已经消失而全部生产集中在联合起来的个人的手里的时候，公共

① 《马克思恩格斯文集》第 1 卷，人民出版社 2009 年版，第 569 页。
② 《马克思恩格斯文集》第 1 卷，人民出版社 2009 年版，第 538 页。
③ 《马克思恩格斯文集》第 2 卷，人民出版社 2009 年版，第 52 页。
④ 《马克思恩格斯文集》第 3 卷，人民出版社 2009 年版，第 434 页。
⑤ 《马克思恩格斯文集》第 3 卷，人民出版社 2009 年版，第 435—436 页。
⑥ 《马克思恩格斯文集》第 2 卷，人民出版社 2009 年版，第 53 页。

权力就失去政治性质。”① 恩格斯指出：“随着社会生产的无政府状态的消失，国家的政治权威也将消失。人终于成为自己的社会结合的主人，从而也就成为自然界的主人，成为自身的主人——自由的人。”② “只是从这时起，人们才完全自觉地自己创造自己的历史……这是人类从必然王国进入自由王国的飞跃。”③ 马克思、恩格斯指出：“代替那存在着阶级和阶级对立的资产阶级旧社会的，将是这样一个联合体，在那里，每个人的自由发展是一切人的自由发展的条件。”④

马克思、恩格斯关于未来社会的科学构想，为建立包括社会主义经济制度在内的社会主义制度提供了基本的理论依据。但必须看到，马克思、恩格斯提出的未来社会的总体原则和设想，是基于在发达资本主义国家进行社会主义革命而提出的，是根据社会发展的总趋势所做的一种科学预见，并非未来社会及其演进的详细蓝图，不能看作一成不变的教条，而应该根据各国不同的历史条件和具体实践，探索符合实际的建设社会主义的道路。

二、十月革命和社会主义的最初探索

（一）十月革命与第一个社会主义国家的诞生

科学社会主义从理论到实践的飞跃，首先是在列宁领导的俄国实现的。19世纪末20世纪初，资本主义从自由竞争进入垄断阶段。当时的俄国成为各种矛盾的焦点和帝国主义链条中的薄弱环节。列宁在《帝国主义是资本主义的最高阶段》等一系列著作中，科学地剖析了帝国主义的经济基础、深刻矛盾和危机，揭示了帝国主义经济政治发展不平衡的规律，提出了社会主义可能首先在一国或数国取得胜利的新论断，并在实践中领导俄国人民取得了十月革命的伟大胜利。与此同时，列宁也对帝国主义时代的民族与殖民地的特殊地位做了阐述，指明了民族解放运动的方向。

在第一次世界大战进程中，1917年3月（俄历2月），饱受帝国主义世界大战之苦的俄国爆发了二月革命。二月革命后，俄国出现了工农民主专政的苏维埃与资产阶级临时政府两个政权并存的局面。1917年4月，列宁根据二月革命后的形势，向布尔什维克党明确提出了为争取社会主义革命胜利而斗争和建

---

① 《马克思恩格斯文集》第2卷，人民出版社2009年版，第53页。
② 《马克思恩格斯文集》第3卷，人民出版社2009年版，第566页。
③ 《马克思恩格斯文集》第3卷，人民出版社2009年版，第564—565页。
④ 《马克思恩格斯文集》第2卷，人民出版社2009年版，第53页。

立无产阶级专政的任务。资产阶级临时政府采取血腥手段对付布尔什维克党，在这种情况下，布尔什维克党制定了武装起义夺取政权的社会主义革命的行动方针。1917 年 11 月 7 日（俄历 10 月 25 日），列宁领导俄国工人阶级举行武装起义，推翻了资产阶级临时政府，夺取了政权。当晚，苏维埃第二次全国代表大会在当时的彼得格勒市的斯莫尔尼宫召开，大会通过了列宁起草的《告工人、士兵和农民书》，宣布政权已掌握在无产阶级手中，要求各地的全部政权转归苏维埃。在这次大会上，选出了新的苏维埃中央委员会，成立了苏维埃政府，列宁当选为人民委员会主席。经过短短几个月的时间，苏维埃政权便在全国各地建立起来。俄国十月革命取得了伟大胜利。

俄国十月革命的胜利是人类历史上一次划时代的历史事件，它彻底推翻了人剥削人、人压迫人的制度，建立了人类历史上第一个由工人阶级掌握政权的国家。十月革命的胜利鼓舞了世界工人阶级的斗志，进一步推动了马克思列宁主义在全世界的传播。

（二）战时共产主义

十月革命胜利后，俄国新生的工人阶级政权面临着国内外反动势力的疯狂反抗，国内叛乱和外国武装干涉席卷而来。从 1918 年下半年起，帝国主义国家联合发动了对苏维埃政权的武装干涉，同时俄国国内也爆发了战争。为了赢得这场战争，保卫年轻的苏维埃政权，建设社会主义新社会，列宁建议实施以消灭商品货币关系为主要特征的战时共产主义政策。战时共产主义在经济上的措施主要有两个方面：在农村实行余粮征集制；在城市实行物资供给制。正如列宁后来所说："为了拯救国家，拯救军队，拯救工农政权，当时必须这样做。"①

战时共产主义政策的实施，对粉碎帝国主义的武装干涉和镇压国内反革命叛乱、保卫新生的苏维埃政权发挥了重要作用。但是，长期实行战时共产主义政策，不仅使工农关系和城乡关系都处于非常紧张的状态，而且使国民经济活力不足，严重制约了生产力的发展。后来，列宁在总结战时共产主义的经验时说，"我们为热情的浪潮所激励，我们首先激发了人民的一般政治热情，然后又激发了他们的军事热情，我们曾计划依靠这种热情直接实现与一般政治任务和军事任务同样伟大的经济任务。我们计划（说我们计划欠周地设想也许较确切）用无产阶级国家直接下命令的办法在一个小农国家里按共产主义原则来调

① 《列宁全集》第 41 卷，人民出版社 2017 年版，第 10 页。

整国家的产品生产和分配。现实生活说明我们错了。为了**作好**向共产主义过渡的**准备**（通过多年的工作来准备），需要经过国家资本主义和社会主义这些过渡阶段。不能直接凭热情，而要借助于伟大革命所产生的热情，靠个人利益，靠同个人利益的结合，靠经济核算，在这个小农国家里先建立起牢固的桥梁，通过国家资本主义走向社会主义”①。

（三）新经济政策

1921 年俄共（布）召开第十次代表大会，决定从战时共产主义政策过渡到实行以发展商品经济为主要特征的新经济政策。实施新经济政策，最主要的措施是实行经济核算制、租借制和租让制。在国民经济中除了社会主义国有经济和合作社经济成分外，允许个体经济、私人资本主义经济和国家资本主义经济成分存在。新经济政策的实施对促进国民经济迅速恢复和发展起到了积极作用。

新经济政策的实施，表明列宁社会主义建设思想有了重要发展，这集中体现在：第一，把建设社会主义作为一个长期探索、不断实践的过程；第二，把大力发展生产力、提高劳动生产率放在首要地位；第三，在多种经济成分并存的情况下，利用商品、货币和市场发展经济；第四，利用国家资本主义的发展来搭建通向社会主义的桥梁。

（四）工业化与集中计划经济体制的建立

列宁逝世后，在斯大林领导下，苏联建立了社会主义经济制度。在这一过程中，国家一方面采取种种措施发展重工业，以保证建立国民经济的现代物质技术基础；另一方面通过在工业和城市实行国家所有制、在农业和农村实行集体所有制，并采取多方面措施，限制、改造资本主义经济成分，使社会主义经济成分在国民经济的一切部门都占据了统治地位。在实现国家工业化的过程中，苏联建立了高度集中的计划经济体制。

苏联的社会主义经济制度，适应了在相对落后的国家建设社会主义的迫切需要，克服了资本主义市场经济的弊端，通过有计划地组织生产、配置资源，集中力量推进国家的工业化，取得了巨大的发展成就，在一定程度上显示了社会主义制度的优越性。从 1928 年实施“一五”计划开始到 1941 年，短短 13 年间，苏联的工业化取得重大突破，社会总产值增长了 3.5 倍，工业生产增长了

① 《列宁专题文集 论社会主义》，人民出版社 2009 年版，第 247 页。

5.5倍，工业总产值跃居世界第二位、欧洲第一位，苏联在短时期内由一个落后的农业国变成了举世公认的社会主义工业强国。在第二次世界大战期间，苏联社会主义经济制度和物质技术基础发挥了积极作用，为世界反法西斯战争胜利作出了重要贡献。

但是，随着时间的推移，苏联经济体制中存在的高度集权和排斥市场机制的严重弊端也逐渐显现出来，阻碍了生产力的进一步发展和人民生活水平的提高。20世纪80年代末90年代初，苏联解体，社会主义遭遇严重的挫折。苏联的社会主义制度没有能够坚持下来，根本原因是没有在坚持马克思列宁主义和十月革命开辟的社会主义道路的前提下，不断完善社会主义生产关系和上层建筑，以进一步解放和发展社会生产力。苏联社会主义经济建设中的经验教训是多方面的，需要正确总结和深刻反思。

三、社会主义经济制度在中国的建立和发展

（一）中华人民共和国的成立

1840年鸦片战争以后，由于外国列强的侵入，中国一步一步地沦为半殖民地半封建社会，生产力水平低下，经济文化十分落后，发展也极不平衡，机器生产的现代化工业在国民经济中只占约10%，其余90%左右都是落后的、分散的个体农业经济和手工业经济。重要的工业部门、交通、批发商业、对外贸易和银行等国民经济命脉掌握在官僚资本和帝国主义手里，土地掌握在封建地主手中。帝国主义、封建主义、官僚资本主义勾结在一起，对劳动人民的残酷剥削和压迫，严重地束缚了生产力的发展。伟大的革命先行者孙中山领导的辛亥革命，推翻了清王朝，结束了2000多年的封建帝制。但是，中国半殖民地半封建社会的性质并没有改变。无论是北洋政府、国民党，还是其他资产阶级和小资产阶级政治派别，都没有也不可能找到国家和民族的出路。只有中国共产党，把马克思主义基本原理同中国实际相结合，才找到了民族复兴的正确道路，这就是彻底推翻帝国主义、封建主义和官僚资本主义的反动统治，并走向社会主义，最终实现共产主义。中国共产党领导各族人民进行新民主主义革命，经历北伐战争、土地革命战争、抗日战争和解放战争，终于在1949年取得了革命的胜利，建立了中华人民共和国。

中华人民共和国的成立，标志着中国人民从此站起来了。自此，帝国主义列强压迫中国、奴役中国人民的历史结束了，中华民族一洗近百年来的屈辱，

开始以崭新的姿态屹立于世界民族之林。封建主义、官僚资本主义等极少数剥削者统治劳动人民的历史结束了，劳动人民成了国家、社会的主人。军阀割据、战乱频仍、匪患不断的历史结束了，全国各族人民开始过上安居乐业的新生活。

（二）社会主义改造与社会主义经济制度的建立

新中国成立后，中国共产党带领人民在迅速医治战争创伤、恢复国民经济的基础上，不失时机地提出了过渡时期总路线，创造性地完成了由新民主主义革命向社会主义革命的转变，开辟了一条具有中国特色的社会主义改造道路。对资本主义工商业，创造了委托加工、计划订货、统购包销、委托经销代销、公私合营、全行业公私合营等一系列从低级到高级的国家资本主义的过渡形式，最后实现了马克思和列宁曾经设想、其他社会主义国家未能实行的对资产阶级的和平赎买。对个体农业，遵循自愿互利、典型示范和国家帮助的原则，创造了从临时互助组和常年互助组，发展到半社会主义性质的初级农业生产合作社，再发展到社会主义性质的高级农业生产合作社的过渡形式。对于个体手工业的改造，也采取了类似的方法。

由于缺乏经验和工作中的急躁情绪，在社会主义改造的过程中也存在要求过急、工作过粗、改变过快、形式过于简单划一等问题。但是，从总体上讲，在一个几亿人口的大国中比较顺利地实现了如此复杂、困难和深刻的社会变革，促进了工农业和整个国民经济的发展，这的确是伟大的历史性胜利。这一胜利，使中国这个占世界四分之一人口的东方大国进入了社会主义社会，成功地实现了中国历史上最深刻最伟大的社会变革。

（三）社会主义经济建设的艰辛探索

社会主义改造基本完成以后，中国开始转入大规模的社会主义建设，国民经济发展日新月异，计划经济体制得以建立并在社会主义建立初期的实践中发挥了重要作用。1956 年 4 月，毛泽东发表《论十大关系》，初步总结了我国社会主义建设的经验，提出“以苏为鉴”，积极探索适合我国国情的社会主义建设道路。在社会主义经济建设方面，毛泽东强调：要实行以农业为基础、以工业为主导的方针，正确处理重工业、轻工业和农业的关系；坚持工业和农业并举、重工业和轻工业并举、中央工业和地方工业并举、大中小企业并举等“两条腿走路”的方针；正确解决好综合平衡的问题，处理好积累和消费、生产和生活的问题，处理好国家、集体和个人的关系，统筹兼顾、适当安排。1956 年

9 月，中国共产党第八次全国代表大会召开。党的八大正确分析了社会主义改造完成后中国社会的主要矛盾和主要任务。大会指出：社会主义制度在我国已经基本上建立起来；国内主要矛盾已经不再是工人阶级和资产阶级的矛盾，而是人民对于建立先进的工业国的要求同落后的农业国的现实之间的矛盾，是人民对于经济文化迅速发展的需要同当前经济文化不能满足人民需要的状况之间的矛盾；全国人民的主要任务是集中力量发展社会生产力，实现国家工业化，逐步满足人民日益增长的物质和文化需要。

从 1956 年社会主义改造基本完成到 1966 年“文化大革命”发动前的 10 年中，中国大规模推进工业化，集中使用有限的物力和财力进行重点建设，取得了很大的成就，为社会主义现代化的建设打下了坚实的物质技术基础。但在这 10 年的发展过程中，也经历了曲折，在指导方针上有过“左”的严重失误，发生过脱离中国国情、违背经济规律的“大跃进”，使国民经济遭受严重损失。

1966 年 5 月至 1976 年 10 月的“文化大革命”，是一场给党、国家和各族人民带来严重灾难的内乱，使社会主义经济建设遭到挫折。由于全党和广大人民群众的共同努力，国民经济在十分困难的条件下仍然取得了一定的发展，粮食生产保持了比较稳定的增长，在工业交通、基本建设和科学技术方面都取得了重要成就。

经过近 30 年的奋斗，我国逐步建立了独立的比较完整的工业体系和国民经济体系，改变了旧中国一穷二白的落后面貌，积累起在中国这样一个社会生产力水平十分落后的东方大国进行社会主义建设的重要经验。1949—1978 年，工农业总产值年均增长 8.2%，不仅高于同期发达国家，也高于其他发展中国家。1978 年，钢、原油、原煤、水泥、化肥的产量分别是 1952 年的 23.54 倍、236.48 倍、9.36 倍、22.81 倍、222.89 倍；发电量是 1952 年的 31.15 倍；汽车、拖拉机、飞机制造和电子、石油化工等工业部门，更是从无到有。铁路、公路、水运、空运和邮电事业都有了很大的发展。尖端科学技术也取得了巨大成就，成功爆炸了原子弹、氢弹，发射了人造地球卫星。社会主义建设的艰辛探索和实践，为新的历史时期中国特色社会主义的发展提供了宝贵经验、理论准备、物质基础。

四、中国特色社会主义经济建设

改革开放以来，中国共产党人把马克思主义基本原理同中国改革开放的具体实际相结合，团结带领人民进行建设中国特色社会主义新的伟大实践，使中国大踏步赶上了时代，实现了中华民族从站起来到富起来的伟大飞跃。

正确认识党和人民事业所处的历史方位和发展阶段，是我们党明确阶段性中心任务、制定路线方针政策的根本依据，也是我们党领导革命、建设、改革不断取得胜利的重要经验。党的十一届三中全会以后，中国共产党从实际出发，提出了我国的社会主义社会还处在初级阶段的论断，明确了社会主义初级阶段的主要矛盾、根本任务、基本纲领、基本制度和发展战略等一系列重大问题，为坚持和发展中国特色社会主义提供了总依据。

中国处于社会主义初级阶段，这一重大理论和实践命题包括两层含义：第一，就中国现阶段的社会性质来看，已经是社会主义社会，因此，必须坚持而不能离开社会主义。第二，就中国目前社会主义社会的成熟程度来看，它还处在初级阶段，必须认清这个现实，决不能超越这个阶段。

社会主义是共产主义的初级阶段，而中国又处在社会主义的初级阶段，就是不发达的阶段。在我们这样的东方大国，经过新民主主义走上社会主义道路，这是伟大的胜利。但是，我国进入社会主义的时候，就生产力发展水平来说，还远远落后于发达国家。这就决定了必须在社会主义条件下经历一个相当长的初级阶段，去实现工业化和现代化，完善社会主义制度，提高人民的生活水平，为建设发达的社会主义并最终实现共产主义创造物质基础。

社会主义的根本任务是发展社会生产力。在社会主义初级阶段，尤其要把集中力量发展社会生产力摆在首要地位。必须以经济建设为中心，坚持四项基本原则，坚持改革开放，集中力量把经济建设搞上去，把人民生活搞上去，推动社会主义经济建设、政治建设、文化建设、社会建设、生态文明建设的全面展开，建设富强民主文明和谐美丽的社会主义现代化强国。

改革开放是坚持和发展中国特色社会主义的必由之路。中国特色社会主义经济建设的核心，就是在社会主义条件下发展市场经济，不断解放和发展生产力。改革开放以来，我国坚持公有制为主体、多种所有制经济共同发展；坚持按劳分配为主体、多种分配方式并存；坚持把社会主义制度和市场经济有机结合起来，极大解放和发展了社会生产力，增强了社会活力，提高了人民群众的生活水平，创造了经济长期快速发展的奇迹，中国特色社会主义经济生机勃勃、充满活力，显示出了强大的优势。

第二节　新时代中国特色社会主义经济建设

一、中国特色社会主义进入新时代

党的十九大报告指出，“经过长期努力，中国特色社会主义进入了新时代”①。中国特色社会主义新时代的提出，明确了我国社会发展新的历史方位，具有重大而深远的意义。

党的十八大以来，以习近平同志为核心的党中央科学研判和深刻把握当今世界和中国的发展大势，顺应人民意愿，举旗定向，谋篇布局，攻坚克难，创造性地提出一系列新理念新思想新战略，出台了一系列重大方针、政策和举措，取得了全方位的、开创性的历史性成就，发生了深层次的、根本性的历史性变革，党和国家的事业全面开创了新局面，推动中国特色社会主义进入新时代。

什么是新时代？党的十九大报告做了明确概括：“这个新时代，是承前启后、继往开来、在新的历史条件下继续夺取中国特色社会主义伟大胜利的时代，是决胜全面建成小康社会、进而全面建设社会主义现代化强国的时代，是全国各族人民团结奋斗、不断创造美好生活、逐步实现全体人民共同富裕的时代，是全体中华儿女勠力同心、奋力实现中华民族伟大复兴中国梦的时代，是我国日益走近世界舞台中央、不断为人类作出更大贡献的时代。”②

中国特色社会主义进入新时代，我国社会主要矛盾已转化为人民日益增长的美好生活需要和不平衡不充分的发展之间的矛盾。我国是在生产力落后、商品经济不发达条件下进入社会主义社会的，长期处于社会主义初级阶段，社会物质文化生产的发展远远不能满足人民日益增长的需要，落后的生产与人民不断增长的需要之间的矛盾十分突出，严重制约了社会主义制度优越性的发挥。党的十一届三中全会以后，我们党科学分析了我国社会主义初级阶段的主要矛盾，明确提出，在社会主义改造基本完成以后，我国所要解决的主要矛盾是人民日益增长的物质文化需要同落后的社会生产之间的矛盾，党和国家工作的重点必须转移到以经济建设为中心的社会主义现代化建设上来，大力发展社会生产力，并在这个基础上逐步改善人民的物质文化生活。这一重要论断，为改革

---

① 习近平：《决胜全面建成小康社会　夺取新时代中国特色社会主义伟大胜利——在中国共产党第十九次全国代表大会上的报告》，人民出版社2017年版，第10页。

② 习近平：《决胜全面建成小康社会　夺取新时代中国特色社会主义伟大胜利——在中国共产党第十九次全国代表大会上的报告》，人民出版社2017年版，第10—11页。

开放的顺利推进、为中国特色社会主义事业的成功实践提供了科学指引。但是，社会的主要矛盾并不是固定不变的。社会发展到今天，我国社会生产力和生产关系、经济基础和上层建筑都发生了深刻变化，主要矛盾的两个方面即人民需要和社会生产也都发生了深刻变化。一方面，我国稳定解决了十几亿人的温饱问题，全面建成小康社会，人民的美好生活需要日益广泛，不仅对物质文化生活提出了更高要求，而且在民主、法治、公平、正义、安全、环境等方面的要求日益增长；另一方面，我国社会生产力水平总体上显著提高，社会生产能力在很多方面进入世界前列，更加突出的问题是发展不平衡不充分，这已经成为满足人民日益增长的美好生活需要的主要制约因素。

我国社会主要矛盾的变化是关系全局的历史性变化，对党和国家工作提出了许多新要求。我们要在继续推动发展的基础上，着力解决好发展不平衡不充分的问题，大力提升发展质量和效益，更好满足人民在经济、政治、文化、社会、生态文明等方面日益增长的需要，更好推动人的全面发展和社会的全面进步。

二、决胜全面建成小康社会、决战脱贫攻坚

全面建成小康社会，是我国社会主义现代化建设进程中的一个重要里程碑。改革开放之初，我们党对我国社会主义现代化建设作出战略安排，提出“三步走”战略目标①。其中，解决人民的温饱问题、人民生活达到小康水平这两个战略目标，已分别在 20 世纪 80 年代末和 20 世纪末顺利实现。2002 年，党的十六大指出，在 21 世纪头 20 年，要集中力量全面建设惠及十几亿人口的更高水平的小康社会，使经济更加发展、民主更加健全、科教更加进步、文化更加繁荣、社会更加和谐、人民生活更加殷实；然后再奋斗 30 年，到新中国成立 100 年时，基本实现现代化，把我国建成社会主义现代化国家。党的十七大对全面建设小康社会的愿景做了进一步的描绘。党的十八大进一步确认了“两个一百年”奋斗目标。

党的十八大以来，以习近平同志为核心的党中央提出了全面建成小康社会新

---

① “三步走”战略目标的主要内容是：第一步到 20 世纪 80 年代末，实现国民生产总值比 1980 年翻一番，解决人民的温饱问题；第二步到 20 世纪末，使国民生产总值再增长一倍，人民生活达到小康水平；第三步到 21 世纪中叶，人均国民生产总值达到中等发达国家水平，人民生活比较富裕，基本实现现代化。

的目标要求。“十三五”时期是全面建成小康社会的决胜阶段。2015 年 10 月，《中共中央关于制定国民经济和社会发展第十三个五年规划的建议》提出，今后 5 年，要在已经确定的全面建成小康社会目标要求的基础上，努力实现以下新的目标要求：经济保持中高速增长，在提高发展平衡性、包容性、可持续性的基础上，到 2020 年国内生产总值和城乡居民人均收入比 2010 年翻一番；人民生活水平和质量普遍提高，我国现行标准下农村贫困人口实现脱贫，贫困县全部摘帽，解决区域性整体贫困；国民素质和社会文明程度显著提高；生态环境质量总体改善；各方面制度更加成熟更加定型等。在党的十八届五中全会上，习近平强调：“今后 5 年党和国家各项任务，归结起来就是夺取全面建成小康社会决胜阶段的伟大胜利，实现第一个百年奋斗目标。”① 党的十九大进一步号召全党：决胜全面建成小康社会，夺取新时代中国特色社会主义伟大胜利。

以习近平同志为核心的党中央围绕全面建成小康社会的历史任务，紧扣新时代社会主要矛盾的变化，着眼于我国经济的长远发展，以提高发展质量和效益为中心，统筹推进“五位一体”总体布局，沉着应对问题和挑战，下大力气破解制约全面建成小康社会的重点、难点问题，经济发展取得了新的重大历史性成就。

党中央观大势、谋全局，综合分析世界经济长周期和我国经济发展的阶段性特征及其相互作用，提出了我国经济发展进入新常态，已由高速增长阶段转向高质量发展阶段，正处在转变发展方式、优化经济结构、转换增长动力的攻关期；根据新阶段我国经济发展的新形势新要求，提出了创新、协调、绿色、开放、共享的新发展理念，形成以新发展理念为指导、以供给侧结构性改革为主线、以建设现代化经济体系为战略目标的政策框架，着力破解我国经济发展的难题，发展的质量和效益不断提高。2020 年，我国国内生产总值 1015986 亿元，经济总量首破 100 万亿元大关，稳居世界第二，占世界经济的比重约为 17%。我国生产力水平大飞跃，形成全世界最完整的现代工业体系，成为唯一拥有联合国产业分类当中全部工业门类的国家，220 多种工业产品的产量居全球第一，制造业增加值占世界的比重接近 30%。创新第一动力持续增强，根据世界知识产权组织发布的全球创新指数报告，2020 年中国创新能力居全球第 14 位，排名连续多年上升。重大科技成果持续涌现，探月工程、火星探测、卫星

---

① 《习近平谈治国理政》第二卷，外文出版社 2017 年版，第 71 页。

导航、海洋深潜、量子计算等领域捷报频传。生态环境持续改善，防治污染、修复生态、节约资源，环境保护各项工作取得重要进展，2016—2019 年全国单位 GDP 能耗同比降低 13.2%，全国 337 个地级及以上城市空气质量优良天数比率达 82%，地表水质量达到或好于Ⅲ类水体比例达 74.9%。

全面建成小康社会的突出短板主要是在民生领域，发展的不平衡不充分在很大程度上也表现在民生保障方面。为补齐短板、保障民生，我们党坚持以人民为中心的发展思想，紧紧抓住人民群众最关心最直接最现实的利益问题，在公共服务、扶贫、就业、收入、社会保障等领域推出了一系列重大战略举措，人民群众获得感、幸福感、安全感不断增强。2020 年，全国居民人均可支配收入比 2010 年实际增长 100.8%，人均国内生产总值超过 1 万美元；建成世界上规模最大的社会保障体系，基本医疗保险覆盖超过 13 亿人，基本养老保险覆盖近 10 亿人。

全面建成小康社会，最艰巨、最繁重的任务在农村，特别是在贫困地区。农村几千万贫困人口全部脱贫，是决胜全面建成小康社会的底线任务和标志性指标。党的十八大以来，以习近平同志为核心的党中央把脱贫攻坚纳入“五位一体”总体布局和“四个全面”战略布局，摆到治国理政的突出位置，采取一系列具有原创性、独特性的重大举措，组织实施了人类历史上规模空前、力度最大、惠及人口最多的脱贫攻坚战。经过 8 年持续奋斗，脱贫攻坚目标任务如期完成，困扰中华民族几千年的绝对贫困问题得到历史性解决，贫困人口全部实现不愁吃、不愁穿，全面实现义务教育，基本医疗、住房安全和饮水安全有保障，人民群众获得感、幸福感、安全感显著增强，取得了令全世界刮目相看的伟大胜利，创造了人类减贫史上的奇迹。

全面建成小康社会取得伟大历史性成就，决战脱贫攻坚取得决定性胜利，使中华民族伟大复兴向前迈出了新的一大步，实现了从大幅落后于时代到大踏步赶上时代的新跨越。在此基础上，我国进入全面建设社会主义现代化国家的新发展阶段。

三、中国进入新发展阶段

党的十九届五中全会提出，全面建成小康社会、实现第一个百年奋斗目标之后，我们要乘势而上开启全面建设社会主义现代化国家新征程、向第二个百年奋斗目标进军，这标志着我国进入了一个新发展阶段。习近平强调，“全面建设社会主义现代化国家、基本实现社会主义现代化，既是社会主义初级阶段我国发展的要求，也是我国社会主义从初级阶段向更高阶段迈进的要求”①。

党的十一届三中全会后，我们党在科学把握国情的基础上，及时作出我国处于并将长期处于社会主义初级阶段的科学论断，这是坚持和发展中国特色社会主义的总依据。但是，社会主义初级阶段不是静态、一成不变、停滞不前的，而是一个阶梯式递进、不断发展进步、日益接近质的飞跃的量的积累和发展变化的过程。新发展阶段，是我们党带领人民迎来从站起来、富起来到强起来历史性跨越的新阶段；是我国社会主义初级阶段经过几十年积累，拥有开启新征程、实现新的更高目标的雄厚物质基础，站到了新的起点上的一个新阶段，也是我国社会主义发展进程中的一个重要阶段。

党的十九届五中全会着眼“两个一百年”奋斗目标的有机衔接、接续推进，把握全面建设社会主义现代化国家的目标要求，提出了到2035年基本实现社会主义现代化的远景目标。展望2035年，我国经济实力、科技实力、综合国力将大幅跃升，经济总量和城乡居民人均收入将迈上新的台阶，关键核心技术实现重大突破，进入创新型国家前列；基本实现新型工业化、信息化、城镇化、农业现代化，建成现代化经济体系；基本实现国家治理体系和治理能力现代化，人民平等参与、平等发展权利得到充分保障，基本建成法治国家、法治政府、法治社会；建成文化强国、教育强国、人才强国、体育强国、健康中国，国民素质和社会文明程度达到新高度，国家文化软实力显著增强；广泛形成绿色生产生活方式，碳排放达峰后稳中有降，生态环境根本好转，美丽中国建设目标基本实现；形成对外开放新格局，参与国际经济合作和竞争新优势明显增强；人均国内生产总值达到中等发达国家水平，中等收入群体显著扩大，基本公共服务实现均等化，城乡区域发展差距和居民生活水平差距显著缩小；平安中国建设达到更高水平，基本实现国防和军队现代化；人民生活更加美好，人的全面发展、全体人民共同富裕取得更为明显的实质性进展。我国进入新发展阶段的发展蓝图，展现了我国社会主义现代化的灿烂前景，极大地凝聚起全党全国各族人民的磅礴伟力，向着既定目标奋勇前进。

现代化是生产力发展的客观要求，是人类社会发展的必然趋势。但是，世

---

① 《深入学习坚决贯彻党的十九届五中全会精神 确保全面建设社会主义现代化国家开好局》，《人民日报》2021年1月12日。

界上不存在定于一尊的现代化模式，也不存在放之四海而皆准的现代化标准。我们所推进的现代化，是具有中国特色的现代化，是社会主义现代化。我国现代化是人口规模巨大的现代化，是全体人民共同富裕的现代化，是物质文明和精神文明相协调的现代化，是人与自然和谐共生的现代化，是走和平发展道路的现代化。毛泽东说过，“中国应当对于人类有较大的贡献”①。邓小平指出：“衡量我们是不是真正的社会主义国家，不但要使我们自己发展起来，实现四个现代化，而且要能够随着自己的发展，对人类做更多的贡献。”② 中国式现代化既切合中国实际，体现了社会主义建设规律，也体现了人类社会的发展规律。在新发展阶段，我国要坚定不移推进中国式现代化，以中国式现代化推进中华民族伟大复兴，不断为人类作出新的更大贡献。

进入新发展阶段，我国经济社会发展的内外环境面临一系列深刻变化。从国际看，当今世界正经历百年未有之大变局，新一轮科技革命和产业变革深入发展，同时经济全球化遭遇逆流，新冠肺炎疫情影响广泛深远，不稳定性、不确定性明显增加。从国内看，我国已转向高质量发展阶段，制度优势显著，治理效能提升，经济长期向好，物质基础雄厚，人力资源丰富，市场空间广阔，发展韧性强劲，社会大局稳定，继续发展具有多方面优势和条件；同时，我国发展不平衡不充分问题仍然突出，重点领域关键环节改革任务仍然艰巨，创新能力不适应高质量发展要求，农业基础还不稳固，城乡区域发展和收入分配差距较大，生态环保任重道远，民生保障存在短板，社会治理还有弱项。我们要深刻认识我国社会主要矛盾变化带来的新特征新要求，深刻认识错综复杂的国际环境带来的新矛盾新挑战，增强忧患意识，坚持底线思维，立足社会主义初级阶段基本国情，认识和把握经济发展规律，准确识变、科学应变、主动求变、抓住机遇、应对挑战。

第三节　坚持以人民为中心的发展

一、新时代社会主义经济发展的根本指针

历史唯物主义认为，物质生产活动是人类最基本也是最重要的实践活动，

① 《毛泽东文集》第七卷，人民出版社 1999 年版，第 157 页。
② 《邓小平年谱（一九七五——一九九七）》上卷，中央文献出版社 2004 年版，第 325 页。

人民群众是历史的创造者，是社会变革的决定力量。坚持人民立场，是无产阶级政党同其他政党的根本区别。习近平指出，“坚持以人民为中心的发展思想。发展为了人民，这是马克思主义政治经济学的根本立场……把增进人民福祉、促进人的全面发展、朝着共同富裕方向稳步前进作为经济发展的出发点和落脚点……部署经济工作、制定经济政策、推动经济发展都要牢牢坚持这个根本立场”①。坚持以人民为中心的发展思想，是新时代社会主义经济发展的根本指针，体现了社会主义基本经济规律的要求。

坚持以人民为中心的发展，体现了社会主义本质特征和社会主义生产目的的要求。“让广大人民群众共享改革发展成果，是社会主义的本质要求，是社会主义制度优越性的集中体现，是我们党坚持全心全意为人民服务根本宗旨的重要体现。”② 社会主义经济发展与资本主义经济发展的根本区别，归根结底体现为是以人民为中心还是以资本为中心，是为了多数人的利益还是为了少数人的利益，这是两种截然不同的发展道路和发展思想。坚持以人民为中心的发展，就是在生产资料社会主义公有制为主体的制度基础上，社会生产以不断满足人民日益增长的需要、实现共同富裕和人的全面发展为根本目的。这是社会主义经济的本质特征，在社会主义经济发展中起着支配性作用。

坚持以人民为中心的发展，决定着社会主义经济发展的一切主要方面和一切主要过程。具体来说，就是要充分发挥市场在资源配置中的决定性作用，更好发挥政府作用，把市场经济的长处和社会主义制度的优势都发挥出来；就是要紧紧抓住经济建设这个中心不动摇，大力发展社会生产力，实现高质量发展，生产出更多更好的物质精神产品以满足人民不断增长的美好生活需要；就是要坚持公有制为主体、多种所有制经济共同发展，毫不动摇地巩固和发展公有制经济，更好地发挥国有经济在保障人民根本利益方面的重大作用，同时毫不动摇地鼓励、支持、引导非公有制经济发展，调动各个经济主体的积极性和创造性；就是要坚持按劳分配为主体、多种分配方式并存，调整收入分配格局，维护社会公平正义；就是要切实保障和改善民生，全面解决好人民群众关心的教育、就业、收入、社会保障、医疗卫生、食品安全等问题，让改革发展

---

① 《十八大以来重要文献选编》下，中央文献出版社 2018 年版，第 4 页。

② 《十八大以来重要文献选编》中，中央文献出版社 2016 年版，第 827 页。

成果更多、更公平、更实在地惠及广大人民群众；就是要健全体制机制，强化以工补农、以城带乡，推动形成工农互促、城乡互补、协调发展、共同繁荣的新型工农城乡关系，让广大农民平等参与现代化进程、共同分享现代化成果；就是要坚持扩大内需这个战略基点，使生产、流通、分配和消费更多依托国内市场，形成国民经济良性循环，加快构建以国内大循环为主体、国内国际双循环相互促进的新发展格局；等等。总之，坚持以人民为中心的发展，是贯穿于中国特色社会主义经济全部过程和一切环节的逻辑主线，只有牢牢把握住这条主线，才能保证我国经济发展沿着正确道路健康发展。

二、坚持以人民为中心的发展的内涵和要求

（一）发展为了人民

坚持以人民为中心，一切为了人民，是马克思主义的根本立场。我们党领导人民干革命、搞建设、抓改革，从根本上说都是为人民谋利益，是为了解放和发展中国人民的生产力，让人民过上好日子。“人民对美好生活的向往，就是我们的奋斗目标。”① 党领导人民进行新民主主义革命，推翻“三座大山”，建立新中国，开展社会主义革命和建设，推进国家的工业化，实行改革开放，全面建设社会主义现代化国家，都是为人民谋利益，都是为了人民过上幸福生活。

进入新时代，人民对美好生活的向往更加强烈，期盼有更好的教育、更稳定的工作、更满意的收入、更可靠的社会保障、更高水平的医疗卫生服务、更舒适的居住条件、更优美的环境、更丰富的精神文化生活。发展为了人民，就是要顺应人民对美好生活的期盼，把握好人民美好生活需要的多样化多层次多方面的特点，始终把人民生命安全和身体健康摆在第一位，着力解决发展不平衡不充分问题，更好满足人民在经济、政治、文化、社会、生态文明等方面日益增长的需要，更好推动人的全面发展。

（二）发展依靠人民

人民群众是真正的英雄，是决定党和国家前途和命运的根本力量，要依靠人民创造伟业。发展依靠人民，就是要坚信人民群众是历史的创造者、是推动社会发展的根本力量，紧密依靠人民群众，确立劳动人民的主体地位，尊重劳

---

① 《习近平谈治国理政》第一卷，外文出版社 2018 年版，第 4 页。

动人民的首创精神，最大限度地发挥劳动人民的聪明智慧，最广泛地动员和组织亿万群众投身中国特色社会主义伟大事业，充分发挥全体人民的积极性、主动性和创造性。

社会主义制度的建立使人民第一次成为社会的主人，为充分地释放和发挥劳动者的潜能、实现人的全面发展提供了广阔空间。做到发展依靠人民，必须坚持公有制的主体地位，健全人民当家作主的制度体系，建立有利于组织、奖励创新的社会主义治理结构，消除抑制劳动人民充分发挥主动性的体制障碍，充分发挥人民群众的主动性、积极性、创造性。

（三）发展成果由人民共享

坚持以人民为中心的发展最终体现在发展成果惠及全体人民上。习近平指出，“共享理念实质就是坚持以人民为中心的发展思想，体现的是逐步实现共同富裕的要求”①。社会主义的根本目的就是要通过解放和发展生产力，建立强大的社会主义物质基础，让发展成果由全体人民共享，实现共同富裕。

发展成果由人民共享和共同富裕在内涵上具有一致性，都是社会主义本质的体现和要求。发展成果由人民共享，强调人民在发展过程中的人人参与和获得感，强调实现共同富裕的具体过程，强调全民对发展成果的全面共享，全面保障人民在各方面的合法权益，为实现共同富裕提供了有效途径。

三、坚持新发展理念

发展理念是发展行动的先导，是发展思路、发展方向、发展着力点的集中体现。发展理念是否对头，从根本上决定着发展成效乃至成败。党的十八大以来，我们党对经济形势进行科学判断，对经济社会发展提出了许多重大理论和理念，对发展理念和思路作出及时调整，其中新发展理念是最重要、最主要的，引导我国经济发展取得了历史性成就，发生了历史性变革。

新发展理念是一个系统的理论体系，回答了关于发展的目的、动力、方式、路径等一系列理论和实践问题，阐明了我们党关于发展的政治立场、价值导向、发展模式、发展道路等重大政治问题，集中体现了我们党对新发展阶段基本特征的深刻洞察和科学把握，标志着我们党对经济社会发展规律的认识达到了新的高度。新时代新阶段，我们要坚持用新发展理念来引领和推动我国经

① 《习近平谈治国理政》第二卷，外文出版社2017年版，第214页。

济高质量发展，不断破解经济发展难题，开创经济发展新局面。

（一）创新发展理念

创新是引领发展的第一动力，创新发展注重的是解决发展动力问题，必须把创新摆在国家发展全局的核心位置，让创新贯穿党和国家的一切工作。马克思、恩格斯在其著作中多次阐述了智力因素和科学技术转化为生产力的观点。他们认为，随着生产力的发展，社会知识作为直接的生产力而发生作用，社会生活越来越受智力的控制和改造，科学技术日益成为直接的生产力。改革开放以来，我国围绕创新发展形成了一系列重大战略思想，包括科教兴国战略、走中国特色自主创新道路、建设创新型国家和实行创新驱动发展战略等。在此基础上，党的十八届五中全会以着力“提高发展质量和效益”为出发点，提出培育发展新动力、拓展发展新空间、深入实施创新驱动发展战略等推动创新发展的政策举措。党的十九大明确提出，创新是引领发展的第一动力，是建设现代化经济体系的战略支撑。党的十九届五中全会强调，坚持创新在我国现代化建设全局中的核心地位，把科技自立自强作为国家发展的战略支撑，面向世界科技前沿、面向经济主战场、面向国家重大需求、面向人民生命健康，深入实施科教兴国战略、人才强国战略、创新驱动发展战略，完善国家创新体系，加快建设科技强国，从而拓展了创新发展的内涵，深化了创新发展的思想。

（二）协调发展理念

协调是持续健康发展的内在要求，协调发展注重的是解决发展不平衡的问题，必须正确处理发展中的重大关系，不断增强发展的整体性。马克思主义政治经济学关于协调发展的思想十分丰富。马克思、恩格斯提出，要有计划调节社会生产和按比例分配社会总劳动。毛泽东提出，统筹兼顾、适当安排、正确处理十大关系。改革开放以来，我国围绕协调发展形成了一系列重大战略思想，包括统筹城乡发展、统筹区域发展、统筹经济社会发展、统筹人与自然和谐发展、统筹国内发展和对外开放等。在此基础上，党的十八届五中全会以着力“形成平衡发展结构”为出发点，提出正确处理发展中的重大关系，重点促进城乡区域协调发展，促进经济社会协调发展，促进新型工业化、信息化、城镇化、农业现代化同步发展，不断增强发展整体性，强调在协调发展中拓宽发展空间，在加强薄弱领域中增强发展后劲。党的十九大则进一步强调，加大力度支持革命老区、民族地区、边疆地区、贫困地区加快发展，建立更加有效的区域协调发展新机制，加快农业转移人口市民化，推动京津冀协同发展、长江经济带发展、粤港澳大湾区建设，坚持陆海统筹，加快建设海洋强国等，从而拓展了协调发展的内涵，深化了协调发展的思想。

（三）绿色发展理念

绿色是永续发展的必要条件和人民对美好生活追求的重要体现，绿色发展注重的是解决人与自然和谐共生的问题，必须实现经济社会发展和生态环境保护协同共进，为人民群众创造良好的生产生活环境。马克思、恩格斯分别在《1844年经济学哲学手稿》《自然辩证法》等著作中提出了人与自然“和解”的观点。他们认为，人类要实现同自然的“和解”，就必须在生产活动中顾及“长远后果”，合理地调节人与自然之间的“物质变换”。这一思想深刻地揭示了绿色发展的本质和途径。改革开放以来，我们党围绕绿色发展形成了一系列重大战略思想，为绿色发展理念的提出奠定了坚实基础。在此基础上，党的十八届五中全会以着力“改善生态环境”为出发点，提出坚持绿色富国、绿色惠民，为人民提供更多优质生态产品，推动形成绿色发展方式和生活方式，系统阐述了推动绿色发展的政策举措。党的十九大提出，我们要建设的现代化是人与自然和谐共生的现代化，既要创造更多物质财富和精神财富以满足人民日益增长的美好生活需要，也要提供更多优质生态产品以满足人民日益增长的优美生态环境需要。党的十九届五中全会强调，坚持绿水青山就是金山银山理念，坚持尊重自然、顺应自然、保护自然，坚持节约优先、保护优先、自然恢复为主，守住自然生态安全边界，构建生态文明体系，促进经济社会发展全面绿色转型，从而拓展了绿色发展的内涵，深化了绿色发展的思想。

（四）开放发展理念

开放是国家繁荣发展的必由之路，开放发展注重的是解决发展内外联动的问题，必须发展更高层次的开放型经济，以扩大开放推进改革发展。马克思主义认为，经济全球化是生产社会化的国际表现，是生产力发展的必然趋势，同时又在生产力与生产关系的矛盾运动中发展变化。改革开放以来，我国围绕开放发展形成了一系列重大战略思想。例如，实行对外开放的基本国策，把积极参与经济全球化同独立自主相结合，坚持“引进来”和“走出去”相结合，统筹国内国际两个大局，充分利用国际国内两个市场、两种资源，奉行互利共赢的开放战略等。在此基础上，党的十八届五中全会以着力“实现合作共赢”为出发点，提出发展更高层次的开放型经济，积极参与全球经济治理和公共产品供给，提高我国在全球经济治理中的制度性话语权，构建广泛的利益共同体。党的十九大则提出，要以“一带一路”建设为重点，形成陆海内外联动、东西双向互济的开放格局，赋予自由贸易试验区更大改革自主权，探索建设自由贸易港，培育贸易新业态新模式，促进国际产能合作等。党的十九届五中全会强调，坚持实施更大范围、更宽领域、更深层次的对外开放，依托我国大市场优势，促进国际合作，实现互利共赢，从而拓展了开放发展的内涵，深化了开放发展的思想。

（五）共享发展理念

共享是中国特色社会主义的本质要求，共享发展注重的是解决社会公平正义的问题，必须坚持全民共享、全面共享、共建共享、渐进共享，不断推进全体人民共同富裕。马克思、恩格斯曾多次明确指出，在未来社会“所有人共同享受大家创造出来的福利”①，“生产将以所有的人富裕为目的”②。改革开放以来，我们党围绕共享发展形成了一系列重大战略思想，包括走共同富裕道路，促进人的全面发展，发展为了人民、发展依靠人民、发展成果由人民共享，加快推进以民生改善为重点的社会建设，等等。在此基础上，党的十八届五中全会以着力“增进人民福祉”为出发点，提出按照人人参与、人人尽力、人人享有的要求，坚守底线、突出重点、完善制度、引导预期，注重机会公平，保障基本民生，实现全体人民共同迈入全面小康社会。党的十九大进一步指出，适应新时代我国社会主要矛盾的变化，必须坚持以人民为中心的发展思想，始终把人民利益摆在至高无上的地位，让改革发展成果更多更公平惠及全体人民，保证全体人民在共建共享发展中有更多获得感，不断促进人的全面发展、全体人民共同富裕，从而拓展了共享发展的内涵，深化了共享发展的思想。

新发展理念是一个整体，坚持创新发展、协调发展、绿色发展、开放发展、共享发展，要完整把握、准确理解、全面落实，把新发展理念贯彻到经济社会发展的全过程和各领域。要抓住主要矛盾和矛盾的主要方面，切实解决影响构建新发展格局、实现高质量发展的突出问题，切实解决影响人民群众生产

---

① 《马克思恩格斯文集》第 1 卷，人民出版社 2009 年版，第 689 页。
② 《马克思恩格斯文集》第 8 卷，人民出版社 2009 年版，第 200 页。

生活的突出问题，真正做到崇尚创新、注重协调、倡导绿色、厚植开放、推进共享，努力用新发展理念来引领和推动我国经济高质量发展。

四、社会主义生产目的及对其认识的发展

社会生产目的是指社会为什么生产和为谁生产，是反映社会生产本质的经济范畴。马克思指出，“说到生产，总是指在一定社会发展阶段上的生产”①。这种生产总是在一定经济关系中，在一定的生产资料所有制基础上进行的。由于不同社会的生产资料所有制不同，生产目的也各不相同。生产目的支配着社会经济的运行和发展过程。

社会主义生产目的体现了社会主义生产的本质，是社会主义经济区别于资本主义经济的重要标志。恩格斯指出，未来社会主义社会，“不仅可能保证一切社会成员有富足的和一天比一天充裕的物质生活，而且还可能保证他们的体力和智力获得充分的自由的发展和运用”②。列宁指出，社会主义生产是要“保证社会**全体**成员的充分福利和自由的全面发展”③，“只有社会主义才可能广泛推行和真正支配根据科学原则进行的产品的社会生产和分配，以便使所有劳动者过最美好的、最幸福的生活”④。这些论述，从不同方面阐明了社会主义生产目的的内涵。

在社会主义经济建设的实践中，我们党坚持把马克思主义政治经济学基本理论与中国实践相结合，不断深化对社会主义生产目的的认识。毛泽东强调“社会主义经济是为人民服务的经济”。⑤ 邓小平指出：“社会主义的目的就是要全国人民共同富裕，不是两极分化。”⑥ 党的十八大以后，我们党提出了以人民为中心的发展思想。习近平反复强调，人民对美好生活的向往，就是我们的奋斗目标；强调“我们党领导人民全面建设小康社会、进行改革开放和社会主义现代化建设的根本目的，就是要通过发展社会生产力，不断提高人民物质文化生活水平，促进人的全面发展”⑦；强调“使我国供给能力更好满足广大人

---

① 《马克思恩格斯文集》第 8 卷，人民出版社 2009 年版，第 6 页。

② 《马克思恩格斯文集》第 3 卷，人民出版社 2009 年版，第 563—564 页。

③ 《列宁全集》第 6 卷，人民出版社 2013 年版，第 413 页。

④ 《列宁选集》第 3 卷，人民出版社 2012 年版，第 546 页。

⑤ 《毛泽东年谱（一九四九——一九七六）》第四卷，中央文献出版社 2013 年版，第 323 页。

⑥ 《邓小平文选》第三卷，人民出版社 1993 年版，第 110—111 页。

⑦ 习近平：《全面贯彻落实党的十八大精神要突出抓好六个方面工作》，《求是》2013 年第 1 期。

民日益增长、不断升级和个性化的物质文化和生态环境需要，从而实现社会主义生产目的”①。党的十九大报告明确指出：“新时代我国社会主要矛盾是人民日益增长的美好生活需要和不平衡不充分的发展之间的矛盾，必须坚持以人民为中心的发展思想，不断促进人的全面发展、全体人民共同富裕”②。坚持以人民为中心的发展思想，在新的历史条件下丰富了社会主义生产目的的内涵，深化和发展了对社会主义生产目的的认识。

在社会主义不同的发展阶段和经济体制下，社会主义生产目的的实现过程具有不同的特点。在马克思、恩格斯的设想中，社会主义生产目的是通过有计划地组织生产、直接满足人们的需要实现的，是以消灭私有制和商品生产为前提的。在现阶段我国社会主义市场经济中，社会主义生产目的是通过市场机制与国家治理的共同作用来实现的。企业生产经营的直接目的是取得最大经济效益，这既可能与社会主义生产目的相一致，也可能产生矛盾。这就要求在发展市场经济实践中，要始终坚持以人民为中心的发展，在宏观层面，把实现社会主义生产目的作为整个经济工作的根本出发点和目标，从制度、体制、政策、治理等各个方面给以保障；在微观层面，要对公有制和非公有制企业等市场主体加强管理和引导，使它们追求经济效益的行为尽可能与满足广大人民群众的需要保持一致，服务于社会主义生产目的。

五、实现全体人民共同富裕

在深刻总结社会主义建设经验和教训的基础上，中国共产党人对社会主义本质的认识不断深化，提出了共同富裕是社会主义的本质特征。改革开放以后，邓小平多次强调共同富裕。他提出：“社会主义最大的优越性就是共同富裕，这是体现社会主义本质的一个东西。”③ 在1992年的南方谈话中，他进一步指出：“社会主义的本质，是解放生产力，发展生产力，消灭剥削，消除两极分化，最终达到共同富裕。”④ 在这一论述中，“达到共同富裕”体现了社会主义生产力和生产关系的统一，体现了社会主义根本任务和根本目的的统

---

① 《习近平谈治国理政》第二卷，外文出版社2017年版，第252页。

② 习近平：《决胜全面建成小康社会 夺取新时代中国特色社会主义伟大胜利——在中国共产党第十九次全国代表大会上的报告》，人民出版社2017年版，第19页。

③ 《邓小平文选》第三卷，人民出版社1993年版，第364页。

④ 《邓小平文选》第三卷，人民出版社1993年版，第373页。

一，体现了社会主义物质基础和社会关系的统一，因而是社会主义本质的集中概括。江泽民指出："实现共同富裕是社会主义的根本原则和本质特征，绝不能动摇。"① 胡锦涛也指出："使全体人民共享改革发展成果，使全体人民朝着共同富裕的方向稳步前进"②。进入新时代，我们走上了创造美好生活、逐步实现全体人民共同富裕的新征程。习近平反复强调，"共同富裕是中国特色社会主义的根本原则"③，"我们推动经济社会发展，归根结底是要实现全体人民共同富裕"④。

实现共同富裕，首先要正确理解共同富裕的科学内涵。在科学社会主义理论中，共同富裕首先是一个与消灭剥削、消除两极分化相联系的制度问题。社会主义生产资料公有制的建立是实现共同富裕的制度前提和基础。只有在生产资料公有制的基础上，与按劳分配制度一起，才能在不断发展生产力的基础上实现劳动者个人财富和社会共同财富的不断增长，进而为实现人的全面发展提供物质基础和社会条件。

实现共同富裕是目标与过程的统一。邓小平指出，"走社会主义道路，就是要逐步实现共同富裕"⑤，"一部分地区、一部分人可以先富起来，带动和帮助其他地区、其他的人，逐步达到共同富裕"⑥。但是，"先富"与"后富"，不是贫富分化，而是富裕程度的差别，差距不能过大。邓小平强调："社会主义与资本主义不同的特点就是共同富裕，不搞两极分化。"⑦ 中国特色社会主义进入新时代，习近平强调："必须始终把人民利益摆在至高无上的地位，让改革发展成果更多更公平惠及全体人民，朝着实现全体人民共同富裕不断迈进。"⑧

新中国成立以来特别是改革开放以来，我们党团结带领人民向着实现共同富裕的目标不懈努力，人民生活水平不断提高。党的十八大以来，我们把脱贫

---

① 《江泽民文选》第一卷，人民出版社 2006 年版，第 466 页。
② 《胡锦涛文选》第二卷，人民出版社 2016 年版，第 291 页。
③ 《习近平谈治国理政》第一卷，外文出版社 2018 年版，第 13 页。
④ 《中共中央关于制定国民经济和社会发展第十四个五年规划和二〇三五年远景目标的建议》，人民出版社 2020 年版，第 54 页。
⑤ 《邓小平文选》第三卷，人民出版社 1993 年版，第 373 页。
⑥ 《邓小平文选》第三卷，人民出版社 1993 年版，第 149 页。
⑦ 《邓小平文选》第三卷，人民出版社 1993 年版，第 123 页。
⑧ 习近平：《决胜全面建成小康社会　夺取新时代中国特色社会主义伟大胜利——在中国共产党第十九次全国代表大会上的报告》，人民出版社 2017 年版，第 45 页。

攻坚作为重中之重，经过8年持续奋斗，如期完成了新时代脱贫攻坚目标任务，在现行标准下农村贫困人口全部脱贫，贫困县全部摘帽，消除了绝对贫困，区域性整体贫困得到解决，近1亿贫困人口实现脱贫。但要清醒地看到，当前我国发展不平衡不充分的问题仍然突出，城乡区域发展和收入分配差距较大，促进全体人民共同富裕是一项长期任务；随着我国开启全面建设社会主义现代化国家新征程，我们必须把促进全体人民共同富裕摆在更加重要的位置，向着这个目标更加积极有为地努力推进。

第四节 坚持和完善社会主义基本经济制度

一、社会主义基本经济制度的发展

中国特色社会主义制度是党和人民在长期实践探索中形成的科学制度体系。基本经济制度是中国特色社会主义制度体系的重要组成部分，反映了中国特色社会主义生产关系的基本特征，表明了中国特色社会主义生产关系与其他生产关系的本质区别，是经济制度体系中具有长期性和稳定性的部分，处于基础性、决定性地位。随着中国特色社会主义事业的不断发展、中国特色社会主义制度的不断完善，中国共产党对社会主义基本经济制度的认识也在不断深化、丰富和发展。

科学社会主义创始人根据人类社会发展规律，科学揭示了社会主义代替资本主义的历史趋势，阐明了未来社会经济制度的基本特征，包括生产资料社会占有、有计划调节社会生产、按劳分配和按需分配、个人自由而全面发展等。恩格斯强调，“所谓‘社会主义社会’不是一种一成不变的东西，而应当和任何其他社会制度一样，把它看成是经常变化和改革的社会”①。新中国成立后，我们党将马克思主义基本原理同中国具体实际相结合，通过社会主义改造，建立了以公有制和按劳分配为主体的社会主义经济制度。

改革开放以后，我们党总结社会主义建设正反两方面的经验，立足社会主义初级阶段的基本国情，围绕坚持和完善社会主义经济制度进行了不懈探索，实现了历史性突破。在所有制方面，坚持公有制的主体地位，同时调整所有制结构，

---

① 《马克思恩格斯文集》第10卷，人民出版社2009年版，第588页。

鼓励个体经济、私营经济、外资经济等健康发展，有力地激发了各类经济主体的活力和创造力；在分配制度方面，尊重经济主体的物质利益，在坚持按劳分配为主体的同时，鼓励资本、技术、土地、知识、管理等其他生产要素参与分配；在经济体制方面，探索社会主义与市场经济的结合、计划与市场的结合，推动传统计划经济体制向社会主义市场经济体制的转变。党的十八大以来，以习近平同志为核心的党中央围绕新时代如何坚持和完善我国社会主义基本经济制度、推动经济高质量发展，在理论和实践的结合中深入探索，取得了一系列新的重要理论和实践成果。着眼于新的实践和发展需要，党的十九届四中全会提出，将公有制为主体、多种所有制经济共同发展，按劳分配为主体、多种分配方式并存，社会主义市场经济体制作为社会主义基本经济制度。这一新概括是对社会主义基本经济制度内涵的重要发展和深化，是新中国成立70多年特别是改革开放40多年社会主义经济建设实践的结晶。

二、社会主义基本经济制度的内涵

社会主义基本经济制度，包括以下三项制度：公有制为主体、多种所有制经济共同发展的所有制；按劳分配为主体、多种分配方式并存的分配制度；社会主义市场经济体制。

上述三项基本经济制度相互联系、相互支持、相互促进，是一个有机整体。马克思主义政治经济学基本原理告诉我们，生产、分配、交换、消费各个环节是紧密联系的统一体，生产环节在其中起着支配作用；生产资料所有制是生产关系的核心，决定着社会的基本性质和发展方向。这是人类社会一般的经济规律。生产决定分配，“分配的结构完全决定于生产的结构。分配本身是生产的产物”①，生产和分配在本质上是同一的。生产决定交换，交换反作用于生产，生产和交换是经济曲线的横坐标和纵坐标，缺一不可。在中国特色社会主义经济中，生产、分配、交换之间的辩证统一关系集中体现为：公有制为主体、多种所有制经济共同发展的生产资料所有制结构是社会主义基本经济制度的核心，在公有制为主体、多种所有制经济共同发展的生产资料所有制结构的基础上，实行按劳分配为主体、多种分配方式并存的分配制度和社会主义市场经济体制。

① 《马克思恩格斯文集》第8卷，人民出版社2009年版，第19页。

这三项基本经济制度作为相互联系、相互作用的有机整体，反映了中国特色社会主义经济制度的本质特征，在我国的经济制度体系中处于基础性、决定性地位，对我国的经济改革、经济运行和经济发展起着决定性影响。在此基础上，形成了包括企业制度、市场制度、宏观管理制度、财政金融制度、社会保障制度、对外经济制度等各项具体制度在内的经济制度的完整体系。社会主义经济制度体系的不断完善，使社会主义生产关系在越来越大的程度上适应了生产力发展的要求，推动了社会主义生产力的不断解放和发展。

三、社会主义基本经济制度的优势

公有制为主体、多种所有制经济共同发展，按劳分配为主体、多种分配方式并存，社会主义市场经济体制构成的社会主义基本经济制度，不仅同我国社会主义初级阶段社会生产力发展水平相适应，还具有不断解放和发展社会生产力、推动经济高质量发展的显著优势。主要是：既有利于发挥公有制经济在保障人民共同利益、增进民生福祉、巩固完善社会主义制度以及在关系国家安全、国民经济命脉和国计民生的重要行业和关键领域的主体作用，又有利于发挥非公有制经济在稳定增长、促进创新、增加就业、改善民生等方面的重要作用，从而推动各种所有制取长补短、相互促进、共同发展，形成推动高质量发展的强大合力；既有利于调动广大劳动者的积极性、主动性、创造性，使全体人民共享改革发展成果，实现共同富裕，又有利于调动各经济主体的积极性，让一切劳动、知识、技术、管理和资本的活力竞相迸发，让一切创造社会财富的源泉充分涌流，实现各尽所能、各得其所，使各种资源都能得到充分有效利用；既有利于发挥市场在资源配置中的决定性作用，发挥市场机制信息灵敏、激励有效、调节灵活、平等开放的优势，增强经济发展的活力和效率，又有利于发挥党总揽全局、协调各方的领导核心作用，发挥政府在健全宏观调控、加强市场监管、优化公共服务、保障公平正义、保护生态环境、维护国家安全、促进共同富裕方面的主导作用。

归结起来，社会主义基本经济制度能够兼顾长远和当前、集体和个人、效率和公平、自由和秩序、自主和开放，使社会主义制度的优越性和市场经济的长处、集中力量办大事的优势和人民群众的首创精神都能得到很好发挥，可以有效避免资本主义市场经济中存在的阶级对立、资本垄断、两极分化、对外掠夺、危机频发等弊端，为生产力持续发展和社会全面进步开辟前所未有的广阔道路。社会主义基本经济制度的巨大优越性，通过新中国成立70多年、改革开放40多年波澜壮阔、气象万千的伟大实践和举世瞩目的发展奇迹，得到了充分证明和生动展现，极大增强了中国人民对中国特色社会主义的制度自信。

四、坚持党对经济工作的集中统一领导

马克思主义认为，经济是政治的基础，政治是经济的集中表现，经济和政治是有机统一的。在社会主义条件下，经济和政治的联系更加紧密，经济和政治之间形成相互促进的良性互动关系。社会主义制度的确立是人类历史上最伟大、最深刻的社会变革，社会主义的目标是要消灭剥削，消除两极分化，实现共同富裕和人的全面发展，建设社会主义并最终实现共产主义。正因为这样，社会主义经济的建立和发展不可能是自发的，而只能在无产阶级政党的领导下、在科学社会主义理论的指导下自觉进行。党的全面领导是社会主义经济建设取得胜利的根本保证。

“中国特色社会主义最本质的特征是中国共产党领导，中国特色社会主义制度的最大优势是中国共产党领导”[①]。党是总揽全局、协调各方的，经济工作是中心工作，党的领导当然要在中心工作中得到充分体现。

第一，党的领导为中国社会经济发展指明了正确方向和前进道路。马克思主义是中国共产党人认识世界、改造世界的锐利思想武器。坚持以马克思主义世界观和方法论分析中国的具体问题，使党能够始终站在时代前列，正确揭示我国社会发展各个不同历史阶段的主要矛盾和发展规律，为中国社会发展指出正确的奋斗目标和行动纲领。中国共产党成立100年来，坚持解放思想和实事求是相统一、培元固本和守正创新相统一，不断开辟马克思主义新境界，产生了毛泽东思想、邓小平理论、“三个代表”重要思想、科学发展观、习近平新时代中国特色社会主义思想，为党和人民事业的发展、为我国经济社会的发展提供了科学理论指导，使我们始终能够洞察历史规律、把握历史主动、锚定奋斗目标，沿着正确方向坚定前进，在经济战线上夺取一个又一个胜利。

---

① 习近平：《决胜全面建成小康社会　夺取新时代中国特色社会主义伟大胜利——在中国共产党第十九次全国代表大会上的报告》，人民出版社2017年版，第20页。

第二，党的领导使中国特色社会主义经济建设具有强大的规划、统筹和组织能力。中国共产党是以马克思主义为根本指导思想、以民主集中制为组织原则的无产阶级政党，党从中央到地方的有机统一的组织体系以及党的执政地位，使中国特色社会主义经济建设能够集中力量办大事，从而促进社会生产力更好更快地发展。党中央权威是危难时刻全党全国各族人民迎难而上的根本依靠，在重大历史关头、重大考验面前，党中央的判断力、决策力、行动力具有决定性作用。党对经济工作的领导突出表现在以下三个方面。

其一，高屋建瓴的战略规划能力。中国共产党从中华民族的根本利益和长远利益出发，在新中国成立后仅仅经过 3 年时间，就在国民经济迅速恢复的基础上提出了实现国家工业化的发展目标；在此后的 20 多年中，我国建立了独立的比较完整的工业体系和国民经济体系，从根本上解决了工业化中“从无到有”的问题；改革开放以后，中国共产党先后提出了“三步走”的中国现代化战略和“两个一百年”奋斗目标；党的十九大又进一步对未来 30 年我国社会主义现代化发展阶段和发展目标进行了宏伟规划。党通过民主集中制，对国民经济和社会发展中的全局性、战略性、前瞻性的重大问题作出研判，据此制定经济社会发展的长远目标和战略规划，“一张好的蓝图一干到底”①，是中国特色社会主义建设的重要特征。

其二，卓有成效的社会领导力、组织力和执行力。在经济建设中，党中央总揽全局、协调各方，有利于充分发挥中国特色社会主义制度集中力量办大事的优势，有效应对重大挑战、抵御重大风险、克服重大阻力、解决重大矛盾。在党的领导体系中，中央研究制定经济社会发展和改革开放的重要方针和政策，研究提出处理重大财经问题、重大生产力布局、重大建设项目的原则和措施；各级党委通过加强对本地区、本部门、本单位经济工作的领导，结合自身实际，把中央决策部署落到实处，确保全国“一盘棋”。

其三，党的领导保障有效的国家经济治理。科学的宏观调控是社会主义市场经济的内在要求，党的总揽全局、协调各方的核心作用，使国家可以构建完整有效的宏观经济治理体系和强大的经济治理能力，有效克服市场的局限和弊病，既有利于从社会的整体和长远利益出发，形成统一的意志和政策，又有利于发扬民主集思广益，推出灵活精准的针对性举措，保证宏观调控

---

① 《习近平谈治国理政》第一卷，外文出版社 2018 年版，第 400 页。

政策适时、适度、有效；既有利于发挥市场在资源配置中的决定性作用，又有利于更好发挥政府作用，使市场经济的长处和社会主义制度的优势有机结合起来。

第三，党的领导有利于发扬社会主义民主，充分调动广大人民群众参与经济建设的积极性、主动性、创造性。没有民主，就没有社会主义，就没有社会主义的现代化。中国共产党领导的独具特色的社会主义民主实践，在经济领域，从经济发展规划编制中社会的广泛参与到重大项目决策听取人民意见，从人大代表和政协委员关于经济建设的建言献策到政府的各类经济决策咨询，从农村家庭联产承包责任制到企业职工代表大会制度等，都体现了人民当家作主的要求，最大限度地保障人民的民主权利，从而使中国特色社会主义经济建设在广纳民智、科学决策、利益表达、民意整合、决策效率等方面具有巨大的优越性。

第四，党的领导使中国特色社会主义经济建设始终以最广大人民的根本利益为出发点。中国共产党作为以马克思主义为指导的无产阶级政党，“没有任何同整个无产阶级的利益不同的利益”①。党的宗旨是全心全意为人民服务，党除了工人阶级和最广大人民群众的利益，没有自己特殊的利益。党在任何时候都把群众利益放在第一位，与群众同甘共苦，保持最密切的联系，坚持权为民所用、情为民所系、利为民所谋，不允许任何党员脱离群众、凌驾于群众之上。事实证明，人民至上是作出正确抉择的根本前提，只要心里始终装着人民，始终把人民利益放在最高位置，就一定能够作出正确决策，确定最优路径，并依靠人民战胜一切艰难险阻。

新中国成立以来特别是改革开放以来，我国经济社会发展之所以能够取得世所罕见的巨大成就，我国人民生活水平之所以能够大幅度提升，都是同我们坚定不移地坚持党的领导、充分发挥各级党组织和全体党员的作用分不开的。在新的历史条件下，能不能驾驭好世界第二大经济体，能不能保持经济社会持续健康发展，从根本上来讲取决于党在经济社会发展中的领导核心作用发挥得好不好。新时代，我们党要带领全体人民实现全面建设社会主义现代化国家的宏伟目标、实现中华民族伟大复兴的中国梦，必须加强党对经济工作的集中统一领导，善于用政治眼光观察和分析经济社会问题，不断完善党领导经济工作

① 《马克思恩格斯文集》第2卷，人民出版社2009年版，第44页。

的体制机制，提高党领导经济工作的能力和水平，为中国发展的巨轮定好向、掌好舵。

思考题：

1. 马克思、恩格斯关于未来社会的科学构想是什么？
2. 如何理解新时代我国社会主要矛盾的变化？
3. 以人民为中心的发展思想的内涵和要求是什么？
4. 简述新发展理念。
5. 简述社会主义生产目的。
6. 什么是共同富裕？怎样走中国特色社会主义共同富裕道路？
7. 如何理解社会主义基本经济制度的内涵和优势？
8. 试述坚持党对经济工作的集中统一领导的重大意义。

第十章　中国特色社会主义所有制

生产资料所有制是一个社会经济制度的基础，是决定一个社会基本性质和发展方向的根本因素。改革开放以来，中国共产党立足中国基本国情，围绕完善社会主义初级阶段所有制结构进行了不懈探索，确立了公有制为主体、多种所有制经济共同发展的中国特色社会主义所有制。这一制度的确立，阐明了社会主义初级阶段生产关系的核心，是对社会主义建设正反两方面经验的科学总结，也是对马克思主义所有制理论的丰富和发展。

第一节　中国特色社会主义所有制的基本内涵

一、生产资料所有制的核心地位

马克思主义认为，经济基础决定上层建筑，而在经济基础中，作为社会主义基本经济制度之一的所有制即生产资料所有制结构又处于核心地位。生产资料所有制结构，是指在一定社会中各种不同的生产资料所有制形式所处的地位、作用及其相互关系。一种社会的生产资料所有制结构决定了由谁控制生产资料，由谁控制生产、分配、交换以及消费等社会经济的各个环节，并主导社会政治和意识形态。因此，生产资料所有制构成一个社会经济制度的基础，也是决定社会基本性质和发展变化的根本因素。

在人类已有的社会形态中，任何社会的所有制关系都不是单一的、纯而又纯的，而是由一种所有制关系为主、多种所有制关系并存所形成的复杂的生产资料所有制结构。决定社会性质的，是在生产资料所有制结构中占统治地位的所有制的性质。“不论生产的社会的形式如何，劳动者和生产资料始终是生产的因素。但是，二者在彼此分离的情况下只在可能性上是生产因素。凡要进行生产，它们就必须结合起来。实行这种结合的特殊方式和方法，使社会结构区分为各个不同的经济时期。”① 生产资料所有制的不同，是各种社会经济形态相区别的一个根本标志。

---

① 《马克思恩格斯文集》第6卷，人民出版社2009年版，第44页。

从历史上来看，社会的不同形态，如原始社会到奴隶社会、封建社会和资本主义社会形态的更替，都是以生产资料所有制的变革为基础的。社会主义制度取代资本主义制度，是人类历史上社会制度变迁中一次空前深刻的革命，这一革命的核心内容就是用生产资料的社会主义公有制取代生产资料的资本主义私有制。因此，马克思主义高度重视所有制问题，马克思、恩格斯特别强调，所有制问题是社会主义运动的基本问题。新中国成立后，我国建立了以公有制为基础的社会主义经济制度。改革开放以来，我们党总结正反两方面的经验，确立了社会主义初级阶段的所有制，强调公有制为主体、多种所有制经济共同发展是我国社会主义初级阶段的一项基本经济制度，是中国特色社会主义制度的重要支柱、社会主义市场经济体制的根基；明确公有制经济和非公有制经济都是社会主义市场经济的重要组成部分，都是我国经济社会发展的重要基础，要毫不动摇巩固和发展公有制经济，毫不动摇鼓励、支持、引导非公有制经济发展，推动各种所有制取长补短、相互促进、共同发展。同时强调，公有制主体地位不能动摇，国有经济主导作用不能动摇，这是我国各族人民共享发展成果的制度性保证，也是巩固党的执政地位、坚持我国社会主义制度的重要保证。中国特色社会主义所有制的形成，为中国特色社会主义制度的巩固和发展、中国特色社会主义经济建设奠定了可靠的制度基础。

二、中国特色社会主义所有制的主要规定

第一，毫不动摇巩固和发展公有制经济。坚持和完善社会主义基本经济制度，首先必须毫不动摇巩固和发展公有制经济。《中华人民共和国宪法》明确指出，“中华人民共和国的社会主义经济制度的基础是生产资料的社会主义公有制”①。坚持公有制的主体地位、发挥国有经济的主导作用，对于发挥社会主义制度的优越性，保障全体人民共同利益，增强我国经济实力、国防实力和民族凝聚力，维护公平正义、保障国家安全，防止两极分化、实现共同富裕，都是至关重要的。

第二，毫不动摇鼓励、支持、引导非公有制经济发展。公有制经济和非公有制经济都是社会主义市场经济的重要组成部分，都是我国经济社会发展的重要基础；公有制经济财产权不可侵犯，非公有制经济财产权同样不可侵犯。毫

① 《中华人民共和国宪法》，人民出版社 2018 年版，第 10、11 页。

不动摇鼓励、支持、引导非公有制经济发展，激发非公有制经济活力和创造力，充分发挥非公有制经济在支撑增长、促进创新、扩大就业、增加税收等方面的重要作用。

第三，把坚持公有制经济为主体和促进非公有制经济发展统一于社会主义现代化建设进程中，不能把两者对立起来。在现阶段，坚持公有制为主体与促进非公有制经济共同发展是相辅相成的，各种所有制经济可以在市场竞争中发挥各自优势，互相促进、共同发展。我国仍处于并将长期处于社会主义初级阶段，社会主义初级阶段的显著特征是生产力发展不平衡不充分，这决定了坚持公有制为主体、多种所有制经济共同发展不是权宜之计，而是一个长期的方针。要划清坚持公有制为主体、多种所有制经济共同发展与单一公有制和私有化的界限，既不会因为坚持公有制的主体地位而影响非公有制经济发展，也不会因为发展非公有制经济而影响公有制的主体地位。

三、发展混合所有制经济

混合所有制是中国特色社会主义所有制的重要组成部分，是社会主义条件下实现公有制与市场经济的有机结合、不断完善社会主义所有制的必然产物。

党的十五大报告明确指出，股份制是公有制的主要实现形式，这里的公有制经济不仅包括国有经济和集体经济，还包括混合所有制经济中的国有成分和集体成分。党的十六大报告提出，除极少数必须由国家独资经营的企业外，积极推行股份制，发展混合所有制经济。党的十七大报告进一步指出，以现代产权制度为基础，发展混合所有制经济。在此基础上，党的十八届三中全会通过的《中共中央关于全面深化改革若干重大问题的决定》明确提出，国有资本、集体资本、非公有资本等交叉持股、相互融合的混合所有制经济，是基本经济制度的重要实现形式，有利于国有资本放大功能、保值增值、提高竞争力，有利于各种所有制资本取长补短、相互促进、共同发展。

经过多年的深入改革，我国多数国有企业已经通过股份制改造实现了股权多元化，建立了现代企业制度，具有了混合所有制的性质。也有不少非公有制企业通过吸收公有资本发展成为混合所有制经济。混合所有制经济的发展，有力地推动了国有经济管理体制和治理结构的创新，增强了国有经济的活力，同时促进了非公有制经济健康发展。尽管在混合所有制经济中各种所有制成分在功能上具有互补性，但是，由于它们各自都有所有制性质上的不同归属，所以相互之间无法完全替代。世界各国都有混合所有制经济，但我国的混合所有制经济不是一般意义上的混合所有制经济，而是以公有制为主体的混合所有制经济。这是我国混合所有制经济与资本主义国家混合所有制经济的本质区别。

积极发展混合所有制经济主要有三个途径：第一，非国有资本参与国有企业改革。通过鼓励非国有资本以收购股权、认购债权以及股权置换等形式参与国有企业改革、重组。第二，国有资本参股非国有企业。鼓励国有企业通过投资入股、联合投资、重组等多种方式，与非国有企业进行股权融合、战略合作、资源整合，以发挥国有企业平台作用。第三，探索创新员工持股模式。

第二节　毫不动摇巩固和发展公有制经济

一、公有制经济的主体地位

社会主义公有制是全体社会成员共同占有生产资料，用来满足人民美好生活需要而结成的经济关系体系，其基本特征是：劳动者占有生产资料，并在此基础上形成了一种新型的平等关系，这种关系排除任何私人特权；生产资料不再是剥削手段，而是广大劳动者为从事生产经营活动、增进自身物质利益的基本物质条件；劳动者共同占有生产资料是为了满足人们的共同需要，达到共同富裕；在劳动者共同占有生产资料的基础上，人们建立起互助合作、协调一致的经济关系；劳动者共同占有生产资料决定了按照劳动者付出的劳动分配劳动产品。社会主义公有制由劳动者共同占有和支配生产资料，共同劳动，共同享有所生产的劳动产品，因而消除了剥削的基础和条件。

坚持把公有制作为社会主义经济制度的基础，既是科学社会主义的一项根本原则，也是我们党建设和发展中国特色社会主义的根本原则。早在 1979 年，邓小平就指出："社会主义的经济是以公有制为基础的，生产是为了最大限度地满足人民的物质、文化需要，而不是为了剥削。"① 江泽民指出："坚持公有制的主体地位，是社会主义的一项根本原则，也是我国社会主义市场经济的基

① 《邓小平文选》第二卷，人民出版社 1994 年版，第 167 页。

本标志。在整个改革开放和现代化建设的过程中，我们都要坚持这项原则。”① 胡锦涛指出，坚持和完善公有制为主体、多种所有制经济共同发展的基本经济制度，毫不动摇地巩固和发展公有制经济，毫不动摇地鼓励、支持、引导非公有制经济发展。习近平指出，我国是中国共产党领导的社会主义国家，公有制经济是长期以来在国家发展历程中形成的，为国家建设、国防安全、人民生活改善作出了突出贡献，是全体人民的宝贵财富，必须毫不动摇地巩固好发展好，继续为改革开放和现代化建设作出贡献。

公有制的主体地位主要体现在：公有资产在社会总资产中占优势；国有经济主要控制关系国民经济命脉的重要行业和关键领域，对经济发展起主导作用；满足全体人民的共同需要，保障全体人民的共同利益。

社会主义所有制为什么要以生产资料公有制为主体呢？这是因为：

第一，生产资料所有制是一个社会经济制度的基础。生产资料所有制决定着一个社会的基本性质和发展方向，决定着人们在生产过程中的地位和相互关系以及分配和交换的形式，决定着一个社会经济制度的基本性质和发展规律。我国坚持社会主义制度，必须坚持以生产资料公有制为基础，没有公有制的基础地位就不会有社会主义经济制度，也就不会有社会主义的政治制度、法律体系、意识形态和共同理想。

第二，坚持公有制为主体是解放和发展生产力的根本要求。虽然资本主义制度在历史上曾极大地推动了生产力的发展和社会的进步，但它的基本矛盾即生产的社会化和生产资料的资本主义私人占有之间的矛盾，导致了贫富两极分化和经济危机的周期性爆发。生产社会化要求在生产资料公有制的基础上，对整个社会生产和经济发展进行更加合理的、有计划的调节，以推动生产力更快地发展，更好地满足人民日益增长的美好生活需要。

第三，坚持公有制为主体是实现共同富裕的基本前提。共同富裕是社会主义的本质要求。马克思主义认为，生产决定分配，不同的所有制关系决定了不同的收入分配制度，只有在生产资料公有制基础上才能形成按劳分配为主体、多种分配方式并存的比较公平的分配关系，对收入分配的源头即生产资料的占有环节进行有效调节，防止两极分化，实现共同富裕，使全体人民共享改革与发展的成果。

---

① 《江泽民文选》第一卷，人民出版社 2006 年版，第 468 页。

第四，坚持公有制为主体是构建社会主义和谐社会的经济基础。人们之间的利益关系特别是经济利益关系的和谐是社会和谐的基础。在公有制经济内部，生产资料的所有权归社会占有而不是归任何个人占有，这样就从根本上消除了资本与劳动的阶级对立和对抗性的社会矛盾，维护了社会的公平正义，实现社会整体利益与局部利益、长远利益与当前利益、集体利益与个人利益的有机结合，为构建社会主义和谐社会奠定了经济基础。

第五，坚持公有制为主体是社会主义政治制度的基础。人民民主是社会主义的生命，人民当家作主是社会主义民主政治的本质和核心。而这样一种民主制度只有在社会财富特别是生产资料占有相对公平的基础上才能产生。在资本主义社会，生产资料特别是关系国民经济命脉的生产资料和战略性资源被私有化了，被少数私人或私有利益集团所垄断占有，只能形成为金钱和少数人主导的资产阶级民主，不可能形成真正反映大多数人利益和意志的社会主义民主。

经济基础决定上层建筑，坚持公有制为主体，既是一个重大的经济问题，也是一个关系党和国家前途命运的重大政治问题。巩固和完善社会主义制度，建设社会主义市场经济、社会主义民主政治、社会主义先进文化、社会主义和谐社会，都离不开公有制的基础地位。只有坚持这一基本制度，才能不断巩固中国特色社会主义事业的根基，确保正确的发展方向。

二、国有经济的主导作用

坚持公有制为主体，必须发挥国有经济在国民经济中的主导作用。《中华人民共和国宪法》第七条明确指出：“国有经济，即社会主义全民所有制经济，是国民经济中的主导力量。国家保障国有经济的巩固和发展。”①

公有制经济不仅包括国有经济和集体经济，还包括混合所有制经济中的国有成分和集体成分，其中，国有经济即社会主义全民所有制经济处于核心地位。我们知道，全民所有制是社会全体成员联合起来共同占有生产资料的公有制形式，为了使这种全社会的联合和占有不至于流于形式，不至于被局部的利益冲突所瓦解，不至于成为一种理论上的虚构，就要求有一个能够反映和代表全体劳动者根本利益的社会中心来统一支配这些生产资料，统一协调各个部门和企业的生产，统一协调各个方面的利益关系。在国家还存在的历史条件下，

① 《中华人民共和国宪法》，人民出版社2018年版，第11页。

只有无产阶级及其政党领导的国家才能承担这个职能，才能代表全体劳动人民的共同利益和愿望，成为整个国家经济生活的领导者和组织者。

在国有经济中，国家作为全民的代表对国有企业的生产资料拥有所有权，全体社会成员在生产资料的关系上是平等的。生产资料不再作为剥削手段，而是增进全体社会成员的共同福利和实现共同富裕的物质条件。在我国，矿藏、水流、森林、山岭、草原、荒地、滩涂等自然资源，属于国家所有；铁路、银行、邮电、通信、电力等的主要部分，属于国家所有；由国家投资建设的各类企业以及科学、文化、教育、卫生事业的财产，也属于国家所有。新中国最初的国家所有制经济，一部分是在战争年代的革命根据地建立的，一部分是通过没收帝国主义、封建主义和官僚资本主义的资本所形成的，更多的部分则是新中国成立后积累和发展起来的。

与其他所有制形式相比，国家所有制具有特殊的优越性：首先，国家所有制适应了高度社会化的大生产的客观要求，有条件运用更加社会化的生产组织形式和管理形式，提高资源配置效率，大力促进生产力的发展；其次，国家所有制实现了劳动者与生产资料的直接结合，劳动者直接支配生产资料，从而使劳动者支配个人劳动产品成为现实，消除了利用生产资料私有的特权而形成的不平等地位和权利，消灭了剥削；最后，国家所有制使劳动者成为生产过程的主人，为了自身利益共同进行生产和经营，增进了劳动者之间的合作，有助于激发劳动者的生产积极性、主动性和创造性。

社会主义国家所有制与资本主义国家所有制有着本质区别。

从性质上来看，社会主义国家所有制是生产资料归全体社会成员共同占有的一种公有制形式。社会主义国家是全民的代表，体现了全体社会成员根本利益的一致性。资本主义国家是资产阶级利益的总代表，资本主义国家所有制是资产阶级国家代表整个资产阶级占有生产资料的一种资本所有制形式，是资本占有关系社会化的一种实现形式，它虽然使生产资料私人占有关系在资本主义生产关系内部进行了部分扬弃，但本质上是为整个资产阶级利益服务的。

从地位和作用上来看，在社会主义国家，国有经济控制国民经济的命脉，对经济发展起主导作用。国有经济的作用不像在资本主义国家那样，主要从事私人企业不愿意经营的部门，补充私人企业和市场机制的不足，而是为了实现国民经济的持续稳定协调发展，巩固和完善社会主义制度。国有经济的主导作用是由公有制的主体地位赋予的，体现了社会主义基本经济制度的性质，这与资本主义国家有着根本的区别。

现阶段，国有经济的主导作用主要体现在以下几个方面。

第一，国有经济主要集中于关系国民经济命脉和国计民生的重要行业和关键领域。国有经济搞好了，生产力的发展、综合国力的增强、人民生活水平的提高就有了最基本的保证。

第二，国有经济是国家引导、推动、调控国民经济和社会发展的基本力量，有利于保障全体人民的共同利益，消除两极分化和实现共同富裕，引导多种所有制经济沿着社会主义方向健康发展。

第三，国有经济是国家长治久安的重要保证。在长期的发展中，国有经济积累了雄厚力量，有效增强了国家的经济实力和国防实力以及应对各种突发事件和重大风险的能力。

第四，国有经济是经济全球化条件下实现自主发展的重要保障，有利于国家大力实施自主创新的战略，完善国家创新体系，加快建设科技强国，实现科技自立自强。

国有经济的主导作用必须始终坚持，但国有经济发挥主导作用的具体方式，则需要随着经济发展和经济体制改革而变化。在社会主义市场经济条件下，国有经济实现其主导作用的方式要与市场经济的要求相适应，根据市场经济的要求不断调整和改革，使公有制企业特别是国有企业适应市场竞争的要求，在市场竞争中发展壮大，充分发挥其主导作用。

公有制的主体地位和国有经济的主导作用，决定了国有资产必须占优势，既要有量的优势，又要注重质的提高。对重要行业和关键领域，国有经济必须占支配地位。在其他领域，可以通过深化改革、优化调整、创新发展，使国有企业逐步向关系国家安全、国民经济命脉、国计民生的重要行业和关键领域、重点基础设施集中，向前瞻性、战略性产业集中，向具有核心竞争力的优势企业集中。国有资产规模实力稳步提升，国有资本布局结构逐步完善，国有经济的活力、控制力、影响力、国际竞争力、抗风险能力不断增强。只要坚持公有制为主体，国家控制国民经济命脉，使国有经济的控制力、影响力和竞争力得到增强，国有经济就可以在国民经济中更好地发挥主导作用。

三、做强做优做大国有资本和国有企业

企业是独立从事产品和劳务的生产经营的微观经济组织。在社会主义市场

经济条件下，国有企业不仅具有企业的一般属性，还具有社会主义企业的特殊属性。国有企业是中国特色社会主义的重要物质基础和政治基础，是中国共产党执政兴国的重要支柱和依靠力量，是中国特色社会主义经济的“顶梁柱”。坚持公有制的主体地位，发挥国有经济的主导作用，必须做强做优做大国有企业。

国有企业和国有资本是国有经济的两种具体存在形式，二者既相互区别又相互联系。国有企业侧重于生产要素的配置、产品与劳务的生产经营。国有资本则侧重于资本保值增值、国有资本价值形态的运作。随着国有企业改革的持续推进，特别是国有企业股份制改革后，国有资产以出资入股的方式投入企业，体现为一定份额的国有股权，这种形态的国有资产就形成了企业国有资本。国有资本的管理，更多采取的是资产重组、企业并购、债务重组、产权转让、参股控股等经济手段，调节各类生产要素，不断优化配置，从而保持国有资本不断保值增值。

发展壮大国有经济，不仅要做强做优做大国有企业，不断提高国有企业配置资源的效率，促进生产力的发展；还要做强做优做大国有资本，提高国有资本运作的效益，促进国有资本的保值增值。习近平指出：“如果把国有企业搞小了、搞垮了、搞没了，公有制主体地位、国有经济主导作用还怎么坚持?”① 党的十九大报告提出，要完善各类国有资产管理体制，改革国有资本授权经营体制，加快国有经济布局优化、结构调整、战略性重组，促进国有资产保值增值，推动国有资本做强做优做大。党的十九届五中全会明确提出，深化国资国企改革，做强做优做大国有资本和国有企业。把做强做优做大国有企业和做强做优做大国有资本有机统一起来，才能增强国有经济的竞争力、创新力、控制力、影响力、抗风险能力，夯实公有制主体地位，增强国有经济主导作用。

做强国有企业，就是要增强包括自主创新能力、资源配置能力、市场开拓能力、风险管控能力等在内的国有企业能力；做优国有企业，就是要优化公司治理、内部控制，提升品牌形象、经营业绩和管理水平；做大国有企业，就是在保证必要的规模、体量和比重的基础上，要有大战略、大思维，实现大市场、大联合、大配置，提高国有企业竞争力。

做强做优做大国有资本就是要放大国有资本功能、提高国有资本竞争力。国

---

① 《十八大以来重要文献选编》下，中央文献出版社 2018 年版，第 393 页。

有资本授权经营体制转为以“管资本”为主，“管资本”是指国家所有权机构直接监管的对象由“企业”转变为“资本”。实现这个转变的前提是国有资产由实物形态的“企业”转换成价值形态的“资本”。国有资本以股权形式，通过公司治理的途径，实现资本增殖。做强做优做大国有资本有利于改革国有资本授权经营体制，有利于完善产权制度和要素市场化配置，有利于发展混合所有制经济。

做强做优做大国有企业必须坚持党的领导。坚持党对国有企业的领导是重大政治原则，是国有企业的光荣传统，是国有企业的“根”和“魂”，是国有企业的独特优势。新形势下，坚持党对国有企业的领导不动摇，发挥企业党组织的领导核心和政治核心作用，保证党和国家方针政策、重大部署在国有企业贯彻执行；坚持现代企业制度是国有企业改革的方向，把党的领导融入公司治理各环节，把企业党组织内嵌到公司治理结构之中，明确和落实党组织在公司法人治理结构中的法定地位，明确权责边界，形成各司其职、各负其责、协调运转、有效制衡的公司治理机制；坚持服务生产经营不偏离，把提高企业效益、增强企业竞争实力、实现国有资产保值增值作为国有企业党组织工作的出发点和落脚点，以企业改革发展成果检验党组织的工作和战斗力；坚持党组织对国有企业选人用人的领导和把关作用不能变，着力培养一支高素质企业领导人员队伍；坚持建强国有企业基层党组织不放松，明确党组织在决策、执行、监督各环节的权责和工作方式，使党组织发挥作用组织化、制度化、具体化，为做强做优做大国有企业提供坚强组织保证。

四、发展壮大集体所有制经济

集体所有制经济是公有制经济的重要组成部分，与国有经济具有共同的属性，即生产资料都归劳动者共同所有，每个劳动者在生产资料占有上处于平等地位，消除了剥削关系，实行按劳分配，劳动者之间建立了平等互利、互助合作的关系。但集体所有制经济也具有不同于国有经济的特点，主要是：生产资料公有化的范围比较小，生产资料所有权只属于各个集体经济单位的劳动者所有，归集体所有、支配和使用，集体生产经营的成果和各种经济利益在集体范围内分配。

在社会主义初级阶段，集体所有制经济具有不可替代的重要作用。与全民所有制经济相比，集体所有制经济生产的社会化程度一般比较低，生产资料公有化的范围比较小，它的生产资料所有权只属于各个集体经济单位的劳动群众，具有灵活多样、适应性强等特点，可以调动劳动群众的积极性、主动性和创造性，在促进生产、活跃市场、满足人民需要等方面发挥了重要作用。集体所有制经济在部分劳动群众内部实现了生产资料集体所有、合作经营、民主管理、按劳分配和收益共享，有利于实行自主的劳动联合，发挥集体的力量，更好地适应市场竞争的要求、抵御市场风险和自然风险，有利于缩小收入差距，使广大人民共享改革发展成果，实现共同富裕。

集体所有制包括农村集体所有制和城镇集体所有制两种基本形态以及股份合作制企业等新形态。

农村集体所有制是社会主义公有制的重要组成部分，是农村社会主义生产关系的基础。新中国成立后，党领导人民在全国范围内进行了轰轰烈烈的土地改革，废除封建地主剥削的土地所有制，实行了“耕者有其田”的政策。在此基础上，通过社会主义改造，逐步确立了在人民公社制度下实行“三级所有，队为基础”的土地集体所有制，为我国的工业化和农村经济社会的发展创造了有利条件。党的十一届三中全会后，改革开放在全国各个领域展开，其中起步最早的是农村。农村改革的突破口，则是在农村基本经营制度上推行家庭联产承包责任制。家庭联产承包责任制在保证土地归集体所有的前提下，实行宜统则统、宜分则分的双层管理体制，实现了生产资料所有权与经营权的分离，农户作为独立经营者的地位得到肯定，使农户的利益直接与其生产经营活动紧密联系起来，极大提高了广大农民从事农业生产的积极性，推动了农业的快速发展，农民的生活水平也得到显著提高。在新的历史条件下，进一步改革和完善农村基本经营制度需要坚持集体所有制，发展和壮大集体经济，推动农村土地所有权、承包权和经营权分置并行的“三权”分置改革，切实稳定和完善土地承包关系，建立和健全承包地经营权流转制度，完善农业社会化服务体系。

除了农村中的集体所有制以外，在我国城镇中也存在劳动群众集体所有制。这类集体所有制主要有两大类：一是存在于城市工商业中的集体所有制；二是存在于广大乡镇工商业中的集体所有制。这些集体所有制形式是在国家所有制经济的领导和扶持下，由劳动群众自筹资金、独立自主经营、自负盈亏的社会主义公有制形式。这些集体所有制单位独立核算，生产资料归集体支配、使用，除了照章纳税以外，企业的劳动产品、收入全部归集体所有。与国家所有制企业相比，工商业中的集体所有制企业能够比较灵活地反映社会需要和进行布点，迅速调整生产经营方向，能够把劳动者的经济利益同企业生产成果更紧密地结合起来，有利于调动劳动者的生产积极性。随着新时代中国新型城镇化的发展，对发展新型城镇集体经济提出新要求，必须更好发挥集体经济优势，不断完善我国城镇集体经济发展制度环境，提高企业自主创新能力，积极推进城镇集体经济的改革与发展。

我国在改革中创造出的股份合作制企业，是劳动者资本联合与劳动联合相结合的经济组织形式，也属于集体经济的范畴。在这类企业的从业人员，既能拿到工资，又能分到红利，这种注重劳动贡献、兼顾资本收益的分配模式有利于推动共同富裕。

第三节 毫不动摇鼓励支持引导非公有制经济发展

一、非公有制经济是社会主义市场经济的重要组成部分

（一）非公有制经济及其表现形式

非公有制经济是社会主义市场经济的重要组成部分，主要包括个体经济、私营经济、外资经济等几种形式。

1. 个体经济

个体经济是指生产资料归劳动者个人所有，并由劳动者个人支配和使用的一种非公有制经济形式。在现阶段，个体经济主要存在于城乡的手工业、农业、商业、交通运输业和服务业中。

个体经济的存在和发展是同现阶段生产力总体水平不高，且呈现出多层次性的特点相适应的。个体经济是社会主义市场经济的重要组成部分，在社会经济发展中发挥着重要的作用。它能够增加就业机会，维护社会稳定；创造财富，推动生产力的发展；促进产业结构调整，提升产业竞争力；活跃城乡商品交换，开展多种服务，满足社会多方面的需要；为国家提供税收，增强国家的经济实力。

与其他社会形态的个体经济不同，在我国社会主义初级阶段，个体经济的存在和发展与社会主义公有制经济密切联系在一起，服务于社会主义经济发展的大目标。但是，由于个体经济以分散经营为特点，所以国家要通过经济、法律和行政等手段，指导和监督个体经济的经营方向，鼓励个体经营者不断提高

自身素质、靠诚实劳动和合法经营致富。

2. 私营经济

私营经济是指企业资产属于私人所有、存在雇佣劳动关系的一种非公有制经济形式。在社会主义初级阶段，私营经济的存在和充分发展是非常必要的，它在活跃市场和增加就业，促进技术创新、优化产业结构和转变经济发展方式，推动城镇化和工业化进程，以及扩大对外开放等方面发挥着积极作用。作为社会主义市场经济的重要组成部分，我国的私营经济有别于一般的资本主义经济，它受到公有制经济的影响和约束，在社会主义国家的法律制度规范下运行，成为社会主义市场经济发展的一支重要力量。

3. 外资经济

外资经济是指国外投资者和港澳台投资者经中国政府批准，尊重中国主权，接受中国政府监督和监管，以独资、合资、合作等方式在中国境内开办企业而形成的一种非公有制经济形式。外资经济是在社会主义公有制经济的影响和制约下运营的。社会主义国家能够限制和规定其运营方式和活动范围。中国现阶段的外资经济主要有三种形式：中外合资企业、中外合作经营企业、外商独资企业。以中外合资、合作方式形成的外资经济是一种混合所有制经济，其中所包含的国有或集体部分属于公有经济成分。

外资经济的存在和发展，是中国改革开放、适应经济全球化发展的必然结果，在解决资金不足、利用先进技术、提高管理水平、增加就业、增加财政收入、调整产业结构、利用国际市场和国外资源、扩大国际贸易、增加进出口、增强我国经济的国际竞争力等方面发挥了积极作用。为了使外资经济更好地服务于我国社会主义现代化建设，要不断根据新的情况调整政策，充分发挥外资经济的积极作用，有效克服其消极作用；要完善外商投资管理的法律制度，依法保护外商的合法权益；要维护和完善统一开放、公平竞争的市场环境，切实保护知识产权。

（二）对非公有制经济认识的发展

改革开放以前，我国对非公有制经济总体上持排斥态度。党的十一届三中全会以后，非公有制经济蓬勃发展起来，并逐步成为社会主义初级阶段经济的重要组成部分。

党的十二大提出："在农村和城市，都要鼓励劳动者个体经济在国家规定的范围内和工商行政管理下适当发展，作为公有制经济的必要的、有益的补充。”[①] 党的十三大提出，“对于城乡合作经济、个体经济和私营经济，都要继续鼓励它们发展”[②]，“在不同的经济领域，不同的地区，各种所有制经济所占的比重应当允许有所不同”[③]。党的十四大指出：“在所有制结构上，以公有制包括全民所有制和集体所有制经济为主体，个体经济、私营经济、外资经济为补充，多种经济成分长期共同发展，不同经济成分还可以自愿实行多种形式的联合经营。”[④] 在以上认识的基础上，党的十五大确立了社会主义初级阶段的基本经济制度，并对非公有制经济做了这样的定位：“非公有制经济是我国社会主义市场经济的重要组成部分。对个体、私营等非公有制经济要继续鼓励、引导，使之健康发展。这对满足人们多样化的需要，增加就业，促进国民经济的发展有重要作用。”[⑤]

党的十八届三中全会提出，公有制经济和非公有制经济都是社会主义市场经济的重要组成部分，都是我国经济社会发展的重要基础；公有制经济财产权不可侵犯，非公有制经济财产权同样不可侵犯；国家保护各种所有制经济产权和合法利益，坚持权利平等、机会平等、规则平等，废除对非公有制经济各种形式的不合理规定，消除各种隐性壁垒，激发非公有制经济活力和创造力。党的十九大报告进一步坚定“毫不动摇巩固和发展公有制经济，毫不动摇鼓励、支持、引导非公有制经济发展”[⑥] 的发展战略。习近平也多次指出，非公有制经济“已经成为推动我国发展不可或缺的力量，成为创业就业的主要领域、技术创新的重要主体、国家税收的重要来源，为我国社会主义市场经济发展、政府职能转变、农村富余劳动力转移、国际市场开拓等发挥了重要作用”[⑦]。

由此可见，我国非公有制经济从小到大、由弱变强，是在我们党和国家方针政策指引下实现的，适应了我国社会主义初级阶段生产力的发展和市场经济发展的要求，在支撑增长、促进创新、扩大就业、增加税收等方面具有重要作用。我国现阶段的非公有制经济，不同于资本主义国家的私有制经济，它是社

---

① 《改革开放三十年重要文献选编》上，中央文献出版社 2008 年版，第 270 页。
② 《改革开放三十年重要文献选编》上，中央文献出版社 2008 年版，第 487 页。
③ 《改革开放三十年重要文献选编》上，中央文献出版社 2008 年版，第 487 页。
④ 《改革开放三十年重要文献选编》上，中央文献出版社 2008 年版，第 660 页。
⑤ 《改革开放三十年重要文献选编》下，中央文献出版社 2008 年版，第 901 页。
⑥ 习近平：《决胜全面建成小康社会 夺取新时代中国特色社会主义伟大胜利——在中国共产党第十九次全国代表大会上的报告》，人民出版社 2017 年版，第 21 页。
⑦ 习近平：《在民营企业座谈会上的讲话》，人民出版社 2018 年版，第 5 页。

会主义基本经济制度的重要组成部分，是在社会主义制度下产生发展起来的，是中国特色社会主义事业的建设力量。

（三）非公有制经济在社会主义市场经济发展中的必要性

毫不动摇鼓励、支持和引导非公有制经济发展是我国社会主义基本经济制度的重要内容，是我们党长期坚持的方针政策。

首先是社会主义初级阶段生产力发展的客观需要。我国仍处于并将长期处于社会主义初级阶段，发展的不平衡不充分问题突出，很多部门的资源配置和生产、交换、分配、消费活动，可以通过非公有制经济在市场经济体制中更高效地完成。坚持公有制为主体、多种所有制经济共同发展，发挥多种所有制的优势，充分调动各方面积极性，是满足生产力多层次发展要求、进一步解放和发展社会主义社会生产力的客观需要。

其次是满足人民日益增长的美好生活需要的必然要求。国有经济在满足社会的生产和生活需要方面起到巨大作用，但是国有经济所具有的生产能力还不足以提供社会所需要的全部产品。国家只能将有限的生产资料，用在对整个国民经济具有重大影响的关键领域，其他领域的产品则需要由大量的非公有制经济来提供。特别是中国特色社会主义进入新时代，人民美好生活需要日益广泛、不断升级，在坚持公有制为主体的前提下，促进非公有制经济的健康发展，可以形成广泛而丰富的分工体系，创造出丰富多彩的物质和精神产品，推动社会生产的蓬勃发展，满足人民日益增长的美好生活需要。

最后是充分发挥中国特色社会主义经济制度优势的需要。新中国成立 70 多年来，我们党领导人民创造了世所罕见的经济快速发展奇迹和社会长期稳定奇迹，这离不开公有制为主体、多种所有制经济共同发展的所有制结构的有力支撑。这一所有制结构，既坚持了公有制主体地位，又有效发挥了非公有制作用，调动了各类市场主体的积极性、主动性，发挥了各方面的优势，推动了我国经济的快速发展。

总之，坚持公有制为主体、多种所有制经济共同发展，坚持“两个毫不动摇”绝不是权宜之计，而是我国社会主义初级阶段必须坚持的长期方针政策，必须毫不动摇并不断加以完善。

二、促进非公有制经济健康发展和非公有制经济人士健康成长

经济社会持续发展离不开健康的政商关系。发展中国特色社会主义市场经

济，要促进非公有制经济健康发展，构建亲清新型政商关系。

新型政商关系包含对领导干部和企业家两个方面的要求。对领导干部而言，要做到“亲”上加“清”。所谓“亲”，就是要坦荡真诚地同民营企业接触交往。为了推动经济社会发展，领导干部同非公有制经济人士的交往是必然的、经常的，也是必需的。特别是在民营企业遇到困难和问题时更要积极作为、靠前服务，对非公有制经济人士多关注、多谈心、多引导，帮助其解决经济活动中的实际困难，真心实意支持民营经济发展。所谓“清”，就是同民营企业家的关系要清白、纯洁，不能有贪心私心，不能以权谋私，不能搞权钱交易。这种交往应该为君子之交，要亲商、安商、富商，但不能搞成封建官僚和“红顶商人”之间的那种关系，也不能搞成西方国家大财团和政界之间的那种关系，更不能搞成吃吃喝喝、酒肉朋友的那种关系。要自觉在阳光下用权，筑牢遵纪守法的防线，确保权力行使不越位、不错位、不缺位。

新型政商关系也包含对企业家的要求。对民营企业家而言，要做到“亲”而又“清”。所谓“亲”，就是积极主动同各级党委和政府及部门多沟通多交流，讲真话、说实情，积极建言献策，勇于担当责任，满腔热情支持地方经济发展。所谓“清”，就是要洁身自好，坚守正道，把守法诚信作为安身立命之基。依法经营、依法治企、依法维权。做到聚精会神办企业、遵纪守法搞经营，在合法合规中提高企业竞争力。当企业经营遇到困难和问题时，要通过正常渠道反映和解决，运用法律武器维护自身合法权益。

新型政商关系构建的关键是在全面深化改革中加强制度建设。一方面，要在全面深化改革中完善亲清新型政商关系。要立足当前政商关系的新特点，通过改革着力解决影响非公有制经济发展的制约因素，充分激发非公有制经济的活力和创造力。另一方面，要在加强制度建设中实现亲清新型政商关系。亲清新型政商关系的构建，既要靠思想教育，又要靠制度建设，通过法治支撑为政商交往行为提供可操作、规范化、具有普遍约束力的制度体系，使政商各归其位、各负其责、各得其所。

改革开放以来，我们党不仅引导非公有制经济健康发展，而且关心非公有制经济人士健康成长。非公有制经济人士健康成长是非公有制经济健康发展的前提，非公有制经济健康发展是非公有制经济人士健康成长的基础。

促进非公有制经济健康发展必须贯彻落实相关政策措施，营造各种所有制主体依法平等使用资源要素、公开公平公正参与竞争、同等受到法律保护的市场环境，健全支持中小企业发展制度，破除制约非公有制经济健康发展的各种壁垒，提升企业自身综合素质，完善企业经营管理制度，激发企业家精神，发挥企业家才能，增强企业内在活力和创造力，推动非公有制企业不断取得更新更好发展。

非公有制经济人士健康成长，体现在个人素质和社会责任担当上。非公有制经济人士要加强自我学习、自我教育、自我提升，珍视和维护好自身社会形象，提升自身综合素质，做爱国敬业、守法经营、创业创新、回报社会的典范。要致富思源、富而思进、义利兼顾，自觉履行社会责任。要自觉维护企业员工的合法权益，努力构建和谐的劳动关系，在发展企业的同时，为保障和改善民生、发展社会公益事业、促进社会和谐稳定作出重要贡献，在推动实现中华民族伟大复兴中国梦的实践中谱写人生事业的华彩篇章。

三、支持民营经济发展壮大

促进非公有制经济健康发展和非公有制经济人士健康成长，必须支持民营经济发展壮大。民营经济是社会主义市场经济发展的重要成果，是推动社会主义市场经济发展的重要力量，是推进供给侧结构性改革、推动高质量发展、建设现代化经济体系的重要主体，也是我们党长期执政、团结带领人民实现“两个一百年”奋斗目标和中华民族伟大复兴中国梦的重要力量。我们要不断为民营经济营造更好的发展环境，帮助民营经济解决发展中的困难，支持民营企业改革发展，让民营经济创新源泉充分涌流，让民营经济创造活力充分迸发。支持民营经济发展壮大，可以采取以下五项措施。

第一，减轻企业税费负担。抓好供给侧结构性改革降成本行动各项工作，加大减税力度，增强企业获得感。对小微企业、科技型初创企业可以实施普惠性税收免除。根据实际情况，降低社保缴费名义费率，稳定缴费方式，确保企业社保缴费负担有实质性下降。既要以最严格的标准防范逃避税，又要避免因为不当征税导致正常运行的企业停摆。要进一步清理、精简涉及民间投资管理的行政审批事项和涉企收费，规范中间环节、中介组织行为，减轻企业负担，降低企业成本。

第二，解决民营企业融资难、融资贵问题。优先解决民营企业特别是中小企业融资难甚至融不到资的问题，同时逐步降低融资成本。改革和完善金融机构监管考核和内部激励机制。扩大金融市场准入，拓宽民营企业融资途径。省级政府和计划单列市可以自筹资金组建政策性救助基金，综合运用多种手段，在严格防止违规举债、严格防范国有资产流失的前提下，帮助区域内产业龙头、就业大户、战略性新兴行业等关键重点民营企业纾困。

第三，营造公平竞争环境。打破各种各样的“卷帘门”“玻璃门”“旋转门”，在市场准入、审批许可、经营运行、招投标、军民融合等方面，为民营企业打造公平竞争环境，给民营企业发展创造充足市场空间。推动简政放权，优化政府服务，建设服务型政府；鼓励民营企业参与国有企业改革；推进产业政策由差异化、选择性向普惠化、功能性转变，清理违反公平、开放、透明市场规则的政策文件，推进反垄断、反不正当竞争执法。

第四，完善政策执行方式。各地区、各部门要从实际出发，提高工作艺术和管理水平，加强政策协调性，细化、量化政策措施，制定相关配套举措，推动各项政策落地、落细、落实，让民营企业从政策中增强获得感。提高政府部门履职水平，按照国家宏观调控方向，在安监、环保等领域微观执法过程中避免简单化，考虑实际执行同政策初衷的差别，考虑同其他政策是不是有叠加效应，坚持实事求是，一切从实际出发，执行政策不能搞“一刀切”。

第五，保护企业家人身和财产安全。稳定预期，弘扬企业家精神，安全是基本保障。必须加大反腐败斗争力度，落实党要管党、全面从严治党的要求，惩治党内腐败分子，构建良好政治生态，坚决反对和纠正以权谋私、钱权交易、贪污贿赂、吃拿卡要、欺压百姓等违纪违法行为，这有利于为民营经济发展创造健康环境。纪检监察机关在履行职责过程中，需要企业经营者协助调查时，既要查清问题，也要保障其合法的人身和财产权益，保障企业合法经营。

思考题：

1. 解释下列概念：社会主义公有制、国家所有制、集体所有制、公有制实现形式、混合所有制、农村基本经营制度、非公有制经济。
2. 社会主义公有制的基本特征是什么？
3. 社会主义初级阶段的所有制为什么要以生产资料公有制为主体？公有制的主体地位主要体现在哪些方面？

4. 国有经济的主导作用主要体现在哪些方面？
5. 为什么要做强做优做大国有资本和国有企业？
6. 做强做优做大国有企业为什么要坚持党的领导？
7. 如何理解在社会主义初级阶段要坚持“两个毫不动摇”？
8. 非公有制经济的作用主要体现在哪些方面？

第十一章　中国特色社会主义分配制度

按劳分配为主体、多种分配方式并存的分配制度，是社会主义基本经济制度的重要内容，有利于效率和公平的统一，实现共同富裕。随着我国全面建成小康社会、开启全面建设社会主义现代化国家新征程，必须把促进全体人民共同富裕摆在更加重要的位置，扎实推进共同富裕，缩小收入差距，实现共享发展，保障社会公平正义。

第一节　社会主义分配制度的内涵

一、收入分配的一般概念

分配包括生产要素的分配和产品的分配，两者分别形成于生产之前和生产之后，前者决定生产的结构，后者则由生产决定。正如马克思所言："照最浅薄的理解，分配表现为产品的分配，因此它离开生产很远，似乎对生产是独立的。但是，在分配是产品的分配之前，它是（1）生产工具的分配，（2）社会成员在各类生产之间的分配（个人从属于一定的生产关系）——这是同一关系的进一步规定。这种分配包含在生产过程本身中并且决定生产的结构，产品的分配显然只是这种分配的结果。"① 政治经济学研究的分配主要指产品的分配，在商品货币关系存在的条件下，这种分配关系也表现为收入分配。正如马克思所言，这种分配服从于社会成员所处的生产关系，分配的结果取决于各社会成员在具体生产关系中所处的地位。

（一）人类社会不同发展阶段的生产关系决定其分配方式

在原始社会，私有制尚未形成，全部产品归氏族或部落的全体成员共同所有，按其部落习俗或惯例安排生产工具的使用和消费品分配。人类社会进入私有制社会后，生产资料的所有者控制生产过程，支配分配结果。在奴隶社会，奴隶主拥有所有生产资料，奴隶失去人身自由，只是"会说话的工具"，全部产品均由奴隶主占有和支配，分配给奴隶的消费品仅够满足其最低生存需要。

---

① 《马克思恩格斯文集》第8卷，人民出版社2009年版，第20页。

在封建社会，虽然农奴和佃农拥有了部分生产资料，但是最重要的生产资料即土地归地主所有，农奴和佃农无法脱离地主而生存，不仅产品的分配即缴纳的地租数量由地主决定，还受制于他们与地主之间的人身依附关系。在资本主义社会，生产资料由资本家占有，从封建制生产关系中脱离出来的最早的无产阶级，虽然摆脱了封建制的人身依附关系，但是也失去了生产资料，从而必须在整体上依附于资产阶级，出卖其劳动力，生产和分配过程均由资本家支配。同时，在奴隶社会、封建社会和资本主义社会，均存在一部分拥有一定规模生产资料、能够独立从事生产的个体劳动者，如封建社会中拥有自己土地的自耕农、资本主义社会中的个体经营者等，由于他们使用自己的生产资料独立从事生产，在分配方面能够获得自己的全部劳动成果。但是由于这些个体劳动者的生产资料规模较小，抵御社会风险的能力差，遭遇自然灾害、疾病和经济周期等风险的冲击时，需要向占统治地位的地主或资本家借贷。在这种不对称的借贷关系中，这些小生产者处于被支配地位，其财富可能被掠夺，存在沦为奴隶、佃农或无产阶级的风险。因此，在社会总体层面上，他们的收入分配也受占统治地位的生产关系支配。

（二）国民收入分配、个人收入分配与收入核算指标

马克思在《哥达纲领批判》中把未来社会的全部劳动所得即社会总产品的分配划分为三个部分：一是为了满足社会再生产需要而进行的必要扣除。包括用来补偿消耗的生产资料部分，用来扩大再生产的追加部分，用来应付不幸事故、自然灾害等的后备基金或保险基金。二是为了满足社会的公共需求而进行的必要扣除。包括同生产没有直接关系的一般管理费用，用来满足共同需要的部分，如学校、保健设施等，为丧失劳动能力的人设立的基金。三是在做了上述必要的扣除之后进行的个人消费品的分配。在收入层面上，被扣除的部分构成社会留存的积累基金，其规模与生产资料总量相对应；扣除后剩余的部分就是消费基金，其规模与个人消费品总量相对应。

在社会主义市场经济条件下，国民收入分配和个人收入分配采取了市场经济条件下的收入形式和分配形式。国民收入是一个国家（或地区）在一定时期内创造的最终产品和服务的价值总量。这一指标衡量了一国的经济总量、生产能力和综合经济实力，其人均值则部分地反映了一国的经济发展水平和人民的生活水平。国民收入的核算口径较多，社会主义市场经济条件下最为主要的指标是国内生产总值（GDP）和国民生产总值（GNP）。

国内生产总值是指一个国家（或地区）在一定时期内所有常住单位提供的商品和服务的价值总和。在核算方法上强调增加值的概念，也就是说，核算中的产品产值需要减去其中间投入的价值，只有生产过程中新增加的部分才能计入国内生产总值。在核算对象上，国内生产总值包含一国领土范围内的全部经济单位，不论其国籍归属。国民生产总值的核算方法不变，但是在核算对象上则主要核算属于本国的经济单位所获得的收入，因此，它等于国内生产总值减去外国经济单位在本国获得的收入，加上本国经济单位在外国获得的收入。

除了这两个主要指标外，国民经济核算体系还会根据不同的需要得到其他有关国民收入的指标。例如，一个国家（或地区）的国民收入应该是这一时期创造出来的新增价值，但是国内生产总值和国民生产总值的核算中实际上还包括固定资产折旧这个部分，因此，国民经济核算体系中会通过减去固定资产折旧来得到国内生产净值（NDP）和国民生产净值（NNP）。

国内生产总值有三种表现形态：价值形态、收入形态和产品形态。从价值形态来看，它是一个国家（或地区）在一定时期内所有常住单位参与生产和服务活动所形成的增加值之和。从收入形态来看，它是一个国家（或地区）在一定时期内所有常住单位参与生产和服务活动所形成的增加值分配给常住单位和非常住单位的收入之和，具体可分为劳动者报酬、固定资产折旧、生产税净额、营业盈余等。从产品形态看，它是一个国家（或地区）在一定时期内最终使用货物和服务，再加上货物和服务净出口（以价值核算，包括最终消费和资本形成的总额）。与以上三种形态相对应，国内生产总值有三种计算方法，即生产法、收入法和支出法。这三种形态和三种计算方法分别从不同方面反映了国内生产总值的形成、分配和使用的情况。

需要进一步指出的是，国民收入的核算范围包括国民经济所有部门的“生产活动”，不区分物质生产部门和非物质生产部门。这里的“生产活动”概念与马克思主义劳动价值论中的“生产劳动”概念是不同的。马克思主义劳动价值论中的“生产劳动”是与价值创造相联系的概念，“生产劳动”是价值和剩余价值的源泉，它揭示了资本主义生产的本质。而国民收入核算方法中使用的“生产活动”概念，仅仅指能够提供货物和服务，从而获得收入的经济活动，反映的是市场经济条件下国民经济运行中所有经济活动的货币交易量，并不涉及价值和剩余价值的创造源泉问题。国民收入核算提供的是关于整个国民经济总体的运行状况、总体规模和水平的数据指标，是有关投资与消费结构、收入分配结构、部门产业结构等诸多总量的基础数据。国民收入核算是一个国家进行宏观调控，制定财政政策、金融政策、产业政策、收入分配政策、对外经济政策以及制订国民经济年度计划和中长期规划的重要数据基础。

（三）国民收入的初次分配和再分配

在社会主义市场经济条件下，政府、企业和个人均参与市场经济的运行，一个国家（或地区）在一定时期内所有常住单位所获得的收入要在政府、企业、个人等不同经济主体之间进行分配。这一分配分为初次分配和再分配两个过程。

国民收入的初次分配以所有常住单位在一定时期内参与生产和服务活动所形成的增加值为起点，最后形成各经济主体的原始收入。经过初次分配，各经济主体的原始收入分为政府收入、企业收入、个人收入。

政府收入。从我国实际出发，政府收入是指政府直接向生产领域征税所获得的收入减去对生产领域的补贴。直接向生产领域征收的税种主要包括流转税、行为税和资源税。这些税种的共同特点是对生产活动的过程进行征税，这一部分收入通常尚未分配到经济活动的参与者手中，因此，属于初次分配的范畴。初次分配中的政府收入与通常意义上的政府收入是两个不同的概念。通常意义上的政府收入或者财政收入包括政府征收的所有税种、政府的借款收入、国有企业利润、其他国有财产收入和行政收费。而初次分配中的政府收入仅仅包含政府税收中向生产领域征收的部分。

企业收入。企业收入广义上主要是指企业营业收入扣除了原材料成本、固定资产折旧、劳动者报酬和间接税之后的企业利润。为了与个人收入区分开来，还需要扣除利息和红利，结果就是狭义的企业收入，即企业的未分配利润。

个人收入。个人收入主要包括两部分：一是劳动者报酬，即劳动者因从事生产和服务活动所获得的全部报酬。包括劳动者获得的各种形式的工资、奖金和津贴，既包括货币形式，也包括实物形式，还包括劳动者所享受的公费医疗和医药卫生费、上下班交通补贴、单位支付的社会保险费、住房公积金等。在中国，对于个体经济来说，其所有者所获得的劳动报酬和经营利润不易区分，这两部分统一作为劳动者报酬。二是非劳动收入，包括资本收入（如利息、红利）、技术收入（如知识产权所得）、房地产收入（如房租）等。

国民收入的再分配，是指国民收入在经过初次分配而形成原始收入的基础上，通过各种经常转移而形成可支配收入的过程。这一再分配过程意味着，国民经济各主体得到原始收入之后，还要经过接受或支付各种经常转移才能得到可支配收入。经常转移是指一个机构单位（政府、企业、个人）向另一个机构单位单向提供货物、服务或资产，而同时不从后者获得任何价值对等的货物、服务或资产作为回报。

国民收入实现再分配的经常转移主要是国家财政收支中的经常转移，主要包括以下五类。

所得税、财产税等经常税。所得税是政府对居民个人和企业所得收入所征收的税，包括个人所得税、企业所得税、资本收益税等，它是政府提供公共服务的重要收入来源。此外，经常税还包括一些经常征收的以资产或投资为基础的财产类税种。

社会保障缴款。这是指居民个人为保证在未来某个时期内能够获取社会保险给付，而向政府缴纳的保费。

社会保险福利。这是指社会保险计划向投保人支付的保险金，如养老金、失业金等。

社会救济福利。这是指通过社会福利计划向符合条件的居民个人作出的支付，如居民个人从政府及相关机构单位领取的各种困难补助、救济金和助学金等。

其他经常转移。这是指除上述各项之外的经常转移活动，如军队、警察、政府机构以及教育、医疗等部门，本身并不直接参与生产活动，因而不能通过初次分配获得必要的资金支持，需要政府用财政手段集中一部分资金分配到这些部门中去。此外，还有各国政府间转移、政府向国际组织缴纳的会费、博彩以及赔偿等。

此外，第三次分配也具有重要的调节作用。第三次分配是在道德、文化、习惯等影响下，社会力量自愿通过民间捐赠、慈善事业、志愿行动等方式济困扶弱的行为。随着我国经济发展水平和社会文明程度的提高，全社会公益慈善意识日渐增强，要重视发挥第三次分配作用，发展慈善等社会公益事业。

国民收入再分配的必要性在于：一是保证满足社会公平和均衡发展的需要，通过国民收入再分配可以调节个人收入，缩小收入差距。二是保证满足社会福利水平不断提高的需要，通过国民收入的再分配可以建立社会保障基金、社会后备基金以及国家物资储备，使更多的人更长久地享受社会福利。因此，国民收入再分配的实质是政府对市场机制的补充和完善。

国民收入的初次分配和再分配是相互联系、相互区别的两个概念。二者的联系在于：国民收入初次分配是国民收入再分配的出发点，形成的是各经济主体的原始收入；而国民收入再分配是整个国民收入分配过程的最终结果，形成的是各经济主体的可支配收入。二者的区别大体可归结为两点：一是国民收入初次分配各环节所涉及的各种收支活动均以参与生产经营活动为依据，大多与生产要素的提供相对应；而国民收入再分配通常并不直接与生产要素的提供相对应。例如，政府直接投资所获得的收入，属于国民收入初次分配所得；而政府的税收收入与政府是否提供生产要素无关，属于国民收入再分配所得。二是国民收入初次分配一般通过交换过程进行，获得初次分配的收入是对社会成员提供的劳动、其他要素或社会服务的回报，其报酬高低的确定一般遵循平等交换原则，讲究价值量的对等；而国民收入再分配通过收入转移过程进行，收入的提供者不从收入获得者那里收取任何价值对等的货物、服务或资产作为回报，这一过程并不要求价值量的对等，甚至没有严格的数量关系。例如，居民个人缴纳所得税与享受公共服务之间并没有必然的数量关系，因此，所得税属于国民收入再分配范畴。又如，社会保险福利的获得虽然以社会保障缴款的发生为条件，但社会保险金支付具有不确定性，而且它与社会保障缴款之间并没有严格的数量关系，因此，二者同样属于国民收入再分配范畴。

国民收入的初次分配和再分配，涉及国家、集体、个人三者的利益关系。在社会主义条件下，虽然国家、集体、个人三者的根本利益是一致的，但在国民收入分配中三者的具体利益则有所不同。由于国民收入初次分配中不同经济主体的收入获得是与生产要素的占有状况、行业资源配置差别等各种生产条件相联系的，尤其是非劳动生产要素参与分配，在个人拥有非劳动生产要素的差异有所扩大、财产性收入不断增加的情况下，初次分配的结果有可能产生比较大的收入差距，甚至出现分配不公平的现象。分配的不公平可能严重影响劳动者和其他生产要素所有者的生产经营积极性和经济效率的提高，这就要求初次分配和再分配都要处理好效率和公平的问题，再分配要更加注重公平。为了保证民生福祉的持续提升，国民收入分配要保持居民收入增长和经济增长基本同步，提高居民收入在国民收入分配中的比重，提高劳动报酬在初次分配中的比重，完善工资制度，健全工资合理增长机制，着力提高低收入群体收入，扩大中等收入群体。

二、中国特色社会主义分配制度的形成和发展

马克思在《哥达纲领批判》一文中最早提出，在共产主义社会的第一阶段即社会主义社会，个人消费品要实行按劳分配原则。在这篇文献中，马克思第一次明确区分了共产主义社会的第一阶段和高级阶段，并对第一阶段的分配问题进行了阐述。个人消费品的分配在共产主义社会的第一阶段和高级阶段有着重要的区别。在共产主义社会的高级阶段，生产力极大丰富，旧式分工已经消失，每个人实现了自由而全面的发展，社会对物质产品的分配实行"各尽所能，按需分配"的原则。但是，在共产主义社会的第一阶段，由于还要保留旧式分工，个人还不可能得到自由全面的发展，劳动还是一种谋生的手段，因此，社会的产品在做了各项扣除之后，在个人消费品的分配上还要实行等量劳动相交换的原则。"这里通行的是商品等价物的交换中通行的同一原则，即一种形式的一定量劳动同另一种形式的同量劳动相交换。"① 马克思所说的共产主义社会第一阶段的分配原则就是后来所说的按劳分配。

新中国成立后，在国民收入分配方面，第一个五年计划期间我国农业集体化和计划经济体制逐步建立，生产资料和消费品的价格、产量均由国家计划设定，通过国家计划确定个人收入占国民收入的比重以及消费基金与积累基金之间的比例。在个人收入分配方面，没收官僚资本，建立了国营企业，废除了"包工制"和"包身工"等剥削方式，提高体力劳动者的工资；随着第一个五年计划的实施，开始订立八级工资制；农业集体化完成后，劳动"工分"成为主要分配依据，社会主义按劳分配制度得以初步建立。

改革开放后，随着社会主义市场经济体制的建立，国民收入分配方面，个人收入比重和消费积累比例的确定，逐步以市场为基础，同时发挥国家规划的指导作用和宏观调控的调节作用。个人收入分配原则经过多次调整后逐步确定下来。党的十三大提出，要在以按劳分配为主体的前提下实行多种分配方式。党的十四大提出，在分配制度上，以按劳分配为主体、其他分配方式为补充，兼顾效率与公平。党的十五大强调，要坚持和完善按劳分配为主体的多种分配方式，允许一部分地区和一部分人先富起来，带动和帮助后富，逐步走向共同

---

① 《马克思恩格斯文集》第 3 卷，人民出版社 2009 年版，第 434 页。

富裕。党的十六大确立劳动、资本、技术和管理等生产要素按贡献参与分配的原则，提出坚持效率优先、兼顾公平，初次分配注重效率，再分配注重公平。党的十七大继续强调，要坚持和完善按劳分配为主体、多种分配方式并存的分配制度，并指出初次分配和再分配都要处理好效率和公平的关系，再分配要更加注重公平。党的十八大将收入分配制度改革上升到“实现发展成果由人民共享”的高度，提出实现居民收入增长和经济发展同步、劳动报酬增长和劳动生产率提高同步，提高居民收入在国民收入分配中的比重，提高劳动报酬在初次分配中的比重。党的十九大提出，完善按要素分配的体制机制，促进收入分配更合理、更有序；提倡勤劳守法致富，扩大中等收入人群，增加低收入者收入，调节过高收入，取缔非法收入，把收入分配纳入法治轨道；拓宽财产性收入渠道，增加居民收入。党的十九届四中全会把“坚持按劳分配为主体、多种分配方式并存”上升为基本经济制度的组成部分，要求坚持多劳多得，着重保护劳动所得，增加劳动者特别是一线劳动者的劳动报酬，提高劳动报酬在初次分配中的比重。党的十九届五中全会进一步提出，探索通过土地、资本等要素使用权、收益权增加中低收入群体要素收入，多渠道增加城乡居民财产性收入，改善收入和财富分配格局。

第二节　按劳分配为主体、多种分配方式并存

一、按劳分配为主体、多种分配方式并存是我国的一项基本经济制度

改革开放以来，我国从实际出发，确立了按劳分配为主体、多种分配方式并存的分配制度。实践证明，这一制度安排有利于调动各方面的积极性，有利于实现效率和公平的有机统一。党的十九届四中全会在总结我国分配制度改革的实践经验和理论成果的基础上，明确把“坚持按劳分配为主体、多种分配方式并存”作为我国一项基本经济制度，阐明了中国特色社会主义分配制度的科学内涵，为新时代坚持完善我国的分配制度提供了基本依据。

在社会主义初级阶段，之所以必须坚持按劳分配为主体、多种分配方式并存的分配制度，把按劳分配和按生产要素分配结合起来，主要原因在于：

第一，公有制为主体、多种所有制经济共同发展的所有制结构决定了必须

坚持按劳分配为主体、多种分配方式并存的分配制度。分配方式是由生产方式决定的，一个社会的分配制度是由其所有制结构决定的。公有制为主体的所有制结构要求实行按劳分配为主体的分配方式，多种所有制经济共同发展的所有制结构要求多种分配方式并存。

第二，准确反映资源的稀缺状况、实现资源配置合理化的原则，要求实行按劳分配为主体、多种分配方式并存的分配制度。资本、土地、技术、管理等要素是商品生产不可缺少的重要条件，但这些生产要素是相对有限的。在市场经济条件下充分开发合理利用这些有限资源，主要就是通过市场使资源所有者在资源使用中获得应有的回报，从而实现优化配置。

第三，社会主义初级阶段的分配制度，归根到底是由生产力的发展状况决定的。社会主义初级阶段生产力发展的不平衡、多层次和水平不够高的状况是分配方式呈现多样性的深层次原因。实行按劳分配为主体、多种分配方式并存的分配制度，适合社会主义初级阶段的生产力发展水平，有利于调动广大社会成员的积极性，实现社会资源的充分利用，促进生产力更好更快地发展。

马克思主义认为，生产与分配是有机统一体。生产决定分配，分配是生产的体现，生产和分配是辩证统一的，二者互相依存、互相影响。公有制为主体、多种所有制经济共同发展体现在分配制度上，就是按劳分配为主体、多种分配方式并存，社会主义所有制和分配制度在本质上是一致的，是同一事物的两个方面。社会主义所有制和分配制度在这里是并列而提的，都反映了社会主义初级阶段我国经济制度的基本规定性。坚持按劳分配为主体，反映了公有制的主体地位，有利于调动广大劳动者的积极性、主动性和创造性，消除两极分化，实现共同富裕；多种分配方式并存，反映了多种所有制共同发展的要求，有利于调动各经济主体的积极性，让一切劳动、知识、技术、管理和资本的活力竞相迸发，让一切创造社会财富的源泉充分涌流，各种资源都能得到有效利用。

二、按劳分配及其特点

在社会主义社会中，实行按劳分配是由生产资料公有制和生产力还不够发达所决定的。在生产资料公有制的范围内，一方面，人们在生产资料的占有上处于平等地位，任何人都不能凭借对生产资料的垄断占有获得特殊的经济利益，劳动成了他们占有生产资料和获得社会产品的唯一根据；另一方面，由于存在社会分工，劳动还主要是一种谋生的手段，不同种类的劳动之间存在着质的差别，劳动的能力还是一种个人“天赋”的权利，加上社会生产力还不够发达，不可能做到按需分配，所以劳动者之间的关系只能是一种等量劳动相交换的关系，即对劳动产品的分配既不能实行按需分配，也不能实行平均主义的分配，必须实行按劳分配。这种以劳动为依据的分配，一方面，体现了人们在生产资料占有上的平等地位，体现了以劳动为尺度的公平分配；另一方面，默认了劳动者个人的天赋和能力是他们天然的权利，承认人们在消费品占有上事实的不平等。

（一）按劳分配的主要内容和基本要求

按劳分配的主要内容和基本要求是：

第一，有劳动能力的社会成员，都必须参加社会劳动，不劳动者不得食。在全社会范围内，在对社会总产品做了各项必要的扣除之后，以劳动者提供的劳动（包括劳动数量和质量）为唯一的尺度来分配个人消费品，实行按等量劳动领取等量报酬的原则。

第二，个人消费品的分配只能以劳动为尺度。这里说的“劳”仅指活劳动，而不能以生产资料的占有状况和其他条件为尺度。按劳分配所依据的劳动排除任何客观的、劳动以外的因素，如土地、机器等生产资料的影响，只包括劳动者自身脑力与体力的支出。当然，由于劳动者的个人天赋等是不同的，他们的劳动所得是有差别的。

第三，作为分配尺度的劳动，不是劳动者实际支出的个别劳动，而是劳动者在平均熟练程度和平均劳动强度下生产单位使用价值所耗费的社会平均活劳动。以此为尺度，复杂劳动所对应的平均劳动数量要多倍于简单劳动。

第四，随着劳动生产率的提高和生产的发展，劳动者能够分配到的消费品也将逐步增加。

按劳分配是社会主义的分配制度，是社会主义经济制度的重要组成部分，对于促进社会主义经济发展、提高经济效益、实现社会公平都具有十分重要的意义。实行按劳分配，可以排除凭借对生产资料的所有权而占有他人劳动成果的可能，从而对实现共同富裕的目标具有重要意义；按劳分配体现劳动者在分配领域中相互平等的关系，它能够把每个劳动者的劳动和报酬直接联系起来，从而使每个劳动者从物质利益上关心自己的劳动成果，这有利于促进社会生产力的发展；按劳分配既要求反对平均主义，又要求反对高低悬殊，实现了劳动平等和报酬平等，有利于实现社会分配的公平与公正，从而可以调动劳动者的积极性。从这个意义上说，实行按劳分配是人类历史上分配制度的一场深刻革命。需要指出的是，在实行按劳分配的条件下，由于劳动者的劳动能力不同、家庭人口数量和构成不同，劳动者的收入水平和生活水平实际上存在一定差距，这在社会主义阶段是不可避免的。

（二）社会主义初级阶段按劳分配的特点

在社会主义初级阶段，按劳分配的实现过程和实现形式与马克思的设想存在很大差别，具有以下特点。

第一，通过市场机制实现。在社会主义市场经济条件下，个别劳动不能直接转化为社会劳动，按劳分配不能通过社会直接计算劳动者的劳动时间来分配个人消费品，而只能通过市场机制和价值形式以迂回曲折的方式来间接地加以完成。由于存在市场机制的调节作用，个人消费品的按劳分配要通过三个阶段实现。第一阶段，企业通过在市场上销售产品取得收入。企业的总劳动不能直接构成社会总劳动，必须经过商品交换才能得到实现，转化成社会劳动，形成企业经营收入。企业经营收入的多少不仅与企业的总劳动有关，而且受市场价格、供求、竞争的制约。第二阶段，企业对劳动者按其劳动分配经营收入中的个人收入部分。由于在社会主义市场经济条件下，公有制企业是相对独立的商品生产经营者，存在生产经营状况和经济利益差别，所以按劳分配不可能在全社会范围内按照统一标准实行，只能在不同的公有制企业内部按照不完全相同的具体标准分别实行。企业销售产品取得收入后，依据每个职工的实际劳动贡献进行分配，形成劳动者个人的劳动报酬。第三阶段，劳动者取得货币收入后，根据个人收入水平、家庭负担、消费需求等多方面的考虑，选择储蓄和消费，而用于消费的部分则在市场上购买消费品和劳务，实现个人消费。

第二，按劳分配的“劳”是在市场上实现了的劳动，还不能直接以每个劳动者的劳动时间为尺度，只能以社会承认的商品价值量所还原的劳动量为尺度。在市场经济条件下，劳动者提供的劳动不直接是社会劳动，而是个别劳动。只有企业劳动者生产的商品在市场上卖掉，取得收入，其劳动才能得到社会承认，个别劳动才能转变为社会劳动，实现其价值，也才有可能进行按劳分配。

第三，按劳分配主要采取货币工资形式实现。按劳分配还不能通过“劳动券”直接进行实物分配，必须通过商品货币关系来实现。在市场经济条件下，按劳分配实现的形式或劳动报酬的具体形式，一般由工资、奖金和津贴构成。工资是按劳分配实现的主要形式。奖金是实现按劳分配的一种劳动报酬的辅助形式，它是对劳动者提供的超额劳动的报酬。津贴也是劳动报酬的一种辅助形式。

第四，劳动者的收入与企业的经营状况相关联。现阶段，企业是自主经营的生产者和经营者，不同企业拥有的生产要素不同，各个企业经营状况不同，因此，劳动者的收入不仅取决于自己的劳动贡献，还取决于企业的生产经营状况，不同企业劳动者的劳动收入水平存在着一定的差距。

随着生产资料所有制结构的变化和市场经济的发展，分配主体、分配方式、分配渠道都会出现多元化。对此，既不能以分配的多元化来否定按劳分配及其主体地位，也不能因为强调按劳分配而否定其他分配方式存在的必然性和合理性。

三、按生产要素分配

在社会主义市场经济中，除了生产资料公有制范围内的按劳分配方式以外，还存在按生产要素分配的方式。这里的按生产要素分配是指，在市场经济中，生产要素的所有者根据对生产要素的所有权参与收入分配，获得相应的报酬。需要说明的是，生产要素所有者参与分配和生产要素是否创造价值是两个不同的问题。生产要素所有者之所以参与分配，是因为这是生产资料所有权在分配上的体现，同时，生产要素也是劳动创造价值所不可或缺的条件，没有它们的作用，劳动创造价值就不能实现。但是，生产要素所有者参与分配并不意味着各种生产要素都创造价值。各种收入的价值源泉归根结底都是劳动者的抽象劳动所创造的价值。

按生产要素分配的主要方式有以下几种。

第一，按资本要素分配。按资本要素分配是指资本所有者凭借其投入的资本来获得利润（包括利息、股息、租金、分红等）的分配方式。在现阶段，由于存在着私营企业、股份制企业和外商投资企业，相应地也就存在着凭资本获取利润的分配关系，这种收入称为经营性资本收入。

第二，按知识、技术、信息、数据要素分配。知识、技术对生产经营活动具有重要影响，这些要素所有者理应从生产经营活动中取得报酬，比如，专利收益、技术入股的利润分红等。掌握信息和数据对于参与市场竞争具有重要意义，信息和数据的提供者往往也参与经营收入的分配。

第三，按管理要素分配。生产经营活动中的组织协调和指挥运筹等管理活动，对生产经营绩效影响很大，直接参与经营收入的分配。

第四，按土地和其他自然资源分配。土地和其他自然资源是生产活动必不可少的因素，它们的供给具有稀缺性，要素所有者也要求有收益回报。

此外，在个体经济中劳动者既是生产资料的所有者，又是直接的生产者，他们的生产经营收入是个人创造的，因而是个体劳动所得。个体经济中的劳动者收入既是一种资本或财产收入，又是一种劳动收入。社会居民的存款、债券、股票、基金、私有住宅和某些固定资产，也可以获得利息、分红、租金等收益，属于财产收入。

第三节 保障社会公平，提高人民收入水平

一、促进效率和公平的有机统一

公平正义是中国特色社会主义的内在要求，实现公平正义是我们党的一贯主张。新时代坚持和发展中国特色社会主义，必须在全体人民共同奋斗、经济社会发展的基础上，通过制度安排，合理解决收入分配中的效率和公平问题，不断促进社会公平正义。

效率和公平不构成直接的矛盾关系，但也并非毫无关联。效率的高低体现了经济发展水平的高低，直接影响可供分配的财富的多寡，效率增进、经济发展水平提高，是优化收入分配、增进公平正义的重要基础。分配状况是影响生产效率的重要因素，分配公平与否，直接影响经济主体的积极性和经济效率的高低。因此，效率和公平问题是收入分配必须合理有效解决的重要问题。收入分配中的效率问题主要是指，通过收入分配促进劳动生产率的提高，激励更多要素投入社会生产，提高要素配置的合理性，从而创造出更多的社会财富。收入分配对效率的影响主要表现在两个方面：一方面，使劳动者付出的劳动得到合理的收入回报，从而调动劳动者的生产积极性，进而促进劳动生产率的提高；另一方面，使生产要素根据市场评价获得相应的回报，从而调动各种生产要素所有者的积极性，进而激励更多的生产要素投入生产，并提高生产要素有效利用和合理配置的程度。收入分配中的公平是指不同社会成员具有平等的分配权利和分配机会，并且分配规则对所有社会成员一视同仁。这种平等或公平主要表现在三个方面：一是权利公平，即所有社会成员都具有获取并保有合法

收入的权利，在获取财产收入的过程中不存在任何特权；二是机会公平，即获取收入的机会均等，也就是社会成员具有平等投入生产要素（特别是平等就业）、平等使用社会资源、平等获取收入的机会；三是规则公平，即获取收入的方式和渠道公平公正、公开透明，各社会成员按照统一的规则参与竞争、分配财富，规则对所有成员一视同仁。

把提高效率同促进社会公平相结合，是正确处理效率和公平关系的基本原则。形象地说，就是既要把社会财富这个“蛋糕”做大，也要把这个“蛋糕”分好；而分好“蛋糕”，又关系到下一步做大“蛋糕”。不言而喻，社会主义所要求的公平，不是那种普遍贫穷的、平均主义的“公平”，而是走向共同富裕的“公平”，这就要求大力发展生产力，不断提高生产效率，进而创造出更多的社会财富，在此基础上实现社会公平正义。反过来，只有通过公平分配，使最大多数人共享经济发展的成果，才能广泛调动人们的积极性、创造性，促进生产力的发展和效率的提高。妥善处理分配领域中效率和公平的问题，要把两者结合起来，既重视提高效率，又重视促进公平，让两者相互促进，而不是此消彼长、相互排斥。

二、缩小收入差距

改革开放以来，我国人民生活水平不断提高和改善，总体上达到小康水平；但与此同时，城乡之间、地区之间、行业之间以及不同社会成员之间收入分配差距拉大趋势还未得到根本扭转。习近平指出：“我国经济发展的‘蛋糕’不断做大，但分配不公问题比较突出，收入差距、城乡区域公共服务水平差距较大。在共享改革发展成果上，无论是实际情况还是制度设计，都还有不完善的地方。”① 因此，应该贯彻共享发展理念，让广大人民群众共享改革发展成果，这是社会主义的本质要求、社会主义优越性的集中体现。

形成收入差距的原因是多方面的。

第一，在市场经济条件下，市场竞争会造成一定程度的收入差距。个人能力差别、努力程度不同、决策准确与否，都会导致他们在市场竞争中获得的收入不同；同时，经济社会发展不平衡，特别是城乡之间发展水平差距较大，导致了收入差距的扩大。

---

① 《习近平谈治国理政》第二卷，外文出版社 2017 年版，第 200 页。

第二，在逐步完善市场经济体制的过程中，市场机制不健全，体制、政策和法律不完善，不同地区、行业和领域改革的进度和力度不尽相同，在市场竞争中享有的机会和资源存在差异，也在客观上拉大了收入差距。

第三，分配制度的建设仍有许多需要健全的地方，也是收入差距持续拉大的重要原因。在初次分配中，劳动报酬正常增长机制有待完善；在收入再分配中，保障公平分配的税收制度有待完善；在第三次分配中，慈善捐赠的激励机制、管理机制和监督机制尚有待完善。

应当看到，在市场经济发展的一定阶段上，分配差距的出现有必然性，也有其合理性，体现了人们在生产要素占有和劳动能力方面客观存在的差距，有利于调动各方面的积极性，促进市场经济的发展。但是，我们也要看到，现阶段分配差距的不断扩大中包含着一些不合理的因素，是需要加以解决的。改革开放以来，我国经济发展的“蛋糕”不断做大，但分配不公的问题比较突出，已经成了制约我国改革发展、影响社会和谐稳定、妨碍社会主义制度优越性发挥的一个突出瓶颈，必须采取切实有效的措施，花大力气加以解决。收入分配差距过大，不符合中国特色社会主义的本质要求，必须按照社会主义的分配原则，不断完善我国的收入分配制度，调节收入分配关系，缩小收入分配差距，逐步实现共同富裕。

三、全体人民共同富裕取得更为明显的实质性进展

我国进入新发展阶段，历史性地消除了绝对贫困和区域性整体贫困，人民收入稳步提高并朝着全体人民共同富裕不断迈进。站在新的起点上，党的十九届五中全会向着更远的目标谋划共同富裕，提出了“全体人民共同富裕取得更为明显的实质性进展”的目标，并提出了实现这一目标的基本思路，概括起来就是：坚持按劳分配为主体、多种分配方式并存，通过健全完善三次分配机制、改善收入和财富分配格局，努力实现居民收入增长和经济增长同步、劳动报酬增长和劳动生产率提高同步，促进经济行稳致远和社会安定和谐。

首先，在初次分配中，增加劳动者特别是一线劳动者的劳动报酬，提高劳动报酬在初次分配中的比重。实现居民收入增长和经济增长同步、劳动报酬增长和劳动生产率提高同步。提高工资收入，按照市场机制调节、企业自主分配、平等协商确定、政府监督的原则形成工资决定机制，使工资反映劳动力市

场供求关系和企业经济效益。健全企业薪酬调查和信息发布制度，发挥工资指导线作用，指导企业依据薪酬信息调整各工种工资。根据经济发展和物价水平变化，适时调整工资标准，督促企业严格执行。推行工资集体协商制度，改变工资由企业单方决定的状况，维护一线职工利益，建立稳定和谐的企业劳资关系。所谓工资集体协商，是指职工代表和企业代表，就企业内部工资分配制度、工资分配形式、工资支付方法、工资标准等进行平等协商，在协商一致的基础上签订集体协议的行为。提高农民收入，完善各项强农惠农政策，多渠道增加农民家庭经营收入。

其次，在再分配领域，规范分配秩序，加大调节力度，扩大中等收入群体，增加低收入者收入，调节过高收入，取缔非法收入。健全以税收、社会保障、转移支付等为主要手段的再分配调节机制，加大税收、社保、转移支付等调节力度和精准性。通过多种措施扩大中等收入者规模，努力提高劳动者素质，加强职业教育和技能培训；加快推进城镇化，推动农业劳动力向非农业转移，提高他们的收入水平；鼓励支持自主创业，完善有利于劳动者创业的税收优惠等帮扶政策。提高低收入者的收入，加大财政转移支付向低收入群体的倾斜，加快推进基本公共服务均等化，使全体人民在学有所教、劳有所得、病有所医、老有所养、住有所居上持续取得新进展。调节过高收入，完善直接税制度并逐步提高其比重，通过累进税制等方式调节过高收入；加强个人所得税的税源监控和税收征管；限制规范高管薪酬，加强垄断领域的调控监管，使其行业收入透明化。打击取缔非法收入，加快建立收入信息监测系统，堵住土地出让、矿产开发等领域的非法收入漏洞，治理商业贿赂，查处走私贩私、操纵股市、制假售假等非法活动。

再次，发挥好第三次分配的调节作用。随着经济发展和社会文明程度提高，全社会公益慈善意识日渐增强，发展慈善事业、个人捐助和志愿者服务，有助于贯彻共享发展理念，促进共同富裕。应积极发挥第三次分配作用，发展慈善事业，改善收入和财富分配格局。积极发展社会慈善事业，建立健全鼓励和引导社会捐赠的相关制度和政策，吸纳社会资金帮助困难群体。

最后，完善市场机制，打造平等竞争环境。形成公开透明的市场准入机制，鼓励平等竞争，在易于形成垄断的行业部门，建立健全防范治理垄断和不正当竞争的监管体制。通过创新制度安排，健全各类生产要素由市场决定报酬的机制，探索通过土地、资本等要素使用权、收益权增加中低收入群体要素收入，多渠道增加城乡居民财产性收入。防止由于企业垄断行为和资本无序扩张形成市场价格的扭曲而导致分配上的混乱和不合理的收入差距。

思考题：

1. 解释下列概念：国民收入、国内生产总值、国民收入初次分配、国民收入再分配、第三次分配、按劳分配、工资集体协商。
2. 简述中国特色社会主义分配制度的形成和发展历程。
3. 我国按劳分配的基本要求和特点是什么？
4. 社会主义初级阶段为什么要实行按劳分配为主体、多种分配方式并存的制度？
5. 什么是按生产要素分配？它的主要方式有哪些？
6. 什么是收入分配中的公平？表现在哪几个方面？
7. 效率与公平之间是怎样的关系？应以怎样的原则实现两者的有机统一？

第十二章　社会主义市场经济体制

社会主义市场经济体制是社会主义基本经济制度的一项重要内容。在社会主义条件下发展市场经济，实现从高度集中的计划经济体制向充满活力的社会主义市场经济体制的历史性转变，是中国共产党人进行的前无古人的伟大创举。在新发展阶段，必须进一步深化经济体制改革，把社会主义制度和市场经济更好地结合起来，构建高水平社会主义市场经济体制，为经济的持续健康发展提供强大动力。

第一节　社会主义经济体制改革

一、经济体制改革的必要性

所谓经济体制，是指在一定的基本经济制度基础上进行资源配置的具体方式和规则。我国社会主义制度建立以后，选择什么样的经济体制，是一个重大的理论和实践问题。只有建立并不断完善符合社会主义制度要求的、适应生产力发展状况的合理的经济体制，才能促进资源的合理配置，不断解放和发展生产力，社会主义制度的优越性才能得到充分发挥。

新中国成立初期和第一个五年计划期间，为实现全国财政经济统一、对资本主义工商业进行社会主义改造和开展以实现国家工业化为中心的有计划的大规模经济建设，我国逐步建立起高度集中的计划经济体制。这一体制发挥了社会主义集中力量办大事的制度优势，在比较短的时间内将有限的人力、物力、财力集中用于国家最急需的部门，初步建立了独立的比较完整的工业体系和国民经济体系，工业、农业、国防和科学技术现代化取得显著成就，为社会主义现代化建设奠定了必不可少的物质基础。但是，随着时间的推移，这一体制的弊端也日益凸显，主要是片面追求单一的公有制，实行高度集中统一的计划管理和国有国营的企业制度，条块分割，国家对企业统得过多过死，忽视商品生产、价值规律和市场的作用，分配平均主义严重。这就造成了企业缺乏应有的自主权、吃国家的“大锅饭”，职工吃企业的“大锅饭”的局面，严重压抑了企业和广大职工群众的积极性、主动性和创造性，从而阻碍了生产力的发展。

为了从根本上改变束缚生产力发展的经济体制，必须在坚持社会主义基本制度的基础上对高度集中的计划经济体制进行全面改革，建立具有中国特色的、充满生机和活力的社会主义经济体制，推动社会主义经济制度的自我完善和发展。

二、经济体制改革的性质

社会主义经济体制改革是社会主义制度的自我完善和发展，而不是对社会主义制度的自我否定，也就是说，我国的经济体制改革是在坚持社会主义基本制度的前提下，改革生产关系和上层建筑中不适应生产力发展的一系列相互联系的方面和环节，赋予社会主义制度以新的生机和活力。从经济方面看，我国的经济体制改革，是在坚持中国共产党的领导，坚持公有制为主体、多种所有制经济共同发展和按劳分配为主体、多种分配方式并存的前提下，把社会主义制度和市场经济有机结合起来，不断解放和发展社会生产力，发挥我们的制度优越性，有效防范资本主义市场经济的弊端。因此，这种改革不同于一个阶级推翻另一个阶级、一种社会制度代替另一种社会制度的革命，而是在党和政府的领导下，有计划、有步骤、有秩序进行的自我革命。

革命是解放生产力，改革也是解放生产力，从这个角度来看，改革也是一场革命。也就是说，我国的经济体制改革不是对原有经济体制细枝末节的修补，不是在继续维持传统高度集中的计划经济体制的前提下对其进行局部的改良，而是要从根本上改变传统的计划经济体制，建立充满生机和活力的社会主义市场经济体制。从高度集中的计划经济体制到社会主义市场经济体制的历史转折，极大地促进了社会生产力、综合国力和人民生活水平的提高，打开了我国经济、政治、文化和社会发展的全新局面。

三、经济体制改革的目标

早在改革开放初期，我们党就指出，经济体制改革的目标是建立充满生机和活力的社会主义经济体制。但是，这种经济体制的具体形式、目标模式是什么，当时并不清晰。通过长期的探索实践，改革的目标逐步明确起来，这就是建立和完善社会主义市场经济体制。

党的十二大提出正确贯彻“计划经济为主、市场调节为辅”的原则；党的十二届三中全会指出，商品经济是社会经济发展不可逾越的阶段，我国社会主义经济是公有制基础上的有计划的商品经济；党的十三大提出，社会主义有计划商品经济体制，应该是计划与市场内在统一的体制；党的十三届四中全会以后提出，建立适应有计划商品经济发展的计划经济与市场调节相结合的经济体制和运行机制等改革目标。

1992 年年初，邓小平在南方谈话时指出："计划多一点还是市场多一点，不是社会主义与资本主义的本质区别……计划和市场都是经济手段。"① 这一重要论断推动了对经济体制改革目标新的认识。1992 年，党的十四大报告明确提出，中国经济体制改革的目标是建立社会主义市场经济体制，以利于进一步解放和发展生产力。将我国经济体制改革的目标确定为建立社会主义市场经济体制具有十分重大的历史意义，突破了市场经济和社会主义相互对立的传统观念，解决了关系我国经济体制改革的方向性重大问题，彻底消除了改革开放多年来在理论和实践中的困惑，实现了改革开放新的历史性突破。1993 年，党的十四届三中全会阐明了社会主义市场经济体制的基本框架和具体任务，以建立社会主义市场经济体制为目标的经济体制改革全面而深入地展开。2003 年，党的十六届三中全会通过《中共中央关于完善社会主义市场经济体制若干问题的决定》，提出了完善社会主义市场经济体制的目标和任务，并对各项改革作出全面部署。2007 年，党的十七大提出，要深化对社会主义市场规律的认识，从制度上更好地发挥市场在资源配置中的基础性作用，经济体制改革在重点领域和关键环节有了新的进展。2012 年，党的十八大提出要全面深化改革，强调经济体制改革的核心问题是处理好政府和市场的关系，必须更加尊重市场规律，更好发挥政府作用。2013 年，党的十八届三中全会通过的《中共中央关于全面深化改革若干重大问题的决定》进一步提出，使市场在资源配置中起决定性作用和更好发挥政府作用这个定位，是我们党对中国特色社会主义建设规律认识的一个新突破，标志着社会主义市场经济发展进入了一个新阶段。2017 年，党的十九大报告进一步强调，使市场在资源配置中起决定性作用，更好发挥政府作用。2020 年，党的十九届五中全会提出要构建高水平社会主义市场经济体制的重大任务。这是新时代在更高起点、更高层次、更高目标上推进经济体制改革及其他各方面体制改革，构建更加系统完备、更加成熟定型的高水平社会主义市场经济体制的总纲领、总战略。

---

① 《邓小平文选》第三卷，人民出版社 1993 年版，第 373 页。

四、经济体制改革的历史成就

1978 年，党的十一届三中全会开启了改革开放的历史新时期。40 多年来，我们解放思想、实事求是，大胆地试、勇敢地改，干出了一片新天地。从实行家庭联产承包责任制，乡镇企业异军突起，取消农业税、牧业税和特产税到农村承包地“三权”分置、打赢脱贫攻坚战、实施乡村振兴战略；从兴办深圳等经济特区、沿海沿边沿江沿线和内陆中心城市对外开放到加入世界贸易组织、共建“一带一路”、设立自由贸易试验区、谋划中国特色自由贸易港、成功举办首届中国国际进口博览会；从“引进来”到“走出去”；从搞好国营大中小企业、发展个体私营经济到深化国资国企改革、发展混合所有制经济，从单一公有制到公有制为主体、多种所有制经济共同发展和坚持“两个毫不动摇”；从传统的计划经济体制到前无古人的社会主义市场经济体制再到使市场在资源配置中起决定性作用和更好发挥政府作用。经济体制改革全面深入推进，极大调动了亿万人民的积极性，极大促进了生产力的发展，极大增强了党和国家的生机活力，创造了世所罕见的经济快速发展奇迹，取得了令世人瞩目的历史性成就。

一是成功实现了从高度集中的计划经济体制到充满活力的社会主义市场经济体制的伟大历史转折，形成了公有制为主体、多种所有制经济共同发展的所有制结构，按劳分配为主体、多种分配方式并存的分配制度，市场在资源配置中起决定性作用和更好发挥政府作用的社会主义市场经济体制，既发挥了市场经济的长处，又发挥了社会主义制度的优势，促进了“有效的市场”和“有为的政府”的结合，极大解放和发展了生产力。

二是成功实现了从封闭半封闭到全方位开放的历史转变。坚持对外开放的基本国策，实施互利共赢的开放战略，加快发展开放型经济。从建立经济特区到开放沿海、沿江、沿边、内陆地区再到加入世界贸易组织，实施共建“一带一路”倡议，发起创办亚洲基础设施投资银行，倡导推动共建人类命运共同体。从大规模“引进来”到大踏步“走出去”，利用国际国内两个市场、两种资源水平显著提高，国际竞争力不断增强。从 1978 年到 2020 年，我国货物进出口总额从 355 亿元人民币增长到 32.2 万亿元人民币，我国实际使用外商直接投资额从 11.7 亿美元增长到 1444 亿美元，累计实际使用外商直接投资超过 2 万亿美元；我国对外直接投资稳定扩大，2020 年全年对外直接投资 1329.4 亿美元，同比增长 3.3%，截至 2020 年年底，我国对外直接投资存量超过 2.3 万亿美元，成为对外投资大国。

三是极大地解放和发展了生产力。我国经济实力、科技实力、国防实力、综合国力进入世界前列。从 1978 年到 2020 年，我国国内生产总值由 3679 亿元增长到 101.6 万亿元，占世界生产总值的比重由 1.8%上升到 17%以上，多年来对世界经济增长贡献率超过 30%。200 多种农产品和工业品产量居世界第一位，具有世界先进水平的重大科技创新成果不断涌现，高新技术产业蓬勃发展，水利、能源、交通、通信等基础设施建设取得突破性进展，城乡面貌焕然一新。

四是人民群众的物质文化生活水平大幅度提高。从 1978 年到 2020 年，全国居民人均可支配收入由 171 元增加到 32189 元，中等收入群体持续扩大；城市人均住宅建筑面积和农村人均住房面积成倍增加，家庭轿车拥有量大幅度增长，吃、穿、住、行、用水平明显提高。教育事业全面发展，建成了包括养老、医疗、低保、住房在内的世界最大的社会保障体系，2020 年年末，我国社保卡持卡人数达到 13.35 亿人，全国基本养老保险参保人数近 10 亿人，基本医疗保险参保率稳定在 95%以上，常住人口城镇化率超过 60%。居民预期寿命由 1981 年的 67.8 岁提高到 2020 年的 77.3 岁。长期困扰我国的短缺经济状况已经从根本上得到改变。

五是经济体制改革的深化有力促进了从以经济体制改革为主到全面深化经济、政治、文化、社会、生态文明体制和党的建设制度改革，在经济建设取得举世瞩目成就的同时，政治建设、文化建设、社会建设、生态文明建设也都有了重大进展，人民当家作主的权利得到更好保障，人民日益增长的美好生活需要得到更好满足，社会和谐稳定得到巩固和发展。

五、经济体制改革的基本经验

（一）坚持社会主义改革方向

改革的本质是巩固和完善社会主义制度，在社会主义制度下发展生产力，因此必须毫不动摇地坚持社会主义方向，实现社会主义基本制度和市场经济相结合。如果在这个根本性问题上出现颠覆性错误，不仅会使改革本身变质，而且会葬送社会主义。20 世纪 80 年代末，一些国家的共产党放弃了对社会主义基本原则的坚持，政治上放弃党的领导和执政地位，经济上急速转向私有化，思想文化上放弃马克思主义的指导地位，结果“改革”变成了“改向”，国家付出了沉重的代价，造成了许多难以消除的创伤和遗留问题。

（二）坚持加强党的领导和尊重人民首创精神相结合

我国的经济体制改革是在党的领导下有组织、有计划地进行的。改革理论的形成和发展、改革目标的提出和调整、改革方案的设计和选择、改革政策的制定和实施以及宪法制度的修订、市场规则的建立、重大改革措施的出台等，无一不是党的领导自上而下推动的结果。党始终把实现好、维护好、发展好最广大人民的根本利益作为党和国家一切工作的出发点和落脚点，始终把人民对美好生活的向往作为我们的奋斗目标，在改革实践中贯彻党的群众路线，坚持人民主体地位，尊重人民群众在实践活动中所表达的意愿、所创造的经验，充分激发蕴藏在人民群众中的创造伟力，充分调动群众推进改革的积极性、主动性、创造性，把最广大人民群众的智慧和力量凝聚到改革中来，有力地推动改革不断前进。

（三）坚持摸着石头过河和加强顶层设计相结合

摸着石头过河就是坚持边实践边总结，从实践中获得真知，这符合马克思主义认识论的方法。随着全面深化改革的不断推进，其艰巨性、复杂性、系统性愈加凸显，这就要求在深入调查研究的基础上，提出全面深化改革的顶层设计。所谓顶层设计，就是要提出全面深化改革的总体规划，包括改革的战略目标、战略重点、优先顺序、主攻方向、工作机制、推进方式以及改革的总体方案、路线图、时间表。习近平指出："摸着石头过河和加强顶层设计是辩证统一的，推进局部的阶段性改革开放要在加强顶层设计的前提下进行，加强顶层设计要在推进局部的阶段性改革开放的基础上来谋划。"① 两者都必须基于中国的国情和改革开放的伟大实践。

（四）坚持问题导向和目标导向相结合

经济体制改革的过程就是发现问题、解决问题的过程。只有树立强烈的问题意识、坚持问题导向，不断有效破解前进中的各种难题，才能开创党和国家事业发展的新局面。坚持问题导向，要敢于正视问题，善于发现改革进程中的新情况、新问题，还要科学分析问题，弄清问题性质，找到症结所在，从繁杂问题中把握事物的规律性，着力推动解决我国改革发展面临的一系列突出矛盾和问题。坚持问题导向要和坚持目标导向紧密结合起来。全面深化改革的总目标是完善和发展中国特色社会主义制度，推进国家治理体系和治理能力现代化，它

① 《习近平谈治国理政》第一卷，外文出版社 2018 年版，第 68 页。

贯穿于全面建设社会主义现代化国家的全过程。

（五）坚持试点先行和全面推进相促进

我国是一个大国，绝不能在根本性问题上出现颠覆性失误，一旦出现就无可挽回、无法弥补。同时，又不能因此就什么都不动、什么都不改，推进改革胆子要大，但步子一定要稳。我国在改革实践中总结出的一条重要经验，就是对必须取得突破但一时还不那么有把握的改革，采取试点探索、投石问路的方法，先行试点、尊重实践、尊重创造，鼓励大胆探索、勇于开拓，取得经验、看得准了再全面推进。有的国家搞所谓的“休克疗法”，对一些重大改革，试图毕其功于一役，结果引起了剧烈的政治动荡和社会动乱，教训是很深刻的。而我国是稳扎稳打，使改革切合实际、行之有效、行之久远，积小胜为大胜。

（六）坚持改革决策和立法决策相统一、相衔接

习近平指出：“要更加自觉地运用法治思维和法治方式来深化改革、推动发展、化解矛盾、维护稳定，依法治理经济，依法协调和处理各种利益问题，避免埋钉子、留尾巴。”① 在社会主义市场经济条件下，改革和法治如鸟之两翼、车之双轮，相辅相成、相伴而生。要坚持改革决策和立法决策相统一、相衔接，做到改革和法治同步推进，确保改革决策的正确性、合法性和权威性。通过立法决策引导、推动、规范、保障改革，使改革在法治的轨道上推进。对经济实践证明行之有效的改革决策，要及时上升为立法决策；实践条件还不成熟、需要先行先试的，要按照法定程序作出授权。对不适应改革要求的法律法规要及时修改和废止。

（七）坚持把改革、发展和稳定统一起来

改革、发展和稳定是中国社会主义现代化建设的三个重要支点，缺一不可。改革是经济社会发展的根本动力，是决定中国命运的关键抉择；发展是中国共产党执政兴国的第一要务，是解决我国一切问题的基础和关键；稳定是改革发展的前提，只有社会稳定，改革和发展才能不断推进。改革、发展和稳定三者相互依赖、相互促进。我国发展到今天，发展和改革高度整合，发展前进一步就需要改革前进一步，改革不断前进也为发展提供强劲动力。只有改革和发展不断前进，社会稳定才能具有坚实基础；而社会稳定则对改革和发展起到了保驾护航的重要作用。习近平指出：“改革发展稳定各方面头绪那么多，都

---

① 《习近平关于全面建成小康社会论述摘编》，中央文献出版社2016年版，第198页。

要照看好，不要抓了一头忘了另一头。”① 要坚持把改革的力度、发展的速度和社会可承受的程度统一起来，在保持社会稳定中推进改革和发展，通过改革和发展促进社会稳定，切实做到“蹄疾而步稳”。

第二节　社会主义市场经济体制的特征与优势

一、社会主义市场经济是新型市场经济

市场经济有没有社会制度的属性呢？有没有社会主义市场经济、资本主义市场经济的区别呢？回答这个问题，必须弄清市场经济的一般和特殊的关系。

市场经济是通过市场机制调节资源配置的经济体制，存在于不同的社会制度，其一般特点是：作为主体的企业应该是拥有自主经营权、自负盈亏的经济实体，能够根据市场上供求关系的变化自主地作出经营决策，并对决策的后果负责；绝大多数产品和服务的价格由市场供求关系来决定，而不是由国家来规定；有比较完整的市场体系，包括商品市场、资本市场、技术市场、劳动力市场，各个经济领域市场都能发挥作用；有一系列与市场经济相配套的法律、规章制度和社会保障体系；等等。没有这些内容，市场经济就无法正常运行；没有这些内容，也就不能称为市场经济。这是不同社会制度下的市场经济的共性。

但是，任何经济体制都是在一定的社会基本制度特别是生产资料所有制基础上运转的，它不可能脱离所有制独立地存在、孤立地运转。同社会主义基本制度相结合的市场经济就是社会主义市场经济，同资本主义基本制度相结合的市场经济就是资本主义市场经济。总之，市场经济是离不开社会基本制度的，当它同某种社会基本制度结合在一起，就显示出特殊的社会属性。

社会主义市场经济是与社会主义基本制度相结合的新型市场经济，或者说是社会主义性质的市场经济。党的十四大报告第一次明确提出了社会主义市场经济的改革目标，并强调社会主义市场经济是同社会主义基本制度结合在一起的。邓小平指出，“社会主义市场经济优越性在哪里？就在‘四个坚持’。‘四

① 《习近平关于社会主义经济建设论述摘编》，中央文献出版社 2017 年版，第 333 页。

个坚持’集中表现在党的领导”①。江泽民指出，“我们搞的市场经济，是同社会主义基本制度紧密结合在一起的。如果离开了社会主义基本制度，就会走向资本主义”，“‘社会主义’这几个字是不能没有的，这并非多余，并非画蛇添足，而恰恰相反，这是画龙点睛。所谓‘点睛’，就是点明我们的市场经济的性质”。② 习近平强调：“我们是在中国共产党领导和社会主义制度的大前提下发展市场经济，什么时候都不能忘了‘社会主义’这个定语。之所以说是社会主义市场经济，就是要坚持我们的制度优越性，有效防范资本主义市场经济的弊端。”③

因此，社会主义市场经济中的“社会主义”一词，不是可有可无的修饰语，而是明确制度内涵的定语，鲜明地体现了我国市场经济的社会属性。社会主义市场经济是市场经济一般属性与社会主义特殊属性的统一体、结合体，发展社会主义市场经济必须坚持辩证法、两点论，在社会主义基本制度与市场经济的结合上下功夫，把两方面优势都发挥好。

二、社会主义基本制度与市场经济的结合

传统观点认为，市场经济是与资本主义制度结合在一起的，是以私有制为基础的，社会主义与市场经济无法兼容。我国社会主义市场经济发展的成功实践证明，这种观点是错误的，社会主义基本制度与市场经济完全可以结合。

首先，在社会主义初级阶段，除公有制经济之外，还存在着个体经济、私营经济和外资经济以及混合所有制经济等多种所有制经济形式，这些不同性质的所有制经济主体之间是完全独立的，它们之间的交换关系是等价交换的商品交换关系。

其次，在社会主义初级阶段，公有制存在着多种形式，除了国有经济、集体经济外，合作经济和混合经济中也存在公有经济成分，这些不同形式的公有制经济主体之间也是独立的，它们之间的交换关系也是等价交换的商品交换关系。

最后，在社会主义全民所有制经济中，虽然生产资料是社会成员共同所有并由国家代表社会行使所有权，但是在现实中，属于社会共同所有的生产资料只能通过每一个具体劳动者的联合即企业来分别使用，不同企业对代表全民的

① 《邓小平思想年编（一九七五——一九九七）》，中央文献出版社 2011 年版，第 718 页。

② 江泽民：《论社会主义市场经济》，中央文献出版社 2006 年版，第 202、203 页。

③ 《习近平关于社会主义经济建设论述摘编》，中央文献出版社 2017 年版，第 64 页。

国家负责，但在生产资料的使用上又具有明显的经济利益差别，它们是各自独立的经营者，它们之间的交换关系也是等价交换的商品交换关系。

理论和实践都充分证明，社会主义可以而且应该实行市场经济，把市场经济的长处和社会主义制度的优越性有机结合起来。这样，一方面，可以充分利用市场机制的优点，使经济活动遵循价值规律的要求，适应供求关系的变化；通过价格杠杆和竞争机制的功能，把资源配置到效益较好的环节中去，并给企业以压力和动力，实现优胜劣汰；运用市场对各种经济信号反应比较灵敏的优点，促进生产和需求的及时协调。另一方面，可以发挥社会主义制度的优势，在生产资料社会占有的基础上，实现社会经济的有计划发展，克服市场经济的盲目性、自发性和滞后性等弱点和消极方面，实现全体人民的共同富裕。社会主义市场经济体制具有强大的生命力和内在活力，为市场经济的发展开辟了广阔空间。

三、社会主义市场经济的制度优势

第一，有利于实现全体人民的共同利益。社会主义市场经济的发展坚持以人民为中心，坚持人民主体地位，坚持共同富裕方向，始终做到发展为了人民、发展依靠人民、发展成果由人民共享，维护人民根本利益，激发全体人民积极性、主动性、创造性，促进社会公平，增进民生福祉，不断实现人民对美好生活的向往。

第二，有利于实施国家战略规划。国家战略规划是社会主义市场经济中宏观调控的总依据，集中体现了社会主义制度的内在要求。习近平指出："用中长期规划指导经济社会发展，是我们党治国理政的一种重要方式。从 1953 年开始，我国已经编制实施了 13 个五年规划（计划），其中改革开放以来编制实施 8 个，有力推动了经济社会发展、综合国力提升、人民生活改善，创造了世所罕见的经济快速发展奇迹和社会长期稳定奇迹。实践证明，中长期发展规划既能充分发挥市场在资源配置中的决定性作用，又能更好发挥政府作用。"①

第三，有利于集中力量办大事。社会主义基本制度以公有制为基础，坚持党对经济的集中统一领导，有利于调动各方面积极性，统筹协调各方面关系，固根基、扬优势、补短板、强弱项，将有限的资源集中用于解决最重要的任

---

① 习近平：《在经济社会领域专家座谈会上的讲话》，人民出版社 2020 年版，第 2 页。

务，以新型举国体制推动科技创新，实现经济快速发展，自觉引导国民经济朝着形态更高级、分工更复杂、结构更合理的方向转型升级，不断提高经济发展质量和效益。

第四，有利于效率和公平的统一。坚持公有制为主体、多种所有制经济共同发展，按劳分配为主体、多种分配方式并存，把社会主义制度和市场经济有机结合，既充分发挥市场在资源配置中的决定性作用，又更好发挥政府作用，极大解放和发展了生产力。在此基础上，人民生活水平不断提高，社会公平正义不断彰显，人民主体地位不断增强，向着共同富裕目标稳步前进。

第五，有利于促进平等互利的新型国际关系。社会主义市场经济坚持统筹国内国际两个大局，坚持开放和自主相结合，积极参与经济全球化和独立自主相结合。一方面，坚持对外开放基本国策，致力于建立全方位、多层次、宽领域的开放格局，构建全面开放的新格局，发展更高层次的开放型经济，坚定不移构建开放型世界经济；另一方面，坚持独立自主、互利共赢，始终把为人类作出新的更大贡献作为自己的使命，致力于建立公正合理的国际经济新秩序，弘扬共商共建共享的全球治理理念，推动完善更加公正合理的全球经济治理体系，引导经济全球化朝着开放、包容、普惠、平衡、共赢的方向发展，推动共建人类命运共同体。

第三节　社会主义市场经济体制不断完善

一、完善社会主义市场经济体制是一个长期的过程

经过40多年的深入改革，我国经济体制改革在理论和实践上取得了重大进展。社会主义市场经济体制已经建立，社会主义基本经济制度已经确立，全面开放的格局已经形成。

特别是党的十八大以来，全面深化改革取得重大突破。党中央以巨大的政治勇气和智慧，提出全面深化改革总目标是完善和发展中国特色社会主义制度、推进国家治理体系和治理能力现代化，着力增强改革系统性、整体性、协同性，着力抓好重大制度创新，着力提升人民群众获得感、幸福感、安全感，推出1600多项改革方案，重点领域和关键环节改革取得突破性进展，主要领域改革主体框架基本确立，改革呈现全面发力、多点突破、蹄疾步稳、

纵深推进的局面。

改革只有进行时，没有完成时。我国社会主义市场经济体制虽已形成并不断完善，但还不够完善。改革道路上仍面临着很多复杂的矛盾和问题。中国特色社会主义进入新时代，社会主要矛盾发生变化，我国经济已由高速增长阶段转向高质量发展阶段，与这些新形势新要求相比，我国市场体系还不健全，市场发育还不充分，政府和市场的关系还没有完全理顺，还存在市场激励不足、要素流动不畅、资源配置效率不高、微观经济活力不强等问题，推动高质量发展仍存在不少体制机制障碍，必须进一步解放思想，坚定不移深化市场化改革。

二、加快完善社会主义市场经济体制

完善社会主义市场经济体制，要不断在经济体制关键性、基础性重大改革上突破创新，在更高起点、更高层次、更高目标上推进经济体制改革及其他各方面体制改革，构建更加系统完备、更加成熟定型的高水平社会主义市场经济体制，为此，应当着力完成以下任务：

第一，激发国有企业活力，毫不动摇巩固和发展公有制经济。国有企业是中国特色社会主义的重要物质基础和政治基础，是党执政兴国的重要支柱和依靠力量，必须发展和壮大国有企业，为此，要深化国资国企改革，做强做优做大国有资本和国有企业，发挥国有经济战略支撑作用。要坚持和加强党对国有企业的全面领导，紧紧围绕构建新发展格局推进国有经济布局优化和结构调整，以深化国资国企改革激发新发展活力、以高水平对外开放打造国际合作和竞争新优势，切实增强国有经济竞争力、创新力、控制力、影响力、抗风险能力。坚持有进有退、有所为有所不为，优化国有资本重点投向和领域，加大新型基础设施建设投入，推动互联网、大数据、人工智能等同各产业深度融合，推动国有资本更多投向关系国计民生的重要领域和关系国家经济命脉等领域，向前瞻性战略性新兴产业集中。加快完善中国特色现代企业制度，把加强党的领导与完善公司治理统一起来，充分发挥党组织把方向、管大局、保落实的领导作用。要强化国有企业独立市场主体地位，深入推进公司制、股份制改革。深化国有企业混合所有制改革，既支持民营企业等社会资本参与国有企业混合所有制改革，又鼓励国有资本投资入股民营企业，合理设计和优化混合所有制企业股权结构，规范有序发展混合所有制经济。健全以管资本为主的国有资产监管体制，深化政企分开、政资分开，推进经营性国有资产集中统一监管，国有资产监督管理机构不行使政府的社会公共管理职能，政府其他机构、部门不履行企业国有资产出资人职责。推动国资监管机构职能转变，坚持授权与监管相结合、放活与管好相统一，优化监管方式手段，切实提升国有资产运营效率，有力维护国有资产安全。

第二，激发民营企业活力，毫不动摇鼓励、支持、引导非公有制经济发展。健全支持民营经济、外商投资企业发展的市场、政策、法治和社会环境，进一步激发企业活力和创造力。在要素获取、准入许可、经营运行、政府采购和招投标等方面对各类所有制企业平等对待，破除制约市场竞争的各类障碍和隐性壁垒，营造各种所有制主体依法平等使用资源要素、公开公平公正参与竞争、同等受到法律保护的市场环境。创造平等使用生产要素环境，着力解决民营企业融资难融资贵问题，拓宽民营企业融资途径。依法平等保护民营企业产权和企业家权益。要完善构建亲清政商关系的政策体系，建立规范化机制优化政企沟通渠道，鼓励民营企业参与实施重大国家战略。

第三，夯实市场体系基础制度，保障市场公平竞争，建设高标准市场体系。健全归属清晰、权责明确、保护严格、流转顺畅的现代产权制度，加强产权激励。健全市场体系基础制度，坚持平等准入、公正监管、开放有序、诚信守法，形成高效规范、公平竞争的国内统一市场，健全产权执法司法保护制度。实行统一的市场准入负面清单制度，继续放宽准入限制。全面落实公平竞争审查制度，完善竞争政策框架，建立健全竞争政策实施机制，强化竞争政策基础地位。推动土地、劳动力、资本、技术、数据等要素市场化改革。健全要素市场运行机制，完善要素交易规则和服务体系。

第四，构建更加完善的要素市场化配置体制机制，进一步激发全社会创造力和市场活力。以要素市场化配置改革为重点，加快建设统一开放、竞争有序的市场体系，推进要素市场制度建设，实现要素价格市场决定、流动自主有序、配置高效公平。建立健全统一开放的要素市场，加快建设城乡统一的建设用地市场，建立同权同价、流转顺畅、收益共享的农村集体经营性建设用地入市制度。加快建立规范、透明、开放、有活力、有韧性的资本市场，加强资本市场基础制度建设，构建与实体经济结构和融资需求相适应，多层次、广覆盖、有差异的银行体系。加快培育发展数据要素市场，建立数据资源清单管理机制，完善数据权属界定、开放共享、交易流通等标准和措施，发挥社会数据资源价值。推进要素价格市场化改革，健全主要由市场决定价格的机制，最大限度减少政府对价格形成的不当干预，创新要素市场化配置方式。推进商品和服务市场提质增效，构建优势互补、协作配套的现代服务市场体系。

第五，创新政府管理和服务方式，完善宏观经济治理体制。完善政府经济调节、市场监管、社会管理、公共服务、生态环境保护等职能，创新和完善宏观调控，进一步提高宏观经济治理能力。健全以国家发展规划为战略导向，以财政政策、货币政策和就业优先政策为主要手段，投资、消费、产业、区域等政策协同发力的宏观调控制度体系，增强宏观调控前瞻性、针对性、协同性。完善国家重大发展战略和中长期经济社会发展规划制度，科学稳健把握宏观政策逆周期调节力度，更好发挥财政政策对经济结构优化升级的支持作用，健全货币政策和宏观审慎政策双支柱调控框架。加快建立现代财税制度，优化政府间事权和财权划分，建立权责清晰、财力协调、区域均衡的中央和地方财政关系，形成稳定的各级政府事权、支出责任和财力相适应的制度。强化货币政策、宏观审慎政策和金融监管协调，建设现代中央银行制度，健全中央银行货币政策决策机制，完善基础货币投放机制，稳妥推进数字货币研发，健全市场化利率形成和传导机制。构建金融有效支持实体经济的体制机制，建立现代金融监管体系，全面加强宏观审慎管理，强化综合监管，突出功能监管和行为监管，制定交叉性金融产品监管规则。全面完善科技创新制度和组织体系，加强国家创新体系建设，强化国家战略科技力量，构建社会主义市场经济条件下关键核心技术攻关新型举国体制，大力增强自主创新能力。推动产业政策向普惠化和功能性转型，强化对技术创新和结构升级的支持，加强产业政策和竞争政策协同。健全推动发展先进制造业、振兴实体经济的体制机制。

第六，坚持和完善民生保障制度，促进社会公平正义。坚持按劳分配为主体、多种分配方式并存，优化收入分配格局，健全可持续的多层次社会保障体系，让改革发展成果更多更公平惠及全体人民。健全体现效率、促进公平的收入分配制度。坚持多劳多得，着重保护劳动所得，增加劳动者特别是一线劳动者劳动报酬，提高劳动报酬在初次分配中的比重，在经济增长的同时实现居民收入同步增长，在劳动生产率提高的同时实现劳动报酬同步提高。健全劳动力、资本、土地、知识、技术、管理、数据等生产要素由市场评价贡献、按贡献决定报酬的机制。健全以税收、社会保障、转移支付等为主要手段的再分配调节机制。完善第三次分配机制，发展慈善等社会公益事业。多措并举促进城乡居民增收，缩小收入分配差距，扩大中等收入群体。

第七，建设更高水平开放型经济新体制，以开放促改革促发展。实行更加积极主动的开放战略，全面对接国际高标准市场规则体系，实施更大范围、更宽领域、更深层次的对外开放。以“一带一路”建设为重点构建对外开放新格局。坚持互利共赢的开放战略，推动共建“一带一路”走深走实和高质量发展，促进商品、资金、技术、人员更大范围流通。推进贸易高质量发展，拓展对外贸易多元化，提升一般贸易出口产品附加值，推动加工贸易产业链升级和服务贸易创新发展。更大规模增加商品和服务进口，降低关税总水平，努力消除非关税贸易壁垒，大幅削减进出口环节制度性成本，促进贸易平衡发展。积极参与全球经济治理体系变革，维护完善多边贸易体制，积极参与多边贸易规则谈判，推动贸易和投资自由化便利化，推动构建更高水平的国际经贸规则。加快自由贸易区建设，推动构建面向全球的高标准自由贸易区网络。

第四节　社会主义市场经济中的政府和市场关系

坚持社会主义市场经济改革方向，核心问题是处理好政府和市场关系，使市场在资源配置中起决定性作用，更好发挥政府作用。

一、经济体制改革的核心问题是处理好政府和市场关系

经济体制改革是全面深化改革的重点，核心问题是处理好政府和市场关系。

将社会资源有效分配到社会生产不同部门，是人类社会生产活动的首要任务。社会资源的分配有两种方式：一种是市场调节，另一种是政府调节。在现实的经济运行中，单纯依靠市场调节或政府调节配置资源均属于特例，通常情况是政府与市场结合进行资源配置。由于社会制度、文化传统、自然禀赋的不同，政府与市场结合的方式存在较大差异，并由此派生出形态各异的经济体制，产生了不尽相同的资源配置效果。

资本主义市场经济是资本主义私有制与市场经济的结合体，生产什么、生产多少、如何生产、为谁生产都是在利润最大化动力驱使下由私人资本决定的。在资本主义市场经济中，政府也在资源配置中发挥作用，但是这种作用不

可能改变私人资本的支配地位，无法克服资本主义生产方式的基本矛盾。

传统高度集中计划经济体制，主要利用行政手段管理国民经济，商品货币关系和价值规律只起形式的和辅助的作用。集中计划经济体制有利于发挥社会主义集中力量办大事的优势，但抑制了市场的活力。

党的十一届三中全会以来，我们党努力探索政府与市场结合的新形式，对政府和市场关系的认识不断深化。党的十八届三中全会明确提出“使市场在资源配置中起决定性作用和更好发挥政府作用”，这是我们党对政府和市场关系认识的一个新突破，标志着社会主义市场经济发展进入了一个新阶段。

二、市场在资源配置中的决定性作用

所谓市场对资源配置的决定性作用，主要是指：第一，社会经济资源主要由市场配置，不是由政府或者计划配置；第二，价格主要由市场决定，切实开展规范有序、优胜劣汰的市场竞争；第三，企业生产什么、生产多少、如何生产、为谁生产主要由市场调节。简而言之，市场对资源配置的决定性作用就是指通过竞争机制、价格机制、供求机制等市场机制对资源配置发挥决定性影响。不过实践早已证明，市场对资源配置的决定性作用虽然确实存在，但绝不意味着市场是万能的、在所有领域都发挥决定性作用，实际上完全自由放任的市场经济根本就不曾存在过。

建设统一开放、竞争有序的市场体系，是使市场在资源配置中起决定性作用的基础。必须加快形成企业自主经营、公平竞争，消费者自由选择、自主消费，商品和要素自由流动、平等交换的现代市场体系，着力清除市场壁垒，提高资源配置效率和公平性。

中国特色社会主义新时代全面深化经济体制改革，应该有效利用市场机制对资源配置的决定性作用，充分发挥市场机制信息灵敏、效率较高、激励有效、调节灵活等优点，增强经济发展活力。同时，也要注意矫正市场机制固有的弊端。

三、更好发挥政府作用

我国实行的是社会主义市场经济，既要遵循市场经济的一般规律，又要体现社会主义基本制度的要求，赋予政府和市场关系新的特点。

第一，市场经济的一般规律要求发挥政府的作用。社会主义市场经济也是市场经济，需要遵从一般市场经济的规律。任何市场经济都不可能完全离开政府的管理、政府的作用，如制定市场规则、保护市场竞争、保持宏观经济的平衡、提供社会服务等。市场这只“看不见的手”并非万能，经常会出现市场调节失效的情况。为解决这些问题，必须由政府出面进行适度的干预，由政府这只“看得见的手”来弥补市场的缺陷、限制市场的消极作用。政府要运用经济政策，同时运用国家经济实力，调节社会经济的运行过程，保证市场经济平稳健康发展。

第二，我国特殊的国情要求发挥政府的作用。中国的国情是国家大、人口多、底子薄，经济社会发展不平衡；同时灾害比较频繁，历史上，各朝各代的政府，都要担负赈灾、治水、固边等职能。在这样的国情下发展市场经济，需要政府发挥更大的统筹协调作用。一是解决不平衡的问题，如东中西部、沿海和内地、城市和农村发展不平衡的问题，城乡居民、高收入群体和低收入群体收入差距拉大的问题。二是解决不协调的问题，如调整不合理的经济结构、产业结构，实施国家发展重大战略工程、调整国家经济发展比例布局，制定和实施国家发展中长期战略规划，等等。三是应对重大自然灾害，发挥我国各级政府集中力量办大事的优势，在最短的时间内举全国之力抗灾救灾，救护人民的生命，将灾害造成的损失减少到最低限度，开展生产自救，迅速恢复重建。

第三，社会主义基本制度要求发挥政府的作用。中国特色社会主义的发展目标，是实现共同富裕和社会公平，促进人的全面发展，完全依靠市场的力量很难实现这个发展目标。因为市场机制的一个重要特点是鼓励竞争，这有利于提高效率、促进发展。但市场竞争不能带来社会公平和共同富裕，相反，市场竞争的结果必然带来两极分化、贫富悬殊，造成社会不公。实现社会的共同富裕、维护最广大人民的根本利益，必须发挥政府对财富分配的调控作用，通过制定经济政策和相关法律，调节社会的收入分配，最大限度地维护社会的公平正义，促进社会和谐。在我国，政府是全民所有制生产资料所有权的总代表，负有管理经营并使这些资产保值增值的责任，不仅要作为市场规则的制定者和宏观经济的调节者，而且要作为全民所有制生产资料所有权的总代表深入经济生活的内部，遵守法律和公平的市场规则参与市场经济活动。政府经营国有资产，也是为了造福最广大人民群众，实现社会主义经济发展的目的。

在社会主义市场经济中，政府作用主要包括以下几个方面：

第一，规划统筹。规划统筹是政府从社会的全局和长远利益出发，按照经济发展的客观规律，对国民经济和社会发展进行规划和调节，统筹兼顾各方面的关系，从宏观上对国民经济和社会发展的目标、结构、速度、效果等进行规划和调节，统筹城乡发展、统筹区域发展、统筹经济社会发展、统筹人与自然和谐发展、统筹国内发展和对外开放等重大关系，保证国民经济长期良好运行。

第二，宏观经济治理。宏观经济治理是政府对宏观经济运行中社会供求的矛盾运动进行调控，以实现社会供求在总量上和结构上的基本平衡。其目的是保持国民经济持续快速协调健康发展。

第三，市场监管。市场监管是政府依法对市场主体及其行为进行监督和管理，以维护公平竞争的市场秩序。进行有效的市场监管，要加强法制建设，完善行政执法、行业自律、舆论监督、群众参与相结合的市场监管体系，加强诚信建设，建立健全社会信用体系，实行信用监督和失信惩戒制度。

第四，社会管理。社会管理是政府通过制定社会政策和法规，管理和规范社会组织与社会事务，以化解社会矛盾，维护社会公正、社会秩序和社会稳定。做好社会管理工作，要以发展社会事业为着力点，妥善处理不同利益群体的关系，推动建设和谐社会，保持国家长治久安，为经济发展创造良好的社会环境。

第五，公共服务。公共服务是政府通过提供公共产品和服务，包括加强城乡公共设施建设，发展社会就业、社会保障服务和教育、科技、文化、卫生、体育等公共事业，发布公共信息等，为社会公众参与社会经济、政治、文化活动提供保障和创造条件，努力建设服务型政府。

第六，国有资产管理。国有资产管理是政府作为国有资产的所有者需要承担起所有者的职能，代表全体人民对国有资产进行有效监管，保证国有资产的保值增值。

第七，保护环境。保护环境是政府的重要职责，要求政府从全局和长远的观点出发，坚持节约资源和保护环境的基本国策，坚持可持续发展，坚定走生产发展、生活富裕、生态良好的文明发展道路，加快建设资源节约型、环境友好型社会，形成人与自然和谐发展的现代化建设新格局，推进美丽中国建设，为全球生态安全作出新贡献。

第八，维护国家经济安全。维护国家经济安全是实现经济发展和保障人民利益的根本前提，要求政府坚持统筹发展和安全，有效防范化解各类风险挑战，确保社会主义现代化事业顺利推进，加强经济安全风险预警、防控机制和能力建设，实现重要产业、基础设施、战略资源、重大科技等关键领域安全可控，确保国家经济安全。

四、推动有效市场和有为政府更好结合

党的十八届三中全会提出，“使市场在资源配置中起决定性作用和更好发挥政府作用”①。党的十九届五中全会进一步强调，“坚持和完善社会主义基本经济制度，充分发挥市场在资源配置中的决定性作用，更好发挥政府作用，推动有效市场和有为政府更好结合”②。正确处理政府和市场的关系，必须努力推动形成政府作用和市场作用有机统一、相互补充、相互协调、相互促进的格局，继续在社会主义基本制度与市场经济的结合上下功夫，努力在实践中破解这道经济学上的世界性难题。

我国是社会主义国家，我国的市场经济是社会主义市场经济，社会主义基本制度与市场经济的有机结合是正确处理政府和市场关系的根本制度前提，从这一前提出发，就必然会得出这样的结论：既要“有效的市场”，也要“有为的政府”，把有效的市场和有为的政府有机结合起来。

有效的市场，就是要充分发挥市场在资源配置中的决定性作用，充分发挥市场在信息传递、激励创新、调节供求等方面的优势，围绕更加尊重市场规律和增强市场活力推进相关领域的改革，进一步简政放权，大幅度减少政府对资源的直接配置，激发各类市场主体活力，建设高标准的市场体系。

有为的政府，就是要更好发挥政府作用，坚持党对经济工作的集中统一领导，不断提高驾驭社会主义市场经济的能力和水平；坚持完善政府经济调节、市场监管、社会管理、公共服务、生态环境保护等职能；创新和完善宏观调控，进一步提高宏观经济治理能力，使市场经济的发展更好地服务于全体人民的共同利益。

---

① 《中国共产党第十八届中央委员会第三次全体会议文件汇编》，人民出版社 2013 年版，第 21 页。

② 《中国共产党第十九届中央委员会第五次全体会议文件汇编》，人民出版社 2020 年版，第 38 页。

第五节 社会主义市场经济中的宏观经济治理

一、社会供求的矛盾运动和经济波动

宏观经济治理是指国家以中长期发展规划为战略导向，运用经济手段、法律手段和行政手段，对国民经济运行中社会供求的总量和结构进行调节，促进经济总量平衡、结构优化、内外均衡。宏观经济治理是政府在社会主义市场经济中发挥作用的重要内容，实现社会供求的总量和结构平衡则是宏观经济治理的基本任务。社会供求的矛盾运动包括社会供求的总量平衡与失衡、社会供求的结构平衡与失衡。

（一）社会供求的总量平衡与失衡

社会供求的总量平衡即社会总供给与社会总需求之间的平衡。社会总供给是指一个国家（或地区）在一定时期内，可提供给全社会使用的货物和服务的总量。在开放经济条件下，社会总供给是由国内供给和国外供给构成的，国外供给（即进口）是对国内供给的补充，可以增加社会总供给。社会总需求是指一个国家（或地区）在一定时期内，全社会对使用的货物和服务有支付能力的需求总量。在封闭经济条件下，社会总需求包括投资需求和消费需求两部分；在开放经济条件下，社会总需求还包括国外需求，即出口需求。

社会总供给和社会总需求之间的关系，综合反映社会经济运行的总体状况。总量平衡是国民经济按比例协调发展的重要体现，是宏观经济健康运行的基本标志。

社会供求之间的总量平衡是相对的、不平衡是绝对的。一般来说，社会供求之间的总量不平衡只要保持在一定幅度内，就不影响国民经济的正常运转。当不平衡的程度影响到国民经济的正常运转时，就意味着社会总供给和社会总需求之间出现了严重失衡，将会对国民经济运行产生消极影响。

社会总需求大于社会总供给，表现为需求过度或供给短缺，其主要危害为：

第一，降低经济效率，阻碍经济持续增长。需求过度虽然能够刺激短期经济增长，但是在通货膨胀的情况下，由于货币贬值、购买力不断下降，人们将增加即期消费支出，这会导致整个社会的储蓄率下降，进而减少投资，从而使经济增长率下降；通货膨胀会造成币值不稳定，增加经济核算的困难，影响货币作为支付手段和流通手段的职能，在发生极端恶性通货膨胀的情况下，甚至

有可能使得商品交换向物物交换的原始状态回归；价格攀升会造成商品之间的相对价格紊乱，致使价格、利率等市场信号严重失真，进一步引起经济失调，造成社会资源的巨大浪费。此外，由于国内价格上涨速度快于国外价格水平的变化，会降低商品的国际竞争力，抑制出口，增加进口，导致贸易逆差加大，影响国民经济发展。

第二，加大产业结构调整难度，妨碍产业结构优化目标的实现。一般来说，加工产品比初级产品对价格的反应更灵敏，因此，通货膨胀期间加工产品的价格上涨幅度要比初级产品的价格上涨幅度更大。同时，由于基础产业投资额大、建设周期长，价格上涨所刺激的投资会更多地集中在加工工业部门，而不是基础产业，这就会导致产业结构不合理，影响国民经济的长远发展。

第三，破坏收入和财富分配格局，严重时可能引发社会危机。由于社会成员在社会经济结构中的角色不同，物价上涨对每个人的影响也不同。对于那些领取固定收入的中低收入者来说，他们的实际收入会因通货膨胀而减少。对于企业主来说，通货膨胀有可能使他们从增加的利润中获得更多的经济利益。对于债务人和债权人来说，通货膨胀会导致债务人的实际债务负担降低，而债权人的财富却因通货膨胀而缩水。通货膨胀所带来的收入和财富分配格局的改变，经常是社会危机的根源之一。

社会总需求小于社会总供给，表现为有效需求不足或供给过剩，其主要危害为：第一，导致企业开工不足、失业人口增加、经济衰退，进而引起严重的通货紧缩。通货紧缩必然降低企业利润水平，导致许多企业微利甚至亏损，使企业减少生产或停产；导致实际利率提高，加重生产者和投资者的债务负担，也使人们对经济产生悲观情绪，持币观望，使投资进一步萎缩，从而加速经济衰退。第二，引发金融风险。由于企业经营不景气，银行贷款难以及时回收，呆账和坏账会在银行堆积。这些因素会诱发银行挤兑，从而可能引起银行破产，使整个金融系统陷入危机。第三，经济形势恶化与人们的心理预期相互作用，使经济陷入螺旋式下降的恶性循环之中。

（二）社会供求的结构平衡与失衡

社会供求的结构平衡，可以从供求各自内部和供求相互之间两个方面考察。从供求各自内部看，主要包括：一是社会供给的内部结构平衡。在社会供给中，各部类、各产业、各部门、各行业、各企业和各主要产品之间都要保持一定的比例关系，也就是社会资源要在各类生产之间按比例协调配置，以保证对社会各方面提供必要的供给，避免社会供给的结构性过剩或短缺。二是社会需求的内部结构平衡。在社会需求中，国内需求与国外需求之间；在国内需求中，投资需求与消费需求之间；在投资需求中，第一二三产业的投资之间，基础工业、基础设施的投资与加工工业投资之间，房地产投资与其他投资之间，新开工工程投资与在建工程投资之间；在消费需求中，各类主要消费品之间；等等，都要保持一定的比例关系。

从供求相互之间看，主要包括：一是生产资料的供给与需求之间的平衡。各种生产资料，特别是能源、交通运输、重要原材料、机器设备等的供给与需求之间要保持一定的平衡关系。某些重要生产资料的供给不能出现过剩，也不能由于短缺而形成瓶颈制约。二是消费资料的供给与需求之间的平衡。各种重要消费资料，特别是粮食和食品的供给与需求之间要保持一定的平衡关系。同样，一些重要消费资料既不能出现过剩，也不能出现短缺。

社会供求的结构平衡，包括供求各自内部与供求相互之间的结构平衡，是社会化大生产的客观要求。只有在社会供求的各种结构中都保持一定的比例关系，才能使社会再生产顺利进行。但是，在社会分工和社会生活日益细化与复杂的情况下，各种使用的货物和服务的种类众多，它们的供给和需求是千差万别的，因此，社会供求之间的结构平衡是相对的、不平衡是经常的。一般来说，社会供求的结构不平衡只要限制在一定程度和一定范围内，就不会影响社会再生产的顺利进行。如果社会供求之间的结构不平衡过于严重，出现供给方的严重结构性过剩或短缺，抑或出现需求方的结构性膨胀或不足，就有可能使社会供求的结构失衡影响总量失衡，使结构性问题演变为全局性问题，从而影响整个国民经济的正常运行，甚至引发经济衰退。

（三）经济波动

经济波动是指国民经济运行中所呈现的扩张与收缩不断交替的波浪式运动过程。在经济扩张期，经济增长速度处于较高水平，直至达到“峰顶”；在经济收缩期，经济增长速度则会降低，直至跌到“谷底”。经济波动可以分为正常经济波动和超常经济波动。正常经济波动即经济波动的幅度保持在一定范围内，对国民经济的运行不构成危害；如果波动的幅度过大，超过一定范围，将会给国民经济的运行构成严重危害，这样的经济波动被称为超常经济波动。

影响经济波动的因素很多，主要有：第一，经济体制因素。在计划经济体制下，由于财政和金融的“软预算约束”，投资需求和消费需求往往容易超过正常水平而迅速膨胀，导致严重的经济波动；在市场经济体制下，如果放任市场自发调节，也会发生超常经济波动。第二，产业结构因素。产业结构的变动会引起经济波动，特别是在现代市场经济条件下，如果虚拟经济过度发展而又缺乏监管，实体经济的稳定性就会受到严重影响。第三，技术变革因素。技术变革是由发明、创造到应用、推广的过程，技术变革本身的起伏变化、新技术和新产业的兴起、旧技术和旧产业的衰落淘汰，均会影响到经济的波动。第四，国际经济因素。随着经济全球化进程的加深，国际经济的波动会通过进出口、资本流动、汇率变化、物价波动等影响国内经济。第五，思想认识因素。由于对经济发展和运行规律认识不足，特别是片面追求过高的经济增长速度，容易导致严重的经济波动。此外，一些政治因素、社会因素、自然因素、心理预期因素等的变化，也会通过影响社会供求的总量平衡和结构平衡而导致经济波动。

二、宏观经济治理的必要性和目标

（一）宏观经济治理的必要性

科学的宏观经济治理，是发挥社会主义市场经济体制优势不可或缺的条件。实施宏观经济治理，一是社会化大生产的客观要求。因为在社会分工和协作关系日益复杂的条件下，保持经济的协调发展，客观上要求国家对国民经济进行有效治理。二是市场经济运行的内在要求。实施宏观经济治理，有助于克服市场经济本身存在的自发性、盲目性和滞后性。三是社会主义经济制定的必然要求。实施宏观经济治理，有利于发挥社会主义制度的优势，实现以人民为中心的发展思想。

（二）宏观经济治理的目标

在社会主义市场经济体制下，宏观经济治理的主要任务是保持经济总量平衡，促进重大经济结构协调和生产力布局优化，减缓经济周期波动影响，防范区域性、系统性风险，稳定市场预期，实现经济持续健康发展。这些任务是通过对一些具体目标的调控来实现的。具体目标从不同方面反映国民经济的发展水平和运行质量，体现国民经济各个方面的变动方向和趋势。

1. 促进经济增长

经济增长是社会财富增加和综合国力增强的重要标志，是经济社会发展和人民生活水平提高的物质基础，是宏观经济治理的首要目标。但是，促进经济增长不等于追求高增长。一味维持超高速增长带来的资源、能源、环境压力太大，是不可持续的。要努力实现经济发展质量和效益得到提高又不会带来后遗症的增长速度，不断增强发展的质量、效益和后劲，使经济运行处于合理区间，既不冲出防止通货膨胀的“上限”，又不滑出稳增长、保就业的“下限”。

2. 增加就业

就业是民生之本。严重的失业是经济衰退的严重后果，造成劳动者收入下降，引发许多社会问题，威胁社会的和谐稳定，导致人力资源的浪费，市场需求减少，经济增长动力减弱。因此，各国都把充分就业作为宏观经济治理的一个重要目标。我国是世界上人口最多的国家，就业压力大。特别是随着我国农业现代化的发展，大量农业人口要转移到非农领域和城镇，更增加了就业的困难。同时，技术进步、经济结构调整优化、发展方式转变和经济体制转型，也会使就业问题更加突出，增加就业的紧迫性。因此，要把增加就业岗位和改善创业环境放到更加突出的位置，用更大的精力做好就业和再就业工作。

3. 稳定物价

价格是市场经济的晴雨表和调节器，无论是通货膨胀还是通货紧缩，都会影响各市场主体的利益得失和对经济运行前景的判断、信心以及行为，扭曲资源配置，对经济发展和社会稳定产生负面影响。保持价格总水平的基本稳定是国民经济协调稳定健康发展的重要标志，也是企业和个人在较为稳定的价格预期下合理安排生产和消费的重要前提。因此，宏观经济治理要把稳定物价作为重要目标。在物价总水平持续较快上涨时，要抑制通货膨胀；在物价总水平持续下跌时，要防止通货紧缩。

4. 保持国际收支平衡

国际收支平衡主要是指包括经常项目、资本项目和金融交易在内的国际收支保持基本平衡。在开放经济条件下，国际收支平衡对于社会总供给和社会总需求的平衡具有重要影响。若国际收支严重不平衡，就会影响正常的对外经济活动和国内经济活动。因此，要搞好国际收支平衡，有效利用国际国内两个市场、两种资源；要结合国内社会供求的总量平衡和结构平衡的状况，把调控好国际收支的总量和结构摆在重要位置，以保持国内社会总供求和国际收支的综合平衡。

5. 优化经济结构

优化经济结构主要就是在各产业、各部门、各主要产品之间保持合理的发展比例，在地区之间、城乡之间实现协调发展，充分发挥主导产业对国民经济的带动作用，不断推动产业结构、产品结构的优化和升级，提升在世界产业链、价值链中的地位。优化经济结构要在充分发挥市场决定性作用的基础上，更好发挥政府作用，认真制定和落实各项产业政策和区域发展政策，对现有的产业结构、地区结构、城乡结构等进行调整，对重点发展的产业和地区给予政策倾斜，推动整个产业结构和各个产业的升级换代，促进区域、城乡经济社会协调发展。

6. 实现合理的收入分配

合理的收入分配是社会公平正义的重要体现，关系到国民经济的健康运行，以及社会主义制度优越性的充分发挥。既要充分发挥市场在收入分配中的调节作用，也要充分发挥政府对收入分配的调控作用，确保分配在促进经济发展、促进社会公平正义方面的积极作用。要扩大财政转移支付，强化税收调节，打破经营垄断，创造公平机会，整顿分配秩序，调整不同阶层、区域、城乡间的收入分配结构，逐步缩小社会成员之间的收入差距。

三、宏观经济治理的手段

在社会主义市场经济条件下实现宏观经济治理目标，需要健全以国家发展规划为战略导向，以财政政策和货币政策为主要手段，就业、产业、投资、消费、环保、区域等政策紧密配合，目标优化、分工合理、高效协同的宏观经济治理体系，辅以法律手段和必要的行政手段，推进宏观经济治理目标制定和政策手段运用机制化，提高相机抉择水平，增强宏观经济治理的前瞻性、针对性、协同性。

（一）经济手段

1. 发展规划和计划

发展规划和计划是政府为达到一定的经济、社会发展目标而制定的未来行动的方案，是对本国（或本地区）经济和社会发展所描绘的蓝图，对各经济活动主体具有战略导向作用。

在我国的社会主义市场经济条件下，国家发展规划是宏观经济治理的重要载体，集中体现党和国家的战略意图和中长期发展目标。为更好地实施规划和计划，需做到以下几点：一是健全目标鲜明、层次清晰、功能明确的国家发展规划和计划体系。统筹国内国际两个大局，统筹经济、政治、文化、社会、生态文明建设，统筹发展与安全。二是强化规划和计划引导约束。增强国家中长期规划和年度计划对公共预算、国土开发、资源配置等政策措施的宏观引导、统筹协调功能，强化专项规划、区域规划、空间规划、地方规划与国家总体发展规划的有机衔接，实现宏观经济治理的目标和手段有机结合，提高规划的系统性、指导性和约束性。三是创新规划和计划实施机制。在对中长期规划纲要的实施进行中期评估和终期评估的基础上，组织开展年度监测评估，强化国家战略在各层面的统一落实，确保一张蓝图绘到底。

2. 财政政策

财政政策是国家根据一定时期的社会经济发展目标和经济状况制定的用来指导财政工作和处理财政关系的基本方针和基本准则，包括财政收入政策和财政支出政策。

财政收入政策的基本内容是税收政策，主要是通过设置税种和税目、确定税率、规定税收减免和加成等政策手段对税收进行调节。在社会总需求小于社会总供给的情况下，即在经济不景气时期，失业人口增加，企业开工不足，一部分经济资源未被利用，经济运行和发展主要受需求不足的制约，这时国家可以用减税的方法，增加居民可支配收入或降低企业的投资成本和消费者的消费成本，促使其增加投资支出和消费支出，进而刺激总需求的增长。在社会总需求大于社会总供给的情况下，国家可以通过增税即增加税种和提高税率的方法，提高企业的投资成本和消费者的消费成本，促使其减少投资支出和消费支出，从而使社会总需求与社会总供给趋于平衡。

财政支出政策是国家对财政资金分配和使用的政策。其主要内容包括：根据财政收入的实际状况和国民经济总量平衡的需要，确定财政支出的总量；根据国民经济总量平衡和结构平衡的需要，确定财政支出的方向，以及积累性支出与消费性支出的比例；根据国民经济发展的需要以及调整国家、企业、劳动者个人三方面利益关系的需要，确定财政支出的重点；制定和调整财政支出的程序和制度。财政支出无论是用于投资支出还是消费支出，都是社会总需求的重要组成部分。财政支出的增加可以增加社会总需求，财政支出的减少则可以减少社会总需求。因此，当社会总需求大于社会总供给时，可以减少政府的投资和其他支出，降低社会总需求；反之，则可以增加政府的投资和其他支出，提高社会总需求，使其与社会总供给相适应。

3. 货币政策

货币政策是指中央银行通过增加或减少货币供给量来影响利率，进而影响投资和消费的政策。货币政策工具主要包括公开市场业务、存款准备金、中央银行贷款等。

货币供给和货币需求与社会总供给和社会总需求之间有着密切的内在联系。这种内在联系是货币政策作用于宏观经济运行的基础。在其他条件不变的情况下，货币供求状况会对社会总供给和社会总需求产生重要影响：当货币供给量明显小于货币需求量时，就会造成一部分产品价值得不到实现，最终会引起物价总水平下降和生产萎缩；当货币供给量明显大于货币需求量时，就会造成社会需求膨胀，商品供应短缺，物价总水平上涨。正因为货币供求变动具有宏观经济效应，所以可以运用货币政策调节货币供求来帮助调节社会总需求和社会总供给的总量平衡。

在社会主义市场经济中，对货币供给量的调控是中央银行的重要职能。随着经济体制由计划经济体制向社会主义市场经济体制转变，对货币供给量的调控开始由行政直接调控转变为运用经济手段进行间接调控。中国人民银行作为中央银行，制定和执行货币政策，以防范和化解金融风险，维护金融稳定。

财政政策和货币政策各具优势，对不同经济部门的作用也不尽相同。在进行宏观调控时，财政政策和货币政策要相互配合、松紧搭配。可以根据不同时期面临的问题和重点，选择适当的政策组合。

4. 产业政策

产业政策是根据国际经济的发展趋势和国内经济发展的目标，选择和确定支持哪些产业、限制哪些产业，以促进经济结构优化的政策。与其他经济政策相比，产业政策是以供给结构调节为重点的政策，供给结构是产业政策的直接调节对象。精准实施产业政策并辅以统筹存量调整和增量优化措施，可以助力创新驱动发展战略，促进新旧动能接续转换，推动产业迈向中高端水平，促成现代产业体系的构建。

从我国经济发展的实际看，产业政策可以分为产业发展政策、产业支持政策、产业扶植政策和产业撤让政策。产业发展政策是政府确定重点发展的主导产业的政策，对经济结构的调整和变化具有引领和支撑的作用，对整个国民经济的长期发展具有十分重要的影响。产业支持政策是对当前经济发展中起主导作用的产业进行支持的政策。产业扶植政策是政府对处于成长期、竞争能力比较弱小但具有十分重要的未来发展前景的产业进行保护和扶植的政策。积极扶持目前暂时处于幼小地位，但需求增长快、生产率上升潜力大的产业是产业政策的重要组成部分。产业撤让政策是对那些在产业结构中陷入停滞甚至萎缩的产业进行有计划有步骤的关停并转、推动其转型的政策。对衰退产业进行及时的调整和转型，有助于提高资源的配置效率，优化产业结构。

实施产业政策，既可以通过国家直接投资来实施，也可以通过间接的经济手段来实施。国家直接投资具有力度大、见效快的特点。对于那些对未来发展有重大引领作用的战略产业、对当前的整体经济发展产生严重制约作用的瓶颈产业，采取国家直接投资的方式能够在短时间内产生比较显著的效果。运用间接的经济手段实施产业政策，就是通过价格、税收、利率等经济杠杆对经济主体的行为进行间接调节，以使其投资和生产行为符合政府优化产业结构的要求，符合市场优化资源配置的要求。因此，产业政策的实施必须与财政政策、货币政策等结合在一起，相辅相成，共同发挥结构调节作用，这样才能产生积极的调节效果。

5. 区域发展政策

区域发展政策又称区域协调发展战略，是党和政府为解决区域发展不平衡问题作出的战略部署。党的十九大报告强调："加大力度支持革命老区、民族地区、边疆地区、贫困地区加快发展，强化举措推进西部大开发形成新格局，深化改革加快东北等老工业基地振兴，发挥优势推动中部地区崛起，创新引领率先实现东部地区优化发展，建立更加有效的区域协调发展新机制。以城市群为主体构建大中小城市和小城镇协调发展的城镇格局，加快农业转移人口市民化。以疏解北京非首都功能为'牛鼻子'推动京津冀协同发展，高起点规划、高标准建设雄安新区。以共抓大保护、不搞大开发为导向推动长江经济带发展。支持资源型地区经济转型发展。加快边疆发展，确保边疆巩固、边境安全。坚持陆海统筹，加快建设海洋强国。"① 这些政策都对区域协调发展具有至关重要的作用。

6. 收入分配政策

收入分配政策是对国民收入初次分配和再分配进行调节的政策。收入分配政策是通过工资、财政预算、税收等手段实施的。工资是形成社会总需求的重要组成部分。运用工资手段进行调节表现为：一方面，政府规定最低工资标准，以保障社会成员的最低生活水平；另一方面，通过财政预算对国有部门的

---

① 习近平：《决胜全面建成小康社会　夺取新时代中国特色社会主义伟大胜利——在中国共产党第十九次全国代表大会上的报告》，人民出版社 2017 年版，第 32—33 页。

工资总水平进行调节，使工资总量保持在合理的幅度内。为使收入分配政策更好地发挥作用，必须深化收入分配制度改革，更加关注民生，更加致力于改善民生，使城乡居民都能享受改革发展的成果。要逐步提高居民收入在国民收入分配中的比重，提高劳动报酬在初次分配中的比重，扩大中等收入群体，着力提高低收入者收入，逐步提高扶贫标准和最低工资标准，建立企业职工工资正常增长机制和支付保障机制，落实对农民工的各项政策等。

7. 就业政策

就业政策的目标是实现更高质量和更充分就业。主要措施有：发展教育事业，加强职业培训，提高劳动者的素质和就业能力；建立职业中介、劳动力市场供求信息收集发布等机构，提供全方位公共就业服务；消除劳动力流动的各种障碍，为劳动力的合理流动创造条件；尽可能合理发展劳动密集型产业，提供更多就业机会。

（二）法律手段

市场经济必然是法治经济，法治是实行宏观调控和维持市场经济秩序的保证。在社会经济活动中，一方面，国家通过经济立法，制定各种必要的经济法规，规定市场主体的行为准则，调整各方面的经济利益关系，以保证社会主义市场经济的有序进行；另一方面，国家还可以通过经济司法，审理各种经济案件，打击和惩处各种经济犯罪活动。

（三）必要的行政手段

采用行政手段进行宏观经济治理，主要是指依靠行政机构采用强制性的命令、指示，规定和下达带有指令性的任务来调控经济的运行。在一定时期和条件下，行政手段作为宏观经济治理的一种辅助性手段，有其存在的必要性和合理性，但在运用行政手段时要谨慎适度。

四、宏观经济治理的基本经验

改革开放以来，我国宏观经济治理取得了积极成效，推动了国民经济的持续快速发展，特别是在应对 2008 年国际金融危机冲击、2020 年以来抗击新冠肺炎疫情冲击的过程中，由于正确把握宏观经济治理的方向、重点、节奏和力度，采取一系列促进经济平稳较快发展的政策措施，迅速扭转和遏制了经济增速下滑的趋势，使中国经济回升向好的趋势不断得到巩固，突出显示了社会主义市场经济体制下宏观经济治理的良好效果。经过长期的探索和实践，中国在宏观经济治理过程中积累了丰富而宝贵的经验。

（一）坚持运用市场机制和宏观经济治理两种手段

一方面，坚持社会主义市场经济改革方向，尊重市场规律，激发市场活力，充分发挥市场在资源配置中的决定性作用；另一方面，不断完善宏观经济治理体系，使国家发展规划和计划、财政政策、货币政策、产业政策、区域发展政策等相互配合，并综合运用经济手段、法律手段和必要的行政手段，充分发挥我国社会主义制度决策高效、组织有力、集中力量办大事的优势，促进经济平稳较快发展。

（二）坚持需求管理和供给管理并重

一方面，充分发挥需求管理的拉动作用，实施积极的财政政策和稳健的货币政策，加大减税降费力度，强化逆周期调节；另一方面，充分发挥供给管理的支撑作用，加大定向调控力度，推动制造业高质量发展，引导传统产业加快转型升级，大力促进新兴产业发展，为经济持续健康发展奠定坚实供给基础。

（三）坚持短期治理与中长期治理相结合

从短期看，要增强宏观经济治理的针对性、有效性，通过预调微调，搞好需求管理，促使总需求与总供给基本平衡，熨平短期经济波动，保持经济运行在合理区间，防范化解各种经济风险。从中长期看，要着眼于改善中长期供给能力，大力实施创新驱动发展战略，培育新的经济增长点、增长极、增长带，加快推动经济结构优化，不断提高要素产出效率，促进经济提质增效，提升经济潜在增长能力，为实现经济高质量发展奠定坚实基础。

（四）坚持统筹国内国际两个大局

把扩大内需作为长期战略方针，加快形成内需和外需协调拉动经济增长的格局。适应国际形势变化和国内发展要求，不断提高开放型经济水平，进一步拓展对外开放的广度和深度。稳定发展对外贸易，坚持实施市场多元化战略和以质取胜战略，巩固传统市场，大力开拓新兴市场。推动利用外资和对外投资协调发展。优化利用外资结构，加快实施企业“走出去”战略，深化境外资源互利合作，深化多边双边经贸合作。

（五）坚持发展经济与改善民生的内在统一

把改善民生作为经济发展的出发点、落脚点和持久动力，着眼于维护社会公平正义，让全体人民共享改革发展成果，促进社会和谐稳定。实施更加积极的就业政策，千方百计扩大就业。加快完善覆盖城乡居民的社会保障体系，让人民生活有基本保障、无后顾之忧。改革收入分配制度，抓紧制定调整国民收入分配格局的政策措施。进一步促进教育公平，稳步推进医药卫生事业改革发展。促进社会公平正义，在幼有所育、学有所教、劳有所得、病有所医、老有所养、住有所居、弱有所扶上不断取得新进展。

（六）坚持发挥中央和地方两个积极性

中央在加强宏观经济政策顶层设计的同时，充分考虑地方实际和差异性，广泛听取地方的意见建议，提高政策和决策的及时性、针对性和有效性，增强地方和企业的信心，有效激发地方积极性，形成上下良性互动。地方要从大局出发，坚持全国一盘棋思想，自觉维护中央权威，要强化对宏观经济政策的理解和传导，自觉响应和贯彻宏观政策意图，提高执行落实能力。

（七）坚持宏观治理与微观监管相结合

为适应市场经济发展的需要，市场监管体系也逐步建立健全，形成了包括行政执法、行业自律、舆论监督、群众参与在内的基本框架。市场监管措施与宏观经济治理措施紧密配合，形成合力，对于维护社会主义市场经济的良好秩序和正常运行起到了重要作用。

五、新发展阶段我国宏观经济治理的新特点

新发展阶段，我国在经济发展的目标、任务、主题、环境和指导方针等方面都发生了重要变化，为适应这种变化，我国宏观经济治理具有以下新的特点：

第一，宏观经济治理要从以往注重速度增长、数量增加、规模扩大转向推动质量变革、效率变革、动力变革，促进经济总量平衡、结构优化、内外均衡，使发展成果更好惠及全体人民，不断实现人民对美好生活的向往。

第二，制定和运用国家中长期发展规划指引经济发展是中国特色社会主义制度的独特优势，要着力发挥国家发展规划的战略导向作用，运用接续的中长期规划指导经济社会持续健康发展，确保国家战略目标、战略任务和战略意图的实现。

第三，财政政策要更好地发挥再分配功能和激励作用，为此要加强财政资源统筹，加强中期财政规划管理，增强国家重大战略任务的财力保障，深化预算管理制度改革，明确中央和地方政府事权与支出责任，完善现代税收制度，健全政府债务管理制度。

第四，货币政策要更好地发挥调节货币供应量和服务实体经济的作用，为

此要健全基础货币投放机制，完善中央银行利率调控和传导机制，保持货币信贷和社会融资规模适度增长，强化有效防范系统性金融风险能力和逆周期调节功能，增强金融政策普惠性，提升金融服务实体经济的能力。

第五，促进就业、产业、投资、消费、环保、区域等政策协同发力，构建更加高效的宏观政策供给体系。要坚持实施就业优先政策，把稳定和扩大就业作为经济社会发展的优先目标；突出产业政策的战略引领作用，强化对技术创新和结构升级的支持，加强产业链基础，提高产业链现代化水平；发挥投资对优化供给结构的关键性作用，着力抓重点、补短板、强弱项，以有效投资稳定总需求、促进经济结构调整，激发社会资本投资活力；完善促进消费的政策体系，增强消费对经济发展的基础性作用；完善生态文明制度体系，使生态文明建设与经济社会发展有机统一；实施因地制宜、分类指导的区域政策，统筹区域分类指导和联动发展。

第六，完善宏观经济政策协调机制，加强部门之间、中央和地方之间、政府与市场主体之间的协调，增强政策制定的针对性和系统性，激发地方积极性，充分反映各类市场主体诉求，确保宏观经济治理目标制定和政策手段运用保持统一连贯协同，形成治理合力。

第七，加强宏观经济政策的动态管理，把预期管理作为宏观经济治理的重要内容，增强政策的连续性、应变性、可预期性。坚持稳中求进工作总基调，根据国家战略部署实施情况和形势变化，持续开展重大问题研究。加强中长期、跨周期宏观经济政策研究，增强宏观调控的前瞻性，着力提高逆周期调节力度。积极主动参与国际宏观经济政策沟通协调，努力营造有利的外部经济环境。

第八，顺应数字经济、数字社会发展趋势和构建高标准市场体系要求，建立宏观经济治理基础数据库，建设全国一体化大数据共享交换平台，发挥互联网、大数据、云计算、区块链、人工智能等现代技术手段的辅助决策作用，为宏观经济治理和宏观调控提供有力支撑。

思考题：

1. 解释下列概念：经济制度、经济体制、集中计划经济体制、社会主义市场经济、政府经济职能、宏观经济治理、社会总供给、社会总需求、供给管理、需求管理、财政政策、货币政策、产业政策。

2. 试析社会主义基本制度与市场经济的结合。
3. 试述我国经济体制改革的性质和目标。
4. 我国经济体制改革的基本经验是什么?
5. 如何认识社会主义市场经济体制的特点和制度优势?
6. 试述市场在资源配置中起决定性作用的主要内容。
7. 试述在社会主义市场经济中更好发挥政府作用的必要性和主要内容。
8. 简述在社会主义市场经济中市场作用与政府作用的协调配合。
9. 我国宏观经济治理的主要目标和手段是什么? 有哪些基本经验?
10. 如何认识新发展阶段我国宏观经济治理的新特点?

第十三章　中国特色社会主义经济发展

发展是硬道理，经济发展是中国特色社会主义不断巩固和前进的基础。推动新时代经济的持续健康发展，必须贯彻落实新发展理念，以高质量发展为主题，加快构建新发展格局，大力推进中国特色新型工业化、中国特色农业现代化和乡村振兴战略、中国特色减贫、中国特色自主创新、中国特色城镇化、中国特色军民融合发展，推动形成优势互补、高质量发展的区域经济布局，促进经济发展焕发新活力、迈上新台阶。

第一节　对经济发展认识的演进

一、经济增长和经济发展

经济增长，是指一个国家（或地区）在一定时期内经济规模在数量上的扩大；经济发展，则不仅包括一个国家（或地区）经济规模在数量上的扩大，而且包括经济结构优化、经济效益提高、生态环境改善、人民生活水平提升等内容。经济增长偏重于数量的概念，内涵比较狭窄；而经济发展既强调财富“量”的增加，又强调经济“质”的提高，既是数量概念，又是质量概念，内涵比经济增长更广泛、更深刻，是一个量变和质变相统一的概念。经济增长和经济发展是两个既有联系又有区别的范畴。

首先，经济增长是经济发展的基础。经济发展是在经济增长的基础上提出来的任务。一个国家（或地区）只有经济实现一定增长、具备一定的物质基础之后，才有条件和可能提出提高发展质量和提升效益的问题，实现真正的发展。

其次，经济增长并不等于经济发展。在现实经济生活中，并不是所有的经济增长都能带来经济发展，如果只注重经济增长而忽视经济发展，则可能导致“有增长无发展”，即只有经济总量的增加而没有实际的经济效益，也不能带来人民生活质量的普遍提高。第二次世界大战结束后，加快经济增长成为世界各国的共识，人类创造了前所未有的经济增长奇迹。但是，由于单纯追求经济增长，不注重发展的效益，忽视保护环境，浪费能源资源，不重视社会公平，一些国家出现经济结构失衡，社会发展滞后，生态环境恶化，能源、资源紧张，以及高增长下的社会动荡、政治腐败、两极分化、社会对立等问题，没有给广大人民带来更多实惠，也未能实现经济的持续发展和社会的真正进步。

最后，经济增长和经济发展互为条件、互相促进。经济增长是经济发展的手段，只有通过经济增长、实现经济总量的增加，才能为实现经济发展奠定深厚的物质基础。同时，经济发展是经济增长的重要保证和最终目标。只有实现真正的经济发展，才能为经济持续不断的增长创造重要条件、提供基本保障；只有达到经济、社会、环境等方面的均衡、持续和协调发展，满足人民群众日益增长的美好生活需要，推动经济增长的最终目的才算真正达到。

二、国际上对经济发展问题的认识

国际上对经济发展问题的认识是在不断深化的，形成了单纯经济增长观、经济社会协调发展观、可持续发展观等众多理论观点。

单纯经济增长观。这种发展观主要关注经济总量的增长，研究经济增长的决定因素和经济增长阶段，认为经济增长的因素主要有资本、技术和人力资本。但这一理论对这些因素的地位和作用存在不同认识，最早大多强调物质资本积累对经济发展的决定性作用，后来进一步认识到人力资本对经济发展的巨大推动作用，再后来把知识也作为推动经济发展的资本，直到更强调社会资本对经济发展的影响等，其认识在不断发展变化。

经济社会协调发展观。单纯经济增长观主要强调经济总量的增长，把发展、进步视同经济增长，把经济增长的具体指标当作衡量发展的尺度，经济发展甚至社会发展被仅仅归结为国内生产总值的增长。在单纯经济增长观的指导下，人们关心的主要是经济增长和国内生产总值，并以此作为衡量一国发展水平高低的唯一标准，导致在实践中产生了一些误区，其弊端日益突出。在这种情况下，一些经济学家开始将经济增长与经济发展进行区分，并关注经济结构变革，关注满足人的基本需要，认为发展是经济、社会各方面综合协调发展的系统工程。促进发展需要更广的目标和更多的手段，人们的目光不能只盯着国内生产总值，而应当追求平等与可持续发展，是着眼于包括公共部门、社区、家庭和个人的发展等在内的一个有机整体。

可持续发展观。随着环境污染、人口膨胀、生态恶化、能源短缺等全球性问题的出现，人们日益强烈地意识到经济发展过程中资源枯竭的困境，必须处理好发展和环境之间的协调关系，可持续发展理论应运而生。联合国世界环境与发展委员会于1987年发表题为《我们共同的未来》的报告，提出了“可持续发展”的概念，即“既满足当代人的需求，又不危及后代人满足其需求的发展”，这标志着可持续发展思想的形成。

此外，一些经济学家还把发展的焦点转向了人的能力提高和潜力发挥上，对传统意义上片面追求人均收入提高的发展观进行了反思。一些经济学家将公平、正义纳入经济学研究范畴，认为经济指标只是发展的目标之一，发展还应包括人人有条件接受教育、拥有良好的居住条件、享受医疗卫生等健康服务，不受压迫，实现经济和政治权利的平等等内容。

国际上关于经济发展的这些理论观点，对于我们认识中国的经济发展问题具有一定的借鉴意义。但是，由于发展阶段、基本国情和制度环境的不同，认识中国的经济发展问题不能简单照搬国外的发展理论，而必须坚持运用马克思主义的立场观点方法，立足中国的实际，发展中国特色社会主义经济发展理论。

三、马克思主义经济发展理论

人类社会的发展特别是社会主义社会的发展问题，是马克思主义理论的重要组成部分。马克思主义以唯物史观为基础，通过对人类社会发展规律和历史趋势的深刻考察，通过对人类社会经济发展实践的深入总结，科学揭示了社会主义经济发展的本质和内在规律，为推动社会主义经济发展提供了科学的理论指导。

马克思、恩格斯认为，人类社会的发展是自然历史过程；生产力的发展，是人类社会发展的最终决定力量；生产力和生产关系、经济基础和上层建筑的矛盾运动，是社会发展的根本动力；生产发展必须正确处理人与人、人与社会、人与自然的关系；人类社会发展要逐步消灭阶级之间、城乡之间、脑力劳动和体力劳动之间的对立和差别，使物质财富极大丰富、人民精神境界极大提高，实现每个人自由而全面的发展。列宁提出，无产阶级取得国家政权以后，最主要最根本的任务就是增加产品数量，大大提高社会生产力，创造新的高得多的劳动生产率，同时要加强社会主义民主建设、加强文化建设等。毛泽东初步探索了我国社会主义建设的规律，提出要根据本国情况走自己的道路，着眼于最大限度地调动一切积极因素，正确处理各方面的矛盾和问题，兼顾各个方面的发展需要和各个方面的利益关系等一系列关于社会主义建设的重要思想。

党的十一届三中全会以后，中国共产党深刻总结正反两方面的历史经验教训，科学分析时代发展变化和中国基本国情，在社会主义经济发展道路、发展阶段、发展战略、发展动力、发展条件等方面提出了一系列新思想、新观点、新论断，形成了中国特色社会主义经济发展理论。邓小平提出，社会主义的根本任务是发展生产力，发展是硬道理，实行改革开放，分“三步走”实现现代化，促进物质文明和精神文明共同进步，抓住机遇加快发展，既要有一定速度又要讲质量讲效益。江泽民提出，发展是党执政兴国的第一要务，坚持用发展的办法解决前进中的问题，发展是社会主义物质文明、政治文明、精神文明全面发展，发展包括促进人的全面发展，实现区域经济合理布局和协调发展，正确处理改革发展稳定的关系。胡锦涛提出，坚持以人为本，从最广大人民的根本利益出发谋发展、促发展；坚持全面发展，全面推进经济建设、政治建设、文化建设、社会建设，实现经济发展和社会全面进步；统筹城乡发展、区域发展、经济社会发展、人与自然和谐发展、国内发展和对外开放；坚持走生产发展、生活富裕、生态良好的文明发展道路，建设资源节约型、环境友好型社会。中国特色社会主义经济发展理论，深刻回答了社会主义条件下什么是发展、为什么发展、怎样发展的重大问题，赋予马克思主义经济发展理论以新的时代内涵和实践要求。

党的十八大以后，以习近平同志为核心的党中央在深刻总结国内外发展经验教训、深刻分析国内外发展大势的基础上，针对我国经济发展环境、条件、任务、要求等方面发生的新变化，提出了一系列新的重大战略思想。习近平提出，坚持以人民为中心的发展思想，着力解决好发展不平衡不充分问题，贯彻创新、协调、绿色、开放、共享的新发展理念，构建以国内大循环为主体、国内国际双循环相互促进的新发展格局，实现城乡融合发展，实现发展质量、结构、规模、速度、效益、安全相统一，努力实现更高质量、更有效率、更加公平、更可持续、更为安全的发展。这些重要思想，创造性地回答了新时代后实现什么样的发展、如何实现发展的重大问题，进一步丰富和发展了中国特色社会主义经济发展理论。

第二节　推动经济高质量发展

一、高质量发展是新发展阶段经济发展的主题

准确把握我国不同发展阶段的新变化新特点，从实际出发制定正确的战

略和政策，是做好经济工作必须遵循的客观依据。“十三五”时期，我国经济发展的显著特征就是进入新常态。经济发展进入新常态，表现为速度变化、结构优化、动力转换三大特点，增长速度要从高速转向中高速，发展方式要从规模速度型转向质量效率型，经济结构调整要从增量扩能为主转向调整存量、做优增量并举，发展动力要从主要依靠资源和低成本劳动力等要素投入转向创新驱动。这些变化不以人的意志为转移，是我国经济发展阶段性特征的必然要求。经济发展的新常态，从本质上看，就是指我国经济向形态更高级、分工更优化、结构更合理的阶段演化，也就是向高质量发展阶段演进。

党的十九大报告明确提出，我国经济已由高速增长阶段转向高质量发展阶段，正处在转变发展方式、优化经济结构、转换增长动力的攻关期。中国特色社会主义进入新时代，经济发展基本特征就是由高速增长阶段转向高质量发展阶段。在党的十九届五中全会上，习近平进一步强调，“十四五”时期经济社会发展要以推动高质量发展为主题，这是根据我国发展阶段、发展环境、发展条件变化作出的科学判断。

由高速增长转向高质量发展，是保持经济持续健康发展的必然要求。过去，粗放型发展方式在我国发挥了很大作用，加快了我国经济发展步伐；现在，如果按这一方式发展，不仅国内条件不支持，国际条件也不支持，是不可持续的。我国正处于转变发展方式的关键阶段，劳动力成本上升，资源环境约束增大，粗放的发展方式难以为继，经济循环不畅问题突出。同时，世界新一轮科技革命和产业变革方兴未艾、多点突破，我们必须推动高质量发展，以适应科技新变化、人民新需要，形成优质高效多样化的供给体系，提供更多优质产品和服务。这样，供给和需求才能在新的水平上实现均衡，我国经济才能持续健康发展。

由高速增长转向高质量发展，是适应我国社会主要矛盾变化和全面建设社会主义现代化国家的必然要求。当前，我国社会主要矛盾已经转化为人民日益增长的美好生活需要和不平衡不充分的发展之间的矛盾，发展中的矛盾和问题集中体现在发展质量上，不平衡不充分的发展就是发展质量不高的表现。这就要求我们必须把发展质量问题摆在更为突出的位置，着力提升发展质量和效益。解决我国社会主要矛盾，必须推动高质量发展，着力解决发展的不平衡不充分问题，在更高的水平上更好满足人民日益增长的美好生活需要，在质的大幅提升中实现量的有效增长。

由高速增长转向高质量发展，是遵循经济规律发展的必然要求。自20世纪60年代以来，全球100多个中等收入经济体中只有十几个成功转变为高收入经济体。这些取得成功的经济体，取得成功的原因就是在经历高速增长阶段后实现了经济发展从量的扩张转向质的提高。而那些徘徊不前甚至倒退的经济体，就是没有实现这种根本性转变。经济发展是一个螺旋式上升的过程，上升不是线性的，量积累到一定阶段，必须转向质的提升，我国经济发展也要遵循这一规律。

由高速增长转向高质量发展，是积极应对外部环境变化的必然要求。当今世界正经历百年未有之大变局，我国发展的外部环境日趋复杂。防范化解各类风险隐患，积极应对外部环境变化带来的冲击挑战，关键在于办好自己的事，提高发展质量，提高国际竞争力，增强国家综合实力和抵御风险能力，有效维护国家安全，实现经济行稳致远、社会和谐安定。经济、政治、社会、文化、生态等各领域都要体现高质量发展的要求。

二、高质量发展的内涵和要求

我们所说的高质量发展，是反映新时代中国特色社会主义经济发展的阶段性特征的一个范畴，有其特定的时代和制度内涵。什么是高质量发展？就是能够很好满足人民日益增长的美好生活需要的发展，是体现新发展理念的发展，是创新成为第一动力、协调成为内生特点、绿色成为普遍形态、开放成为必由之路、共享成为根本目的的发展。更明确地说，高质量发展就是从“有没有”转向“好不好”的发展。

高质量发展在不同的环节和领域有不同的表现。从供给和需求的关系看，经济的高质量发展表现为供求在更高水平上的平衡。在供给方面，高质量发展应该实现产业体系比较完整，生产组织方式网络化智能化，创新力、需求捕捉力、品牌影响力、核心竞争力强，产品和服务质量高。在需求方面，高质量发展应该不断满足人民群众个性化、多样化不断升级的需求，这种需求又引领供给体系和结构的变化，供给变革又不断催生新的需求。

从社会再生产过程看，经济的高质量发展表现为社会再生产各环节之间的顺畅贯通。从投入产出看，高质量发展应该不断提高劳动生产率、资本效率、土地效率、资源效率、环境效率，不断提升科技进步贡献率，不断提高全要素生产率。从分配看，高质量发展应该实现投资有回报、企业有利润、员工有收入、政府有税收，并且充分反映各自按市场评价的贡献。从宏观经济循环看，高质量发展应该实现生产、流通、分配、消费循环通畅，国民经济重大比例关系和空间布局比较合理，经济发展比较平稳，不出现大的起落。

推动经济的高质量发展，不仅要推动社会生产力的跨越式发展，也要推动社会主义生产关系的不断完善。就生产力而言，中国是一个大国，人口众多、幅员辽阔、资源种类丰富、区域梯度发展优势明显，不仅经济总量稳居世界第二位，而且是全世界唯一拥有联合国产业分类中全部工业门类的国家，是当之无愧的第一制造大国和第一货物贸易大国，同时还具备超大规模市场优势，拥有规模庞大、供求多元、创新活跃、拉动力强劲的超大内需市场。只要我们紧扣新一轮科技革命和产业变革的脉搏，以创新驱动发展带动经济结构的优化升级，就一定能够推动社会生产力实现跨越式发展，提高发展的质量和效益。就生产关系而言，中国具备推动高质量发展的独特制度优势。我们始终坚持党对经济工作的集中统一领导，坚持以人民为中心的发展思想和新发展理念，坚持和完善社会主义基本经济制度，既适应中国国情和生产力发展水平，又能发挥社会主义优越性，充分调动各方积极性、主动性和创造性。这不仅为生产力的跨越式发展提供了可靠的制度保障，而且也保证了生产力发展的成果最终服务于人民日益增长的美好生活需要，推动供给和需求不断从低水平平衡向高水平平衡发展。

推动经济高质量发展是中国当前和今后一个时期确定发展思路、制定经济政策、实施宏观调控的根本要求。必须牢牢把握高质量发展的要求，坚持质量第一、效益优先；牢牢把握工作主线，坚定推进供给侧结构性改革；牢牢把握基本路径，推动质量变革、效率变革、动力变革；牢牢把握着力点，加快建设实体经济、科技创新、现代金融、人力资源协同发展的产业体系；牢牢把握制度保障，构建市场机制有效、微观主体有活力、宏观调控有度的经济体制，加快形成推动高质量发展的指标体系、政策体系、标准体系、统计体系以及绩效评价和政绩考核体系，创建和完善制度环境。

三、建设现代化经济体系

国家强，经济体系必须强。现代化经济体系是现代化国家的基石，没有现代化经济体系就没有现代化国家，这是人类社会发展的一般规律。近代以来，英国、美国等发达国家成功实现了从传统国家向现代化国家的转型，其中的关键就在于建立起现代化经济体系。依托第一次产业革命，英国在 19 世纪率先建立了现代化经济体系，包括以棉纺、煤炭、钢铁和造船业等先进工业为支柱的现代化工业体系。依托第二次工业革命，美国在 20 世纪建立了新的现代化经济体系，电力、石油、化工和汽车等新兴产业成为其现代化工业体系的支柱。而反观未能成功向现代化转型的国家，其落后的一个重要原因，就在于未能成功地建立起现代化经济体系。

在全面建成小康社会的基础上，中国乘势而上开启了全面建设社会主义现代化国家的新征程。要走好这个新征程，必须跨越转变发展方式、优化经济结构、转换增长动力的关口。建设现代化经济体系，是我们跨越关口的迫切要求和我国发展的战略目标。只有形成现代化经济体系，才能更好地顺应现代化发展潮流和赢得国际竞争主动，也才能为其他领域现代化提供有力支撑。

现代化经济体系，是由社会经济活动各个环节、各个层面、各个领域的相互关系和内在联系构成的一个有机整体。建设现代化经济体系，不仅要借鉴发达国家的有益做法，更要符合中国国情、具有中国特色。一是要建设创新引领、协同发展的产业体系，实现实体经济、科技创新、现代金融、人力资源协同发展，使科技创新在实体经济发展中的贡献份额不断提高，现代金融服务实体经济的能力不断增强，人力资源支撑实体经济发展的作用不断优化。二是要建设统一开放、竞争有序的市场体系，实现市场准入畅通、市场开放有序、市场竞争充分、市场秩序规范，加快形成企业自主经营公平竞争、消费者自由选择自主消费、商品和要素自由流动、平等交换的现代市场体系。三是要建设体现效率、促进公平的收入分配体系，实现收入分配合理、社会公平正义、全体人民共同富裕，推进基本公共服务均等化，逐步缩小收入分配差距。四是要建设彰显优势、协调联动的城乡区域发展体系，实现区域良性互动、城乡融合发展、陆海统筹整体优化，培育和发挥区域比较优势，加强区域优势互补，塑造区域协调发展新格局。五是要建设资源节约、环境友好的绿色发展体系，实现绿色循环低碳发展、人与自然和谐共生，牢固树立和践行绿水青山就是金山银山的理念，形成人与自然和谐发展的现代化建设新格局。六是要建设多元平衡、安全高效的全面开放体系，发展更高层次的开放型经济，推动开放朝着优化结构、拓展深度、提高效益方向转变。七是要建设充分发挥市场作用、更好发挥政府作用的经济体制。以上几个方面是统一整体，要一体建设、一体推进。

四、推进供给侧结构性改革

推进供给侧结构性改革，是在深入分析国际经济新形势和深刻揭示我国经济发展的阶段性特征的基础上，对我国未来经济发展新走向作出的重大战略部署，是适应和引领经济发展新常态、推动经济高质量发展的必然要求，是现阶段我国经济工作的一条主线。

为什么要推进供给侧结构性改革？这是因为，现阶段我国经济发展主要矛盾已转化成结构性问题，矛盾的主要方面在供给侧。把推进供给侧结构性改革作为经济工作的主线，是保持我国经济持续健康发展的治本良药。推进供给侧结构性改革的根本目的，是落实好以人民为中心的发展思想，进一步解放和发展社会生产力，提高供给体系质量和效率，使供给体系有效适应需求结构变化，实现由低水平供需平衡向高水平供需平衡的跃升。

供给和需求是市场经济内在关系的两个基本方面，二者相互依存、互为条件。没有需求，供给就无从实现，新的需求可以催生新的供给；没有供给，需求就无法满足，新的供给可以创造新的需求。调整供给和需求的关系，既可以采用供给侧管理，也可以采用需求侧管理，它们都是管理和调控宏观经济的基本手段，但二者存在重大差异。需求侧管理重在解决总量性问题，注重短期调控，主要是通过调节税收、财政支出、货币信贷等来刺激或抑制需求。供给侧管理重在解决结构性问题，注重激发经济增长动力，主要通过优化要素配置和调整生产结构来提高供给体系的质量和效率。纵观世界经济发展史，经济政策是以供给侧管理还是以需求侧管理为重点，必须依据一国的经济发展形势作出抉择，在分清主次的基础上使二者相互配合、协调推进。

在资本主义市场经济中，总供求的失衡是制约经济增长的痼疾，其根源在于资本积累和社会消费间的对抗性矛盾。相对狭小的社会消费导致社会总产品面临价值实现的困境，普遍的生产过剩反过来制约了资本积累以及经济增长的速度。

在社会主义市场经济中，我们能够处理好“做蛋糕”和“分蛋糕”的关系，不断提高的人民群众收入水平保证了社会消费的稳步增长，资本积累和社会消费不再是对抗性矛盾，二者能够实现良性互动，这就为宏观经济运行中总供给和总需求的平衡奠定了坚实的基础。

进入新时代，我国社会主要矛盾发生变化。人民日益增长的美好生活需要，反映到消费需求领域就表现为模仿型排浪式消费基本结束，消费拉开档次，个性化、多样化消费渐成主流，对高质量产品和服务的需求越来越迫切。而发展的不平衡不充分问题，反映到生产供给领域就表现为供给结构不适应需求的变化，缺乏灵活性和多样性，大多数传统产业出现严重的生产过剩问题，而新产品新服务的供给则严重不足。显然，这种供求失衡主要是结构性的，矛盾的主要方面在供给侧，根源在于我国资本积累主要集中于全球产业链、价值链的中低端，由此形成的庞大产品供给不能满足新消费需求，有效供给能力不足带来大量"需求外溢"，消费能力严重外流。要解决这个矛盾，不仅要重视扩大社会消费，更要侧重于优化资本结构，推动经济结构特别是产业结构的优化升级。简单采取扩大需求的办法不仅不能解决结构性失衡，反而会加剧产能过剩、抬高杠杆率和企业成本，加剧这种失衡。

只有深化供给侧结构性改革，从生产端发力，用改革的办法推进供给体系的结构调整和优化，减少无效和低端供给，扩大有效和中高端供给，增强供给结构对需求变化的适应性和灵活性，才能打通供求渠道，最终实现供求关系在更高水平上的动态平衡，使供给能力更好地满足广大人民日益增长、不断升级的美好生活需要，从而更好实现社会主义生产目的。

深化供给侧结构性改革，总的要求是"巩固、增强、提升、畅通"八字方针。要巩固"三去一降一补"成果，推动更多产能过剩行业加快出清，降低全社会各类营商成本，加大基础设施等领域补短板力度。要增强微观主体活力，发挥企业和企业家主观能动性，建立公平开放透明的市场规则和法治化营商环境，促进正向激励和优胜劣汰，发展更多优质企业。要提升产业链水平，注重利用技术创新和规模效应形成新的竞争优势，培育和发展新的产业集群。要畅通国民经济循环，加快建设统一开放、竞争有序的现代市场体系，提高金融体系服务实体经济能力，形成国内市场和生产主体、经济增长和就业扩大、金融和实体经济良性循环。

深化供给侧结构性改革，必须发挥中国的制度优势，既要发挥市场在资源配置中的决定性作用，又要更好地发挥政府作用。在这个问题上，我们要讲辩证法、两点论。既要遵循市场规律，善于用市场机制解决问题，又要让政府勇担责任，干好自己该干的事。要进一步深化市场化改革，扩大高水平开放，破除发展面临的体制机制障碍，激活蛰伏的发展潜能，让各类市场主体在科技创新和国内国际市场竞争的第一线奋勇拼搏。同时也必须发挥好政府在调整经济结构方面的作用，不断优化经济治理方式，加强全局观念，强化风险意识，在多重目标中寻求动态平衡，牢牢守住不发生系统性风险的底线。

深化供给侧结构性改革，绝不意味着放弃需求侧的总量稳定，否则不仅会导致供给侧结构性改革难以推进，而且有可能造成宏观经济运行的震荡，影响社会经济的稳定。现代市场经济的稳定运行离不开总需求管理，不能把供给侧结构性改革和稳健的总需求管理对立起来。面对错综复杂的国内外经济形势，必须发挥好宏观政策的逆周期调节作用，确保经济运行在合理区间。同时，还要发挥好超大规模的市场优势，坚定实施扩大内需战略，保证国内总需求的稳定增长，为科技产业创新和经济结构优化提供有利的环境和条件。

五、做实做强做优实体经济

实体经济是生产人类社会赖以存续发展的物品和服务的活动统称，我们所熟知的农业、工业和商业等部门都是实体经济的基本组成部分。实体经济是一国经济的立身之本，是财富创造的根本源泉。实体经济的健康发展是防范化解风险的基础。实体经济水平越高，经济实力就越强，抵御风险的能力也越强。

推动经济高质量发展，要坚持把做实做强做优实体经济作为主攻方向，提升产业资本的积累效率，优化产业资本的积累结构，只有这样，才能适应消费需求的新变化，满足人民群众对美好生活的需要，才能显著增强我国经济的竞争力、创新力和抗风险能力。实体经济在我国经济高速发展的过程中起到了重要作用，在未来，同样要坚持把发展经济的着力点放在实体经济上。稳住了实体经济，就稳住了中国经济的基本盘，就有底气应对各种风险挑战。

做实做强做优实体经济，必须大力推动资源要素向实体经济集聚、政策措施向实体经济倾斜、工作力量向实体经济加强；牢牢把握新一轮科技革命和产业变革的历史契机，推动互联网、大数据、人工智能同实体经济深度融合；在核心技术、关键技术领域谋求突破，为经济的高质量发展培育新引擎、新动能，带动我国产业向产业链、价值链的中高端迈进。制造业是实体经济的主体，是兴国之器、强国之基。做实做强做优实体经济，必须大力提高制造业的自主创新能力，推进新一代信息技术和制造业融合发展，以智能制造为主攻方向，加快发展先进制造业，推动先进制造业和现代服务业深度融合，加快制造业生产方式和企业形态根本性变革，提升制造业数字化、网络化、智能化发展水平，坚定不移建设制造强国，实现中国制造向中国创造的转变。

做实做强做优实体经济，关键在于产业结构的优化升级，这既包括传统产业的转型升级，也包括战略性新兴产业和现代服务业的发展壮大。传统产业是当前和今后一个时期我国工业结构调整的重点，要实施产业基础再造和产业链提升工程，巩固传统产业优势，强化优势产业领先地位，通过引入新技术、新管理、新模式，提升产业基础高级化、产业链现代化水平，使之焕发强大生机和活力。新兴产业是经济体系中最有活力、最具增长潜力的部分，战略性新兴产业更是决定着一个国家的未来。要大力发展战略性新兴产业，推动互联网、大数据、人工智能等同各产业深度融合，推动先进制造业集群发展，构建一批各具特色、优势互补、结构合理的战略性新兴产业增长引擎。要加快发展现代服务业，推动生产性服务业向专业化和价值链高端延伸，推动现代服务业同先进制造业、现代农业深度融合，加快推进服务业数字化、标准化、品牌化建设。

金融是国家重要的核心竞争力，金融安全是国家安全的重要组成部分，金融制度是经济社会发展中重要的基础性制度。做实做强做优实体经济，离不开现代金融的建设。我们要发挥社会主义制度优势，立足中国实际，建设中国特色社会主义现代金融体系。一是要坚持党对金融工作的集中统一领导，贯彻落实新发展理念，强化金融服务功能，找准金融服务重点，以服务实体经济、服务人民生活为本；二是要以金融体系结构调整优化为重点，优化融资结构和金融机构体系、市场体系、产品体系，为实体经济发展提供更高质量、更有效率的金融服务；三是要发挥政府对金融市场的有效监管，防范化解金融风险特别是防止发生系统性金融风险，健全及时反映风险波动的信息系统，完善信息发布管理规则，健全信用惩戒机制，做到“管住人、看住钱、扎牢制度防火墙”。

第三节 加快构建新发展格局

一、加快构建新发展格局是关系发展全局的重大战略任务

党的十九届五中全会明确提出，加快构建以国内大循环为主体、国内国际

双循环相互促进的新发展格局。习近平强调，构建新发展格局，是与时俱进提升我国经济发展水平的战略抉择，也是塑造我国国际经济合作和竞争新优势的战略抉择。只有立足自身，把国内大循环畅通起来，才能任由国际风云变幻，始终充满朝气地生存和发展下去。要在各种可以预见和难以预见的狂风暴雨、惊涛骇浪中，增强我们的生存力、竞争力、发展力、持续力。加快构建新发展格局，是战略性选择而不是短期战术性选择，事关全局，谋划长远，必须从长期性、全局性、系统性、深层次的角度加以认识。

第一，构建新发展格局是对我国社会主义经济建设实践经验的深刻总结。自 2008 年国际金融危机以来，我国经济已经在向以国内大循环为主体转变，经常项目顺差同国内生产总值的比率由 2007 年的 9.9%降至 2020 年的不到 1%，国内需求对经济增长的贡献率有 7 个年份超过 100%。在 2017 年的中央经济工作会议上，习近平深刻阐述了高质量发展的内涵和要求，强调高质量发展应该实现生产、流通、分配、消费循环畅通。近年来，围绕“畅通国民经济循环”，党中央作出了一系列重大的战略部署，有力地推动了我国经济稳中有进、长期向好。2020 年，突如其来的新冠肺炎疫情给世界经济带来了深刻变化，使经济循环不畅问题凸显出来。在统筹疫情防控和经济社会发展工作中，习近平多次强调要打通“堵点”、补上“断点”，着力解决“卡脖子”问题，畅通经济社会循环。党的十九届五中全会对构建新发展格局作出了全面安排，明确了目标要求和实践路径。这是对“十四五”和未来更长时期我国经济发展战略、路径作出的重大调整完善，是着眼于我国长远发展和长治久安作出的重大战略部署，是对改革开放以来特别是新时代以来我国经济发展战略思想和政策构想的全面总结和升华。

第二，构建新发展格局是适应我国经济发展阶段变化的主动选择。改革开放以来特别是加入世界贸易组织后，在经济全球化深入发展和我国对外开放不断扩大的条件下，我国加入国际经济大循环，依托国内丰富且廉价的劳动力，不断参与和融入全球分工与专业化的体系，致力于发展外向型经济。一方面，从国外引入先进的资本、技术和管理为本土经济发展注入动力；另一方面，又积极拓展出口市场，充分发挥我国在劳动密集型产业和制造环节的国际竞争优势，把握住了经济全球化和国际产业转移的重大机遇，形成了市场和资源“两头在外”的发展模式，推动了经济高速增长和人民生活水平的快速提高。当前，我国已进入高质量发展阶段，社会主要矛盾已经转化为人民日益增长的美好生活需要和不平衡不充分的发展之间的矛盾，人均国内生产总值超过 1 万美元，人民生活实现全面小康。同时，随着经济社会的快速发展，我国发展所具有的要素禀赋条件也在发生变化，劳动力、土地等生产要素的成本优势已经逐步减弱，生产体系内部循环不畅和供求脱节现象显现，“卡脖子”问题突出，结构转换复杂性上升。解决这些矛盾，就要求发展转向创新驱动，不断提高供给质量和水平。对于大国经济而言，这是发展到一定阶段必然要面临的关口，必须主动适应变化，努力攻坚克难，构建新发展格局。

第三，构建新发展格局是应对国际环境变化的战略举措。当今世界正经历百年未有之大变局。21 世纪以来，新一轮科技革命和产业变革加速演进，人工智能、大数据、物联网等新技术新应用新业态方兴未艾，正在深刻改变人类生产方式、生活方式以及思想观念。围绕智能技术和智能产业主导权的国际竞争异常激烈，谁能抢得先机，谁就能在国际竞争中占据领先地位，推动经济发展进入快车道。因此，我国要抓住机遇，立足本国优势，加强自主创新能力建设，力争突破关键核心技术，抢占科技竞争和未来发展制高点。同时，经济全球化处在十字路口，重塑经济全球化新动力势在必行。2008 年国际金融危机后，全球市场收缩，世界经济陷入持续低迷，国际经济大循环动能弱化。近年来，西方主要国家民粹主义盛行、贸易保护主义抬头，经济全球化遭遇逆流。2020 年以来，新冠肺炎疫情影响广泛深远，进一步加剧逆全球化趋势，全球产业链、供应链面临重大冲击，风险加大。今后一个时期，我们将面对更多逆风逆水的外部环境，必须在一个更加不稳定不确定的世界中谋求我国发展。面对外部环境变化带来的新矛盾新挑战，我国必须顺势而为，在努力稳定国际经济循环的同时，把发展立足点放在国内，更多依靠国内市场实现经济发展，进一步畅通国内大循环，提升经济发展的自主性、可持续性，保持国民经济平稳健康发展。

第四，构建新发展格局是发挥我国超大规模经济体优势的内在要求。大国经济的重要特征，就是必须实现内部循环，并且提供巨大国内市场和供给能力，支撑并带动国际循环。经过 40 多年的改革开放，我国经济快速发展，国内大循环的条件和基础日益完善。从需求潜力看，我国已经形成拥有 14 亿人口、中等收入群体超过 4 亿人的全球最有潜力市场。随着我国向高收入国家迈进，人民群众对美好生活的追求日益提升，规模超大的国内市场正在不断扩张。从供给能力看，我国储蓄率仍然较高，拥有全球最完整、规模最大的工业体系和完善的配套能力，拥有 1.3 亿户市场主体和 1.7 亿多受过高等教育或拥有各种专业技能的人才，研发能力不断提升。因此，从供求双方看，我们具备实现以国内大循环为主体、国内国际双循环相互促进的新发展格局的诸多条件，必须利用好大国经济纵深广阔的优势，使规模效应和集聚效应充分发挥。

二、构建新发展格局的战略要点

构建新发展格局的关键在于经济循环的畅通无阻。要以实现国民经济畅通无阻为目标，深化供给侧结构性改革这条主线，全面优化升级产业结构，提升创新能力、竞争力和综合实力，实现经济在高水平上的动态平衡。

第一，坚持扩大内需战略基点。需求是生产的目的和动力。构建新发展格局，要坚持扩大内需这个战略基点，充分发挥我国具有超大规模市场的优势，把满足国内需求作为发展的出发点和落脚点，加快培育完整内需体系，使生产、流通、分配、消费更多依托国内市场，形成国民经济良性循环。为此，必须在合理引导消费、储蓄、投资等方面进行有效制度安排。全面促进消费，增强消费对经济发展的基础性作用，顺应消费升级趋势，提升传统消费，培育新型消费，适当增加公共消费，有序取消一些行政性限制消费购买的规定。拓展投资空间，优化投资结构，保持投资合理增长，发挥投资需求对优化供给结构的关键作用，发挥中央预算内投资在外溢性强、社会效益高领域的引导和撬动作用，激发全社会投资活力。

第二，优化供给结构，改善供给质量。生产是满足需求的基础和前提。构建新发展格局，必须在扩大内需的同时，牢牢坚持以供给侧结构性改革为主线，提升供给体系对国内需求的适配性，打通经济循环堵点，提升产业链、供应链的完整性，形成需求牵引供给、供给创造需求的更高水平动态平衡，以创新驱动、高质量供给引领和创造新需求。为此，必须加快发展现代产业体系，推动经济体系优化升级。坚持把发展经济着力点放在实体经济上，坚定不移建设制造强国、质量强国、网络强国、数字中国，推进产业基础高级化、产业链现代化，提高经济质量效益和核心竞争力。坚持以服务实体经济为方向，对金融体系进行结构性调整。

第三，提升科技创新能力和水平。构建新发展格局最本质的特征是实现高水平的自立自强。创新是引领发展的第一动力，加快科技自立自强是畅通国内大循环、塑造我国在国际大循环中主动地位的关键。构建新发展格局，必须坚持创新在我国现代化建设全局中的核心地位，把科技自立自强作为国家发展的战略支撑，完善国家创新体系，加快建设科技强国。必须强化国家战略科技力量，提升企业技术创新能力，激发人才创新活力，完善科技创新体制机制，充分发挥我国社会主义制度能够集中力量办大事的显著优势，打好关键核心技术攻坚战，大力提升自主创新能力。

第四，健全现代流通体系。流通是畅通经济循环的重要基础。高效的流通体系能够在更大范围内把生产和消费联系起来，扩大交易范围，推动分工深化，提高生产效率，促进财富创造。构建新发展格局，必须把建设现代流通体系作为一项重要战略任务来抓，统筹推进现代流通体系硬件和软件建设，发展流通新技术新业态新模式，完善流通领域制度规范和标准，培育壮大具有国际竞争力的现代物流企业，加快完善国内统一大市场，形成供需互促、产销并进的良性循环，塑造市场化、法治化、国际化营商环境，强化竞争政策作用。

第五，提高人民收入水平，强化就业优先政策。人民不断提高的收入和稳定高质量的就业，既是人民生活水平不断改善的基础，也是形成强大国内市场、拉动经济结构升级的基础。扩大消费最根本的是促进就业，完善社保，优化收入分配结构，扩大中等收入群体，扎实推进共同富裕。必须坚持提高人民收入水平，强化就业优先政策。坚持共同富裕方向，改善收入分配格局，扩大中等收入群体，着力提高低收入群体收入，努力使居民收入增长快于经济增长，健全多层次社会保障体系，支撑投资和消费。坚持经济发展的就业导向，扩大就业容量，提升就业质量，促进充分就业，保障劳动者待遇和权益。

第六，推进城乡区域协调发展和新型城镇化。城乡区域经济循环是国内大循环的重要方面。构建新发展格局，必须坚持全面实施乡村振兴战略，强化以工补农、以城带乡，释放农村农民需求，推动城乡要素平等交换、双向流动，增强农业农村发展活力。健全区域战略统筹、市场一体化发展等机制，优化区域分工，深化区域合作，更好地促进发达地区和欠发达地区、东中西部和东北地区共同发展。城镇化的快速健康发展，既能创造巨大需求，又能提升有效供给。构建新发展格局，必须坚持推进以人为核心的新型城镇化，促进大中小城市和小城镇协调发展，发挥中心城市和城市群带动作用，建设现代化都市圈，形成一批新增长极。

第七，统筹发展和安全的关系。安全是发展的前提，发展是安全的保障。越开放越要重视安全，越要统筹好发展和安全，着力增强自身竞争能力、开放监管能力、风险防控能力。构建新发展格局，必须坚持统筹发展和安全，牢固树立安全发展理念，加快完善安全发展体制机制，补齐相关短板，维护产业链供应链安全，积极做好防范化解重大风险工作。要加强经济安全风险预警、防控机制和能力建设，实现重要产业、基础设施、战略资源、重大科技等关键领域安全可控，确保国家经济安全。要统筹推进补齐短板和锻造长板，针对产业薄弱环节，实施好关键核心技术攻关工程，尽快解决一批“卡脖子”问题，在产业优势领域精耕细作，搞出更多独门绝技。

概括起来讲，加快构建以国内大循环为主体、国内国际双循环相互促进的新发展格局，要紧紧扭住供给侧结构性改革这条主线，坚持扩大内需为战略基点，打通堵点，补齐短板，贯通生产、流通、分配、消费各环节，形成需求牵引供给、供给创造需求的更高水平动态平衡，提升国民经济体系整体效能。

三、促进国内国际双循环

新发展格局决不是封闭的国内循环，而是开放的国内国际双循环。

一方面，构建新发展格局，强调以国内大循环为主体，决不是关起门来封闭运行、自给自足，而是通过发挥内需潜力，使国内市场和国际市场更好联通，更好利用国际国内两个市场、两种资源，实现更加强劲可持续的发展。以开放促改革、促发展，是我国经济持续快速发展的一个重要动力，也是我国现代化建设不断取得新成就的重要法宝。从长远看，经济全球化仍是历史潮流，各国分工合作、互利共赢是大势所趋。面对逆全球化浪潮，我们要站在历史正确的一边，坚持深化改革、扩大开放，全面提高对外开放水平，建设更高水平开放型经济新体制，增强国内国际经济联动效应，实现国内国际双循环相互促进、双向发力，推动建设开放型世界经济。在新发展格局下，中国市场潜力将充分激发，为世界各国创造更多需求。在新发展格局下，中国开放的大门将进一步敞开，同世界各国共享发展机遇。在新发展格局下，中国的对外合作将不断深化，同世界各国实现互利共赢。

另一方面，扩大内需和扩大开放并不矛盾。国际市场是国内市场的延伸，国内大循环为国内国际双循环提供坚实基础。实行高水平对外开放，必须具备强大的国内经济循环体系和稳固的基本盘。随着我国在世界经济中的地位持续上升，同世界经济的联系会更加紧密，为其他国家提供的市场机会将更加广阔，成为吸引国际商品和要素资源的巨大引力场。推动形成宏大顺畅的国内经济循环，就能更好地吸引全球资源要素，既能满足国内需求，又能提升我国产业技术发展水平，形成参与国际经济合作和竞争新优势。在当前保护主义上升、世界经济低迷、全球市场萎缩的外部环境下，我们必须充分发挥国内超大规模市场优势，通过繁荣国内经济、畅通国内大循环为我国经济发展增添动力，带动世界经济复苏。

因此，构建新发展格局，必须实行更高水平对外开放，坚持开放合作的双循环，开拓合作共赢新局面。要坚持实施更大范围、更宽领域、更深层次对外开放，立足国内大循环，重视以国际循环提升国内大循环的效率和水平，协同推进强大国内市场和贸易强国建设，积极促进内需和外需、进口和出口、引进外资和对外投资协调发展，参与国际合作，实现互利共赢。要建设更高水平开放型经济新体制，全面提高对外开放水平，推动贸易和投资自由化便利化，推进贸易创新发展，推动共建“一带一路”高质量发展。要用顺畅联通的国内国际双循环，推动建设开放型世界经济，积极参与全球经济治理体系改革，推动构建人类命运共同体，形成更加紧密稳定的全球经济循环体系，促进各国共享全球化深入发展的机遇和成果。

第四节　中国特色经济发展道路

一、中国特色新型工业化道路

工业化是农业国向工业国转变的过程，从统计数据上看，即工业产值在国内生产总值中、工业就业人数在总就业人数中比重不断上升的过程。实现工业化，是中国经济发展过程中不可逾越的历史阶段，是中国特色社会主义现代化进程中艰巨的历史任务。但是，工业化在不同国家、不同发展时期具有不同的内容和形式。中国要走的工业化道路，不是简单重复发达国家的工业化过程，而是从中国国情和世界经济发展实际出发，吸取世界各国工业化的经验和教训，既尊重工业化客观规律，又体现时代特点的工业化道路。因为随着经济发展和对外开放的扩大，中国经济已经深深融入世界经济，成为国际分工体系中的一个重要组成部分。在经济全球化条件下，中国不可能关起门来先搞工业化，再搞信息化，而是要立足于当今时代经济科技发展的新水平，走充分发挥自身优势和后发优势的新型工业化道路。

中国特色新型工业化道路的基本内涵是：以信息化带动工业化，以工业化促进信息化，走出一条科技含量高、经济效益好、资源消耗低、环境污染少、人力资源优势得到充分发挥的新型工业化道路。

坚持走中国特色新型工业化道路，必须把握好以下基本要求：

第一，必须坚持创新驱动。中国已成为工业大国，正处于向工业强国转变的历史时期。要实现由大到强的转变，关键在于坚持不懈地增强自主创新能力，坚持创新在我国现代化建设全局中的核心地位，把科技自立自强作为国家发展的战略支撑。面对发达国家在科技上长期占优势的压力，面对西方国家在核心技术和关键技术领域对中国实行封锁的现状，必须最大限度地发挥社会主义制度集中力量办大事的优越性，最大限度地发挥中国科技人员数量多和国内市场规模大的优势，最大限度地利用世界科技创新的最新成果和技术储备，充分运用后发优势实现科学技术的跨越式发展。通过创新，为新型工业化提供有力和持久的技术支撑，加快从工业大国向工业强国转变的历史进程。

第二，必须坚持城乡融合。中国能否由发展中大国逐步成长为现代化强国，从根本上取决于能不能用适合基本国情的方式，建立健全城乡融合发展体制机制和政策体系。因此，必须正确处理好工业和农业、城市和农村、城镇居民和农村居民的关系，强化以工补农、以城带乡，推动形成工农互促、城乡互补、协调发展、共同繁荣的新型工农城乡关系，促进城乡市场开放统一、生产要素有序流动、经济社会协调发展，努力实现城乡共同繁荣。

第三，必须坚持推进资源全面节约和循环利用。节约资源、保护环境，关系经济社会可持续发展，关系人民群众切身利益，关系中华民族生存发展。我国要实现新型工业化，不仅要着力把产业做大做强，还要注重节约资源、保护环境。必须把推进现代化与建设生态文明有机统一起来，完善市场化、多元化生态补偿，推进资源总量管理、科学配置、全面节约、循环利用，加快形成节约能源资源和保护生态环境的产业结构、增长方式、消费模式，努力形成工业化与信息化相互促进的新格局。大力发展循环经济，努力在优化结构、提高效益、降低消耗、保护环境的基础上，完成新型工业化的任务。

第四，必须坚持内外协调。在经济全球化深入发展和全面开放的条件下，中国经济同世界经济的互动日益紧密。中国经济发展对世界经济发展的贡献越来越大，对国际市场和国外资源的依赖程度也日益提高。在这种形势下推进新型工业化，必须准确把握世界经济发展的总态势和新特征，坚持互利共赢的开放战略，统筹利用国际国内两个市场、两种资源，统筹把握好国内产业发展和国际产业分工，促进中国发展和各国发展的良性互动。

第五，必须坚持以人民为中心。推进工业化的根本目的是造福人民。但一些国家进入工业化后，没有正确处理好经济发展和收入分配的关系，结果社会矛盾激化、现代化进程受阻，这方面的教训值得吸取。当前，中国仍处于并将长期处于社会主义初级阶段，社会结构深刻变动，利益格局深刻调整。因此，在生产和分配两个环节都要正确把握资本、技术、劳动之间相互替代和依存的关系，实现技术进步和扩大就业的有机统一，提高劳动参与分配的能力，构建充分体现知识、技术等创新要素价值的收益分配机制，促进创造财富和公平分配的协调，更加注重发展成果的普惠性。

二、中国特色农业现代化道路和乡村振兴战略

（一）中国特色农业现代化道路

中国共产党领导革命、建设、改革取得的伟大成就，是同高度重视解决农业问题密不可分的。改革开放以来，中国共产党制定了一系列正确方针政策，为解决好农业发展问题倾注了大量心血，赢得了农民群众的广泛支持和拥护，为工业化进程的推进、改革开放的突破和深化、经济社会的发展奠定了重要基础。党的十八大以来，从坚持和完善农村基本经营制度、加快完善城乡发展一体化体制机制等方面为中国特色农业现代化道路增添了新的内容。党的十九大提出乡村振兴战略，从构建现代农业产业体系、生产体系、经营体系，促进农村一二三产业融合发展，完善农业支持保护制度，发展多种形式适度规模经营，培育新型农业经营主体，健全农业社会化服务体系，实现小农户和现代农业发展有机衔接等方面，夯实了中国特色农业现代化道路的社会基础。

中国特色农业现代化道路的基本内涵是：立足基本国情和农业发展阶段，遵循农业现代化建设的一般规律，按照生产技术先进、经营规模适度、市场竞争力强、生态环境可持续的要求，以确保国家粮食安全、增加农民收入、促进可持续发展为目标，加强农业基础地位，推进农业发展方式转变，构建现代农业产业体系、生产体系、经营体系，不断提高农业综合效益和竞争力，大幅增强农业可持续发展能力，全面提高农业现代化水平。

坚持走中国特色农业现代化道路，必须把握以下基本要求：

第一，把加大国家对农业支持保护力度和增强农业农村发展活力结合起来。农业是弱质产业，必须适应确保国计民生要求，以保障国家粮食安全为底线，健全农业支持保护制度。认真贯彻工业反哺农业、城市支持农村和多予少

取放活的方针，巩固和完善强农惠农政策，形成以工促农、以城带乡的长效机制。同时，始终把改革创新作为农村发展的根本动力，坚持不懈推进农村改革和制度创新，不断解放和发展农村生产力。巩固和完善农村基本经营制度，深化农村土地制度改革，落实第二轮土地承包到期后再延长30年政策，完善承包地“三权”分置制度，实现小农户和现代农业发展有机衔接，积极探索实施农村集体经营性建设用地入市制度，探索宅基地所有权、资格权、使用权分置实现形式，深化农村集体产权制度改革。同时，还要尊重广大农民群众的首创精神，充分调动广大农民群众的积极性、主动性和创造性，激发他们自主创业的潜能，引导他们发扬自力更生、艰苦奋斗的优良传统，通过自己的辛勤劳动改善生活条件，建设美好家园。

第二，把保障粮食安全和提升农业质量结合起来。农业要实现可持续发展，承担起支撑经济社会长期发展的重任，一方面，要深入实施“藏粮于地、藏粮于技”战略，严守耕地保护红线，开展粮食节约行动，确保国家粮食安全；另一方面，必须加快转变发展方式，推进农业供给侧结构性改革，优化农业生产结构和区域布局，加强粮食生产功能区、重要农产品生产保护区和特色农产品优势区建设，推进优质粮食工程。制定和实施国家质量兴农战略规划，深入推进农业绿色化、优质化、特色化、品牌化，调整优化农业生产力布局，推动农业由增产导向转向提质导向。推进农业结构战略性调整，促进农村一二三产业融合发展体系，着力构建现代农业产业体系、生产体系、经营体系，实现农业的多元化经营、区域化布局、专业化生产，培育新型农业经营主体，统筹兼顾培育新型农业经营主体和扶持小农户，大力发展各种类型的农业专业合作组织，加快建设现代农业社会化服务体系，不断提高农业素质、效益和竞争力，不断提高农业创新力、竞争力和全要素生产率，加快实现由农业大国向农业强国转变。同时必须看到，资源环境是农业现代化的重要前提。在推进农业现代化过程中，必须按照建设资源节约型、环境友好型社会的要求，正确处理眼前利益和长远利益的关系、经济效益和生态效益的关系，保护和利用好有限的农业资源，实行最严格的耕地保护制度，统筹山水林田湖草系统治理，加强农村突出环境问题综合治理，建立市场化多元化生态补偿机制，增加农业生态产品和服务供给，促进农村地区走上生产发展、生活富裕、生态良好的文明发展道路，实现百姓富、生态美的统一。

第三，把提高农业物质技术装备水平和提高农村劳动者整体素质结合起来。用现代物质条件装备农业、用现代科学技术改造农业，是农业现代化建设的一项重要任务。要顺应世界科技发展潮流，着眼于建设现代农业，大力推进农业科技自主创新，加强农业技术推广普及，加快农业科技成果转化。同时必须看到，推进农业现代化，最终要靠有文化、爱农业、懂技术、善经营、会管理的新型农民。没有高素质的劳动者，任何物质技术装备都难以发挥作用。因此，必须发挥农村的人力资源优势，大力发展农村职业教育，加强农民技能培训，全面提高农村劳动者素质。同时加强“三农”工作干部队伍的培养、配备、管理、使用，造就一支懂农业、爱农村、爱农民的农村工作队伍，为推进农业现代化建设提供强大的人才智力支持。

第四，把提高农业综合效益和实现农业绿色发展结合起来。农业生产与生态环境关系最为密切，农业综合效益和竞争力的提升必须与生态环境的保护结合起来。要追求农业的发展效益，实现农业产出高效、产品安全。同时，要坚定不移加快转变农业发展方式，走产出高效、产品安全、资源节约、环境友好的现代农业发展道路。要严守耕地保护红线，全面完成永久基本农田划定工作；严守开发强度红线，倒逼城镇发展模式转型；划定生态保护红线，严守生态保护红线，优化调整省级生态红线区域保护规划。坚持生态优先，强化尊重自然、顺应自然、保护自然的观念，以更大力度推进生产方式和生活方式绿色转型。坚持以绿色低碳循环为主要原则，努力促进人与自然和谐共生，促进生态环境质量明显改善。

第五，把扩大农业对外开放和确保农业产业安全结合起来。对外开放是推进农业现代化建设的强大动力。要坚持“引进来”和“走出去”相结合，提高统筹利用国际国内两个市场、两种资源的能力，拓展农业对外开放的广度和深度。优化资源配置，着力节本增效，提高我国农产品国际竞争力，鼓励支持优势农产品进入国际市场。深化与“一带一路”沿线国家和地区农产品贸易关系。积极支持农业“走出去”，培育具有国际竞争力的大粮商和农业企业集团。同时必须看到，农业对外开放在为农业提供机遇的同时，也给农业安全带来挑战。因此，必须高度重视农业安全特别是粮食安全问题。坚持立足国内实现粮食基本自给的方针，大力发展国内农业生产，牢牢把握解决粮食问题的主动权，把中国人的饭碗牢牢端在自己手中。加快制定农业生产安全政策措施，积极参与全球粮食安全治理和农业贸易规则制定，促进形成更加公平合理的农业国际贸易秩序。进一步加大农产品反走私综合治理力度，切实保障国家经济安全，维护国家根本利益。

（二）乡村振兴战略

中国特色社会主义进入新时代，我国社会主要矛盾已经转化为人民日益增长的美好生活需要和不平衡不充分的发展之间的矛盾。当前，我国发展不平衡不充分问题在乡村最为突出。在这一背景下，乡村振兴既是适应新时代我国社会主要矛盾变化的必然选择，又是解决当前社会主要矛盾的重大举措。实施乡村振兴战略，是党的十九大作出的重大决策部署，是决胜全面建成小康社会、全面建设社会主义现代化国家的重大历史任务，是新时代“三农”工作的总抓手。

实施乡村振兴战略，要坚持农业农村优先发展，按照产业兴旺、生态宜居、乡风文明、治理有效、生活富裕的总要求，建立健全城乡融合发展体制机制和政策体系，加快推进农业农村现代化。产业兴旺，就是要紧紧围绕促进产业发展，引导和推动更多资本、技术、人才等要素向农业农村流动，调动广大农民的积极性、创造性，形成现代农业产业体系，促进农村一二三产业融合发展，保持农业农村经济发展的旺盛活力。生态宜居，就是要加强农村资源环境保护，统筹山水林田湖草保护建设，保护好绿水青山和清新清净的田园风光。同时，还要实施乡村建设行动，把乡村建设摆在社会主义现代化建设的重要位置，改善农村人居环境。乡风文明，就是要促进农村文化教育、医疗卫生等事业发展，推动移风易俗、文明进步，弘扬农耕文明和优良传统，使农民综合素质进一步提升、农村文明程度进一步提高。治理有效，就是要加强和创新农村社会治理，加强基层民主和法治建设，弘扬社会正气、惩治违法行为，使农村更加和谐安定有序。生活富裕，就是要让农民有持续稳定的收入来源，经济宽裕，生活便利，最终实现共同富裕。

按照党的十九大提出的决胜全面建成小康社会、分两个阶段实现第二个百年奋斗目标的战略安排，实施乡村振兴战略的目标任务分三步：到2020年，乡村振兴取得重要进展，制度框架和政策体系基本形成。农业综合生产能力稳步提升，农业供给体系质量明显提高，农村一二三产业融合发展水平进一步提升；农民增收渠道进一步拓宽，城乡居民生活水平差距持续缩小；现行标准下农村贫困人口实现脱贫，贫困县全部摘帽，解决区域性整体贫困；农村基础设施建设深入推进，农村人居环境明显改善，美丽宜居乡村建设扎实推进；城乡基本公共服务均等化水平进一步提高，城乡融合发展体制机制初步建立；农村对人才的吸引力逐步增强；农村生态环境明显好转，农业生态服务能力进一步提高；以党组织为核心的农村基层组织建设进一步加强，乡村治理体系进一步完善；党的农村工作领导体制机制进一步健全；各地区、各部门推进乡村振兴的思路举措得以确立。到2035年，乡村振兴取得决定性进展，农业农村现代化基本实现。农业结构得到根本性改善，农民就业质量显著提高，相对贫困进一步缓解，共同富裕迈出坚实步伐；城乡基本公共服务均等化基本实现，城乡融合发展体制机制更加完善；乡风文明达到新高度，乡村治理体系更加完善；农村生态环境根本好转，美丽宜居乡村基本实现。到2050年，乡村全面振兴，农业强、农村美、农民富全面实现。

实施乡村振兴战略，必须把握以下基本原则：

第一，坚持党管农村工作。毫不动摇地坚持和加强党对农村工作的全面领导，健全党管农村工作领导体制机制和党内法规，确保党在农村工作中始终总揽全局、协调各方，为乡村振兴提供坚强有力的政治保障。

第二，坚持农业农村优先发展。把实现乡村振兴作为全党的共同意志、共同行动，做到认识统一、步调一致，在干部配备上优先考虑，在要素配置上优先满足，在资金投入上优先保障，在公共服务上优先安排，加快补齐农业农村短板。

第三，坚持农民主体地位。充分尊重农民意愿，切实发挥农民在乡村振兴中的主体作用，调动亿万农民的积极性、主动性、创造性，把维护农民群众根本利益、促进广大农民共同富裕作为出发点和落脚点，促进农民持续增收，不断提升农民的获得感、幸福感、安全感。

第四，坚持乡村全面振兴。准确把握乡村振兴的科学内涵，挖掘乡村多种功能和价值，统筹谋划农村经济建设、政治建设、文化建设、社会建设、生态文明建设和党的建设，注重协同性、关联性，整体部署，协调推进。

第五，坚持城乡融合发展。坚决破除体制机制弊端，使市场在资源配置中起决定性作用和更好发挥政府作用，推动城乡要素自由流动、平等交换，推动新型工业化、信息化、城镇化、农业现代化同步发展，加快形成工农互促、城乡互补、协调发展、共同繁荣的新型工农城乡关系。

第六，坚持人与自然和谐共生。牢固树立和践行绿水青山就是金山银山的理念，落实以节约优先、保护优先、自然恢复为主的方针，统筹山水林田湖草系统治理，严守生态保护红线，以绿色发展引领乡村振兴。

第七，坚持因地制宜、循序渐进。科学把握乡村的差异性和发展走势分化特征，做好顶层设计，注重规划先行、突出重点、分类施策、典型引路。既尽力而为，又量力而行，不搞层层加码，不搞“一刀切”，不搞形式主义，久久为功，扎实推进。

三、中国特色减贫道路

贫困是人类社会的顽疾。摆脱贫困，是中国人民孜孜以求的梦想，也是实现中华民族伟大复兴中国梦的重要内容。中国共产党从成立之日起，就坚持把为中国人民谋幸福、为中华民族谋复兴作为初心和使命，团结带领人民为创造自己的美好生活进行了长期艰苦奋斗。新民主主义革命时期，党团结带领广大农民“打土豪、分田地”，实行“耕者有其田”，帮助穷苦人翻身得解放，赢得了最广大人民的广泛支持和拥护，夺取了中国革命胜利，建立了新中国，为摆脱贫困创造了根本政治条件。新中国成立后，党团结带领人民完成社会主义革命，确立社会主义基本制度，推进社会主义建设，组织人民自力更生、发愤图强、重整山河，为摆脱贫困、改善人民生活打下了坚实基础。改革开放以来，党团结带领人民实施了大规模、有计划、有组织的扶贫开发，着力解放和发展社会生产力，着力保障和改善民生，取得了前所未有的伟大成就。

党的十八大以来，党中央把脱贫攻坚摆在治国理政的突出位置，把脱贫攻坚作为全面建成小康社会的底线任务，组织开展了声势浩大的脱贫攻坚人民战争。2021 年 2 月 25 日，习近平庄严宣告：“经过全党全国各族人民共同努力，在迎来中国共产党成立一百周年的重要时刻，我国脱贫攻坚战取得了全面胜利，现行标准下 9899 万农村贫困人口全部脱贫，832 个贫困县全部摘帽，12.8 万个贫困村全部出列，区域性整体贫困得到解决，完成了消除绝对贫困的艰巨任务，创造了又一个彪炳史册的人间奇迹!”①

脱贫攻坚取得的历史性成就主要有以下几个方面：

第一，农村贫困人口全部脱贫，为实现全面建成小康社会目标任务作出了关键性贡献。党的十八大以来，平均每年 1000 多万人脱贫，相当于一个中等国家的人口脱贫。贫困人口收入水平显著提高，全部实现“两不愁三保障”，脱贫群众不愁吃、不愁穿，义务教育、基本医疗、住房安全有保障，饮水安全也都有了保障。

第二，脱贫地区经济社会发展大踏步赶上来，整体面貌发生历史性巨变。

① 习近平：《在全国脱贫攻坚总结表彰大会上的讲话》，人民出版社 2021 年版，第 1 页。

贫困地区发展步伐显著加快，经济实力不断增强，基础设施建设突飞猛进，社会事业长足进步，行路难、吃水难、用电难、通信难、上学难、就医难等问题得到历史性解决。

第三，脱贫群众精神风貌焕然一新，增添了自立自强的信心勇气。脱贫攻坚，取得了物质上的累累硕果，也取得了精神上的累累硕果。广大脱贫群众激发了奋发向上的精气神，社会主义核心价值观得到广泛传播，文明新风得到广泛弘扬，艰苦奋斗、苦干实干、用自己的双手创造幸福生活的精神在广大贫困地区蔚然成风。

第四，党群干群关系明显改善，党在农村的执政基础更加牢固。各级党组织和广大共产党员坚决响应党中央号召，以热血赴使命、以行动践诺言，在脱贫攻坚这个没有硝烟的战场上呕心沥血、建功立业。广大扶贫干部舍小家为大家，同贫困群众结对子、认亲戚，常年加班加点、任劳任怨，困难面前豁得出，关键时候顶得上，把心血和汗水洒遍千山万水、千家万户。

第五，创造了减贫治理的中国样本，为全球减贫事业作出了重大贡献。摆脱贫困一直是困扰全球发展和治理的突出难题。改革开放以来，按照现行贫困标准计算，我国 7.7 亿农村贫困人口摆脱贫困；按照世界银行国际贫困标准，我国减贫人口占同期全球减贫人口 70%以上。特别是在全球贫困状况依然严峻、一些国家贫富分化加剧的背景下，我国提前 10 年实现联合国 2030 年可持续发展议程减贫目标，赢得国际社会广泛赞誉。

习近平强调，脱贫攻坚取得举世瞩目的成就，靠的是党的坚强领导，靠的是中华民族自力更生、艰苦奋斗的精神品质，靠的是新中国成立以来特别是改革开放以来积累的坚实物质基础，靠的是一任接着一任干的坚守执着，靠的是全党全国各族人民的团结奋斗。我们立足我国国情，把握减贫规律，出台一系列超常规政策举措，构建了一整套行之有效的政策体系、工作体系、制度体系，走出了一条中国特色减贫道路，形成了中国特色反贫困理论。

第一，坚持党的领导，为脱贫攻坚提供坚强政治和组织保证。我们坚持党中央对脱贫攻坚的集中统一领导，把脱贫攻坚纳入“五位一体”总体布局、“四个全面”战略布局，统筹谋划，强力推进。我们强化中央统筹、省负总责、市县抓落实的工作机制，构建五级书记抓扶贫、全党动员促攻坚的局面。

第二，坚持以人民为中心的发展思想，坚定不移走共同富裕道路。始终坚定人民立场，强调消除贫困、改善民生、实现共同富裕是社会主义的本质要求，是我们党坚持全心全意为人民服务根本宗旨的重要体现，是党和政府的重大责任，把群众满意度作为衡量脱贫成效的重要尺度，集中力量解决贫困群众基本民生需求。8 年来，中央、省、市县财政专项扶贫资金累计投入近 1.6 万亿元，其中中央财政累计投入 6601 亿元。

第三，坚持发挥我国社会主义制度能够集中力量办大事的政治优势，形成脱贫攻坚的共同意志、共同行动。广泛动员全党全国各族人民以及社会各方面力量共同向贫困宣战，举国同心，合力攻坚，党政军民学劲往一处使，东西南北中拧成一股绳。构建专项扶贫、行业扶贫、社会扶贫互为补充的大扶贫格局，形成跨地区、跨部门、跨单位、全社会共同参与的社会扶贫体系。

第四，坚持精准扶贫方略，用发展的办法消除贫困根源。脱贫攻坚，贵在精准，重在精准。坚持对扶贫对象实行精细化管理、对扶贫资源实行精确化配置、对扶贫对象实行精准化扶持，建立了全国建档立卡信息系统，确保扶贫资源真正用在扶贫对象上、真正用在贫困地区。围绕扶持谁、谁来扶、怎么扶、如何退等问题，我们打出了一套政策组合拳，因村因户因人施策，因贫困原因施策，因贫困类型施策，对症下药、精准滴灌、靶向治疗，真正发挥拔穷根的作用。

第五，坚持调动广大贫困群众积极性、主动性、创造性，激发脱贫内生动力。注重把人民群众对美好生活的向往转化成脱贫攻坚的强大动能，实行扶贫和扶志扶智相结合，既富口袋也富脑袋，引导贫困群众依靠勤劳双手和顽强意志摆脱贫困、改变命运。引导贫困群众树立“宁愿苦干、不愿苦熬”的观念，鼓足“只要有信心，黄土变成金”的干劲，增强“弱鸟先飞、滴水穿石”的韧性，让他们心热起来、行动起来。

第六，坚持弘扬和衷共济、团结互助美德，营造全社会扶危济困的浓厚氛围。推动全社会践行社会主义核心价值观，传承中华民族守望相助、和衷共济、扶贫济困的传统美德，引导社会各界关爱贫困群众、关心减贫事业、投身脱贫行动。我们完善社会动员机制，搭建社会参与平台，创新社会帮扶方式，形成了人人愿为、人人可为、人人能为的社会帮扶格局。

第七，坚持求真务实、较真碰硬，做到真扶贫、扶真贫、真脱贫。把全面从严治党要求贯穿脱贫攻坚全过程和各环节，拿出抓铁有痕、踏石留印的劲头，把脱贫攻坚一抓到底。我们突出实的导向、严的规矩，不搞花拳绣腿，不搞繁文缛节，不做表面文章，坚决反对大而化之、撒胡椒面，坚决反对搞不符合实际的“面子工程”，坚决反对形式主义、官僚主义，把一切工作都落实到为贫困群众解决实际问题上。

这些重要经验和认识，是我国脱贫攻坚的理论结晶，是马克思主义反贫困理论中国化最新成果，必须长期坚持并不断发展。

脱贫攻坚战的全面胜利，标志着我们党在团结带领人民创造美好生活、实现共同富裕的道路上迈出了坚实的一大步。同时，脱贫摘帽不是终点，而是新生活、新奋斗的起点。解决发展不平衡不充分问题、缩小城乡区域发展差距、实现人的全面发展和全体人民共同富裕仍然任重道远。要切实做好巩固拓展脱贫攻坚成果同乡村振兴有效衔接各项工作，让脱贫基础更加稳固、成效更可持续。

乡村振兴是实现中华民族伟大复兴的一项重大任务。要围绕立足新发展阶段、贯彻新发展理念、构建新发展格局带来的新形势、提出的新要求，坚持把解决好“三农”问题作为全党工作重中之重，坚持农业农村优先发展，走中国特色社会主义乡村振兴道路，持续缩小城乡区域发展差距，让低收入人口和欠发达地区共享发展成果，在现代化进程中不掉队、赶上来。全面实施乡村振兴战略的深度、广度、难度都不亚于脱贫攻坚，要完善政策体系、工作体系、制度体系，以更有力的举措、汇聚更强大的力量，加快农业农村现代化步伐，促进农业高质高效、乡村宜居宜业、农民富裕富足。

四、中国特色自主创新道路

创新是一个民族进步的灵魂，是一个国家兴旺发达的不竭动力。其中，科技创新对经济发展的作用最为直接，因为科学技术是第一生产力，是推动人类文明进步的革命力量。当今时代，科学技术正日益成为经济社会发展的决定性力量，成为综合国力竞争的焦点。实践告诉我们，自力更生是中华民族自立于世界民族之林的奋斗基点，自主创新是我们攀登世界科技高峰的必由之路。只有把核心技术掌握在自己手中，坚定不移走中国特色自主创新道路，才能真正掌握竞争和发展的主动权，才能从根本上保障国家经济安全、国防安全和其他安全。

中国特色自主创新道路的基本内涵是：坚持自主创新、重点跨越、支撑发展、引领未来的指导方针，大力推进原始创新①、集成创新②、引进消化吸收

① 原始创新是指独立自主地完成科学新发现和技术新发明。

② 集成创新是指把各种已有的相关技术有机融合起来的创新活动。

再创新①，不断提高自主创新能力，加快建立以企业为主体、以市场为导向、产学研深度融合的技术创新体系，加快建设国家创新体系，加快培育创新型科技人才，努力培育全社会的创新精神，实现关键核心技术实现重大突破、进入创新型国家前列的目标。

坚持走中国特色自主创新道路，必须把握以下基本要求：

第一，坚持自主创新、重点跨越、支撑发展、引领未来的指导方针。这是中国特色自主创新道路的核心问题。自主创新，不是意味着什么都自己干，完全由自己来创新，而是从增强国家创新能力出发，加强原始创新、集成创新和引进消化吸收再创新。重点跨越，就是坚持有所为有所不为，选择具有一定基础和优势、关系国计民生和国家安全的关键领域，集中力量、重点突破，实现跨越式发展。支撑发展，就是从现实的紧迫需求出发，突出关键共性技术、前沿引领技术、现代工程技术、颠覆性技术创新，为建设科技强国、质量强国、航天强国、网络强国、交通强国、数字中国、智慧社会等提供有力支撑。引领未来，就是着眼长远，超前部署前沿技术和基础研究，创造新的市场需求，培育新兴产业，引领未来经济社会发展。

第二，坚持把提高自主创新能力摆在突出位置，大幅度提高国家竞争力。自主创新能力是国家竞争力的核心，是应对未来挑战的重大选择，是统领未来科技发展的战略主线，是实现建设创新型国家目标的根本途径。世界科技发展的实践表明，一个国家只有拥有强大的自主创新能力，才能在激烈的国际竞争中把握先机、赢得主动。特别是在关系国民经济命脉和国家安全的关键领域，真正的核心技术、关键技术是买不来的，必须依靠自主创新。当前，要坚持创新在我国现代化建设全局中的核心地位，把科技自立自强作为国家发展的战略支撑，面向世界科技前沿、面向经济主战场、面向国家重大需求、面向人民生命健康，深入实施科教兴国战略、人才强国战略、创新驱动发展战略，完善国家创新体系，加快建设科技强国。

第三，健全社会主义市场经济条件下新型举国体制，打好关键核心技术攻坚战，提高创新链整体效能。习近平指出，“我国社会主义制度能够集中力量办大事是我们成就事业的重要法宝。我国很多重大科技成果都是依靠这个法宝搞出来的，千万不能丢了！要让市场在资源配置中起决定性作用，同时要更好

① 引进消化吸收再创新是指在消化吸收国外先进技术基础上进行的创新。

发挥政府作用，加强统筹协调，大力开展协同创新，集中力量办大事，抓重大、抓尖端、抓基本，形成推进自主创新的强大合力”①。构建社会主义市场经济条件下关键核心技术攻关新型举国体制，就是要充分发挥社会主义市场经济的独特作用，充分发挥我国社会主义制度能够集中力量办大事的优势，充分发挥科学家和企业家的创新主体作用，为科技创新提供强大的动力。要加强基础研究、注重原始创新，优化学科布局和研发布局，推进学科交叉融合，完善共性基础技术供给体系。瞄准前沿领域，实施一批具有前瞻性、战略性的国家重大科技项目。制定实施战略性科学计划和科学工程。推进国家实验室建设，重组国家重点实验室体系。布局建设综合性国家科学中心和区域性创新高地。构建国家科研论文和科技信息高端交流平台。

第四，加快科技成果向现实生产力转化。走中国特色自主创新道路，科技是关键。科技成果只有转化为现实的生产力，才能在经济社会发展中发挥巨大的推动作用。因此，必须坚持科技为经济社会发展服务的方向，促进科技与经济更加紧密地结合起来，有效引导和支持创新要素向企业集聚，促进科技支撑与产业振兴、企业创新相结合，促进重大技术和产品推广应用，加快产业共性技术研发推广应用，建设一批特色产业基地、培育一批战略性新兴产业，发挥大企业引领支撑作用，支持创新型中小微企业成长为创新重要发源地，加强共性技术平台建设，推动产业链上中下游、大中小企业融通创新。

第五，加快科技体制改革。深入推进科技体制改革，完善国家科技治理体系，优化国家科技规划体系和运行机制，推动重点领域项目、基地、人才、资金一体化配置。改进科技项目组织管理方式，实行“揭榜挂帅”等制度。完善科技评价机制，优化科技奖励项目。加快科研院所改革，扩大科研自主权。加强知识产权保护，大幅提高科技成果转移转化成效。加大研发投入，健全政府投入为主、社会多渠道投入机制，加大对基础前沿研究支持。完善金融支持创新体系，促进新技术产业化规模化应用。弘扬科学精神和工匠精神，加强科普工作，营造崇尚创新的社会氛围。健全科技伦理治理体系。促进科技开放合作，研究设立面向全球的科学研究基金。

第六，加快建设宏大的创新型科技人才队伍。走中国特色自主创新道路，

① 《习近平谈治国理政》第一卷，外文出版社 2018 年版，第 126—127 页。

人才是核心。要全面贯彻尊重劳动、尊重知识、尊重人才、尊重创造的方针，深化人才发展体制机制改革，全方位培养、引进、用好人才，造就更多国际一流的科技领军人才和创新团队，培养具有国际竞争力的青年科技人才后备军。健全以创新能力、质量、实效、贡献为导向的科技人才评价体系。加强学风建设，坚守学术诚信。深化院士制度改革。健全创新激励和保障机制，构建充分体现知识、技术等创新要素价值的收益分配机制，完善科研人员职务发明成果权益分享机制。加强创新型、应用型、技能型人才培养，实施知识更新工程、技能提升行动，壮大高水平工程师和高技能人才队伍。支持发展高水平研究型大学，加强基础研究人才培养。实行更加开放的人才政策，构筑集聚国内外优秀人才的科研创新高地。

第七，发展创新文化，努力培育全社会的创新精神。创新文化孕育创新事业，创新事业激励创新文化。一个国家的文化同科技创新有着相互促进、相互激荡的密切关系。发展创新文化，既要大力继承和弘扬中华文化的优良传统，又要充分吸收国外文化的有益成果。要在全体人民中大力弘扬科学精神、普及科学知识、树立科学观念、提倡科学方法，努力在全社会形成学习科学、相信科学、依靠科学的良好氛围，促进全民族科学素质的提高。同时，还要大力提倡敢于创新、敢为人先、敢冒风险的精神，形成勇于竞争和宽容失败的氛围，营造鼓励科技人员创新、支持科技人员实现创新的有利条件。

五、中国特色城镇化道路

城镇化是人类生产与生活方式由农村型向城市型转化的历史过程，主要表现为农村人口转化为城镇人口，以及城镇不断发展完善的过程。世界工业化的历史进程证明，加快城镇化进程，实现农村富余劳动力向非农产业和城镇转移，是工业化和现代化的必然趋势，是解决二元经济结构的根本出路。逐步提高城镇化水平，对于扩大内需、推动国民经济增长，对于优化城乡经济结构、促进国民经济良性循环和社会协调发展，具有重大意义。

中国特色城镇化道路的基本内涵是：在创新、协调、绿色、开放、共享的新发展理念指导下，按照统筹城乡、布局合理、节约土地、功能完善、以大带小的原则，以增强综合承载能力为重点，以特大城市为依托，形成辐射作用大的城市群，培育新的经济增长极，同时以城市群为主体构建大中小城市和小城镇协调发展的城镇格局。

坚持走中国特色城镇化道路，促进城镇化健康发展，必须把握以下基本要求：

第一，加强规划引导，逐步提升城镇化水平。改革开放以来，在多种有利因素的作用下，我国人口和劳动力向城镇加快集聚的趋势十分明显，城镇人口数量持续增加。在新的形势下，影响城镇化健康发展的主要矛盾，已从数量不足的问题转化为质量不高的问题。因此，要切实加强城镇规划引导，把握好城镇建设的方向、步伐和节奏，加快转变城镇发展方式。一方面，要积极推进城镇化，促进农村富余劳动力向城镇转移，提高各种生产要素对城镇发展的支撑能力；另一方面，要根据经济社会发展水平、区位特点、资源禀赋和环境基础，合理把握城镇规模和定位，优化城镇结构，提高城镇建设和发展质量，充分发挥城镇化对经济社会发展的促进作用。

第二，因地制宜发展城市群，促进城镇协调发展。改革开放以来，长江三角洲、珠江三角洲等地区发展起来的城市群，对推动区域经济社会发展发挥了重要作用。在这些已有的城市群基础上，要继续加强城市之间的分工协作和优势互补，增强整体竞争力。同时，在一些人口和城市已经达到相当密集程度的地区，以特大城市为龙头，形成若干用地少、就业多、要素集聚能力强、人口合理分布的新城市群，提高空间的经济、社会和生态效益。在人口比较分散、资源支撑条件较差的地区，重点发展现有城镇，增强经济活力和可持续发展能力。城市群的发展，要遵循规律、因势利导，合理确定城市规模、人口密度、空间结构，促进大中小城市和小城镇协调发展。

第三，加强城镇基础设施建设，提高综合承载能力。城镇化的根本目的是满足人民日益增长的美好生活需要。在城镇建设中，要按照以人民为中心的发展思想，切实加强道路、能源、水利、通信、环保等市政公用设施建设，完善教育、科技、文化、卫生、体育等公共设施，强化历史文化保护、塑造城市风貌，建设海绵城市、韧性城市，重点解决好人民群众关心的住房紧张、上学困难、就医困难、交通拥挤、城镇拆迁等实际问题，保障城镇优质高效运转，提高人民生活质量。要积极应用信息化、网络化、数字化等现代技术，对城镇建设和维护实行动态跟踪管理，提高社会管理和公共服务水平。要积极创造就业岗位，增强吸纳农村劳动力转移就业能力，着力解决好进城务工人员在住房、子女入学、社会保障、合法权益保护等方面的现实问题。

第四，大力节约和集约利用土地、水和能源，加快建设节约型城镇。随着工业化、现代化的深入推进，人口、资源和环境问题日益成为制约城镇发展的主要因素。这些问题处理不好，就会造成严重的经济和社会影响。在城镇化进程中，要坚持保护环境和保护资源的基本国策，实施城市更新行动，推进城市生态修复、功能完善工程，坚持城镇化发展与人口、资源和环境相协调，坚持节约、集约利用土地，不能占用耕地、牺牲农业生产、损害农民利益。要落实各项节水措施，大力促进城市节能，加大城市污染防治力度，切实保护好生态环境和历史文化环境，走可持续发展、集约式的城镇化道路。

第五，坚持深化改革，为城镇化的健康发展提供制度保障。引导城镇化健康发展，必须通过深化改革，加快推进城乡管理体制改革，改革相应的就业、工资、医疗、社会保障、住房等制度，同时建立健全与城镇化健康发展相适应的财政税收、土地征用、行政管理、户籍管理和公共服务制度，把城镇建设、发展和管理纳入法制化轨道，营造城镇化健康发展的良好环境。

六、中国特色军民融合发展

军民融合发展是指国防建设和经济建设相互支撑、相互补充、互利共赢、共同发展。新中国成立以来，我们党领导国防、军队和经济建设，始终致力于探索军民结合、寓军于民的道路。毛泽东就曾提出“军民团结如一人，试看天下谁能敌”①；改革开放以来，国家“八五”计划提出了国防工业中“军民结合、平战结合、军品优先、以民养军”② 的十六字方针；“十五”计划进一步强调国防建设必须随经济建设发展得到加强，做到两头兼顾、相互促进，提出要“军民结合，寓军于民，大力协同，自主创新”③。之后，党的十七大报告指出：“树立军民融合式发展的观念。深入学习人民战争战略思想，宣传中央关于平战结合、军民结合、寓军于民的方针，引导干部群众深刻认识国防实力有赖于综合国力、战争的伟力蕴藏于民众之中，积极发挥社会资源的优势，推进经济、科技、教育、人才等领域的军民融合，走出一条中国特色军民融合式发展路子。”④ 2015 年，习近平出席十二届全国人大三次会议解放军代表团全体会议，明确提出把军民融合发展上升为国家战略，强调要深入实施军民融合发

① 《毛泽东军事文集》第六卷，军事科学出版社、中央文献出版社 1993 年版，第 395 页。
② 《十三大以来重要文献选编》中，人民出版社 1991 年版，第 1395 页。
③ 《十五大以来重要文献选编》中，人民出版社 2001 年版，第 1397 页。
④ 《十七大以来重要文献选编》下，中央文献出版社 2013 年版，第 330 页。

展战略，努力开创强军兴军新局面。党的十九大报告进一步提出：“坚持富国和强军相统一，强化统一领导、顶层设计、改革创新和重大项目落实，深化国防科技工业改革，形成军民融合深度发展格局，构建一体化的国家战略体系和能力。”① 从“军民结合”到“寓军于民”，再到“军民融合”，这些重要思想既一脉相承又与时俱进，充分体现了党对经济建设和国防建设协调发展规律的深刻认识和准确把握。

把军民融合发展上升为国家战略，是从国家发展和安全全局出发作出的重大决策，是应对复杂安全威胁、赢得国家战略优势的重大举措。军民融合发展是兴国之举、强军之策，目标是构建一体化的国家战略体系和能力，逐步实现国家各领域战略布局一体融合、战略资源一体整合、战略力量一体运用。要把军民融合搞得更好一些、更快一些，在国家层面建立推动军民融合发展的统一领导、军地协调、需求对接、资源共享机制，完善军民融合组织管理体系、工作运行体系、政策制度体系，形成全要素、多领域、高效益的军民融合深度发展格局。军队要善于运用社会一切优质资源和先进成果，把国防和军队建设有机融入经济社会发展体系。地方要注重在经济建设中贯彻国防需求，自觉把经济布局调整同国防布局有机结合起来。

军民融合涉及领域宽、范围广、内容多，必须向重点领域聚焦用力，打造军民融合的龙头工程、精品工程。要盘活用好存量资源，优化配置增量资源。要深入挖掘基础设施建设和国防科技工业、武器装备采购、人才培养、军队保障社会化等领域的潜力。要提高海洋、太空、网络空间、生物、新能源等领域核心竞争力，形成多维一体、协同推进、跨越发展的新兴领域军民融合布局。

军民融合发展的基本要求包括：

第一，形成军民融合深度发展格局。加强集中统一领导，贯彻落实总体国家安全观和新形势下军事战略方针，突出问题导向，强化顶层设计，加强需求统合，统筹增量存量，同步推进体制和机制改革、体系和要素融合、制度和标准建设，加快形成全要素、多领域、高效益的军民融合深度发展格局，逐步构建军民一体化的国家战略体系和能力。

第二，加强军民融合发展法治建设。完善法律体系建设，推进军民融合领

---

① 习近平：《决胜全面建成小康社会 夺取新时代中国特色社会主义伟大胜利——在中国共产党第十九次全国代表大会上的报告》，人民出版社 2017 年版，第 54 页。

域立法，尽快实现重点领域立法全覆盖。提高立法质量，立改废释并重，及时修改、废止不适应实践需要的法规文件，增强法律制度时效性、协调性、可操作性。坚持依法决策，确保决策科学、程序正当、责任明确。

第三，加快建立军民融合创新体系。立足经济社会发展和科技进步的深厚土壤，开展军民协同创新，推动军民科技基础要素融合，加快建立军民融合创新体系，推动科技兴军，坚持向科技创新要战斗力，为我军建设提供强大科技支撑。

第四，准确把握军民融合发展战略任务。向基础设施建设和国防科技工业、武器装备采购、人才培养、军队保障社会化、国防动员等军民融合潜力巨大的重点领域聚焦用力，强化资源整合力度，盘活用好存量资源，优化配置增量资源，发挥军民融合深度发展的最大效益。海洋、太空、网络空间、生物、新能源等军民共用性强的领域，要在筹划设计、组织实施、成果使用全过程中贯彻军民融合的理念和要求，抓紧解决好突出问题。

第五节 推动形成优势互补高质量发展的区域经济布局

一、区域发展战略的演进

我国经济是典型的大国经济，区域发展差异明显，实施促进区域协调发展的国家战略是实现中国经济转型的重要保障，也是实现高质量发展的重要目标。新中国成立以来，在不同的发展阶段，国家根据当时的时代背景、发展状况实施了相应的区域发展战略。

新中国成立之初，全国生产力布局十分不平衡，工业主要集聚在东部沿海地区。国家出于战备的国防安全考量，依据马克思主义经典作家的社会主义生产力平衡布局理论，实施了向内地推进的区域发展战略。这一阶段，国家投资和生产力布局重点放在内地，引导经济活动从沿海迁往内地，促进全国生产力的均衡布局。相应地，先后出现了“一五”时期和“三线建设”时期两次大规模向内地推进的高潮，推动了内地工业化进程，促进了内地经济发展。

改革开放后，东部沿海地区率先发展，“七五”时期国家在沿海、内地的基础上划分了东部、中部和西部三大地带，推动了沿海地区经济的快速发展，长三角、珠三角、京津冀地区成为推动中国经济高速增长的引擎。

20 世纪 90 年代后，为缩小地区差距、保持经济高速增长，“十五”时期，国家重点实施“推进西部大开发”“加快中部地区发展”“提高东部地区的发展水平”。“十一五”时期提出了以四大板块为主体的区域经济发展总体战略。2007 年，党的十七大强调要按照形成主体功能区的要求，完善区域政策、积极调整布局。2010 年的《政府工作报告》明确提出，要实施区域发展总体战略，重在发挥各地比较优势，增强发展的协调性。区域非均衡协调发展战略以“公平优先、兼顾效率”为目标导向，既追求促进各区域间协调发展的“公平目标”，又兼顾促进国民经济增长的“效率目标”。该战略的范围基本上覆盖了全国国土空间，形成了沿海、沿江、沿边、沿线的全方位发展格局，促进了中西部和东北地区经济发展，地区差距出现逐步缩小的趋势。

党的十八大指出，基本建成促进区域协调发展的体制机制是全面建成小康社会的重要目标。之后，我国相继推出重大国家战略，深入实施区域协调发展战略，不断增强区域发展协同性，资源配置效率全面提升，为经济高质量发展注入强大动力。

二、促进区域协调发展的新思路

我国区域发展形势总体是好的，同时出现了一些值得关注的新情况、新问题。一是区域经济发展分化态势明显。长三角、珠三角等地区已初步走上高质量发展轨道，一些北方省份经济增长放缓，全国经济重心进一步南移。2019 年，北方地区经济总量占全国经济总量的比重为 35. 4%，比 2012 年下降了 7. 4 个百分点。各板块内部也出现明显分化，有的省份内部也有分化现象。二是发展动力极化现象日益突出。经济和人口向大城市及城市群集聚的趋势比较明显。北京、上海、广州、深圳等特大城市发展优势不断增强，杭州、南京、武汉、郑州、成都、西安等大城市发展势头较好，形成推动高质量发展的区域增长极。三是部分区域发展面临较大困难。东北地区、西北地区发展相对滞后。2012—2019 年，东北地区经济总量占全国经济总量的比重从 8. 7% 下降到 5. 1%，常住人口约减少 180 万人，多数是年轻人和科技人才。一些城市特别是资源枯竭型城市、传统工矿区城市发展活力不足。

总体来看，我国经济发展的空间结构正在发生深刻变化，中心城市和城市群正在成为承载发展要素的主要空间形式。我们必须适应新形势，谋划区域协调发展的新思路。

新形势下促进区域协调发展，总的思路是：按照客观经济规律调整完善区域政策体系，发挥各地区比较优势，促进各类要素的合理流动和高效集聚，增强创新发展动力，加快构建高质量发展的动力系统，增强中心城市和城市群等经济发展优势区域的经济和人口承载能力，增强其他地区在保障粮食安全、生态安全、边疆安全等方面的功能，形成优势互补、高质量发展的区域经济布局。

我国经济已由高速增长阶段转向高质量发展阶段，对区域协调发展提出了新的要求。不能简单要求各地区在经济发展上达到同一水平，而是要根据各地区的条件，走合理分工、优化发展的路子。要形成几个能够带动全国高质量发展的新动力源，特别是京津冀、长三角、珠三角三大地区，以及一些重要城市群。不平衡是普遍的，要在发展中促进相对平衡。这是区域协调发展的辩证法。

第一，尊重客观规律。产业和人口向优势区域集中，形成以城市群为主要形态的增长动力源，进而带动经济总体效率提升，这是经济规律。要破除资源流动障碍，使市场在资源配置中起决定性作用，促进各类生产要素自由流动并向优势地区集中，提高资源配置效率。当然，北京、上海等特大城市要根据资源条件和功能定位合理管控人口规模。

第二，发挥比较优势。经济发展条件好的地区要承载更多产业和人口，发挥价值创造作用。生态功能强的地区要得到有效保护，创造更多生态产品。要考虑国家安全因素，增强边疆地区发展能力，使之有一定的人口和经济支撑，以促进民族团结和边疆稳定。

第三，完善空间治理。要完善和落实主体功能区战略，细化主体功能区划分，按照主体功能定位划分政策单元，对重点开发地区、生态脆弱地区、能源资源地区等制定差异化政策，分类精准施策，推动形成主体功能约束有效、国土开发有序的空间发展格局。

第四，保障民生底线。区域协调发展的基本要求是实现基本公共服务均等化，基础设施通达程度比较均衡。要完善土地、户籍、转移支付等配套政策，提高城市群承载能力，促进迁移人口稳定落户。促进迁移人口落户要克服形式主义，真抓实干，保证迁得出、落得下。要确保承担安全、生态等战略功能的区域基本公共服务均等化。

三、形成区域协调发展的新格局

新时代我国将坚持实施区域重大战略、区域协调发展战略、主体功能区战略，健全区域协调发展体制机制。推动西部大开发形成新格局，推动东北振兴取得新突破，促进中部地区加快发展，鼓励东部地区加快推进现代化。支持革命老区、民族地区加快发展，加强边疆地区建设，推进兴边富民、稳边固边。推进京津冀协同发展、长江经济带发展、粤港澳大湾区建设、长三角一体化发展，打造创新平台和新增长极。推动黄河流域生态保护和高质量发展。高标准、高质量建设雄安新区。坚持陆海统筹，发展海洋经济，建设海洋强国。健全区域战略统筹、市场一体化发展、区域合作互助、区际利益补偿等机制，更好促进发达地区和欠发达地区、东中西部和东北地区共同发展。

继续实施西部大开发、东北全面振兴、中部地区崛起、东部地区率先发展的区域发展总体战略。继续把深入实施西部大开发战略放在优先位置，加快建设内外通道和区域性枢纽，完善基础设施网络，提高对外开放和外向型经济发展水平，加快培育发展符合西部地区比较优势的特色产业和新兴产业。推进东北全面振兴，要培育发展现代化都市圈，加强重点区域和重点领域合作；要以培育壮大新动能为重点，积极扶持新兴产业加快发展；加快统筹山水林田湖草系统治理，使东北地区天更蓝、山更绿、水更清。促进中部地区发展，要加强综合立体交通枢纽和物流设施建设，构建现代综合交通体系和物流体系；加快建设现代产业体系，积极承接产业转移，发展现代农业、先进制造业和战略性新兴产业。率先实现东部地区优化发展，要率先实现产业升级，引领新兴产业和现代服务业发展，打造全球先进制造业基地，建立全方位开放型经济体系。支持革命老区、民族地区、边疆地区、贫困地区加快发展，加大力度支持老少边穷地区改善基础设施条件，提高基本公共服务能力，培育发展优势产业和特色经济。

京津冀协同发展的核心是有序疏解北京非首都功能，调整经济结构和空间结构，走出一条内涵集约发展的新路子，探索人口经济密集地区优化开发的模式，促进区域协调发展。立足各自比较优势、现代产业分工要求、区域优势互补原则、合作共赢理念，以京津冀城市群建设为载体、以优化区域分工和产业布局为重点、以资源要素空间统筹规划利用为主线、以构建长效体制机制为抓手，推进京津冀协同发展。长江经济带建设是区域协调发展和新型城镇化建设的“着力点”，长江经济带以建设成为具有全球影响力的内河经济带、东中西互动合作的协调发展带、沿海沿江沿边全面推进的对内对外开放带和生态文明建设的先行示范带为目标，共抓大保护，不搞大开发。粤港澳大湾区建设是支持香港、澳门更好融入国家发展大局，以粤港澳大湾区建设、粤港澳合作、泛珠三角区域合作等为重点，全面推进内地同香港、澳门互利合作，促进香港、澳门居民在内地发展的政策措施。长三角一体化发展具有极大的区域带动和示范作用，要紧扣“一体化”和“高质量”两个关键，着力落实新发展理念，构建现代化经济体系，带动整个长江经济带和华东地区发展，形成高质量发展的区域集群。黄河流域生态保护和高质量发展要坚持山水林田湖草综合治理、系统治理、源头治理，统筹推进各项工作；要坚持绿水青山就是金山银山的理念，坚持生态优先、绿色发展，着力促进全流域高质量发展、改善人民群众生活、保护传承弘扬黄河文化，让黄河成为造福人民的幸福河。推动成渝地区双城经济圈建设要尊重客观规律，发挥比较优势，推进成渝地区统筹发展，促进产业、人口及各类生产要素合理流动和高效集聚，强化成都和重庆的中心城市带动作用，使成渝地区成为具有全国影响力的重要经济中心、科技创新中心、改革开放新高地、高品质生活宜居地，助推高质量发展。

四、促进区域协调发展的新举措

促进区域协调发展，要从多方面健全区域协调发展新机制，抓紧实施有关政策措施。

第一，形成全国统一开放、竞争有序的商品和要素市场。要实施全国统一的市场准入负面清单制度，消除歧视性、隐蔽性的区域市场壁垒，打破行政性垄断，坚决破除地方保护主义。除中央已有明确政策规定外，全面放宽城市落户条件，完善配套政策，打破阻碍劳动力流动的不合理壁垒，促进人力资源优化配置。要健全市场一体化发展机制，深化区域合作机制，加强区域间基础设施、环保、产业等方面的合作。

第二，尽快实现养老保险全国统筹。养老保险全国统筹对维护全国统一大市场、促进企业间公平竞争和劳动力自由流动具有重要意义。要在确保省级基金统收统支的基础上，加快养老保险全国统筹进度，在全国范围内实现制度统一和区域间互助共济。

第三，改革土地管理制度。要加快改革土地管理制度，建设用地资源向中心城市和重点城市群倾斜。在国土空间规划、农村土地确权颁证基本完成的前提下，城乡建设用地供应指标使用应更多由省级政府统筹负责。要使优势地区有更大的发展空间。

第四，完善能源消费双控制度。能源消费总量和强度双控制度对节约能源资源、打好污染防治攻坚战发挥了积极作用。但是，部分省份曾暴露出能耗总量指标难以完成的问题。这个问题要认真研究，既要尽力而为，又要实事求是。对于能耗强度达标而发展较快的地区，能源消费总量控制要有适当弹性。

第五，全面建立生态补偿制度。要健全区际利益补偿机制，形成受益者付费、保护者得到合理补偿的良性局面。要健全纵向生态补偿机制，加大对森林、草原、湿地和重点生态功能区的转移支付力度。要推广新安江水环境补偿试点经验，鼓励流域上下游之间开展资金、产业、人才等多种补偿。要建立健全市场化、多元化生态补偿机制，在长江流域开展生态产品价值实现机制试点。

第六，完善财政转移支付制度。要完善财政体制，合理确定中央支出占整个支出的比重。要对重点生态功能区、农产品主产区、困难地区提供有效转移支付。基本公共服务要同常住人口挂钩，由常住地供给。要运用信息化手段建设便捷高效的公共服务平台，方便全国范围内人员流动。

思考题：

1. 解释下列概念：新发展格局、新型工业化道路、新型城镇化道路、中国特色自主创新道路。
2. 如何理解推动经济高质量发展的必要性？
3. 建设现代化经济体系的重点工作是什么？
4. 试述深化供给侧结构性改革的必然性和重点内容。
5. 试述构建新发展格局的意义和战略要点。
6. 试述统筹区域协调发展的新思路。

第十四章　生态文明建设与绿色发展

党的十八大以来，以习近平同志为核心的党中央把生态文明建设纳入中国特色社会主义事业总体布局，使生态文明建设成为“五位一体”总体布局中不可或缺的重要内容，“美丽中国”成为社会主义现代化强国的奋斗目标之一，“绿色发展”成为新发展理念的重要组成部分。推进高质量发展、全面建设社会主义现代化，必须坚持推进绿色发展，坚定走生产发展、生活富裕、生态良好的文明发展道路，促进经济社会发展全面绿色转型，建设人与自然和谐共生的现代化。

第一节　生态文明建设的重大意义和基本遵循

一、马克思主义关于人与自然关系的思想

马克思、恩格斯一直持续关注人与自然的关系，阐明了人与自然之间物质变换的辩证统一关系。马克思、恩格斯认为，“人靠自然界**生活**”①，人类在同自然的互动中生产、生活、发展，“历史可以从两方面来考察，可以把它划分为自然史和人类史。但这两方面是不可分割的；只要有人存在，自然史和人类史就彼此相互制约”②。人类依赖自然，自然是人类生产的基础，人类通过实践改造自然，人与自然相互融合与塑造。在经济生产中，自然生态系统为我们提供了生产所需的自然资源和生产场所，为生产末端废弃物提供了排放与吸收场所，通过人类的生产活动与人类之间进行物质交换，是一种公共的生产条件。自然条件作为劳动对象与劳动资料，参与了使用价值的生产，是使用价值的源泉，“是人的**无机的身体**”③。

不仅如此，自然条件的优劣也是决定劳动生产力的一个重要因素，自然生产力是生产力的一个有机组成部分。马克思在《资本论》第1卷中指出：“劳动生产力是由多种情况决定的，其中包括：工人的平均熟练程度，科学

---

①《马克思恩格斯文集》第1卷，人民出版社2009年版，第161页。

②《马克思恩格斯文集》第1卷，人民出版社2009年版，第516页。

③《马克思恩格斯文集》第1卷，人民出版社2009年版，第161页。

的发展水平和它在工艺上应用的程度，生产过程的社会结合，生产资料的规模和效能，以及自然条件。”[①] 在《资本论》第1卷第十四章论述剩余价值的自然基础时，马克思更明确地指出：“撇开社会生产的形态的发展程度不说，劳动生产率是同自然条件相联系的。这些自然条件都可以归结为人本身的自然（如人种等等）和人的周围的自然。外界自然条件在经济上可以分为两大类：生活资料的自然富源，例如土壤的肥力，鱼产丰富的水域等等；劳动资料的自然富源，如奔腾的瀑布、可以航行的河流、森林、金属、煤炭等等。”[②]

人类善待自然，自然也会馈赠人类，但“如果说人靠科学和创造性天才征服了自然力，那么自然力也对人进行报复”[③]。生态破坏与环境污染降低了生产力，阻碍了经济发展。恩格斯在《自然辩证法》中写道：“美索不达米亚、希腊、小亚细亚以及其他各地的居民，为了得到耕地，毁灭了森林，但是他们做梦也想不到，这些地方今天竟因此而成为不毛之地，因为他们使这些地方失去了森林，也就失去了水分的积聚中心和贮藏库。”[④] 因此，保护生态环境就是保护生产力，改善生态环境就是发展生产力。

马克思主义认为，生态问题与社会制度密切相关。资本主义生产以最大限度追求剩余价值为目的，自然条件和生态环境只是资本增殖的手段，并根据资本需要赋予其市场价值。这就决定了在资本主义生产方式居于主导地位的历史条件下，当人与自然发生冲突时，必然会牺牲生态环境，以满足资本追求利润最大化、剩余价值最大化的本性，人与自然之间的关系因此处于高度紧张之中，这是近代进入资本主义社会以来，人类社会不断发生生态危机的深刻制度根源。而在社会主义和共产主义条件下，生产的目的是最大限度满足人民对美好生活的需要，实现人的全面发展，自然条件和生态环境从资本增殖的手段转变为人民对美好生活的需要，为最终解决人与自然之间的矛盾，实现从必然王国到自由王国的飞跃，开辟了光明道路。“社会化的人，联合起来的生产者，将合理地调节他们和自然之间的物质变换，把它置于他们的共同控制之下，而不让它作为一种盲目的力量来统治自己；靠消耗最小的力量，在最无愧于和最

---

① 《马克思恩格斯文集》第5卷，人民出版社2009年版，第53页。
② 《马克思恩格斯文集》第5卷，人民出版社2009年版，第586页。
③ 《马克思恩格斯文集》第3卷，人民出版社2009年版，第336页。
④ 《马克思恩格斯文集》第9卷，人民出版社2009年版，第560页。

适合于他们的人类本性的条件下来进行这种物质变换。”① 这就是未来社会人与自然和谐共处的美好图景。

二、对生态文明认识的发展

生态文明建设是关系中华民族永续发展的根本大计。中华民族向来尊重自然、热爱自然，绵延5000多年的中华文明孕育了丰富的生态文化。《易经》中说，“观乎天文，以察时变；观乎人文，以化成天下”，“财成天地之道，辅相天地之宜”。《老子》中说：“人法地，地法天，天法道，道法自然。”《孟子》中说：“不违农时，谷不可胜食也；数罟不入洿池，鱼鳖不可胜食也；斧斤以时入山林，材木不可胜用也。”《荀子》中说：“草木荣华滋硕之时，则斧斤不入山林，不夭其生，不绝其长也。”《齐民要术》中有“顺天时，量地利，则用力少而成功多”的记述。这些观念都强调要把天地人统一起来，把自然生态同人类文明联系起来，按照大自然规律活动，取之有时，用之有度，表达了我们的先人对处理人与自然关系的重要认识。

工业革命以来，伴随着生产力的快速发展，人类活动对生态环境的影响也在加速。从20世纪60年代开始，环境污染问题在发达国家相继爆发，越来越影响到普通民众的生产与生活，引发了形形色色的绿色思潮，如生态悲观主义的“零增长”论、生态乐观主义、罗马俱乐部的“有机增长”和“新人道主义”理论等。

20世纪末，随着全球化的发展，臭氧层破坏、全球变暖、生物多样性丧失等全球生态问题日益加剧。为有效应对全球生态问题，世界环境与发展委员会于1987年发布了报告《我们共同的未来》，介绍了可持续发展的概念，将可持续发展定义为：既能满足当代人的需要，又不对后代人满足其需要的能力构成危害的发展。

2008年国际金融危机爆发后，为走出危机，解决经济发展的动力和就业问题，发达国家努力发展绿色经济。如美国提出“绿色新政”，欧盟倡导并出资支持绿色经济，日本推出“绿色增长战略”。2011年，联合国环境规划署第26届理事会会议暨全球部长级环境论坛发布了《绿色经济》报告，认为绿色经济是全球经济增长的新引擎。在新一轮工业革命中，智能、绿色、低碳的工业制

① 《马克思恩格斯文集》第7卷，人民出版社2009年版，第928—929页。

造体系已见雏形。

生态问题是关系党的使命宗旨的重大政治问题，也是关系民生的重大社会问题。我们党历来高度重视生态环境保护，在开拓社会主义现代化道路的过程中始终十分重视人与自然的和谐发展。

新中国成立初期，在全球环境保护运动尚未规模化兴起时，以毛泽东同志为核心的党的第一代中央领导集体就发出“绿化祖国”、要使祖国“到处都很美丽”的号召，大力推动林业建设，在水利建设中注重水土保持。1972 年，我国政府派出代表团参加联合国人类环境会议，1973 年国务院召开的第一次全国环境保护会议，揭开了中国环境保护事业的序幕。

1978 年《中华人民共和国宪法》第十一条第三款规定，“国家保护环境和自然资源，防治污染和其他公害”，这是新中国成立以来首次以根本法的形式对环境保护作出规定。1983 年，国务院召开第二次全国环境保护会议，将环境保护确立为基本国策。1992 年，我国积极参与联合国环境与发展大会，于 1994 年通过《中国 21 世纪议程》，明确将可持续发展作为我国的发展战略。在此基础上，1997 年党的十五大报告将可持续发展确立为我国现代化建设的重大战略，强调“正确处理经济发展同人口、资源、环境的关系”①。

进入 21 世纪后，我们党明确提出了科学发展观这一重大战略思想，强调坚持全面协调可持续发展，坚持生产发展、生活富裕、生态良好的文明发展道路，建设资源节约型、环境友好型社会，实现速度和结构质量效益相统一、经济发展与人口资源环境相协调，使人民在良好生态环境中生产生活，实现经济社会永续发展。

三、新时代生态文明建设的根本遵循

党的十八大以来，以习近平同志为核心的党中央把生态文明建设纳入中国特色社会主义事业总体布局，开展一系列根本性、开创性、长远性工作，生态文明理念日益深入人心，污染治理力度之大、制度出台频度之密、监管执法尺度之严、环境质量改善速度之快前所未有，推动生态环境保护发生历史性、转折性、全局性变化，推动中国特色社会主义的发展目标、发展理念和发展方式

① 《十五大以来重要文献选编》上，人民出版社 2000 年版，第 28 页。

发生了历史性的深刻转变。在这些重大理论和实践创新创造过程中，以习近平同志为核心的党中央提出了一系列新理念新思想新战略，形成了习近平生态文明思想，其核心要义是六项原则：一是坚持人与自然和谐共生；二是绿水青山就是金山银山；三是良好生态环境是最普惠的民生福祉；四是山水林田湖草是生命共同体；五是用最严格制度最严密法治保护生态环境；六是共谋全球生态文明建设。

习近平生态文明思想深刻回答了为什么建设生态文明、建设什么样的生态文明、怎样建设生态文明的重大理论和实践问题，进一步丰富和发展了马克思主义关于人与自然关系的思想，深化了我们党对社会主义建设和发展规律的认识，为建设美丽中国、实现中华民族永续发展提供了根本遵循。

在习近平生态文明思想指引下，党的十八大以来，我国生态文明建设取得重大成就。我国资源能源利用效率显著提升，生态环境治理明显加强，环境状况得到改善。能源结构持续优化，清洁能源消费量占我国能源消费总量的比重达 24.3%，煤炭消费量占比下降至 56.8%。① 我国能源、水、矿产资源等利用效率全面提升。2020 年，单位国内生产总值二氧化碳排放较 2015 年下降 18.8%，完成“十三五”时期单位国内生产总值二氧化碳排放下降 18%的目标。重度污染天数明显减少，饮用水安全得到保障。城市臭水体基本消除，农用地和城市建设用地土壤环境风险管控有效，生态系统质量和稳定性提升，放射性核素活度与辐射安全得到有效保障。② 生态文明体制改革不断深化，生态环境治理能力明显增强。我国日益成为全球生态文明建设的重要参与者、贡献者、引领者；认真落实生态环境相关多边公约或议定书；大力推进绿色“一带一路”建设，启动“一带一路”绿色发展国际联盟；积极参与和引领全球气候变化谈判进程。

党的十九届五中全会对新发展阶段我国推进绿色发展目标、任务和具体路径做了全面的部署，提出到 2035 年我国基本实现社会主义现代化的一个目标是，“广泛形成绿色生产生活方式，碳排放达峰后稳中有降，生态环境根本好

---

① 参见国家统计局：《中华人民共和国 2020 年国民经济和社会发展统计公报》，《人民日报》2021 年 3 月 1 日。

② 参见生态环境部：《生态环境部发布 2020 年全国生态环境质量简况》，中华人民共和国生态环境部网站，2021 年 3 月 2 日，见 http://www.mee.gov.cn/xxgk2018/xxgk/xxgk15/202103/t20210302_823100.html。

转，美丽中国建设目标基本实现”①；提出“十四五”时期我国生态文明建设的目标是，“生态文明建设实现新进步。国土空间开发保护格局得到优化，生产生活方式绿色转型成效显著，能源资源配置更加合理、利用效率大幅提高，主要污染物排放总量持续减少，生态环境持续改善，生态安全屏障更加牢固，城乡人居环境明显改善”；提出必须“推动绿色发展，促进人与自然和谐共生”。② 这些重要的战略部署，勾勒了新时代我国生态文明建设的宏伟蓝图，为新时代我国生态文明建设指明了方向。

第二节 推动绿色发展

一、绿色发展的内涵

绿色发展是新发展理念的重要组成部分，与创新发展、协调发展、开放发展、共享发展相辅相成、相互作用，是建设生态文明、构建高质量现代化经济体系的必然要求，目的是改变传统的“大量生产、大量消耗、大量排放”的生产模式和消费模式，使资源、生产、消费等要素相匹配相适应，实现经济社会发展和生态环境保护协调统一、人与自然和谐共处。绿色发展，就其要义来讲，是要解决好人与自然和谐共生问题。人类发展活动必须尊重自然、顺应自然、保护自然，否则就会遭到大自然的报复，这个规律谁也无法抗拒。

从传统经济发展方式向绿色经济发展方式的转变是一场深刻的革命。工业革命之后形成的传统的经济发展方式是一种粗放型、外延式的模式，通过一次性地从大自然中索取物质和能量来实现经济的数量型增长，又不加处理地将废弃物丢进大自然，以高开采、低利用，高排放、低产出为特征，是一种单向线性经济。绿色发展方式与传统经济发展方式有根本区别，它秉持了绿水青山就是金山银山、保护生态环境就是保护生产力、改善生态环境就是发展生产力的道理，体现了人与自然的和谐、经济发展与生态保护的并重、人口与资源环境

① 《中国共产党第十九届中央委员会第五次全体会议文件汇编》，人民出版社 2020 年版，第 7 页。

② 《中国共产党第十九届中央委员会第五次全体会议文件汇编》，人民出版社 2020 年版，第 27、50 页。

的协调，对于解放和发展生产力、实现经济的可持续发展、满足人民日益增长的优美生态环境需要具有十分重大的意义，有着传统经济发展方式所不具有的优越性。

绿色发展的内涵十分丰富，需要全面深入理解。一是从经济与生态关系角度理解，绿色发展就是实现经济与生态协调的可持续发展，是可持续经济的实现形态和形象概括，是一种资源节约型、环境友好型的，最大限度地保护生态环境、充分利用可再生资源、全面提高资源利用效率的发展方式。二是从高质量发展的角度理解，绿色发展是满足人民日益增长的美好生活需要特别是美好生态环境的需要、体现新发展理念的发展。绿色发展与创新发展、协调发展、开放发展、共享发展相辅相成。三是从环境、经济、政治、文化等多维度理解，绿色发展是发展观的一场深刻革命，包含以生态价值观念为准则的生态文化体系、以产业生态化和生态产业化为主体的生态经济体系、以改善生态环境质量为核心的目标责任体系、以国家治理体系和治理能力现代化为保障的生态文明制度体系、以生态系统良性循环和环境风险有效防控为重点的生态安全体系，是全方位的变革。

二、新时代坚持绿色发展的重大意义

中国特色社会主义进入新时代，我国进入新发展阶段，坚持绿色发展意义十分重大，具体来说有以下几点：

第一，满足人民日益增长的优美生态环境需要。随着生活水平的提高，人民美好生活需要日益广泛，对享有更多优质生态产品提出了更迫切的要求。坚持绿色发展，补齐生态环境这块突出短板，让天更蓝、山更绿、水更清、生态环境更优美，是提高人民生活质量，满足人民日益增长的优美生态环境需要的必然选择。

第二，西方发达国家工业化走过了“先污染后治理”和“边污染边治理”的发展道路，留下了严重的后遗症，付出了沉重的代价，有些消极影响至今仍未消除。作为后起工业化国家，中国经济发展面临更为复杂的人口、资源、环境问题，比当初的西方发达国家面临的发展形势更为严峻，只有通过绿色发展才能避免走西方发达国家的老路。

第三，实现生态文明建设与经济发展良性互动。生态文明以尊重自然、保护资源、维护生态环境为宗旨，是经济发展的源头活水，有利于实现经济持续健康发展；同时，生态文明建设离不开经济发展，生态文明建设中治理污染、修复生态等一系列行为，需要经济发展提供坚实的物质基础。

第四，支撑我国经济永续发展。我国经济发展中还存在水污染、土壤污染、大气污染、酸雨危害、海洋污染等影响人民健康和生活环境的问题，存在森林乱砍滥伐、湿地减少、草场退化、资源滥采、生物多样性减少等生态问题。坚持绿色发展，兼顾经济发展与生态保护，注重人口资源与环境协调，将从根本上扭转我国经济发展的严峻形势，实现经济永续发展。

三、新时代推进绿色发展必须坚持的基本原则

新时代推进绿色发展，必须以习近平生态文明思想为指导，坚持以下基本原则：

一是坚持人与自然和谐共生。人与自然是生命共同体。生态环境没有替代品，用之不觉，失之难存。当人类合理利用、友好保护自然时，自然的回报常常是慷慨的；当人类无序开发、粗暴掠夺自然时，自然的惩罚必然是无情的。人类对大自然的伤害最终会伤及人类自身，这是无法抗拒的规律。在整个发展过程中，我们都要坚持节约优先、保护优先、自然恢复为主的方针，不能只讲索取不讲投入，不能只讲发展不讲保护，不能只讲利用不讲修复；要像保护眼睛一样保护生态环境，像对待生命一样对待生态环境；多谋打基础、利长远的善事，多干保护自然、修复生态的实事，多做治山理水、显山露水的好事；让群众望得见山、看得见水、记得住乡愁，让自然生态美景永驻人间，还自然以宁静、和谐、美丽。

二是绿水青山就是金山银山。这是重要的发展理念，也是推进现代化建设的重大原则。绿水青山就是金山银山，阐述了经济发展和生态环境保护的关系，揭示了保护生态环境就是保护生产力、改善生态环境就是发展生产力的道理，指明了实现发展和保护协同共生的新路径。绿水青山既是自然财富、生态财富，又是社会财富、经济财富。保护生态环境就是保护自然价值和增值自然资本，就是保护经济社会发展潜力和后劲，使绿水青山持续发挥生态效益和经济社会效益。生态环境问题归根结底是发展方式和生活方式问题，要从根本上解决生态环境问题，必须贯彻创新、协调、绿色、开放、共享的发展理念，加快形成节约资源和保护环境的空间格局、产业结构、生产方式、生活方式，把经济活动、人的行为限制在自然资源和生态环境能够承受的限度内，给自然生

态留下休养生息的时间和空间。

三是良好生态环境是最普惠的民生福祉。民之所好好之，民之所恶恶之。环境就是民生，青山就是美丽，蓝天也是幸福。发展经济是为了民生，保护生态环境同样也是为了民生。既要创造更多的物质财富和精神财富以满足人民日益增长的美好生活需要，又要提供更多优质生态产品以满足人民日益增长的优美生态环境需要。要坚持生态惠民、生态利民、生态为民，重点解决损害群众健康的突出环境问题，加快改善生态环境质量，提供更多优质生态产品，努力实现社会公平正义，不断满足人民日益增长的优美生态环境需要。

四是山水林田湖草是生命共同体。生态是统一的自然系统，是相互依存、紧密联系的有机链条。人的命脉在田，田的命脉在水，水的命脉在山，山的命脉在土，土的命脉在林和草，这个生命共同体是人类生存发展的物质基础。要从系统工程和全局角度寻求新的治理之道，不能再是头痛医头、脚痛医脚，各管一摊、相互掣肘，而必须统筹兼顾、整体施策、多措并举，全方位、全地域、全过程开展生态文明建设。要深入实施山水林田湖草一体化生态保护和修复，开展大规模国土绿化行动，加快水土流失和荒漠化石漠化综合治理。

五是用最严格制度最严密法治保护生态环境。保护生态环境必须依靠制度、依靠法治。我国生态环境保护中存在的突出问题大多同体制不健全、制度不严格、法治不严密、执行不到位、惩处不得力有关。要加快制度创新，增加制度供给，完善制度配套，强化制度执行，让制度成为刚性的约束和不可触碰的高压线。要严格用制度管权治吏、护蓝增绿，有权必有责、有责必担当、失责必追究，保证党中央关于生态文明建设决策部署落地生根见效。要落实领导干部生态文明建设责任制，严格考核问责。对那些不顾生态环境盲目决策、造成严重后果的人，必须追究其责任，而且应该终身追责。

六是共谋全球生态文明建设。生态文明建设关乎人类未来，建设绿色家园是人类的共同梦想，保护生态环境、应对气候变化需要世界各国同舟共济、共同努力，任何一国都无法置身事外、独善其身。要深度参与全球环境治理，增强我国在全球环境治理体系中的话语权和影响力，积极引导国际秩序变革方向，形成世界环境保护和可持续发展的解决方案。要坚持环境友好，引导应对气候变化国际合作。要推进“一带一路”建设，让生态文明的理念和实践造福沿线各国人民。

第三节　推动绿色发展的主要路径

一、坚持节约优先、保护优先、自然恢复为主

坚持节约优先，就要做到全面提高资源利用效率。节约资源是保护生态环境的根本之策。我们要健全自然资源资产产权制度和法律法规，加强自然资源调查评价监测和确权登记，推行垃圾分类和减量化、资源化，加快构建废旧物资循环利用体系，推进资源总量管理、科学配置、全面节约、循环利用。此外，我们还需要通过完善资源价格形成机制、建立生态产品价值实现机制等措施，发挥市场在配置生态资源中的作用。

坚持保护优先，要求我们重点解决损害群众健康的突出环境问题，加大生态系统保护力度，扭转环境污染与生态破坏的发展趋势。增强全社会生态环保意识，深入打好污染防治攻坚战。建立地上地下、陆海统筹的生态环境治理制度，强化多污染物协同控制和区域协同治理。

坚持自然恢复为主，提升生态系统质量和稳定性。山水林田湖草是生命共同体。生态是统一的自然系统，是相互依存、紧密联系的有机链条。我们应坚持山水林田湖草系统治理，构建以国家公园为主体的自然保护地体系。实施生物多样性保护重大工程。加强外来物种管控。强化河湖长制，加强大江大河和重要湖泊湿地生态保护治理，实施好长江十年禁渔。科学推进水土流失和荒漠化石漠化综合治理，开展大规模国土绿化行动，推行林长制。推行草原森林河流湖泊休养生息，加强黑土地保护，健全耕地休耕轮作制度。加强全球气候变暖对我国承受力脆弱地区影响的观测，完善自然保护地、生态保护红线监管制度，开展生态系统保护成效监测评估。

二、构建绿色低碳循环发展的经济体系

绿色发展是构建高质量现代化经济体系的必然要求，资源节约、环境友好的绿色低碳循环发展经济体系是现代化经济体系的有机组成部分。构建绿色低碳循环发展的经济体系是践行绿水青山就是金山银山的理念、提高自然生产力的落脚点。

污染物的排放水平与产业结构密切相关。此前，我国在世界生产体系中扮演着世界工厂的角色，在“中心—外围”的国际分工结构中多从事低附加值且高污染的生产环节，这种发展模式过多依赖增加物质资源消耗、过多依赖规模

粗放扩张、过多依赖高能耗高排放产业。

构建绿色低碳循环发展的经济体系，可以改变传统生产体系下自然资源“投入—生产—废弃物排放”的单向式运动，在符合自然规律的要求下全面控制生产中人与自然的物质交换。从源头上减少人类生产与生活对生态系统的扰动，从而实现马克思提出的“靠消耗最小的力量，在最无愧于和最适合于他们的人类本性的条件下来进行这种物质变换”①。

绿色产业是绿色低碳循环发展经济体系的产业基础和重要手段。以绿色、低碳、智能制造体系为标志的新工业发展成为各国寻找新经济增长点的关键领域。在传统经济领域产能相对过剩的背景下，绿色产业是化解过剩产能、推动内需增长和经济增速的重点领域，有助于构建以国内大循环为主体、国内国际双循环相互促进的新发展格局。

绿色技术创新体系是支撑绿色低碳循环发展经济体系的基点。数字经济时代，绿色技术创新体系可以借助智能化、数字化基础设施实现对传统产业绿色化、低碳、可循环的改造。工业大数据的积累使得对生产、消费整体流程的全面感知、实时分析和智能决策成为可能，从而更精准对接物资供需、减少资源浪费，提升管理决策效率。

清洁低碳、安全高效的能源体系是绿色经济体系的能源基础。第二次工业革命以来，化石能源的使用使温室气体快速增长，气候变化成为 21 世纪全球人类面临的挑战之一。按照《巴黎协定》的规定，2020 年各签署国家要更新国家自主贡献目标，并通报面向本世纪中叶长期温室气体低排放发展战略。2020 年，中国在第七十五届联合国大会一般性辩论上作出力争 2030 年前实现碳达峰、2060 年前实现碳中和的承诺。这一承诺彰显了中国积极应对气候变化、走绿色低碳发展道路的坚定决心，体现了中国推动共建人类命运共同体的责任担当。目前，中国的能源消费结构以煤为主。要如期实现碳达峰和碳中和的目标及愿景，中国的能源体系需要进行深刻变革。此外，能源开发利用是产业革命的基础，工业革命伴随着能源转型。目前，世界正处于第三次能源变革中，即以可再生能源代替化石能源，可再生能源将为人类社会经济的可持续发展奠定能源基础。在全球能源转型的大环境下，我们要推进能源革命，把发展清洁低碳能源作为调整能源结构的主攻方向，坚持发展非化石能源与清洁高效利用化

---

① 《马克思恩格斯文集》第 7 卷，人民出版社 2009 年版，第 928—929 页。

石能源并举；逐步降低煤炭消费比重，提高天然气和非化石能源消费比重，构建清洁低碳、安全高效的能源体系。

绿色金融是绿色经济体系的血液。绿色金融可以为绿色技术创新提供资金支持和风险防范，为政府的政策体系提供金融保障，为政策实施和技术应用提供平台支撑。如果没有绿色金融的支撑，绿色产业、绿色技术创新、清洁低碳能源、绿色消费等组成的绿色低碳循环发展经济体系将难以形成和发展。因此，构建绿色低碳循环发展经济体系，还要充分发挥绿色金融的作用，建立和完善绿色信贷、绿色债券、绿色发展基金、绿色保险、碳金融等金融工具，将绿色金融贯穿到绿色低碳循环发展经济体系各个环节，推动绿色发展。

三、完善生态文明制度体系，提升生态环境治理效能

推动绿色发展还需要进行上层建筑的改革，完善生态文明体制改革。生态环境是关系党的使命宗旨的重大政治问题，“我们不能把加强生态文明建设、加强生态环境保护、提倡绿色低碳生活方式等仅仅作为经济问题。这里面有很大的政治”①。生态文明制度体系建设，是坚持和完善中国特色社会主义制度、推进国家治理体系和治理能力现代化的重要组成部分。

生态系统中自然要素的流动性决定了自然条件具有公共性特征，生态系统中自然资源再生产、生态系统吸收废弃物的长周期性决定了只有按照社会的长远利益对人与自然之间的物质变换进行统筹管理才能实现绿色发展，这就要求对人与自然的关系进行自觉地、有计划地调整，借力有利于人与自然和谐相处的制度体系，为生态文明的发展提供有效的制度保障。

党的十八大以来，我们建立最严格的生态保护制度，通过生态文明体制的“四梁八柱”，构建生态功能保障基线、环境质量安全底线、自然资源利用上线三大红线，实现了将自然限制纳入生产循环。改革生态环境监管体制，设立国有自然资源资产管理和自然生态监管机构；完善生态环境管理制度，统一行使全民所有自然资源资产所有者职责，统一行使所有国土空间用途管制和生态保护修复职责，统一行使监管城乡各类污染排放和行政执法职责。这些举措有力地促进了生态文明的建设和绿色发展。

---

① 《习近平关于社会主义生态文明建设论述摘编》，中央文献出版社2017年版，第5页。

从治理体系建设维度，着力构建源头预防、过程控制、损害赔偿、责任追究的生态环境保护体系，形成党领导、政府主导、企业主体、社会组织和公众共同参与的现代环境治理体系，把建设美丽中国转化为全民自觉行动。

完善经济社会发展考核评价体系，把资源消耗、环境损害、生态效益等体现生态文明建设状况的指标纳入经济社会发展评价体系，使之成为推进生态文明建设的重要导向和约束。建立责任追究制度，对不顾生态环境盲目决策、造成严重后果的领导干部，必须进行严肃追责、终身追责。

四、形成绿色生活方式，倡导推广绿色消费

生活方式是指人们消费物质生活资料的方式。生产、分配、交换和消费是社会生产过程中相互联系、相互制约的四个环节。其中，消费对生产具有重要的反作用，消费创造出新的生产的需要，创造出生产的观念上的内在动机。没有需要，就没有生产。“在一种与人类相称的状态下……社会应当考虑，靠它所支配的资料能够生产些什么，并根据生产力和广大消费者之间的这种关系来确定，应该把生产提高多少或缩减多少，应该允许生产或限制生产多少奢侈品。”① 形成绿色生活方式和消费方式可倒逼生产方式绿色转型，推动绿色低碳循环发展经济体系的建设。

习近平在党的十九大报告中强调，倡导简约适度、绿色低碳的生活方式，反对奢侈浪费和不合理消费，开展创建节约型机关、绿色家庭、绿色学校、绿色社区和绿色出行等行动。形成绿色生活创建活动，要加强生态文明宣传教育，建立健全以生态价值观念为准则的生态文化体系，强化公民环境意识。坚持节约优先，确立节约资源和保护环境的生活理念和幸福观，在衣、食、住、行、游等方面形成节约、集约的文化和行动自觉，推广绿色服装、提倡绿色饮食、鼓励绿色居住、普及绿色出行、发展绿色旅游，尽量减少对生态系统有负面影响的生活行为。形成绿色生活创建活动，还需要加强生活垃圾分类与可再生资源回收，提高资源使用效率，减少生活垃圾，实现生产系统和生活系统循环链接。提高物品循环和共享使用，让人民在充分享受经济社会发展带来便利和舒适的同时，履行保护资源、保护环境的责任和义务，促进人类永续发展。

---

① 《马克思恩格斯文集》第 1 卷，人民出版社 2009 年版，第 76 页。

思考题：

1. 马克思主义关于人与自然关系的思想有哪些基本内容？
2. 试述习近平生态文明思想的科学内涵和重大意义。
3. 试述绿色发展的科学内涵和实现途径。
4. 绿色生产方式有哪些基本特点？
5. 绿色生活方式有哪些基本特点？

第十五章　保障和改善民生

在发展中保障和改善民生是社会主义制度的本质要求，是坚持以人民为中心的发展思想的体现和落实。发展中国特色社会主义经济顺应人民对美好生活的期待，把增进民生福祉作为发展的根本目的，在幼有所育、学有所教、劳有所得、病有所医、老有所养、住有所居、弱有所扶上不断取得新进展，不断促进人的全面发展、全体人民共同富裕，使人民群众的获得感、幸福感、安全感不断增强。

第一节　保障和改善民生的内涵和意义

一、保障和改善民生的内涵

社会主义生产的目的是满足人民日益增长的美好生活需要，而人民的需要是多样化、多层次、多方面的，其中，民生即“人民的生计”，是指人民群众最基本的生存和发展的需要。民生所涵盖的领域包括教育、卫生、就业、医疗、住房、基本公共服务、环境保护、养老等，这些领域关系到人民群众最关心最直接最现实的利益，必须给予充分保障并不断加以完善。

从历史的角度看，民生与社会生产力水平紧密相关，随着社会经济发展水平的提高而不断发展。我国面临的社会主要矛盾是人民日益增长的美好生活需要和不平衡不充分的发展之间的矛盾，民生问题是社会主要矛盾的集中表现。保障和改善民生就是指在一定经济发展水平下，社会为保证人民群众能够获得最基本的生存权和发展权而提供的各种条件，并使得民生水平能够不断适应社会生产力发展的要求。

具体而言，民生保障具有以下特点：（1）公共性。民生保障提供的是人们生活和发展不可或缺的物质和精神条件，是由国家来保障的人民群众的共同需要。（2）普遍性。民生保障的覆盖面惠及全体人民群众。（3）公平性。社会成员享受民生保障的权利和机会是均等的。

保障和改善民生是坚持以人民为中心的发展思想的具体体现。发展为了人民是马克思主义政治经济学的根本立场，人民对美好生活的向往，就是我们的奋斗目标。在发展经济的基础上不断提高人民生活水平，是党和国家一切工作的根本目的。人民是否真正得到了实惠、人民生活是否真正得到了改善、人民权益是否真正得到了保障，是检验党和国家工作成效的最终标准。中国特色社会主义进入新时代，人民的美好生活需要日益广泛，对美好生活的向往更加强烈。通过不断推进民生工作，切实满足人民群众的基本需要，能更好体现社会主义制度的优越性。

保障和改善民生是实现共享发展的应有之义。改革开放以来我国经济发展成就巨大，但是，在共享改革发展成果上，无论是实际情况还是制度设计，都还有不完善的地方。这一问题日益成为改革发展面临的突出问题，亟待进一步解决。保障和改善民生能够让更多人民群众享受到发展的成果，提高人民群众基本生活水平。在努力推动高质量发展的同时，办好各项民生事业、补齐民生领域短板，有助于实现共享发展的目标。

党的十八大以来，党中央十分重视民生工作。党的十八大报告中明确要求："加强社会建设，必须以保障和改善民生为重点。提高人民物质文化生活水平，是改革开放和社会主义现代化建设的根本目的。要多谋民生之利，多解民生之忧，解决好人民最关心最直接最现实的利益问题，在学有所教、劳有所得、病有所医、老有所养、住有所居上持续取得新进展，努力让人民过上更好生活。"① 党的十九大报告中提出"十四个坚持"的基本方略，其中第八个方略就是"坚持在发展中保障和改善民生"，指出："增进民生福祉是发展的根本目的。……在发展中补齐民生短板、促进社会公平正义，在幼有所育、学有所教、劳有所得、病有所医、老有所养、住有所居、弱有所扶上不断取得新进展，深入开展脱贫攻坚，保证全体人民在共建共享发展中有更多获得感，不断促进人的全面发展、全体人民共同富裕。"② 党的十九届五中全会通过的《中共中央关于制定国民经济和社会发展第十四个五年规划和二〇三五年远景目标的建议》对民生工作进一步做了具体部署，提出要在"十四五"时期使我国民生福祉达到新水平。

二、保障和改善民生的意义

（一）经济发展的客观需要

新中国成立以来，我国民生状况持续改善。特别是改革开放之后，人民生活水平持续提高，人民群众生存和发展的基本条件也在不断改善。之前我国的

---

① 胡锦涛：《坚定不移沿着中国特色社会主义道路前进　为全面建成小康社会而奋斗——在中国共产党第十八次全国代表大会上的报告》，人民出版社 2012 年版，第 34 页。

② 习近平：《决胜全面建成小康社会　夺取新时代中国特色社会主义伟大胜利——在中国共产党第十九次全国代表大会上的报告》，人民出版社 2017 年版，第 23 页。

民生问题主要在于满足人民的温饱需要，现在高水平的教育、医疗等问题成为人民群众的基本诉求。现阶段，我国经济发展中的一些民生问题逐渐凸显出来，例如收入差距过大问题、住房问题、环境问题等。这些问题影响了人民群众的生活幸福感和满足感，亟须通过建立健全民生保障体制来解决。

（二）国家应承担的义务

民生是人在其所生活的社会应当得到充分保障与实现的各种权益，属于基本人权，国家承担着保障民生的义务。民生保障的公共性也决定了民生保障体制的建立和健全必须由国家来发挥主导作用。经济发展的实践已经表明，仅仅依靠市场的力量是无法实现民生保障要求的。国家通过建立并逐步完善民生保障体制，利用制度的力量使保障和改善民生常态化，才能真正维护社会成员实实在在的权利和利益，从而推动和促进社会公平正义的实现。

（三）促进人的全面发展的必然选择

社会主义社会是人的全面发展的社会，人的生存问题的解决和生存条件的改善是人的全面发展的物质基础。民生保障所涉及的教育、就业、医疗等问题都与人民群众的生活密切相关，是保证人的全面发展的基本条件。通过建立健全民生保障体制促进人的全面发展，实现好、维护好、发展好人民群众的根本利益，改善人民群众的生活质量，体现了社会主义的本质要求。

（四）促进经济发展的动力保证

民生保障既是经济发展的结果，又是经济发展的动力。人的因素是经济发展过程中的决定性因素，健全的民生保障体制能够使人们幼有所育、学有所教、劳有所得、病有所医、老有所养、住有所居、弱有所扶，消除人民群众的后顾之忧，促使人们将更多的精力投入国家建设和社会发展之中。我国目前处于经济结构转型期，消费在经济发展中的作用逐渐增大，建立健全民生保障体制，将有助于释放消费需求的潜能，使得人民群众有能力将更多的收入转化为消费，助力经济转型，促进经济持续健康发展。

第二节 在发展中保障和改善民生

一、持续保障和改善民生

改革开放以来，我国在保障和改善民生方面取得了显著的成果。特别是党的十八大以来，以习近平同志为核心的党中央坚持以人民为中心的发展思想，把增进民生福祉作为发展的根本目的，在民生领域实施了一系列新举措，取得了一系列历史性进展，在不断提高人民生活水平方面取得了重大成就，人民群众的获得感、幸福感、安全感不断增强。2020 年，全国居民人均可支配收入达 32189 元，形成了世界上规模最大的中等收入群体；全国居民恩格尔系数为 30.2%，居民衣食住行达到更高水平，公共服务体系实现居民全覆盖，就业更加充分，世界最大的社会保障体系进一步织密扎牢，教育现代化总体发展水平迈进世界中上行列，医疗卫生服务水平持续改善。

保障和改善民生是一项长期工作，没有终点，只有连续不断的新起点。我们要清醒地认识到，我国现阶段许多民生问题还比较突出，人民群众的一些基本诉求还有待进一步解决，民生保障体制的完善程度距离全面建成社会主义现代化强国的要求还有较大差距。因此，应当以人民对美好生活的向往为奋斗目标，结合我国现阶段的经济发展水平，进一步完善民生工作体制机制。

做好民生工作必须正确认识经济发展和民生保障之间的关系。经济发展是保障和改善民生的基础，保障和改善民生是经济发展的根本目的，二者不可偏废。如果脱离了经济发展单纯讲保障和改善民生，那就是“空中楼阁”“画饼充饥”；如果离开保障和改善民生谈发展，发展就失去了目标和方向。因此，保障和改善民生必须不断解放和发展生产力，为保障和改善民生奠定雄厚的经济基础。要根据现有经济发展水平和人民生产生活条件，合理地制定保障和改善民生工作的目标。与此同时，要把保障和改善民生作为经济循环的重要节点，通过持续改善民生，稳预期、扩内需，增强经济发展的内生动力，实现与经济建设良性互动、协同推进。

做好民生工作的关键在于处理好政府和市场的关系。关乎民生的公共物品和公共服务，市场不能有效提供。由于市场机制本身的局限，民生保障所要求的公平性和普遍性等原则也不能得到保证，片面依靠市场会对民生造成损害，阻碍人民群众基本生存和发展权利的实现，这就要求政府在改革和完善民生保障体制的过程中发挥主导作用。另外，民生保障体制涵盖范围广、涉及问题多，仅仅依靠政府的力量很难完全实现民生保障的要求。因此，在改革和完善民生保障体制的过程中应遵循“政府主导、多元参与”的行动原则。在政府起主导作用的同时，发挥市场和社会的积极作用，促进多元主体间的紧密合作，形成政府、社会、市场、个人等多元参与的民生保障体制格局。政府可以通过政策鼓励和资金扶持等方式激发社会和市场活力，协调各主体在合作中的关系，共同建立起中国特色社会主义市场经济下的民生保障体制。

二、保障和改善民生的重点任务

（一）提高人民收入水平

收入是民生之源。提高收入水平是改善人民生活品质、满足人民日益增长的美好生活需要的基本前提。党的十八大以来，城乡居民收入增速超过经济增速，城镇居民、农村居民人均可支配收入已分别从 2013 年的 26467 元、9430 元增加到 2020 年的 43834 元、17131 元；低收入群体收入增速加快，企业退休人员基本养老金已从 2013 年的 1856 元/月提高到 2019 年的 3100 元/月，到 2020 年历史性地解决了农村绝对贫困问题。人民群众各种需求加快从注重量的满足向追求质的提高转变，从实物消费为主向更多服务消费转变，从模仿性、排浪式消费向个性化、多样化消费转变。2019 年，我国最终消费支出对国内生产总值增长的贡献率达 57.8%，形成了超大规模市场优势和内需潜力，对加快新发展格局的形成具有重要基础作用。

促进人民收入水平提高是一项复杂的系统工程。要统筹经济发展和人民收入水平提高，尽力而为、量力而行，增强提高人民收入水平的可持续性。健全初次分配和再分配调节体系，努力实现居民收入增长和经济发展同步、劳动报酬增长和劳动生产率提高同步，逐步提高居民收入在国民收入分配中的比重、劳动报酬在初次分配中的比重，不断缩小收入差距，合理有效地协调社会经济利益关系。

（二）强化就业优先政策

就业是民生之本。我国有 14 亿人口、9 亿劳动力，解决好就业问题，始终是经济社会发展的一项重大任务。“十三五”时期，我国就业局势保持总体稳定，就业规模不断扩大，就业结构持续优化，就业质量稳步提高。2016—2020 年，城镇新增就业人口 6564 万人，年均超过 1300 万人。

我国目前就业存在结构性矛盾，就业压力较大。政府要把促进就业放在经济社会发展的优先位置，实施扩大就业的发展战略和积极的就业政策。千方百计地稳定和扩大就业，坚持经济发展就业导向，扩大就业容量，提升就业质量，促进充分就业，保障劳动者待遇和权益。健全就业公共服务体系、劳动关系协调机制、终身职业技能培训制度。更加注重缓解结构性就业矛盾，加快提升劳动者技能素质，完善重点群体就业支持体系，统筹城乡就业政策体系。扩大公益性岗位安置，帮扶残疾人、零就业家庭成员就业。完善促进创业带动就业、多渠道灵活就业的保障制度，支持和规范发展新就业形态，健全就业需求调查和失业监测预警机制。

（三）建设高质量教育体系

教育是民生之基，是促进人的全面发展的重要因素，是国家发展的战略基础。我国历来十分重视教育事业，人民群众受教育的权利已基本得到保障，教育面貌正在发生格局性变化。2019 年，全国学前三年毛入园率为 83.4%、小学学龄人口入学率为 99.94%，初中、高中、高等教育的毛入学率分别为 102.6%、89.5%和 51.6%，新增劳动力平均受教育年限达到 13.7 年，教育普及水平已经进入世界中等偏上行列。

不过，当前我国教育质量和教育公平问题仍然突出，高水平人才培养的数量和质量不能很好地满足社会经济发展的需要，要把提高教育质量和促进教育公平作为教育改革和发展的核心，在制度层面上保障受教育权利平等实现。健全学校、家庭、社会协同育人机制，提升教师教书育人能力素质，增强学生文明素养、社会责任意识、实践本领，重视青少年身体素质和心理健康教育。坚持教育公益性原则，深化教育改革，促进教育公平，推动义务教育均衡发展和城乡一体化。发挥在线教育优势，完善终身学习体系，建设学习型社会。

（四）全面推进健康中国建设

医疗卫生服务直接关系到人民群众的身体健康，也是人的全面发展的基础。我国一直重视医疗卫生事业，人民健康和医疗水平取得长足发展，主要健康指标总体上优于中高收入国家平均水平。特别是面对来势汹汹的新冠肺炎疫情，以习近平同志为核心的党中央坚持人民至上、生命至上，坚持把人民生命安全和身体健康放在第一位，始终统揽全局，实施集中统一领导，紧紧依靠人民，团结带领全党全国各族人民打响疫情防控的人民战争、总体战、阻击战，疫情防控取得重大战略成果，凸显了社会主义制度的优越性。

当前，随着工业化、城镇化、人口老龄化进程加快，疾病谱、生态环境、生活方式等发生变化，我国面临多重疾病威胁并存、多种影响因素交织的复杂局面，医疗卫生事业发展不平衡不充分与人民健康需求之间的矛盾比较突出。在抗击新冠肺炎疫情期间，我国公共卫生体系的一些短板也暴露出来。应坚持预防为主的方针，深入实施健康中国行动，完善国民健康促进政策，织牢国家公共卫生防护网，为人民提供全方位全周期健康服务。进一步改革疾病预防控制体系，建立稳定的公共卫生事业投入机制，加强人才队伍建设，改善疾控基础条件，完善公共卫生服务项目，强化基层公共卫生体系。完善突发公共卫生事件监测预警处置机制，健全医疗救治、科技支撑、物资保障体系，提高应对突发公共卫生事件能力。坚持基本医疗卫生事业公益属性，深化医药卫生体制改革，加快优质医疗资源扩容和区域均衡布局，加快建设分级诊疗体系。坚持中西医并重，大力发展中医药事业。深入开展爱国卫生运动，促进全民养成文明健康的生活方式。完善全民健身公共服务体系，加快发展健康产业。

（五）实施积极应对人口老龄化国家战略

我国是当今世界老年人数最多的国家，截至 2019 年年底，已有 60 岁及以上老年人口 2.54 亿人，预计 2025 年将突破 3 亿人，2053 年将达到 4.87 亿人的峰值。把积极应对人口老龄化提升为国家战略，有利于全社会进一步凝聚共识，增强风险意识和责任感、使命感、紧迫感，统筹各方资源力量，为实现第二个百年奋斗目标塑造有利的战略格局，确保中华民族世代永续发展。

制定人口长期发展战略，优化生育政策，增强生育政策包容性，提高优生优育服务水平，发展普惠托育服务体系，降低生育、养育、教育成本，促进人口长期均衡发展，提高人口素质。积极开发老龄人力资源，发展银发经济。推动养老事业和养老产业协同发展，健全基本养老服务体系，发展普惠型养老服务和互助性养老，支持家庭承担养老功能，培育养老新业态，构建居家社区机构相协调、医养康养相结合的养老服务体系，健全养老服务综合监管制度。

（六）加强和创新社会治理

健全的社会治理体系是人民美好生活的基本保障，是保障和改善民生的重要前提，必须把解决民生问题贯穿社会治理实践的全过程。增进民生福祉是社会治理的根本之策。民生是人民幸福之基、社会和谐之本，只有积极推动解决人民群众的基本民生问题，不断打牢和巩固社会和谐稳定的物质基础，才能从源头上预防和减少社会矛盾的产生。民生的范畴，不再仅仅局限于传统的教育、卫生、住房、养老、就业、收入分配，而是扩展到公共安全、生态环境等内容，并成为社会和谐稳定和健康发展不可忽视的重要问题。发展民生事业和改善民生环境，对于社会治理同样重要，两者都抓好，才能更好地实现社会治理的目标。保障和改善民生，就是为了增进民生福祉，就是为了让人民过上幸福生活，归根结底就是一项民心工程。赢得了民心，就自然实现了善治。

完善社会治理体系，健全党组织领导的自治、法治、德治相结合的城乡基层治理体系，完善基层民主协商制度，实现政府治理同社会调节、居民自治良性互动，建设人人有责、人人尽责、人人享有的社会治理共同体。发挥群团组织和社会组织在社会治理中的作用，畅通和规范市场主体、新社会阶层、社会工作者和志愿者等参与社会治理的途径。推动社会治理重心向基层下移、向基层放权赋能，加强城乡社区治理和服务体系建设，减轻基层特别是村级组织负担，加强基层社会治理队伍建设，构建网格化管理、精细化服务、信息化支撑、开放共享的基层管理服务平台。加强和创新市域社会治理，推进市域社会治理现代化。

（七）提升公共基础设施、公共文化服务、生态环境水平

公共基础设施直接关系人民群众的生活质量，要构建系统完备、高效实用、智能绿色、安全可靠的现代化基础设施体系。系统布局新型基础设施，加快第五代移动通信、工业互联网、大数据中心等建设。加快建设交通强国，完善综合运输大通道、综合交通枢纽和物流网络，加快城市群和都市圈轨道交通网络化，提高农村和边境地区交通通达深度。推进能源革命，完善能源产供储销体系，加强国内油气勘探开发，加快油气储备设施建设，加快全国干线油气管道建设，建设智慧能源系统，优化电力生产和输送通道布局，提升新能源消纳和存储能力，提升向边远地区输配电能力。

随着生活水平不断提高，人民群众对文化生活的要求日益增长。应提升公共文化服务水平，全面繁荣新闻出版、广播影视、文学艺术、哲学社会科学事业。实施文艺作品质量提升工程，加强现实题材创作生产，不断推出反映时代新气象、讴歌人民新创造的文艺精品。推进媒体深度融合，实施全媒体传播工程，做强新型主流媒体，建强用好县级融媒体中心。推进城乡公共文化服务体系一体建设，创新实施文化惠民工程，广泛开展群众性文化活动，推动公共文化数字化建设。加强国家重大文化设施和文化项目建设，推进国家版本馆、国家文献储备库、智慧广电等工程。传承弘扬中华优秀传统文化，强化重要文化和自然遗产、非物质文化遗产系统性保护，加强各民族优秀传统手工艺保护和传承。广泛开展全民健身运动，增强人民体质。

生态环境是人类生存发展的基本条件，环境就是民生，青山就是美丽，蓝天也是幸福，绿水青山就是金山银山。要增强全社会生态环保意识，深入打好污染防治攻坚战。继续开展污染防治行动，建立地上地下、陆海统筹的生态环

境治理制度。强化多污染物协同控制和区域协同治理，加强细颗粒物和臭氧协同控制，基本消除重污染天气。治理城乡生活环境，推进城镇污水管网全覆盖，基本消除城市黑臭水体。推进化肥农药减量化和土壤污染治理，加强白色污染治理。全面实行排污许可制，推进排污权、用能权、用水权、碳排放权市场化交易。完善环境保护、节能减排约束性指标管理。完善中央生态环境保护督察制度。积极参与和引领应对气候变化等生态环保国际合作。

第三节 完善覆盖全民的社会保障体系

一、完善社会保障体系的重大意义

社会保障体系是指国家和社会为维持劳动者的基本生活权利、保证劳动者及其家庭的正常生活，减轻社会震荡而建立的一整套保障体系。要逐步建立以社会保险、社会救助、社会福利为基础，以基本养老、基本医疗、最低生活保障制度为重点，以慈善事业、商业保险为补充的社会保障体系，并对其不断完善。民生保障与社会保障既相互联系，又存在明显的区别。社会保障是为了使社会成员在失去劳动能力、遇到困难和意外事故等情况下仍然能够获得必要的生活保障，而民生保障作用的范围和对象则要大很多。建立健全社会保障体系，关系改革、发展、稳定的全局，具有重要意义。

第一，完善覆盖全民的社会保障体系是适应我国社会主要矛盾转变的必然选择。进入新时代，人民对美好生活需要的内涵不断丰富、层次不断提升，对社会保障体系提出了新的更高要求。社会保障体系是我国的民生安全网、社会稳定器，与人民幸福安康息息相关。完善社会保障体系，有利于解决好人民群众最关心最直接最现实的利益问题，不断补齐民生短板，满足人民多样化、多层次、多方面的需要，实现共享发展。

第二，建立健全社会保障体系是建设现代化经济体系、推进供给侧结构性改革的迫切要求。建设现代化经济体系、推进供给侧结构性改革，必然引起产业结构和就业结构的深刻变化，对我国社会保障体系提出新的要求。能否建立健全社会保障体系，不仅关系社会的安定，而且直接关系我国经济结构战略性调整能否顺利进行。

第三，建立健全社会保障体系是应对 21 世纪我国人口老龄化挑战的迫切需要。按照国际通行标准，我国已进入老龄化社会。到21世纪30年代，我国将进入老龄化高峰阶段。能否在保持国民经济持续、快速、健康发展的前提下，平稳渡过人口老龄化高峰期，对我国社会保障体系建设是一个严峻的挑战。

第四，建立健全社会保障体系是建立现代企业制度、转变企业经营机制的迫切需要。建立健全社会保障体系，把“企业保障”变成真正的社会保障，使企业摆脱职工养老、医疗、失业等社会负担，有利于劳动力的合理流动，有利于推行现代企业制度和转变企业经营机制。

二、社会保障体系的基本框架

目前，我国社会保障体系的基本框架初步形成，并不断健全和完善，主要包括以下几方面：

（一）社会保险

社会保险是我国社会保障体系的核心部分。我国的社会保险主要包括养老保险、医疗保险、失业保险、工伤保险和生育保险五项。要健全养老保险制度体系，促进基本养老保险基金长期平衡。实现基本养老保险全国统筹，放宽灵活就业人员参保条件，实现社会保险法定人群全覆盖。完善划转国有资本充实社保基金制度，优化做强社会保障战略储备基金。完善城镇职工基本养老金合理调整机制，逐步提高城乡居民基础养老金标准。发展多层次、多支柱养老保险体系，提高企业年金覆盖率，规范发展第三支柱养老保险。健全基本医疗保险稳定可持续筹资和待遇调整机制，完善医保缴费参保政策，实行医疗保障待遇清单制度。完善基本医疗保险门诊共济保障机制，健全重大疾病医疗保险和救助制度。推进失业保险、工伤保险向职业劳动者广覆盖，实现省级统筹。增强生育政策包容性，推动生育政策与经济社会政策配套衔接，完善生育保险制度。推进社保转移接续，完善全国统一的社会保险公共服务平台。

（二）社会救助

社会救助是指国家通过国民收入再分配，对因自然灾害或其他经济社会原因无法维持最低生活水平的公民给予无偿帮助，以保障其最低生活水平。要以城乡低保对象、特殊困难人员、低收入家庭为重点，健全分层分类的社会救助体系，构建综合救助格局。健全基本生活救助制度和医疗、教育、住房、就业、受灾人员等专项救助制度，完善救助标准和救助对象动态调整机制。

健全临时救助政策措施，强化急难社会救助功能。加强城乡救助体系统筹，逐步实现常住地救助申领。积极发展服务类社会救助，推进政府购买社会救助服务。

（三）社会福利

社会福利是指政府和社会向生活能力较弱的老人、残疾人、儿童等群体，提供必要的社会服务政策和服务措施，以提高他们的生活水平和自立能力。要加强老年福利服务设施建设，推进养老服务社会化，开展居家养老服务；发展残疾人事业，通过完善救助、社区康复、福利企业集中安置等多种方式，切实保障残疾人的合法权益；通过社会收养、集中供养、公民助养、家庭寄养等方式加强孤儿救助，使孤残儿童回归家庭、回归社会。

（四）慈善事业

慈善事业是指政府通过税收优惠等政策，支持和鼓励社会团体、社会成员进行慈善捐赠和社会互助。慈善事业的发展主要靠政府支持、社会兴办和公众参与。要健全慈善政策法规，完善慈善捐赠税收制度，培育城乡各类慈善组织，充分发挥各级民政部门和群众团体组织的作用，开展经常性的捐助活动，在全社会弘扬“一方有难，八方支援”的慈善文化，增强全民的慈善意识，营造乐善好施的社会氛围。

（五）商业保险

商业保险是指投保人通过自愿投保来满足更高层次和多样化的保障需求。要通过投保人的自愿投保建立保险基金，对约定的灾害事故或意外损失给予经济补偿；开展资金融通、资金运用，实现资金保值增值；参与社会安全管理、社会救助活动和社会公共事务的各个环节，满足不同层次的社会保障需求。

（六）住房保障

住房保障是指政府为了解决低收入家庭住房困难而向他们提供保障性住房。保障性住房主要包括廉租住房、保障性租赁住房、经济适用住房、保障性商品房以及其他用于保障用途的住房。要有效增加保障性住房供给，完善住房保障基础性制度和支持政策。以人口流入多、房价高的城市为重点，扩大保障性租赁住房供给，着力解决困难群体和新市民住房问题。单列租赁住房用地计划，探索利用集体建设用地和企事业单位自有闲置土地建设租赁住房，支持将非住宅房屋改建为保障性租赁住房。完善土地出让收入分配机制，加大财税、金融支持力度。因地制宜发展共有产权住房。处理好基本保障和非基本保障的关系，完善住房保障方式，健全保障对象、准入门槛、退出管理等政策。改革完善住房公积金制度，健全缴存、使用、管理和运行机制。

（七）优抚安置

优抚安置是指国家为烈士家属、复员退伍军人、现役军人及其家属设置的一种特殊政策待遇，主要包括扶持生产、群众优待、国家抚恤等内容，具有褒扬性、补偿性、优待性等特征。要完善退役军人事务组织管理体系、工作运行体系和政策制度体系，提升退役军人服务保障水平。深化退役军人安置制度改革，加大教育培训和就业扶持力度，拓展就业领域，提升安置质量。建立健全新型待遇保障体系，完善和落实优抚政策，合理提高退役军人和其他优抚对象待遇标准，做好随调配偶子女工作安排、落户和教育等工作。完善离退休军人和伤病残退役军人移交安置、收治休养制度，加强退役军人服务中心（站）建设，提升优抚医院、光荣院、军供站等建设服务水平。加强退役军人保险制度衔接。大力弘扬英烈精神，加强烈士纪念设施建设和管护，建设军人公墓。

总而言之，在全面建设社会主义现代化国家的进程中，我国必须健全覆盖全民、统筹城乡、公平统一、可持续的多层次社会保障体系。在保障项目上，坚持以社会保险为主体，社会救助保底层，积极完善社会福利、慈善事业、优抚安置等制度；在组织方式上，坚持以政府为主体，积极发挥市场作用，促进社会保险与补充保险、商业保险相衔接。要积极构建基本养老保险、职业（企业）年金与个人储蓄性养老保险、商业保险相衔接的养老保险体系，协同推进基本医疗保险、大病保险、补充医疗保险、商业健康保险，在保基本的基础上满足人民群众多样化、多层次的保障需求。

三、完善社会保障体系

从 20 世纪 80 年代初期开始，为适应计划经济体制向社会主义市场经济体制的转变，我国拉开了社会保障体系改革的序幕。随着经济社会的不断发展，社会保障体系建设在党和国家事业发展总体布局中的角色不断转变，逐步从国有企业改革的配套措施、社会主义市场经济的重要支柱，发展为国家的一项重要社会经济制度。不过，中国社会保障体系建设还处在发展完善阶段，建立一个多层次的、覆盖城乡居民的、比较完善的社会保障体系仍是有待完成的渐进的系统性社会工程。

党的十八大以来，党中央把社会保障体系建设摆上更加突出的位置，对我国社会保障体系建设作出顶层设计，推动我国社会保障体系建设进入快车道。统一城乡居民基本养老保险制度，实现机关事业单位和企业养老保险制度并轨，建立企业职工基本养老保险基金中央调剂制度。整合城乡居民基本医疗保险制度，全面实施城乡居民大病保险，组建国家医疗保障局。推进全民参保计划，降低社会保险费率，划转部分国有资本充实社保基金。积极发展养老、托幼、助残等福利事业，人民群众不分城乡、地域、性别、职业，在面对年老、疾病、失业、工伤、残疾、贫困等风险时都有了相应制度保障。2021 年年初，我国以社会保险为主体，包括社会救助、社会福利、社会优抚等制度在内，功能完备的社会保障体系基本建成，基本医疗保险覆盖 13.6 亿人，基本养老保险覆盖近 10 亿人，是世界上规模最大的社会保障体系。这为人民创造美好生活奠定了坚实基础，为如期全面建成小康社会、实现第一个百年奋斗目标提供了坚强支撑，为开启全面建设社会主义现代化国家新征程、向第二个百年奋斗目标进军提供了有利条件。

中国特色社会主义已经进入新时代，开启全面建设社会主义现代化国家新征程，进一步完善社会保障体系的迫切性大大提升。我国社会保障制度改革已进入系统集成、协同高效的阶段。要准确把握社会保障各个方面之间、社会保障领域和其他相关领域之间改革的联系，提高统筹谋划和协调推进能力，确保各项改革形成整体合力。要强化问题导向，紧盯老百姓在社会保障方面反映强烈的烦心事、操心事、揪心事，不断推进改革。

在社会保障体系基本建立的基础上，应继续坚持全覆盖、保基本、多层次、可持续的基本方针，从社会亟待解决而又有可能解决的方面入手，以社会保险、社会救助、社会福利为基础，以基本养老、基本医疗、最低生活保障制度为重点，以慈善事业、商业保险为补充，加快完善社会保障体系。需从以下五个方面加强建设：

第一，按照兜底线、织密网、建机制的要求，全面建成覆盖全民、统筹城乡、公平统一可持续的多层次社会保障体系。

第二，全面实施全民参保计划。完善城镇职工基本养老保险和城乡居民基本养老保险制度，尽快实现养老保险全国统筹。完善统一的城乡居民基本医疗保险制度和大病保险制度，推动基本医疗保险、失业保险、工伤保险省级统筹，进一步明确中央和地方事权和支出责任。加快发展多层次、多支柱养老保险体系，更好满足人民群众多样化需求。

第三，建立全国统一的社会保险公共服务平台。统筹城乡社会救助体系，完善最低生活保障制度。坚持男女平等基本国策，保障妇女儿童合法权益。把农村社会救助纳入乡村振兴战略统筹规划，健全农村社会救助制度，完善日常性帮扶措施。

第四，完善社会救助、社会福利、慈善事业、优抚安置等制度，健全农村留守儿童和妇女、老年人关爱服务体系。促进残疾人事业发展，加强残疾康复服务。

第五，坚持“房子是用来住的、不是用来炒的”的定位，加快建立多主体供给、多渠道保障、租购并举的住房保障体系。加快建设保障性安居工程，最终实现“居者有其屋”。同时，要加强调控和监管，抑制投机性住房需求，控制房价过快上涨。

思考题：

1. 试述保障和改善民生的内涵和意义。
2. 保障和改善民生的重点任务是什么？
3. 试述就业优先战略。
4. 试述完善社会保障体系的主要内容。

第十六章　中国特色社会主义对外开放

改革开放以来，我们党坚持对外开放基本国策，实现了由封闭半封闭到全方位开放的历史转变。随着中国日益走近世界舞台中央，我们对外开放水平不断提高，全方位对外开放的格局正在形成。新时代坚持和发展中国特色社会主义经济，必须正确处理好开放和自主的关系，更好统筹国内国际两个大局，在不断扩大开放的过程中，实现经济高质量发展。

第一节　对外开放是中国的基本国策

一、对外开放政策的形成和发展

1978 年，党的十一届三中全会作出了改革开放的重大决策，中国进入了新的历史发展时期。1984 年，《中共中央关于经济体制改革的决定》明确提出，“把对外开放作为长期的基本国策”。此后，发展特区经济与合理利用外资成为经济工作的重点之一。1987 年，党的十三大确立了以经济建设为中心、坚持四项基本原则、坚持改革开放的基本路线，对外开放成为基本路线的重要内容之一。20 世纪 90 年代初期，中国的对外开放有了长足进展，全方位多层次的对外开放格局初步形成。

1992 年，党的十四大进一步丰富了对外开放基本国策的主要内容，明确了建设多层次、多渠道、全方位的对外开放格局的长远目标，提出了扩大对外开放地域、拓宽利用外资领域、开拓国际市场等一系列举措。1993 年，党的十四届三中全会提出发展开放型经济，并对外贸和外资制度的改革提出了具体构想，中国的对外开放从此进入了一个快速发展期。1997 年，党的十五大强调了对外开放基本国策的长期性和稳定性，提出“完善全方位、多层次、宽领域的对外开放格局，发展开放型经济”的战略目标。2001 年，中国加入世界贸易组织，对外开放的格局出现了新的重大变化，与世界经济的联系和相互影响进一步加深。2002 年，党的十六大根据经济全球化深入发展的新形势和中国现代化建设的新要求，提出“坚持‘引进来’和‘走出去’相结合”战略。2007 年，党的十七大强调，坚持对外开放的基本国策，把“引进来”和“走出去”更好结合起来，完善内外联动、互利共赢、安全高效的开放型经济体系。

2012 年，党的十八大指出，适应经济全球化新形势，必须实行更加积极主动的开放战略，完善互利共赢、多元平衡、安全高效的开放型经济体系。2017 年，党的十九大进一步强调，要以“一带一路”建设为重点，坚持“引进来”和“走出去”并重，遵循共商共建共享原则，加强创新能力开放合作，形成陆海内外联动、东西双向互济的开放格局。创新对外投资方式，加快培育国际经济合作和竞争新优势。2020 年，党的十九届五中全会提出，实行高水平对外开放，开拓合作共赢新局面，坚持实施更大范围、更宽领域、更深层次对外开放，依托我国大市场优势，促进国际合作，实现互利共赢。

二、对外开放的必要性

实行对外开放，积极开展国际经济技术交流，发展对外经济关系，在积极参与经济全球化的过程中促进中国经济发展，是发展中国特色社会主义经济的必由之路。

第一，实行对外开放符合社会化大生产向全球扩展的客观历史趋势。历史经验证明，开放带来进步，封闭必然落后。科学技术的进步和生产力的发展推动了生产社会化程度的不断提高。在这一过程中，生产的社会分工日益超越一国的界限，国际分工体系逐步形成并不断深化。社会主义经济是建立在社会化大生产基础上的，对外开放政策的实施使国内生产部门融入国际分工体系的步伐加快，有利于实现资源优化配置，提高生产效率，更好更快地发展生产力。

第二，实行对外开放适应了经济全球化不断深化的历史趋势。在经济全球化不断扩大和加深的情况下，各国经济之间相互影响、相互依存的程度不断加深，必须通过对外开放来适应经济全球化不断深化的历史趋势。只有顺应经济全球化的趋势，主动实行对外开放，参与到国际经济体系中，才能抓住机遇，趋利避害，共同分享经济全球化带来的经济利益。

第三，实行对外开放是发展社会主义市场经济的必然要求。市场经济是一种竞争经济，市场主体只有参与国际竞争才能不断增强自身竞争力，在竞争中求生存、谋发展。实行对外开放，可以开拓国际国内两个市场、有效利用国际国内两种资源，增强中国企业在国际市场中的竞争力，促进经济发展方式转变，推动产业结构升级，进而使中国经济走上持续健康的发展轨道。

第四，实行对外开放是实现社会主义现代化的必由之路。以开放促改革、促发展，是我国发展不断取得新成就的重要法宝。我国现在仍处于社会主义初级阶段，面临着现代化的艰巨任务，只有打开国门搞建设，坚定不移实行对外开放的基本国策，实行更加积极主动的开放战略，才能获得更多推动发展所需的资源和机遇，才能不断为经济发展注入新动力、增添新活力、拓展新空间。

三、对外开放的历程

改革开放以来，我国通过实施对外开放政策，不断提高对外开放水平，沿海、沿江、沿线、沿边、内地的多层次、全方位开放的格局逐步形成，并逐步全面融入经济全球化进程。

（一）沿海开放地区外向型经济的迅速发展

党的十一届三中全会后，中国对外开放的大门不断打开。1979 年，由交通部香港招商局全资开发的蛇口工业区正式成立，成为中国第一个外向型经济开发区。同年，国家批准处于沿海地区的广东省和福建省在对外经济活动中率先实行特殊政策和灵活措施的管理办法。1980 年，深圳、珠海、汕头、厦门四个经济特区发展成为实施对外开放的试点和窗口。经济特区实行不同于其他地区的特殊政策，主要包括：一是提供各种优惠待遇，鼓励外商投资，放松有关外资在经济比重中的硬性要求；二是在国家宏观经济管理的指导下，经济特区实行以市场机制为主的经济运行体制；三是给予经济特区政府相当于省级的经济管理权限，对于外事、边防、公安、海关、金融、外汇等经济行政业务，由国务院主管部门结合特区实际情况制定专项管理办法；四是中央政府对经济特区建设实行各种政策倾斜。

1984 年 4 月，国家在总结对外开放经验与成就的基础上，决定进一步扩大对外开放的步伐，开放天津、上海、大连、秦皇岛、烟台、青岛、连云港、南通、宁波、温州、福州、广州、湛江、北海 14 个港口城市，赋予这些城市开展对外经济贸易活动中更大的自主权，促进这些城市外商投资活动的发展。1985 年 2 月，珠江三角洲、长江三角洲以及闽南厦门、漳州、泉州三角地区的 51 个市、县又被开辟为沿海经济开放区。1988 年 3 月，沿海经济开放区进一步扩展到北方沿海的辽东半岛、山东半岛以及其他沿海的一些市、县。同年 4 月，海南省成为新的经济特区。至此，中国的对外开放区域从沿海个别地区和少数城市，扩展到了共有 293 个市县、2. 8 亿人口、42. 6 万平方公里面积的广大沿海地区。

1990年4月，国家决定开发和开放上海浦东新区，显示了中国进一步推进对外开放的巨大决心。上海是中国最大的工商业中心和口岸，具有雄厚的工业实力和科学技术基础，浦东新区的开发和开放促进了上海经济的产业结构调整，增强了其中心城市的综合服务能力，对上海成长为国际性经济、贸易、金融、航运中心，对带动整个长江流域的经济发展，都发挥了关键作用。

（二）对外开放全面推进

1992年春，邓小平视察南方并发表重要谈话，强调必须抓住有利时机，加快改革开放步伐，力争国民经济更好更快地迈上一个新的台阶。随后，中国出台了一系列重大措施，在全国范围内推进对外开放，形成了中国对外开放的又一高潮。

在这一阶段，沿江沿边开放、兴建保税区、推进外贸体制改革成为对外经济政策的重点环节。1992年，中央决定开放长江沿岸的芜湖、九江、武汉、岳阳、重庆5个沿江城市，沿江开放格局开始逐步形成。随后，珲春、绥芬河、黑河、满洲里、二连浩特、伊宁、塔城、博乐、瑞丽、畹町、河口、凭祥、东兴、丹东14个城市成为沿边开放城市，对外开放的沿边格局初步形成。在此期间，大连、广州、青岛、张家港、宁波、福州、厦门、汕头、海口等城市相继获得兴办保税区的资质，一大批经济技术开发区迅速成立。此外，中央还着手外贸体制改革，努力建立适应国际贸易惯例、符合社会主义市场经济要求的新型外贸体制，统一对外经贸政策，提高政策法规透明度，有力促进了对外贸易和利用外资的发展。

至此，中国对外开放已经扩大到全国各地和国民经济的众多领域，形成了沿海、沿江、沿线、沿边、内地的多层次、全方位开放的格局。

（三）加入世界贸易组织

世界贸易组织作为一个多边的国际经济组织，以市场经济体制为基础，以促进世界范围的贸易自由化、全球经济和福利的增长为宗旨，通过货物贸易总协定、服务贸易总协定、与贸易有关的知识产权协定以及其他一些协定，管理和协调成员方的活动。2001年11月，中国签署了加入世界贸易组织的协议，于同年12月正式成为世界贸易组织成员。

加入世界贸易组织，标志着中国的对外开放进入一个崭新的阶段，由自主单边开放转变为中国和世界贸易组织各成员方之间的相互开放。在世界贸易组织体系内的相互开放，使得中国可以享受对外经济交往中的多边谈判成果，扩大国际贸易的市场范围，增加解决贸易争端的协商机制，有利于中国外向型经济的快速发展。同时，加入世界贸易组织，也有助于中国吸收借鉴世界各国在市场经济制度方面的先进经验和成果，有利于中国社会主义市场经济体制的发展与完善。

四、对外开放的主要经验

在对外开放的艰辛探索中积累的许多宝贵经验，成为我国发展对外经济关系的重要指导原则。

（一）坚持独立自主和参与经济全球化相结合

随着对外开放的深入，中国越来越深地融入经济全球化进程中。在这个过程中，中国学习和借鉴了发达国家在经济、科技、管理等方面创造的先进经验，有力促进了国民经济发展和社会主义市场经济建设。但与此同时，对外开放也使中国面临世界经济发展中存在的各种风险。发达国家借助其经济、科技和综合国力的优势，在经济全球化过程中发挥着主导作用；而发达国家国际垄断资本为获得更高垄断利润的行为，使得世界经济中的矛盾和风险不断加大。发展中国家因其在世界分工格局中的不利地位而更易受到冲击。中国 40 多年的对外开放表明，独立自主、自力更生是实行对外开放积极参与经济全球化的重要保障。必须在对外开放中维护国家的经济发展自主权和经济安全，始终保持对关键行业和重点领域的控制力，防范世界经济波动可能产生的冲击和危害，使对外开放更有利于社会主义市场经济的发展。

（二）实施互利共赢的开放战略

生产要素在全球范围内自由流动，是世界各国广泛参与经济全球化的重要前提。只有让经济全球化惠及所有参与者，才能扩大经济全球化的参与范围、拓展参与深度。目前，发达国家借助国际分工体系中的有利地位，积极争夺经济全球化所带来的经济利益，忽视发展中国家的利益要求。这样的经济全球化是不公平的，也不可能持续健康发展。中国作为发展中的大国，在积极参与经济全球化的过程中，始终坚持互利共赢的开放战略，增强引领商品、资本、信息等全球流动的能力，增强参与全球经济、金融、贸易规则制定的实力和能力，在更高水平上开展国际经济和科技创新合作，在更广泛的利益共同体范围内参与全球治理，实现共同发展。

（三）统筹国内发展和对外开放

加入世界贸易组织以后，中国国内市场与国际市场的联系更为紧密，国内经济与国际经济的互动性明显增强，对国内经济的发展提出了新的挑战，又带来了利用国际环境加快发展的良好机遇。把国内发展和对外开放统筹起来，有助于从国际国内形势的相互联系中把握中国经济发展的正确方向，从国际国内条件的相互转化中抓住中国经济发展的历史机遇，从国际国内资源的优势互补中创造中国经济发展的有利条件，从国际国内因素的综合作用中掌握中国经济发展的全局。通过有效利用国际国内两个市场、两种资源，拓展了经济发展的空间。在对外开放中我们努力提高自主创新能力，把引进和开发、创新结合起来，增强了国际竞争力，促进了经济结构的调整和经济发展方式的转变。

（四）渐进有序地开放

中国作为发展中国家，在融入经济全球化的过程中，需要解决的问题很多，面临的外部风险也比较大，必须积极稳妥、有步骤、渐进式地推进对外开放。在实践过程中，中国根据自身承受经济全球化冲击的总体能力确定经济的总体开放度，遵循从特区到沿海地区，再到沿江、沿边地区，进而辐射到中西部内陆地区的梯度开放战略。同时，充分考虑国内各行业的国际竞争力，有区别、有顺序地开放，积极稳妥地推进货物和服务的对外贸易，分阶段、有控制地开放国内金融市场，有效降低经济全球化带来的风险，保证国民经济的平稳运行和持续发展。

第二节　新时代的对外开放

一、新时代对外开放的历程

2013 年，党的十八届三中全会提出“构建开放型经济新体制”的新要求。2015 年，《中共中央 国务院关于构建开放型经济新体制的若干意见》发布，对构建互利共赢、多元平衡、安全高效的开放型经济新体制进行了系统部署，提出了要力求通过统筹开放型经济顶层设计，进一步破除体制机制障碍，实现建立市场配置资源新机制、形成经济运行管理新模式、形成全方位开放新格局、形成国际合作竞争新优势的新时代构建开放型经济新体制的总体要求。

2017 年，党的十九大提出要坚持对外开放的基本国策，发展更高层次的开放型经济。2018 年，习近平在博鳌亚洲论坛年会开幕式上提出了中国扩大开放的重大举措。2019 年，党的十九届四中全会提出建设更高水平开放型经济新体制。2020 年，党的十九届五中全会再次强调建设更高水平开放型经济新体制，坚持实施更大范围、更宽领域、更深层次对外开放，全面提高对外开放水平，并在“十四五”规划建议中进行了部署。

“一带一路”倡议的提出。2013 年 9 月，习近平就任国家主席后首次访问哈萨克斯坦，提出建设“丝绸之路经济带”，同年 10 月，习近平在印度尼西亚国会发表演讲，深刻阐述了共同建设 21 世纪“海上丝绸之路”的倡议，“一带一路”倡议正式提出。经过共同努力，“一带一路”已从理念转化为行动，从愿景转变为现实。

自由贸易试验区的设立。2013 年 8 月，国务院正式批准设立中国（上海）自由贸易试验区。同年 9 月，中国（上海）自由贸易试验区挂牌仪式在上海外高桥保税区举行。2014 年 12 月，国务院同意在广东、天津、福建特定区域再设 3 个自由贸易试验区，以中国（上海）自由贸易试验区试点内容为主体，结合地方特点，充实新的试点内容。2016 年 8 月，国务院决定在辽宁、浙江、河南、湖北、重庆、四川、陕西新设立 7 个自由贸易试验区，这代表着自由贸易试验区建设进入了试点探索的新航程。党的十九大进一步指出，赋予自由贸易试验区更大改革自主权，探索建设自由贸易港。在博鳌亚洲论坛 2018 年年会开幕式上，习近平宣布，我国将实行高水平的贸易和投资自由化便利化政策，探索建设中国特色自由贸易港。随后，党中央决定支持海南全岛建设自由贸易试验区，支持海南逐步探索、稳步推进中国特色自由贸易港建设，分步骤、分阶段地建立自由贸易港政策和制度体系。2019 年 8 月，国务院决定在山东、江苏、广西、河北、云南、黑龙江 6 省区设立自由贸易试验区。2019 年 8 月，《中共中央 国务院关于支持深圳建设中国特色社会主义先行示范区的意见》发布，对深圳未来发展提出了明确的目标：到 2025 年，建成现代化国际化创新型城市；到 2035 年，成为我国建设社会主义现代化强国的城市范例；到 21 世纪中叶，成为竞争力、创新力、影响力卓著的全球标杆城市。2019 年 8 月，中国（上海）自由贸易试验区临港新片区正式揭牌，距离上海市中心 70 多公里以外的临港，将对标全球最高标准，由“投资贸易便利化”向“投资贸易自由化”大跨度提升，要以投资自由、贸易自由、资金自由、运输自由和人员从业自由等为重点，打造更具国际市场影响力和竞争力的特殊经济功能区。2020 年 8 月，北京、湖南、安徽 3 省市设立自由贸易试验区。至此，我国自由贸易试验区总数已增至 21 个。这些都标志着我国正在探索实施更大范围、更宽领域、更深层次的对外开放。

经过 40 多年的对外开放，中国成功实现了从封闭半封闭到全方位开放的伟大历史转折，利用国际国内两个市场、两种资源的水平显著提高，既加快了自身经济发展，也为世界经济发展作出了重大贡献。

二、新时代对外开放的新特点

党的十八大以来，以习近平同志为核心的党中央总揽战略全局，推进对外开放理论和实践创新，以新的开放理念，实施共建“一带一路”倡议，加快构建开放型经济新体制，倡导发展开放型世界经济，积极参与全球经济治理，更高水平的开放格局正在形成。

（一）坚持主动开放

主动开放，即把开放作为发展的内在要求，更加积极主动地扩大对外开放，努力在经济全球化中抢占先机。习近平反复强调，“中国开放的大门不会关闭，只会越开越大”①。2018 年 11 月，首届中国国际进口博览会在上海开幕。这是世界上第一个以进口为主题的国家级展会，是国际贸易发展史上的一大创举。举办中国国际进口博览会，是中国着眼于推动新一轮高水平对外开放作出的重大决策，是中国主动向世界开放市场的重大举措，是中国推动建设开放型世界经济、支持经济全球化的实际行动。中国主动扩大进口，不是权宜之计，而是面向世界、面向未来、促进共同发展的长远考量。此外，中国在持续放宽市场准入、营造国际一流营商环境等方面主动加大了进一步扩大开放的力度。习近平明确指出，必须“坚定不移深化各方面的改革，坚定不移地扩大开放，使改革和开放相互促进、相得益彰”②。新时代的开放不是为开放而开放，而是以开放促改革、促发展、促创新，以对外开放的主动赢得经济发展和国际竞争的主动。

（二）坚持双向开放

双向开放，即把“引进来”和“走出去”更好结合起来，实现高质量

---

① 《习近平谈治国理政》第三卷，外文出版社 2020 年版，第 202 页。

② 《习近平谈治国理政》第三卷，外文出版社 2020 年版，第 66 页。

“引进来”和高水平“走出去”，拓展经济发展空间。对外开放坚持“引进来”和“走出去”并重，这是开放型经济发展到较高阶段的重要特征，也是更好统筹国际国内两个市场、两种资源、两类规则的有效途径。在“引进来”方面，适应我国加快转变经济发展方式的要求，着力提高引资质量，注重吸收国际投资搭载的技术创新能力、先进管理经验，吸引高素质人才。坚持引资和引技、引智并举，提升利用外资的技术溢出效应和产业升级效应。在“走出去”方面，适应我国对外开放从贸易大国、对外投资大国迈向贸易强国、对外投资强国，以及市场、资源能源、投资对外深度融合的新局面，支持我国企业扩大对外投资，推动装备、技术、标准、服务“走出去”，提升在全球价值链中的地位。

（三）坚持全面开放

全面开放，就是要推动形成陆海内外联动、东西双向互济的开放格局。追求全面开放是提高开放水平的必然。全面开放体现在开放空间上，就是优化区域开放布局，加大西部开放力度，逐步形成沿海内陆沿边分工协作、互动发展的全方位开放新格局。体现在开放举措上，就是推进“一带一路”建设，坚持自主开放与对等开放，加强“走出去”战略谋划，统筹多双边和区域开放合作，加快实施自由贸易区战略等。体现在开放内容上，就是大幅度放宽市场准入，进一步放开一般制造业，有序扩大服务业对外开放，扩大金融业双向开放，促进基础设施互联互通。

（四）坚持共赢开放

共赢开放，就是要推动经济全球化朝着普惠共赢方向发展。习近平指出：“中国发展离不开世界，世界发展也需要中国。中国通过改革开放实现自身发展，创造了中国奇迹，同时又通过自身发展为世界进步贡献力量。”[①] 要坚定不移奉行互利共赢的开放战略，继续从世界汲取发展动力，也让中国发展更好惠及世界。共赢开放主张构建开放型世界经济，以开放发展为各国创造更广阔的市场和发展空间，在开放中分享机会和利益，促进形成各国增长相互促进、相得益彰的合作共赢新格局。要坚定不移发展全球自由贸易和投资，在开放中推动贸易和投资自由化、便利化，旗帜鲜明地反对保护主义。

（五）坚持包容开放

包容开放，就是要探索求同存异、包容共生的国际发展合作新途径。我们

---

① 《习近平集体会见博鳌亚洲论坛现任和候任理事》，《人民日报》2018 年 4 月 12 日。

的开放，秉持的是共商共建共享原则，不是封闭的、排他的，而是开放的、包容的；不是中国一家独奏，而是世界各国的合唱。我们的开放，主张维护世界贸易规则，支持开放、透明、包容、非歧视性的多边贸易体制，鼓励各方积极参与和融入，不搞排他性安排，推动建设开放型世界经济。习近平强调："要坚持共商共建共享原则，顺应世界经济格局调整演变趋势，同更多发展伙伴开展合作，推动区域经济一体化，推动经济全球化朝着更加开放、包容、普惠、平衡、共赢的方向发展。"[①] 近年来，从"和平合作、开放包容、互学互鉴、互利共赢"的丝路精神到"开放、包容、合作、共赢"的金砖精神，从推动构建新型国际关系到推动共建人类命运共同体，我国始终谋求开放创新、包容互惠的发展前景。

三、建设更高水平开放型经济新体制

《中共中央关于制定国民经济和社会发展第十四个五年规划和二〇三五年远景目标的建议》把"更高水平开放型经济新体制基本形成"列入"十四五"时期经济社会发展主要目标，提出"全面提高对外开放水平，推动贸易和投资自由化便利化，推进贸易创新发展，增强对外贸易综合竞争力"等要求，为加快发展更高层次开放型经济提供了遵循。

建设更高水平开放型经济新体制，必须实施更大范围、更宽领域、更深层次的全面开放。一是实施更大范围的全面开放。要优化对外开放的空间格局，通过更大范围的开放，改变东快西慢、沿海强内陆弱的开放状况，引导沿海内陆沿边开放优势互补、协同发展。二是实施更宽领域的全面开放。不仅要扩大对外贸易、跨境投资合作，还要深化和拓展资金、人才、科技等领域国际合作，完善要素市场化国际化配置，使商品、要素等领域开放形成协同效应，更好地发展和积聚我国经济新动能。三是实施更深层次的全面开放。要推动由商品和要素流动型开放向规则等制度型开放转变。一方面从我国国情出发，借鉴和对标国际先进经验，完善我国涉外经贸法律和规则体系，推动规则、规制、管理、标准等制度型开放，营造更加市场化、法治化、国际化的营商环境；另一方面要积极参与世界贸易组织改革，推动完善国际经贸规则，与国际社会一

① 《习近平在亚洲基础设施投资银行第五届理事会年会视频会议开幕式上致辞　强调亚投行应该成为促进成员共同发展、推动构建人类命运共同体的新平台》，《人民日报》2020 年 7 月 29 日。

道共同构建以规则为基础的多边贸易体系，维护多边贸易体制的权威性和有效性。

顺应扩大对外开放的新形势，加快推进更高水平开放型经济新体制建设。一要加快自由贸易试验区和自由贸易港的建设。自由贸易试验区要对标高水平国际经贸规则、加大压力测试力度、缩减开放领域的“负面清单”，通过制度创新为改革开放探索新路径、积累新经验。自由贸易港要聚焦贸易投资自由化便利化，将制度集成创新摆在突出位置，通过解放思想、大胆创新，对接国际高水平经贸规则，以实现高质量高标准的建设目标。二要建设稳定公平透明的营商环境。在深化“放管服”改革，推进“证照分离”简化办理流程，破解“准入不准营”问题等三个方面加大商事制度改革力度；“放宽市场准入”，但要加强“事中事后”监管，构建权责明确、公平公正、公开透明、简约高效的事中事后监管体系；要建立知识产权侵权惩罚性赔偿制度，加大对知识产权的保护力度。三要完善涉外经贸法律和规则体系。要全面实施《中华人民共和国外商投资法》，加快制定配套政策措施，保护外商投资合法权益，促进内外资企业公平竞争，保障外商投资企业国民待遇。完善对外贸易调查制度，健全产业损害预警体系，妥善应对贸易摩擦，提升运用贸易救济规则能力和水平。健全对外开放国家经济安全保障体系，健全外商投资国家安全审查、反垄断审查、国家技术安全清单管理、不可靠实体清单等制度，切实维护我国主权、安全和发展利益。构建海外利益保护和风险预警防范体系，加强风险监测分析，引导企业防范风险，保障重大项目和人员机构安全。四要推动形成高标准的经贸规则。推动与世界主要经济体商建自由贸易区进程，不断扩大自由贸易区网络覆盖范围，加快形成立足周边、辐射“一带一路”、面向全球的高标准自由贸易区网络。维护开放、包容、透明、非歧视性等世界贸易组织核心价值和基本原则，反对单边主义和保护主义，推动对世界贸易组织进行必要改革。积极参与多边贸易规则谈判，建设性参与全球经济治理，推动建设开放型世界经济。

第三节 对外开放的主要内容

一、发展对外贸易

对外贸易是拉动经济增长的重要因素。扩大对外贸易，有利于推动国内的产业结构优化升级，推进经济的现代化。

中国的对外开放首先是通过对外贸易来实现的。在发展对外经贸关系的过程中，根据不同阶段产业发展水平和国际分工参与程度，贸易发展战略也经历了不断调整的过程。总体来说，中国实行的是进口替代与出口导向相结合的平衡型贸易发展战略，但在不同阶段具体的贸易政策措施又有所区别。

进口替代是指以国内生产的产品来替代进口的产品，实行这一政策的目标是减少进口和外部依赖，节约外汇，平衡国际收支，保护国内幼稚产业，改变发达国家与发展中国家的不平等关系，改善贸易条件，促进工业化。对外开放初期，中国通过鼓励引进适用技术，采取诸如关税、配额等贸易政策措施，实现了一般劳动密集型消费品的进口替代，推动了工业化进程。随着工业化水平的不断提高，进口替代发展为对高级工业品、先进制造业的进口替代，强调引进先进技术的同时，提高自主创新能力。

出口导向是指通过扩大出口来带动本国的工业化和经济的持续增长。出口导向战略并不是简单放宽或废除关税、数量限制、外汇管制等进口替代政策与措施，而是把放宽这些限制与各种鼓励出口政策结合起来，通过扩大出口来带动经济发展。20 世纪 80 年代，中国充分发挥自身的比较优势，利用发达国家和地区劳动密集型产业外移的机遇，大力吸引外资，利用“三来一补”① 发展出口导向的劳动密集型制造业。随着对外开放的不断扩大，我国出口贸易量不断增长，质量不断提高。

在经济全球化条件下发展对外贸易，要进一步深化进出口管理体制改革，加大改革的步伐。积极履行加入世界贸易组织的承诺，降低关税和消除非关税壁垒，建立符合国际惯例的进出口管理体制；要更积极地和更深入地参与到国际多边贸易体系中，促进自由贸易区建设，增强企业的国际竞争力，实现国内经济与国际经济的互接互补，促进中国社会主义市场经济体制的不断完善。

中国已经成为国际贸易大国，但并非贸易强国。人均外贸规模明显低于美国、日本等发达国家，高附加值产品和高新技术产品在出口贸易中的比重比较低，国内产品在国际市场的品牌影响力比较弱。同时，过高的外贸依存度，降低了抗击国际经济波动的能力，加大了经济的外部风险。因此，要进一步推进

① “三来一补”是来料加工、来件装配、来样加工和补偿贸易的简称。

对外贸易体制和政策方面的改革，努力提高对外贸易效益，改变过分依赖数量扩张和粗放型的贸易增长方式；继续推进市场多元化，改变过分依赖传统市场的市场格局；促进贸易主体多元化，改变过分依赖外商投资企业的局面；推动多种贸易方式共同发展，加快实施自由贸易区战略，改变国际市场开拓不足、国际经贸规则制定参与不够的局面，推动贸易大国向贸易强国转变。

二、引进和利用外资

对外经济关系不仅包括商品的国际流通，还包括资本、技术和劳动力等生产要素的国际流动，充分吸收和利用国际资源，通过引进资金、先进技术和人才来增强国际竞争力，优化生产要素供给条件，带动整个国民经济的发展。引进和利用外资是中国“引进来”战略的主要内容，是中国发展对外经济关系的主要形式。

改革开放以来，中国实行了积极利用外资的政策，利用外资的规模迅速扩大。外资的大规模进入推动了中国对外贸易规模的快速增长，提高了参与国际分工的规模，提升了出口产品的结构和竞争力，加快了工业化进程。

第一，引进和利用外资有效地缓解了经济发展中面临的资金不足问题。资金缺乏是制约中国现代化建设的重要因素，特别是对经济发展具有战略意义的基础设施建设，投资期限长，资金规模大，资金缺口更明显。外资的流入在一定程度上缓解了基础设施建设的资金紧张状况，加快了基础设施建设的步伐。同时，在一些重要的投资项目中，外商投资也发挥了一定的作用。

第二，引进和利用外资有利于学习外国先进的技术和管理经验，促进经济结构的调整和产业升级。外商投资带来的先进技术、工艺、设备和产品，推动了国内相关工业的技术进步，加快了产业结构和产品结构的调整步伐，缩短了与世界发达国家的技术差距，提升了中国产业在国际分工体系中的地位。

第三，引进和利用外资有利于吸纳外商投资企业的税收，增加外汇储备，创造更多的就业机会。统计表明，以外商投资企业税收为主的涉外税收占全国工商税收总额的比重稳步上升，外商投资企业的银行结售汇保持较大顺差，外商投资企业吸收劳动力就业已经成为解决就业问题的一个有效途径。

第四，引进和利用外资有利于推动外向型经济增长。从对经济增长的贡献看，外商投资企业的工业增加值在全国工业增加值中占有相当比重；从对外贸易方面看，外商投资企业进出口额在中国进出口总额中占有相当比重。

总体来看，中国在引进和利用外资方面取得了巨大的成就，也在如何控制外资规模、引导合理的外资结构、确定合理的外商投资领域、发展长期战略合作方面积累了许多宝贵的经验；但在引进外资的过程中也出现了一些值得重视的问题，如外商投资企业利润转移问题、技术转移问题、跨国公司垄断问题、环境污染问题等。因此，必须深化外资利用方面的制度改革，规范与引导外商投资企业的市场行为，将外资优惠政策与可持续发展战略协调起来，推动外资更好地服务于中国社会主义市场经济的发展。

三、实施“走出去”战略

实行对外开放，不仅要实行“引进来”战略，大力引进外国资金、技术和人才，还要实行“走出去”战略，包括发展对外投资、技术和劳务输出等。“引进来”与“走出去”是对外开放的两个轮子。两个轮子一起转，有助于发挥优势，扬长避短，促进经济持续快速稳定发展。

“走出去”战略主要包括两方面内容：其一，鼓励和扶持一批有市场竞争优势的国内企业开展海外投资，充分利用国外经济资源实行跨国经营，并最终成长为具有强大国际竞争力的大型跨国公司；其二，鼓励和扶持国内企业，积极参与到国际产业分工和协作网络中去，通过区域经济合作和国际经济合作，加入各种类型的市场战略联盟，减少国际市场的进入壁垒，推动出口贸易和海外投资的发展。

实施“走出去”战略，有力推动了国内企业的对外投资活动，扩大了中国企业的境外生产、贸易与服务的规模，带动了商品、技术和劳务的出口，一批跨国企业和企业集团开始在国际市场上站稳脚跟。实施“走出去”战略后，中国境外投资从少到多，逐步扩大，呈现出良好的发展势头。

第一，初步形成了全方位、宽领域的“走出去”战略格局。中国对外经济合作业务已遍及全世界近200个国家和地区，业务范围以工业制造、建筑、石油化工、资源开发、交通运输、水利电力、电子通信、商业服务、农业等行业为主，并涉及环境保护、航空航天以及医疗卫生、旅游餐饮、咨询服务等诸多领域。随着“一带一路”建设向纵深推进，中国对外经济合作加速向全球拓展，形式更加丰富，质量和效益持续提高。

第二，对外投资的方式日益多样化，层次逐渐提高。对外投资由最初的货币投资、实物投资向跨国并购等方式扩展，并有越来越多的企业采取入股和股权置换等方式投资。企业到境外收购销售网络、技术专利，建立研发中心和工业园区的做法明显增多。

第三，对外承包工程大型项目不断增加，劳务合作稳步发展。中国已经成为世界工程承包大国，在境外承揽许多大型总承包和“交钥匙”工程项目。通过对外承包工程带动了劳务输出，发挥了劳动力资源丰富的优势。

第四，在境外资源能源开发合作方面取得进展。中国已与世界40多个国家和地区建立资源能源长期合作关系，其中与俄罗斯、哈萨克斯坦、沙特阿拉伯、苏丹、印度尼西亚等国的大项目和中长期合作运营良好，在西欧、北非、南美、东南亚、中亚—俄罗斯等海外战略区域建立了年产100万吨以上的原油生产基地。铁、铜、铝、铬、锌等矿种均在境外形成了一定的生产能力。

第五，涌现出一批跨国经营业绩较好的企业。一些企业进入世界500强行列。研发能力强、拥有自主知识产权和核心技术的高端产业领域的制造企业，在“走出去”中逐步形成了国际品牌，提升了“中国制造”的品牌影响力和品牌价值。

当然，“走出去”战略的实施并不是一帆风顺的，实践过程中也存在一些问题和风险。比如，与国际大型跨国公司相比，国内多数企业缺乏拥有核心技术与自主知识产权的拳头产品，这对企业海外投资的国际竞争力产生了较大的负面影响；由于对投资所在国的法律缺乏应有的了解，一些企业的海外并购活动因陷入各类法律纠纷而最终失败；投资所在国的政治风险以及民族主义威胁，也使得对外投资的产权安全面临各种不确定性和风险。因此，在推进“走出去”战略时，需要政府在金融、财税、外汇、对外关系等多方面提供有力支持，建立和完善对外投资政策促进体系，并加快立法进程，建立和完善制度保障体系、监管和调控体系、市场服务体系，推动“走出去”战略顺利实施。

第四节 中国对外经济关系和国家经济安全

一、中国对外经济关系的发展

“生产的国际关系”是马克思主义政治经济学关注的重要内容，马克思强调应当把“生产的国际关系”作为专门篇章来研究，包括“国际分工”“国际交换”“输出和输入”“汇率”等方面。在实行改革开放的过程中，如何正确处理中国和世界各国的经济关系，是一个重大课题。

近代以来，我国同世界的关系经历了三个阶段。一是从闭关锁国到半殖民地半封建社会阶段。先是在鸦片战争之前隔绝于世界市场和工业化大潮，接着在鸦片战争及以后的数次列强侵略战争中屡战屡败，成为积贫积弱的国家。二是“一边倒”和封闭半封闭阶段。新中国成立后，我们在向以苏联为首的社会主义阵营“一边倒”和在相对封闭的环境中艰辛探索社会主义建设之路，“文化大革命”中基本同世界隔绝。三是全方位对外开放阶段。改革开放以来，我们充分运用经济全球化带来的机遇，不断扩大对外开放，实现了我国同世界关系的历史性变革。

我国同世界关系的发展过程，也是中国对外经济关系的发展过程。新中国的成立，实现了中华民族从“东亚病夫”到站起来的伟大飞跃，社会主义中国坚持在平等互利的基础上发展与各国的经济关系；但是，由于国际国内形势的复杂变化，在一段时期内，我国局限在相对封闭的环境中艰辛探索社会主义建设之路。

党的十一届三中全会以后，我们党正确把握时代主题，顺应时代潮流和人民愿望，作出实行改革开放的历史性抉择，确立了主动打开国门搞建设的基本国策，实行积极主动的开放战略，积极参与经济全球化，中国与世界各国在经济上的交往、互动不断加强，中国的对外经济关系全面发展。

党的十八大以来，以习近平同志为核心的党中央洞察世界大势，总揽战略全局，推进对外开放理论和实践创新，确立开放发展新理念，提出构建人类命运共同体的伟大构想，坚定不移坚持并深化互利共赢的开放战略，加快构建开放型经济新体制，推动建设开放型世界经济，积极参与全球经济治理，坚持“引进来”和“走出去”并重，坚持实施更大范围、更宽领域、更深层次的对外开放，推动形成全面开放新格局，推动中国对外经济关系以更高的水平、更高的质量全面发展。

二、经济全球化背景下的中国对外经济关系

（一）中国与发达国家和地区的经济交往

中国与发达国家之间在产品上具有较强的互补性，彼此间的国际贸易有着广阔的空间，在很长一段时间内，美国、欧盟、日本等发达国家和地区是中国的主

要贸易伙伴。在未来一定时期内，发达国家仍将是中国外向型经济的主要海外市场。

发达国家资金与技术的引入，加快了我国制造业的成长速度，有利于中国产业在国际分工体系中的升级。对外开放以来，发达国家在中国的直接投资持续增长。特别是20世纪90年代后，发达国家对华直接投资进入了快速增长期，行业涉及机械、冶金、航空等制造业，电子设备、通信设备等高新技术产业，以及金融、保险等服务业。发达国家外资与技术的进入，带来了先进的技术设备和管理经验，促进了经济的现代化。

但同时也要看到，中国与发达国家的经济关系，还存在一些不容忽视的问题。随着日益融入经济全球化，中国在世界经济体系中的地位不断提高，针对中国的贸易壁垒和贸易摩擦明显增多，围绕资源、市场、技术、人才的国际竞争日趋激烈。因此，在与发达国家发展经济关系时，必须正视分歧，加强协调，谋求互利共赢、共同发展。

（二）中国与东盟、俄罗斯、韩国等周边国家和地区的经济交往

东盟、俄罗斯等周边国家和地区，是工业原料、能源及粮食等战略性经济资源的盛产地。发展与这些国家的经济关系，建立多种形式的区域性合作，对于中国经济的持续发展，具有重要的意义。中国在资金、技术和一些制造业领域具有的优势，可以为这些国家的经济发展提供积极的支持。

20世纪90年代以来，中国与东盟、俄罗斯、韩国等周边国家和地区的经贸往来开始逐渐活跃，有力推动了中国外向型经济的发展。在不断扩大双边贸易的基础上，中国已同东盟各国达成《中国—东盟全面经济合作框架协议》，积极推动“一带一路”倡议和《东盟互联互通总体规划2025》深入对接，中国—东盟自由贸易区的建设取得重大成果，在夯实传统领域合作基础的同时，在数字经济、电子商务、智慧城市等新领域开辟出更广阔的务实合作天地。中国与俄罗斯双边贸易额持续提升，贸易结构不断优化，高科技等领域大型合作项目推进落实，两国在科技、教育、卫生健康、大众传媒、体育、文化、旅游领域合作和人员往来不断扩大，在能源、农业、金融、科技创新等领域合作不断深化。中国与韩国已正式签署自由贸易协定，双边贸易实现了跨越式发展，韩国对华直接投资增长迅速，中韩两国在金融、核能、邮电通信等产业的合作方兴未艾。中国与这些国家的未来经贸合作有着广阔的发展空间。2020年11月，包括东盟10国等在内的15国正式签署了《区域全面经济伙伴关系协定》

（RCEP），对深化亚太地区区域经济一体化、提升我国与该区域内周边国家和地区经济合作水平意义重大。

（三）中国与拉美、非洲等发展中国家和地区的经济交往

拉美、非洲等发展中国家和地区拥有丰富的自然资源和庞大的潜在市场，是多极化世界格局的重要经济力量。与这些国家和地区开展经贸往来，不仅有助于彼此的互利合作、共同发展，而且有助于改变现存的由发达国家主导的国际经济秩序，推动公平、合理的国际经济新秩序的形成。

对外开放以来，中国与拉美、非洲等发展中国家和地区的经贸往来出现了比较迅速的发展。如双边贸易规模持续扩大，中国在这些国家和地区的直接投资不断增加，双方在一系列重大国际经济问题上的合作日益加强等。尤其是进入新时代以来，双方在“一带一路”等重大国际合作项目中有了更多的合作。

三、在对外开放条件下保障国家经济安全

国家经济安全是国家安全体系的基础，随着中国对外开放程度的不断深化，国家经济安全方面的风险与挑战逐渐增多，如何维护国家经济安全的问题也日渐突出。习近平强调指出，“越开放越要重视安全，越要统筹好发展和安全，着力增强自身竞争能力、开放监管能力、风险防控能力”①。当前和今后一个时期，是我国各类矛盾和风险易发期，各种可以预见和难以预见的风险因素明显增多。

第一，产业安全风险。在对外开放条件下，由于国际竞争格局的变化、经济政策变动、自然资源条件的变化、跨国垄断资本的扩张等，一国经济的重要产业部门可能面临生存与发展困境，从而使国家经济安全面临风险。经过长期努力，中国已经形成了比较完整的产业体系、工业体系和产业链供应链，农林牧副渔全面发展，主要农产品产量位居世界前列，工业门类齐全，是唯一拥有联合国产业分类目录中全部工业门类的国家。但是，中国在产业基础能力和产业链水平上还存在不足之处，相当多关键技术、高端装备和元器件仍依赖进口，研发设计等方面竞争力不强，产业链在国际产业链中总体还处于技术含量和附加值较低的环节，产业链与供应链衔接不够紧密。这些问题，都是中国产业安全领域存在的风险隐患，导致产业体系抗干扰抗冲击能力不强，容易受到

① 习近平：《在经济社会领域专家座谈会上的讲话》，人民出版社2020年版，第8页。

外部条件变化的影响，甚至处于被“卡脖子”的困境。

第二，战略物资供应和重要基础设施老化风险。粮食、能源、资源等战略资源是保证国家生产和人民生活的基本物质材料，是国家经济安全的生命线；水利、电力、供水、油气、交通、通信、网络、金融等重要基础设施是保障生产生活正常运行的基础条件，运行中断或遭到破坏时会严重危害国家安全。经过多年努力，我国基础产业和基础设施建设持续加强，粮食总产量自2015年以来稳定超过6.5亿吨，能源供给体系全面建立，矿产资源开发利用水平不断提高，综合交通运输体系迅速发展，水利建设突飞猛进。但大豆、石油、天然气、铁矿石、精铜矿等部分农产品、能源和矿产资源的生产还难以满足国内需求，一些水利、交通基础设施已经老旧，部分基础设施维修管理水平不高，亟须更新维护。

第三，金融风险。金融是经济的血脉，是现代市场经济运转的基石。金融稳定是经济社会稳定的前提，金融安全是国家经济安全的重要保障。改革开放以来，我国金融业迅速发展，在社会主义现代化建设中发挥了重要作用，银行、保险、证券等行业自身实力也不断增强，我国经受住了国际金融危机的冲击和考验，金融风险总体可控。但是，局部金融风险依然存在，不良资产风险、流动性风险、债券违约风险、房地产金融风险、政府债务风险等不时发生；作为金融风险源头，宏观及微观杠杆率仍然较高。这些金融领域存在的问题，已经成为国家经济安全面临的突出风险。

第四，生态环境风险。生态环境是人类生存和发展的根基，生态环境安全是国家安全的重要组成部分，是经济社会持续健康发展的重要保障。党的十八大以来，我国生态文明建设显著加强，环境污染治理力度明显加大，生态环境质量稳步改善。但是，我国自然生态环境先天不足，整体生态环境系统脆弱，工业化快速发展积累的环境问题进入高强度频发阶段，生态环境质量与人民群众期待还有差距，生态环境隐患和风险显现，特别是大气、水、土壤污染严重，已成为经济发展和人民生活的制约因素。

第五，海外利益安全风险。目前，我国已成为世界第二大经济体、第一大货物出口国、第二大货物进口国、第二大对外直接投资国、第一大外汇储备国，国民经济已经深度融入世界，境外资产存量巨大，境外中资企业数量众多。但是，当前国际形势更加严峻复杂，我国海外利益风险不容低估。

安全是发展的前提，发展是安全的保障。面对世界百年未有之大变局，统筹发展和安全，确保国家经济安全是开启全面建设社会主义现代化国家新征程的战略要求，也是维护国家经济利益和人民长远利益的重大任务，是推动高质量发展、建设现代化经济体系的必要保障，还是构建以国内大循环为主体、国际国内双循环相互促进的新发展格局的重要举措。具体来说，需要重点做好以下几方面工作：

一是增强产业体系抗冲击能力。产业安全是经济安全、国家安全的根基，必须着力提高产业链供应链韧性，实施产业竞争力调查和评价工程，增强产业体系抗冲击能力。要增强夯实产业基础能力，聚焦关键产业领域基础薄弱环节，加大重点领域投资力度，积极构筑工业互联网平台，优化数据中心布局。要提升产业链现代化水平，科学研判重大产业技术问题，探索发挥新型举国体制优势，有效利用市场化手段，提高科技创新支撑能力，推动实施重大技术改造升级，发展壮大先进制造业和生产性现代服务业。要不断完善产业链体系和生产力布局，更好发挥大企业牵头作用，同时加快培育一批“专精特新”中小企业，投入关键设备和关键材料，促进产业在国内合理转移，培育世界级先进制造业集群，形成分布合理、链条完整、安全高效的产业格局。要保障供应链安全稳定，针对产业链重点领域和关键环节，依托企业构建关键零部件、材料、设备等备份生产、应急储备、调运配送等体系，同时充实国家战略物资储备，提高产业抗干扰抗风险能力。

二是确保粮食、能源、资源和重要基础设施安全。粮食、能源、资源和重要基础设施是经济的命脉，必须科学运筹、精心维护。要确保粮食安全，做到谷物基本自给，口粮绝对安全，严守耕地保护红线，稳定粮食播种面积和产量，厉行勤俭节约，增强粮食安全保障。要保障能源安全，从国家发展和安全的战略高度，审时度势、借势而为，持续加大国内勘探开发投入，优化管网布局，提高储备能力，提高供给质量，发展新型清洁能源，加强供应系统安全保障，完善能源安全政策，深化国际合作，提升我国在全球能源市场上的话语权。要保障战略性矿产资源安全，保证重要资源充足、稳定、可持续供应，推进矿产资源节约高效开发利用，加强海外资源开发与运输，积极扩展进口渠道，保障运输通道安全，加强战略性矿产资源储备，优化完善储备规模结构。要提高水资源集约安全利用水平，强化水资源监测预警和管理，优化江河流域水量分配，推进河湖生态治理和保护修复，提升水旱灾害防御能力。要维护水利、电力、供水、油气、交通、通信、网络、金融等重要基础设施安全，对运行中断或遭到破坏时会危害国家安全的重要基础设施进行安全风险评估和后果预判，采取有效措施加以防控、化解和应对。

三是守住不发生系统性金融风险底线。金融稳定是经济社会稳定的前提，必须统筹金融发展和金融安全工作，把防范化解金融风险作为金融工作的根本性任务，维护金融安全，确保不发生系统性金融风险。要坚持金融为实体经济服务的方向，全面提升金融服务效率和水平，把金融资源配置到经济社会发展的重点领域和薄弱环节。要在深化金融改革中优化金融结构，坚持社会主义市场经济改革方向，处理好政府和市场的关系，提高金融资源配置效率，健全市场规则，完善市场约束机制，强化财经纪律，完善金融产业体系，坚持质量优先，促进融资便利化。要强化金融监管建设，提高金融监管透明度和法制化水平，加强宏观审慎管理制度建设，加强监管；加快金融市场基础设施建设，完善金融运行、金融治理、金融监管、金融调控体系，规范金融运行发展。要维护货币、股票、债券、外汇和房地产市场稳定，坚持实施稳健的货币政策，完善多层次资本市场体系，健全制度，规范市场秩序，打击违法行为。要稳妥有序化解债市和地方政府债务风险，因城施策进行房地产市场调控，坚持人民币汇率在合理水平上基本稳定，有序推进人民币国际化，切实保障财政金融安全。

四是确保生态环境安全。要进一步加强环境保护和治理，坚持预防为主，综合治理。要加快构筑国家生态安全屏障，推动生态环境治理体系和治理能力建设，强化风险监测与管控，统筹一体化保护和修复，推进节能减排，发展绿色低碳循环经济。

五是构建海外利益保护体系。要加紧研究、加大投入、加强防范，努力提高海外安全保障能力和水平。要推进企业“走出去”的安全保障体系建设，遵守当地法律法规，坚定维护中国企业的海外合法权益，加强对进出口贸易重要运输线路、海外投资重要建设项目的安全保障。要坚持共商共建共享，促进政策沟通、设施联通、贸易畅通、资金融通、民心相通，高质量推进“一带一路”共建，在深化合作发展中保障建设安全。要强化安全保障协调，开展安全风险评估，加强动态监管和预警，组织突发事件应急处置协调联动，推进风险预警预防和保障能力建设，加强对外安全协作。

六是加强经济安全风险预警、防控机制和能力建设。经济安全风险防控的体制机制建设和能力提升，是有效防范化解各类经济风险挑战的重要保障。必须加大经济安全风险预警机制的建设力度，把经济风险隐患解决在萌芽阶段。要完善经济安全防控体系，加强统筹协调，明确防控任务，精准决策发力，综合应对挑战，避免风险多发。要健全危机应对体系，积极引导舆论信息和社会预期，严密防范“次生风险”。要加强经济安全保障能力建设，为防范和控制经济安全风险提供有力支撑和保障。

思考题：

1. 解释下列概念：进口替代、出口导向。
2. 简述中国对外开放的必要性。
3. 中国对外开放的主要经验有哪些？
4. 简述“走出去”战略的主要内容。
5. 新时代中国全面对外开放的基本内涵是什么？
6. 试述维护中国国家经济安全的主要对策。

第四篇 经济全球化和推动共建人类命运共同体

第十七章　经济全球化与全球经济治理

经济全球化是社会生产力发展的客观要求和科技进步的必然结果。一个国家要谋求发展壮大，必须主动顺应经济全球化的潮流，主动打开国门搞建设。同时，对经济全球化，需要做全面分析和科学认识，既要看到它是不可逆转的历史大势，又要深刻认识资本主义主导经济全球化的弊端，引导经济全球化朝着更加开放、包容、普惠、平衡、共赢的方向发展，积极推动构建以合作共赢为核心的新型国际经济关系和公正合理的国际经济新秩序。

第一节　经济全球化的形成与发展

一、经济全球化的含义与表现

经济全球化，是指在国际分工的基础上，劳动力、资本、土地、知识、技术、管理、数据等各类生产要素通过在全球范围内的大规模流动和配置，推动各国经济更加紧密地相互联系的过程。经济全球化反映了社会化大生产不断发展和科学技术不断进步的要求。

经济全球化主要表现为贸易全球化、生产全球化和金融全球化。

贸易全球化，是指商品和服务贸易超越了民族国家的地域限制，国际贸易的范围、规模和程度大幅度增加。贸易是经济增长的重要引擎，也是经济全球化最基本的形式。贸易的全球化趋势表现在三个方面：首先，国际贸易额的增长速度大大超过世界产值的增长速度，各国经济对国际贸易的依赖程度大大提高；其次，国际贸易的产品种类不断扩大，服务贸易在国际贸易中所占的比重不断提高；最后，国际贸易的地区结构发生显著变化。发达国家之间的国际贸易发展迅猛，在全球贸易中的比重不断扩大。同时，新兴市场国家在国际贸易中的地位不断加强。在经济全球化进程中，国际分工体系进一步深化，生产的国际化程度大大提高，从根本上推动了贸易全球化的发展。多边贸易体制和区域贸易安排是驱动贸易全球化向前发展的“两个轮子”。以世界贸易组织为核心的多边贸易体制是国际贸易的基石，在推动全球贸易发展、建设开放型世界经济方面发挥了中流砥柱的作用。与此同时，区域贸易安排显著增多，区域合作进程加快，为世界经济注入了强大活力。贸易全球化使各国在世界市场机制的作用下有效配置资源。通过国际贸易，各国互通有无，获得自己所需要的产品；各国通过出口国内生产成本低、比较利益高的商品，进口国内生产成本高、比较利益低的商品，从而节约劳动消耗、增加社会福利。世界市场还强化了各国市场竞争，促使各国提高技术水平、提高劳动生产率。

生产全球化，是指企业的生产过程超越国界，在全球范围内分工协作，利用各国生产要素优势进行生产活动的趋势。国际分工的发展是生产全球化的基础，当代国际分工表现为由垂直型分工向水平型分工转化的特点。垂直型国际分工是指经济发展水平相差悬殊的国家（如发展中国家与发达国家），各自发展具有比较优势的主导产业，通过国际贸易连接而成的国际分工体系。水平型国际分工是指经济发展水平相同或相近的国家之间，通过国际分工协作方式最终完成工业制成品生产的模式。在经济全球化进程中，跨国公司是生产全球化的重要推动力量。它把传统的国际分工变成了企业内部的分工，在全球范围内对资本、技术、劳动力、管理等生产要素进行直接配置，组织跨国经营，使世界各国的生产活动成为全球生产网络的有机组成部分。它加速了资本的国际流动，推动了国际贸易的增长，增进了国际范围内的分工和协作，促进了技术的转移和扩散，推动了经济全球化的发展。

金融全球化，是指资本在世界各国、各地区自由流动，从而使全球金融市场日趋开放、金融体系日益融合的过程。金融全球化趋势的发展，是以全球范围的资本流动为先导的。自 20 世纪 70 年代布雷顿森林体系瓦解后，发达国家逐步解除了对资本跨国界流动的限制，资本在发达国家之间的流动不断增强。20 世纪 80 年代以后，许多新兴市场国家相继采取了引入外资发展经济的政策，进一步推动了资本流动的全球化进程。随着资本跨国流动性的提高，世界各金融市场迅速发展起来，相互间的关联日益加强。信息技术革命在经济领域的广泛应用，特别是互联网技术在全球的普及，使得经济信息得以在世界各地实现高效快捷的传递，为金融全球化提供了良好的硬件平台。金融全球化提高了金融市场的效率，带动了国际投融资活动的发展，提高了生产要素在世界范围内的配置效率。发展中国家尤其是新兴市场国家获得了大量急需的经济发展资金，带动了地区经济乃至世界经济的增长。

社会经济过程是生产力与生产关系的矛盾运动过程，经济全球化也是如此，是生产力与生产关系在全球范围矛盾运动的过程。从生产力的角度看，经济全球化是社会生产力发展的客观要求和必然结果。生产力的发展为经济全球化发展创造了物质条件，它提高了人类活动能力，使人类活动突破了国家和地域的限制，拉近了人类交往的空间距离，提高了交往的效率，加速了科学的普及、知识的传播、技术的扩散、人员的流动。生产力的发展为经济全球化发展创造了社会条件，它促进了国际分工和国际交换的扩展和深化，使各个国家的经济联系和依赖程度日益加深，形成了全球性生产网络、经济组织、经济规则和治理体系。在人类历史上，生产力的每一次革命，都推动了经济全球化的巨大发展。从生产关系的角度看，历史上出现的经济全球化是资本全球扩张所引发的一种全球经济现象。早在1848年，马克思、恩格斯在《共产党宣言》中就生动描绘了当时资本主义商品交换和商品生产在全球扩张的情景："不断扩大产品销路的需要，驱使资产阶级奔走于全球各地。它必须到处落户，到处开发，到处建立联系。……过去那种地方的和民族的自给自足和闭关自守状态，被各民族的各方面的互相往来和各方面的互相依赖所代替了"，从而"使一切国家的生产和消费都成为世界性的了"。①马克思认为："资产阶级社会的真正任务是建成世界市场（至少是一个轮廓）和确立以这种市场为基础的生产。"②

随着生产力的发展，以及资本主义制度向社会主义制度的过渡，资本主义主导的经济全球化也必将为新型的经济全球化所替代。

二、经济全球化的进程

在人类历史上，各个国家之间的经济和贸易往来有着悠久的历史，比如著名的丝绸之路就是一个有力的见证。但是，真正意义上的经济全球化是资本主义生产方式的产物。迄今为止，经济全球化大致经历了三个阶段。

一是殖民扩张和世界市场形成阶段。从15世纪到18世纪，随着新航路的开辟，西欧商业资本主义第一次把美洲大部分地区和非洲沿海以及东南亚沿边地区纳入了殖民体系。以蒸汽机和纺织机的发明与使用为标志的第一次工业革命，确立了资本主义生产方式的统治地位，开辟了世界市场。从18世纪60年代到19世纪70年代，工业革命最先发生在英国，后扩展到美国、法国、德国、

---

① 《马克思恩格斯文集》第2卷，人民出版社2009年版，第35页。
② 《马克思恩格斯文集》第10卷，人民出版社2009年版，第166页。

俄罗斯、日本等国，资本主义列强通过强占、战争等方式，使亚非拉许多国家和地区沦为殖民地或半殖民地，然后向这些地区输出工业品，掠夺工业原料，甚至直接输出资本，在当地建立资本主义企业，把殖民地半殖民地纳入资本主义生产体系，变为其经济的附庸。“一种与机器生产中心相适应的新的国际分工”形成，“它使地球的一部分转变为主要从事农业的生产地区，以服务于另一部分主要从事工业的生产地区”。① 19 世纪 70 年代以后，以电力和电动机的发明与使用为标志、以重化工业的兴起为核心的第二次工业革命，进一步提高了社会生产力，推动了世界市场的形成，并确立了资本主义的全球统治地位，形成了现代世界体系。资本主义各国通过瓜分殖民地的方式把一直处于独立或半独立的非洲内陆以及亚洲内陆广大地区都纳入资本主义世界体系。据 1914 年的统计，欧洲列强和美国、日本等 11 个帝国主义国家共拥有各类殖民地达 5430 万平方公里，面积将近 5 个欧洲大小。总体来看，自 15 世纪以来，西方主要大国依靠巧取豪夺、强权占领、殖民扩张乃至发动侵略战争来实现全球化，到第一次世界大战前基本完成了对世界的瓜分，世界各地区各民族都被卷入资本主义世界体系之中。

二是两个平行世界市场阶段。19 世纪末，主要资本主义国家向帝国主义过渡，对外扩张的势头更加凶猛，大量资本输出并带动商品输出，使经济全球化进一步发展。俄国十月革命的胜利，打破了资本主义一统天下的格局，第二次世界大战后，一大批社会主义国家诞生。同时，一大批殖民地半殖民地国家纷纷独立。美国为确保和加强其资本主义世界霸主地位，开始执行“马歇尔计划”，并策动其他资本主义国家一起对苏联及其他社会主义国家实行经济封锁和禁运政策。由此，世界形成社会主义和资本主义两大阵营，在经济上则形成了两个平行的市场。

三是经济全球化阶段。随着冷战结束，两大阵营对立局面和两个平行的市场不复存在，20 世纪 80 年代以来，以信息技术为代表的新的科技革命推动了生产力的迅速发展，从而加速了经济全球化的兴起和发展。信息技术革命的成果不断被应用于经济领域，企业生产的组织成本和市场交易成本大大降低，全球范围内配置生产要素的效率随之大幅度提高。特别是 20 世纪 90 年代以来，迅猛发展的互联网技术更是将世界各地的经济活动空前广泛和深刻地联系在一

① 《马克思恩格斯文集》第 5 卷，人民出版社 2009 年版，第 519—520 页。

起。信息技术在全球范围内的广泛传播和应用为经济全球化提供了物质技术条件，推动了贸易全球化、生产全球化和金融全球化的发展。归根结底，经济全球化是现代社会化大生产在国际范围内的扩展和延伸。

马克思主义认为，人类社会最终将从各民族的历史走向世界历史。历史发展的进程表明，"各民族的原始封闭状态由于日益完善的生产方式、交往以及因交往而自然形成的不同民族之间的分工消灭得越是彻底，历史也就越是成为世界历史"①。今天，人类交往的世界性比过去任何时候都更深入、更广泛，各国相互联系和彼此依存比过去任何时候都更频繁、更紧密，因此，站在世界历史的高度审视，经济全球化是不可逆转的时代潮流。

三、经济全球化的影响

正确认识经济全球化的影响，需要辩证的观点。一方面，要看到经济全球化是社会生产力发展的客观要求和科技进步的必然结果，不是哪些人、哪些国家人为造出来的。它促进了贸易大繁荣、投资大便利、技术大发展和人类大流动，为世界经济增长提供了强劲动力。另一方面，也要看到经济全球化会产生的负面影响，特别是当世界经济处于下行期的时候，增长和分配、资本和劳动、效率和公平的矛盾就会更加突出，发达国家和发展中国家都会受到压力和冲击。

经济全球化是一把"双刃剑"，根源于经济全球化所具有的生产力与生产关系的二重性。从生产关系的角度看，历史上的经济全球化，总体上属于资本主义主导下的经济全球化，是以资本主义私有制为基础、以资本获取最大限度利润为动力的，奉行弱肉强食的丛林法则，包含着深刻矛盾和严重弊端。随着经济全球化的发展，资本主义的矛盾和弊端也在更大范围和更高程度上发展起来，表现为全球范围的阶级对立、贫富分化、失业、生产过剩、生态灾难和金融动荡，并通过世界性的经济危机集中爆发出来，妨碍世界经济健康发展。具体来说，对不同类型的国家而言，经济全球化的影响又有所不同。

（一）经济全球化对发达国家的影响

长期以来，发达国家是经济全球化的主导者，凭借更高的劳动生产率，在全球价值链中占有更高的地位，在国际交换中获利更多。发达国家也是国际经

① 《马克思恩格斯文集》第1卷，人民出版社2009年版，第540—541页。

济、贸易与金融规则的主要制定者，由此形成的国际经济秩序必然有利于发达国家的垄断资本在世界范围内获取高额垄断利润。

在经济全球化过程中，发达国家加速国际资本输出。国际资本输出的主要形式是以跨国公司为母体在海外投资设厂。通过这种直接投资方式，发达国家普遍面临的生产与资本过剩问题得到缓解，资本输出地的廉价原材料和劳动力使其获取了丰厚利润。同时，借助于直接投资方式，发达国家的垄断资本更容易绕过各种贸易壁垒，获得更广阔的原材料采购和商品销售市场。

经济全球化带动了国际分工体系的发展与深化，发达国家在这个过程中加速了产业升级的步伐。从当前情况看，主要发达国家的产业重心已经从传统制造业转移到高新技术产业、金融服务业等。这些产业属于资本技术密集型产业，处于国际分工体系的顶端，可以凭借在产业链中的优势地位获得超额剩余价值。

经济全球化使发展中国家成为发达国家转嫁国内经济矛盾的外部吸收器。发达国家凭借对经济全球化的主导权，通过经济、政治、军事等手段，迫使发展中国家实施符合发达国家利益的外贸、外资及汇率等政策，从而使发展中国家对发达国家的经济依赖性进一步加强。发达国家利用自己的科技优势和垄断性权力，在国际贸易中从发展中国家低价获取资源、劳动力和产品，高价卖出其高技术产品和服务，从中获得巨大利益。

经济全球化在一定程度上加剧了全球性经济动荡的风险和危害，处于世界经济体系中心的发达国家也面临着越来越多的外部风险和不确定性。随着世界各国间经济联系的日益紧密，发达国家垄断资本间的国际竞争也变得更加激烈。在发达国家内部，国际产业转移导致的产业空心化和无就业式增长问题日益严重，增长和分配、资本和劳动、效率和公平的矛盾日趋突出，发达资本主义国家在全球经济中的地位、作用和影响力呈衰落趋势。因此，一直致力于推动并主导全球化进程的一些发达国家开始出现“逆全球化”的潮流，给全球化进程带来挑战。

（二）经济全球化对发展中国家的影响

对于大多数发展中国家来说，经济发展的瓶颈是资金、技术及管理经验的缺乏。通过参与经济全球化，发展中国家在一定程度上改善了资金、技术和管理经验不足的状况，并得以扩大对外贸易规模，来自世界市场的需求在一定程度上推动了发展中国家的经济发展。技术进步和外国直接投资扩大所引发的全球性产业转移浪潮，也使发展中国家可以利用发达国家的产业转移，推动产业结构调整，加速实现工业化。新兴市场国家中劳动密集型工业部门的快速成长，在一定程度上可以归因于经济全球化进程中的产业梯度转移。20 世纪 90 年代以来，产品价值链的全球分解和要素的跨国流动给发展中国家融入经济全球化、实现经济发展带来了重要机遇。发展中国家只需要在产品生产的某个环节和阶段具有比较优势，就可以融入全球生产分工体系，与发达国家共同构成全球生产网络。

广大发展中国家的经济全球化之路充满风险和挑战。从贸易全球化看，国际贸易在整体上会增进参与国利益，但这种利益在发达国家与发展中国家之间的分配是不均等的。在国际市场上，商品价值取决于国际社会必要劳动时间，由于商品按照国际价值进行交换，劳动生产率更高的一方在交换中更具优势，会分得更多利益。发展中国家往往处于生产价值链的中低端，发达国家处于生产价值链的中高端，前者在经贸交易中虽然获利，但是付出了巨大的代价。从生产全球化看，由于发达国家垄断资本主导着生产全球化，追逐垄断利润的动机驱使它们建立起符合其特殊利益的国际分工体系，由此引发了许多新的经济问题。比如，发展中国家大多在国际分工体系中处于产业链下游和低端，很难从根本上突破比较优势带来的低水平技术锁定效应，难以实现关键核心技术的突破，一些国家的经济安全与经济自主权甚至遭受威胁。国际产业转移还给发展中国家带来严重的资源与生态环境恶化等。从金融全球化看，发展中国家面临的一个主要风险是全球性金融动荡的冲击。1997 年爆发的亚洲金融危机和 2008 年爆发的国际金融危机，都充分显现了金融全球化的巨大风险。特别是对于发展中国家来说，国内金融产业发展相对落后，在国际金融市场竞争中处于明显劣势，往往成为国际金融市场波动的受害者。

从总体上看，经济全球化有利于人类社会生产力的发展，使世界范围的各类生产要素得到更加高效的利用和更为合理的配置，使各种创造财富的源泉得到更加充分的涌流。但也必须看到，历史上的经济全球化是在西方发达国家主导下推进的，西方发达国家在经济和科技上具有较大优势，在综合国力和核心竞争力上明显领先，在制定经济全球化规则上处于主导地位，而广大发展中国家在经济全球化中仍处于不利地位，不公正不合理的国际政治经济秩序制约着发展中国家的发展，并带来了经济发展水平和财富占有方面新的不平衡。

从历史发展的长期趋势看，经济全球化是不以人的意志为转移的客观趋势，是社会化大生产和生产力发展的内在要求，任何国家和民族只有自觉参与进去，才可能获得发展的机遇，促进自身的发展。对于发展中国家来说，参与经济全球化虽然有一些不利因素，但如果经济发展战略和策略运用得当，也可以利用经济全球化的进程加快自身经济发展。进入 21 世纪以来，随着发展中国家特别是一批新兴市场国家的迅速发展，世界经济格局正在发生深刻变化。

第二节 经济全球化的发展趋势

一、经济全球化面临的新形势

当今世界正经历百年未有之大变局，新一轮科技革命和产业变革孕育兴起，国际力量对比深刻调整、国际格局剧烈演变，新冠肺炎疫情全球大流行加速了世界变局，经济全球化遭遇逆流，世界进入动荡变革期。

世界经济处于新旧动能转换的关键期。人类文明的每一次飞跃，都带来社会生产力的大发展，同时也伴生着蜕变的阵痛。当今世界，新一轮科技革命突飞猛进，物质科学、生命科学、地球和宇宙科学等领域取得重大原创性突破，信息技术、生物技术、制造技术、新材料技术、新能源技术等领域的颠覆性技术不断涌现，新兴技术与传统技术相结合的新技术革命正在孕育，由此催生大量新产业、新业态、新模式，给全球经济和人类生产生活带来巨大的发展潜力和前所未有的不确定性。在数字技术领域，人工智能、互联网、大数据等新技术的应用不断增加，由数字主权引发的数字霸权将深刻影响经济全球化的走向。信息化、自动化、智能化将对传统产业和就业方式造成巨大冲击，对经济运行效率和韧性产生影响，但适应未来发展的产业结构、政策框架、管理体系尚在勾勒规划中。国际创新合作十分迫切，但疆域局限和人为藩篱仍普遍存在，影响了创新成果的开发与应用。

国际格局和力量对比加速演变。近年来，美国等传统西方国家经济社会发展陷入低迷，产业空心化、人口老龄化、收入差距扩大化严重威胁经济发展，社会内部严重分裂甚至走向对立。而新兴市场国家和发展中国家群体性崛起，呈现加速发展态势，国际力量对比正在发生近代以来最具革命性的变化。据世界银行统计，2000—2019 年，以美国等西方国家为主的高收入国家，GDP 的全球占比从82.25%下降到62.77%，中国和印度GDP的全球占比则从5%上升到19.33%。近年来，新兴市场国家和发展中国家的经济总量占世界的比重已接近40%，对世界经济增长的贡献率已达到80%。国际力量对比的深刻调整，推动全球治理体系出现深刻变革，西方垄断国际事务的局面难以为继，新兴市场国家和发展中国家的国际地位和话语权不断提升。

新冠肺炎疫情全球大流行使大变局加速变化，世界经济不稳定、不确定因素增多。疫情使世界陷入第二次世界大战以来最严重的经济衰退，强化了部分国家的内顾倾向，民粹主义、保守主义思潮抬头，意识形态领域斗争更趋激烈。疫情使普遍联系的全球产业链供应链缩短，甚至有一些被切断，一些国家漠视产业链供应链的全球公共产品属性，坚决把产业链供应链政治化、武器化，逆全球化趋势存在加剧的可能。疫情使国际安全风险点增多，公共卫生、生物安全、极端气候等全球共同问题的重要性日益凸显，以利润最大化为目标的资本全球化难以为继。

二、逆全球化的出现

长期以来，世界经济虽然在经济全球化的推动下有了长足发展，各国都分享了经济全球化的积极成果，但是由资本主义主导的这一特殊性质决定了经济全球化必然是不充分、不平衡、不包容的发展。发展的包容性不足，不同国家、不同阶层无法享受发展红利；发展不平衡不充分，南北发展差距依然巨大，贫困和饥饿依然严重，新的数字鸿沟正在形成。2008年国际金融危机以来出现的单边主义、保护主义、逆全球化倾向，反映了资本主义主导的经济全球化进程的不足，以及目前全球经济环境变化所具有的必然性。

保护主义不仅是逆全球化的重要标志和内容，也是推动逆全球化演化的重要力量。在历史上，当英国“世界工厂”的垄断地位受到美国和德国严重威胁时，“为了避开这种即将面临的命运，那些在40年前认为唯有自由贸易才是救星的人的儿子们，现在却如此狂热地呼吁实行用‘互惠贸易’和报复性关税拙劣地掩盖起来的保护关税制度”①。当今，面对各种复杂的矛盾和危机，各国政府都寄希望通过政策调整来维持稳定的经济社会秩序，但一些国家在政策调整过程中以自身利益为重，甚至以邻为壑，由此催生了各种形式的保护主义，如

① 《马克思恩格斯文集》第4卷，人民出版社2009年版，第348页。

新兴贸易保护主义、新兴投资保护主义、新兴产业保护主义、新兴市场保护主义、新兴技术保护主义、新兴劳动保护主义等。从保护主义实施主体看，从以发展中经济体为主转向以发达经济体为主。自2008年国际金融危机开始，发达经济体实施贸易保护主义的特征越来越突出。为应对本国经济发展缓慢、保护国内市场及产业、维持在国际贸易领域的优势地位，这些国家假借贸易公平的名义，采取新的更为隐蔽的措施规避多边贸易制度的约束，实施贸易保护。从保护范围看，新一轮贸易保护既包括农业、纺织、汽车、钢铁等陷入结构性危机的产业部门和传统商品贸易领域，也包括航空工程、光纤通信等高新技术领域和中高端产品，还包括劳动力等生产要素流动，甚至涉及投资领域。从实施手段看，既包括传统的关税壁垒和非关税壁垒，也包括知识产权壁垒、绿色壁垒和蓝色壁垒。

逆全球化破坏国际经济秩序，冲击全球价值链和国际分工体系，给世界经济发展和稳定运行带来了各种不确定性风险，包括贸易摩擦、冲突与贸易战风险，汇率波动、货币与金融危机风险，宏观政策失效与政策目标冲突风险，军事摩擦、冲突与战争风险，甚至出现全球性经济动荡、衰退与危机的风险。在“美国优先”的口号下，美国大搞单边主义、保护主义和经济霸权主义，相继宣布退出巴黎协定、联合国教科文组织、世界卫生组织，阻碍世界贸易组织上诉机构成员的任命，使国际经济秩序面临前所未有的挑战。

三、引导和推动经济全球化健康发展

从总体上看，经济全球化为世界经济增长提供了强劲动力，促进了商品和资本流动、科技和文明进步、各国人民交往，符合各国共同利益。把世界经济面临的诸多复杂挑战与问题简单归咎于经济全球化，既不符合事实，也无助于问题的解决。面对国际上保护主义思潮上升，要站在历史正确的一边，坚定不移地推进经济全球化进程，旗帜鲜明地反对保护主义，促进商品、服务和生产要素在全球范围内更加自由便捷地流动。与此同时，必须积极引导经济全球化的走向，努力消除经济全球化的负面影响，着力解决公平公正问题，推动经济全球化朝着普惠共赢的方向发展。

第一，坚持开放发展理念，拓展经济全球化的新空间。历史和实践证明，在风险挑战面前，各国是休戚与共的命运共同体，各国要以共同利益为重，坚持合作共赢的理念，信任而不是猜忌，携手而不是挥拳，协商而不是谩骂，推

动经济全球化朝着更加开放、包容、普惠、平衡、共赢的方向发展。各国应该同舟共济、各尽其责，而不应是唯我独尊、损人不利己，大国要率先示范，主要经济体要以身作则，发展中国家要积极作为，通过共同开放、共担责任，推动世界共同发展。各国要以建设性姿态改革全球经济治理体系，坚持共商共建共享的全球治理观，维护以世界贸易组织为基石的多边贸易体制，完善全球经济治理规则，推动建设开放型世界经济。

第二，坚持创新发展理念，培育经济全球化的新动力。新一轮科技革命和产业变革是一次全方位变革，将对人类生产模式、生活方式、价值理念产生深刻影响。但科技创新成果如果被封锁起来，成为少数人独占独享的垄断性权利，就会制造甚至扩大科技鸿沟。各国要顺应数字化、网络化、智能化发展趋势，共同探讨建立面向新一轮科技革命和产业变革的政策制度体系，打破制约知识、技术、人才等创新要素流动的壁垒，实现创新链、产业链、人才链、政策链、资金链的深度融合，让科技创新成果为更多国家和人民所及、所享、所用，让经济全球化获得更大的支持动力。

第三，坚持协调发展理念，推动经济全球化有序进行。以联合国为主体，包括国际货币基金组织、世界银行、世界贸易组织等运行机制的全球治理框架虽然并不完美，却为过去几十年世界和平与发展发挥了重要作用。以规则为基础加强全球治理是保证经济全球化发展的必要前提。规则应该由国际社会共同制定，而不是谁的胳膊粗、气力大谁就说了算，更不能搞实用主义、双重标准，不能合则用、不合则弃。规则应该通过协商解决，不能搞小圈子，不能强加于人。各国要秉持共商共建共享原则，推动全球经济治理体系变革，为经济全球化有序发展提供必要保障。

第四，坚持共享发展理念，夯实经济全球化的共赢基础。在旧的经济全球化下，弱肉强食、赢者通吃，新的经济全球化倡导包容普惠、互利共赢。各国要着力解决公平公正问题，发挥各自优势，推动包容发展。要创新合作方式，深化合作领域，积极寻求发展利益最大公约数，不断做大“蛋糕”。要落实联合国2030年可持续发展议程，缩小发展鸿沟、发展赤字，让各国人民共享经济全球化和世界经济增长成果，增强参与感、获得感、幸福感。

第五，坚持联动发展理念，夯实经济全球化的合作基础。在经济全球化时代，各国发展环环相扣，一荣俱荣，一损俱损。没有哪一个国家可以独善其身，协调合作是必然选择。各国要加强宏观经济政策沟通和协调，放大正面联动效应，防止和减少负面外溢效应。要加强基础设施的联动，推动全球基础设施互联互通，加大对基础设施项目的资金投入和智力支持。要推动全球价值链、供应链更加完善，扩大各方参与，打造全球增长共赢链。

“无论前途是晴是雨，携手合作、互利共赢是唯一正确选择。这既是经济规律使然，也符合人类社会发展的历史逻辑。”① 改革开放以来，中国积极主动参与经济全球化进程，日益成为推动世界经济发展的重要动力。中国发展社会主义市场经济和实行改革开放的成功实践，为建设新型经济全球化、构建以合作共赢为核心的新型国际经济关系和公正合理的国际经济新秩序提供了全新选择，展现了光明前景。

第三节 全球经济治理与国际经济秩序

一、国际经济关系

（一）发达国家之间的经济关系

发达国家之间的经济关系表现为既相互竞争又相互合作的态势。一方面，随着国际分工向纵深发展，生产全球化的步伐逐步加快，发达国家间的经济联系更加紧密。各国在世界经济中积极合作，通过各种国际经济组织及国际经济协调机制，实施相对一致的对外经济政策。另一方面，发达国家垄断资本追逐巨额垄断利润的本性，导致发达资本主义体系内部各国围绕着争取有利的自然资源、市场条件和投资场所而展开激烈竞争。

在国际贸易领域，美国、欧盟、日本之间的矛盾和斗争此起彼伏，贸易摩擦接连不断。从 20 世纪 60 年代开始，西欧和日本经济迅速崛起，而美国的经济实力却相对不断削弱。发达资本主义世界内部经济实力的此消彼长，加剧了国际贸易领域的冲突。进入 80 年代，美国、欧盟、日本之间的贸易摩擦进一步加剧。在农产品领域，美国、欧盟之间围绕农产品补贴及保护性关税等问题展开激烈斗争。在制造业领域，美国、欧盟、日本之间的贸易摩擦涉及纺织品、家用电器、汽车、半导体和通信器材等众多方面。2008 年国际

① 习近平：《登高望远，牢牢把握世界经济正确方向——在二十国集团领导人峰会第一阶段会议上的发言》，《人民日报》2018 年 12 月 1 日。

金融危机爆发后，发达国家政府重新制定“再制造业化”战略，更加重视保护本国制造业的市场机会，增加使用反倾销、反补贴等手段，进一步加剧了国际贸易的摩擦。

在国际投资领域，发达国家之间的矛盾和冲突十分尖锐。自20世纪70年代开始，西欧和日本在国际投资领域所占的比重开始快速提高，而美国所占的比重则相对下降。国际投资领域相对地位的变化，导致美国、欧盟、日本之间的矛盾和冲突不断深化。特别是20世纪80年代以后，欧盟和日本在美国的直接投资均超过了美国在欧盟和日本的投资，美国由债权国变为债务国。美国、欧盟、日本之间在国际投资领域的竞争和冲突进一步加剧，涉及双边投资问题的摩擦日益凸显。2008年国际金融危机爆发后，发达国家通过制定一系列优惠政策来吸引外来投资，国际投资竞争更加激烈。

（二）发达国家与发展中国家之间的经济关系

第二次世界大战后，发展中国家纷纷摆脱殖民统治，走上了独立自主发展民族经济的道路，一定程度上改变了第二次世界大战前被剥削、被掠夺的状况。随着经济全球化的发展，发达国家与发展中国家之间的经济联系不断加强，表现出高度的互补性，相互依赖程度不断加深。发展中国家引进发达国家相对丰富的资金及其他稀缺的生产要素，引进技术、标准、品牌、国际营销网络、市场竞争制度、先进的管理经验等，与发展中国家丰富的劳动力和自然资源等相结合，推动了发展中国家的经济发展。

但是，由于绝大多数发展中国家在殖民时代遗留下来的畸形的经济结构和贫穷落后的状况没有根本改变，在经济上发展中国家仍普遍依附于发达国家。所以，在世界经济体系中，发展中国家一方面作为独立主权国家与西方发达国家发生经济联系，另一方面它们与发达国家的经济关系又是不平等的。发达国家为维护其在世界经济中的既得利益和支配地位，继续对发展中国家加以思想渗透、经济控制和军事威胁，对发展中国家的剥削和掠夺采用了更为隐蔽的手法，通过直接投资，以及技术、价格与金融的垄断，保持对发展中国家的控制和掠夺。

随着新兴市场国家的崛起，发展中国家的国际地位和国际影响力有所提升。2008年国际金融危机爆发后，发达国家为了应对危机加强了同发展中国家的合作。2008年在华盛顿召开的应对金融危机的二十国集团（G20）领导人峰会上，突破了原来发达国家的八国集团（G8）会议模式，吸收了中国、巴西、印度、印度尼西亚、墨西哥等发展中国家，共同商讨应对危机的对策。这表明，增强发展中国家自主发展能力是制约发达国家经济控制的根本保证。

（三）发展中国家之间的经济关系

发展中国家之间的经济关系，是在各发展中国家共同寻求发展，共同寻求摆脱发达国家的控制和剥削，解决相同或相近的发展难题过程中逐步形成和发展起来的。中国作为最大的发展中国家，从新中国成立开始就无私援助广大发展中国家，推动开展各种形式的南南合作。为帮助新生的亚非拉国家实现民族独立与人民解放，成立不久的新中国就在政治、经济上为发展中国家提供了巨大支持。改革开放后，中国的援助形式也相应扩大并深化，与其他发展中国家的交往方式、合作方式也日益多样化。

在基础设施建设方面，中国大规模援建铁路、公路、桥梁、港口、码头与电站等，极大地提升了受援国吸引外资的能力，突破其经济发展瓶颈。在技术传授和转让方面，派出大批指导专家培训受援国技术工人和管理人员，提供丰富的来华留学奖学金，提升受援国的技术水平。在资金方面，多次免除重债穷国和最不发达国家对华到期无息借款债务，向多个国际和区域组织提供捐款。

同时，中国也利用自身经济的高速发展带动广大发展中国家的经济增长。由于生产能力不断提高，中国对原材料、半成品的需求激增，国际原材料价格持续上涨。以出口初级产品为主导的发展中国家得以改善贸易条件，增加外汇收入，提升其产品加工能力，进而形成新的经济增长支柱。随着中国沿海地区土地与劳动力成本快速上涨，一部分劳动密集型产业携带资金、技术转移至越南、印度尼西亚等发展中国家，在实现国内经济整体转型提升的同时，促进了承接国的经济发展。

1997 年亚洲金融危机爆发，中国承受了巨大损失坚持人民币不贬值，稳定了亚洲的金融局势，使饱受危机冲击的亚洲发展中国家较快地恢复经济和贸易水平。2008 年国际金融危机爆发后，中国又采取一系列保护经济稳定发展的措施并率先企稳向好，有力地促进了世界经济特别是广大发展中国家经济的回升。2013 年提出的“一带一路”倡议，顺应了广大发展中国家加快工业化、城镇化，进而实现经济独立和民族振兴的需要，使参与国都能获得实实在在的利益，得到各国的积极响应。

在中国的大力推动和广大发展中国家的不懈努力下，发展中国家之间的经济合作呈现蓬勃发展的良好态势。一是共同推进建立公正合理的国际经济新秩序。为改变经济附属地位，摆脱资金、技术、企业管理受制于西方财团的局面，避免因初级、高级产品不等价交换而遭受剥削，从万隆会议、不结盟运动到七十七国集团、中非合作论坛、中拉区域合作论坛、中阿合作论坛等，发展中国家逐步联合，共同促进构建主权平等、公平互利的国际经济新秩序。二是加强区域合作特别是南南合作。工业基础薄弱、产业结构单一、资金匮乏、技术落后、市场狭窄，是发展中国家共同面临的困境。为扩大市场、降低风险、集中资金、优势互补，发展中国家不断加强相互合作。加勒比共同体、东南亚国家联盟、亚马逊条约合作组织、西非国家经济共同体、中部非洲国家经济共同体、东非共同体等区域合作组织的建立，不断扩大且深化了发展中国家之间的合作，并细化了在贸易、生产、财政金融等领域的合作。三是促进发展中国家内部的产业转移。部分发展中国家和地区经济起飞成功后，一些劳动密集型产业、制造业、部分资金与技术转移至后进的发展中国家，从而带动整个后发经济体的梯度增长。

二、全球经济治理

（一）全球经济治理的形成

所谓全球经济治理，是指国家和非国家行为体按照一系列的国际制度和国际规则对全球或跨国经济领域内的共同问题进行协调和管理的过程。随着经济全球化的发展，各国建立起密切的经济关系，贸易、投资和生产要素跨国流动越来越频繁，国际贸易和投资领域的竞争和冲突加强，全球性经济与金融风险增加，全球性经济问题增多。因此，迫切需要建立全球经济治理体系，制定共同的规则来规范、协调和管理国际经济关系和经济活动，以保证世界经济的平稳运行。

第二次世界大战结束以来，全球经济治理主要经历了三个发展阶段。第一阶段，布雷顿森林体系的成立是全球经济治理开始运行的标志，与其对应的治理机构包括国际货币基金组织、世界银行和关税及贸易总协定，全球汇率合作和贸易合作构成了这一阶段全球经济治理的主要内容。第二阶段，开始于 1975 年，其标志性特征是七国集团的诞生。全球经济治理的内容扩展到发达国家之间的宏观经济合作。20 世纪 90 年代后期，以亚洲金融危机的发生为背景，国际金融体系改革成为主要议题。但是，直到冷战结束前，超主权经济合作主要局限于发达国家，其范围并不具有全球性特征。第三阶段，90 年代后期成立的二十国集团非正式部长级会议机制，表明全球治理模式从发达国家之间的合作转向发达国家和新兴市场国家之间的合作。2008 年下半年，为了应对国际金融危机的严重影响，二十国集团首脑峰会召开，标志着全球经济治理的深化发展，包括中国在内的新兴市场国家全面参与全球经济治理。

（二）全球经济治理的形式

根据规则与制度的不同，全球经济治理的形式主要分为三种：第一种是正式的、全球多边的国际规则和制度性的安排，它们试图使世界经济建立在规则的基础上，使各国都按照规则办事、受到规则的约束；第二种是非正式的、只有部分国家参与的国家集团机制，参与国通过一定的规则和安排，磋商和协调它们之间的经济政策；第三种是地区性或区域性的规则和制度性安排，它是在某个地区（指世界性地区或者世界性地区的次地区）内，邻国之间实现经济整合和贸易投资政策的自由化便利化。

（三）全球经济治理的重点

第一，全球金融治理。针对金融全球化与全球金融监管不力的矛盾，需要构建公正高效的全球金融治理格局，防范和处置金融体系风险，维护世界经济稳定大局。第二，全球贸易和投资治理。针对产业关联纵深发展带来的贸易和投资全球化与全球贸易和投资保护主义盛行的矛盾，需要构建开放透明的全球贸易和投资治理格局，巩固多边贸易投资体制，释放全球贸易投资合作潜力。第三，全球能源治理。针对全球能源发展面临的资源紧张、环境污染、气候变化三大难题，需要建立运转良好、开放、竞争、高效、稳定和透明的能源市场，构建绿色低碳的全球能源治理格局，推动全球绿色发展合作。第四，全球发展治理。针对全球发展存在的不平等、贫困、难民危机等问题，需要构建包容联动的全球发展治理格局，以落实联合国 2030 年可持续发展议程为目标，共同增进全人类福祉。

（四）全球经济治理存在的问题

全球经济治理提高了经济全球化过程中的资源配置效率，对世界经济的健康有序发展发挥了重要作用。通过多种形式的全球经济治理，国际贸易摩擦在一定程度上得以缓和，国际贸易呈现稳定增长的态势，资本的国际流动不断加强，国际分工体系不断深化，全球金融市场的联系日益紧密。

随着国际力量对比发生深刻变化，全球性挑战日益增多，近年来全球经济治理存在“治理赤字”的问题，即全球性问题在增多而全球治理能力在下降。主要体现在三个方面：一是民主赤字。尽管自2008年国际金融危机以来，二十国集团成为全球经济治理的重要平台，在一定程度上增加了发展中国家的发言权和代表性，但从总体上看，发达国家仍然在全球治理中处于主导地位，并作为全球治理规则的制定者，而发展中国家仍只是规则的遵守者和追随者。二是制度赤字。国际金融危机导致世界经济格局发生深刻变化，但由于以美国、欧盟为代表的既得利益国家或国家集团的消极态度甚至阻挠，一些全球治理机制长期没有变化，即便是已达成的改革共识也常常出于它们对自身利益的考量而难以得到及时、有效的执行。与此同时，一些新的全球治理机制还有待发展和完善。三是责任赤字。发达国家享受了全球治理的主要权利和利益，但在责任面前却极力推脱。而一些新兴市场国家由于无法获得与其自身实力相适应的权利，在国际责任承担上缺乏动力。

（五）中国积极参与全球经济治理体系改革

面对世界经济发展格局变化，推进全球经济治理体系改革已是大势所趋。数百年来，列强通过战争、殖民、划分势力范围等方式争夺利益和霸权，逐步向各国以制度规则协调关系和利益的方式演进。现在，世界上的事情越来越需要各国政府和人民商量着办，建立国际机制、遵守国际规则、追求国际正义成为多数国家的共识。这不仅事关应对各种全球性挑战，而且事关给国际秩序和国际体系定规则、定方向；不仅事关对发展制高点的争夺，而且事关各国在国际秩序和国际体系长远制度性安排中的地位和作用。

中国积极参与全球经济治理体系改革，推动完善更加公正合理的全球经济治理体系，坚持共商共建共享的原则。共商，就是坚持全球事务由各国人民商量着办，强调平等参与、充分协商，以平等自愿为基础，通过充分对话沟通找到认识的相通点、参与合作的交汇点、共同发展的着力点，积极推进全球治理规则民主化；共建，就是各方都是平等的参与者、建设者和贡献者，也是责任和风险的共同担当者，各国共同参与、合作共建，分享发展机遇，扩大共同利益，从而形成互利共赢的利益共同体；共享，就是兼顾合作方利益和关切，寻求利益契合点和合作最大公约数，使合作成果福及双方、惠泽各方，实现双赢、多赢、共赢。

坚持多边主义，推动形成更加有效的多边机制、更加积极的区域合作。坚决反对单边主义、保护主义，维护多边贸易体制主渠道地位，积极参与世界贸易组织改革。加强与联合国及其附属机构合作，巩固发展二十国集团贸易投资机制，加强金砖国家经贸合作。建设性参与亚太经合组织、上海合作组织等区域合作，推动澜湄合作等次区域合作不断深化拓展。加强各国发展战略与区域合作倡议深入对接，加强互联互通，促进产业链、供应链、价值链深度融合，畅通区域经济循环。

推动新兴领域经济治理规则制定。要重视维护生物安全、数据安全、外空安全，积极开展沟通和对话。增强数字经济规则制定能力，加强数字经济领域国际合作，促进建立开放、安全的全球数字经济发展环境。提高参与国际金融治理能力，加强金融监管协调，维护公平开放的全球金融市场。不断加大对极地、深海、外空等新兴领域规则制定的参与，不断加大对教育交流、文明对话、生态建设等领域的合作机制和项目支持力度。

构建面向全球的高标准自由贸易区网络。实施自贸区提升战略，优化自贸区布局，推进落实《区域全面经济伙伴关系协定》，加快中日韩等自由贸易协定谈判，推动亚太自贸区进程，同更多国家和地区开展自贸协定谈判。提升自贸协定水平，推进高标准服务投资负面清单谈判，积极参与新议题谈判。用好自贸协定成果，做好自贸协定推广与实施，提高自贸协定利用率。

三、建立国际经济新秩序

国际经济秩序是指在世界范围内围绕国际经济关系所确立的一系列国际行为规则和制度的总和。

现行的国际经济秩序是在第二次世界大战之后，以美国为中心的西方发达国家建立与主导的，发达国家与发展中国家处于不对等的地位。长期以来，广大发展中国家一直致力于改变这种不公正、不合理的国际经济秩序，致力于建立国际经济新秩序。早在 20 世纪 50 年代，发展中国家就在万隆会议上提出了建立和平合作的国际关系十项原则，表达了建立国际新秩序的若干主张。1964 年，七十七国集团在联合国第一届贸易和发展会议上，提出了在世界范围内建立国际经济新秩序的目标。1973 年，第四次不结盟国家首脑会议首次提出了“国际经济新秩序”的概念。次年，联合国大会通过了由七十七国集团起草的《建立新的国际经济秩序的宣言》和《建立新的国际经济秩序的行动纲领》两份重要文件。冷战结束以后，发展中国家建立国际经济新秩序的运动陷入低潮。近年来，伴随着新兴市场国家的崛起，尤其是中国在世界经济体系中地位的提升，发展中国家再次掀起建立国际经济新秩序的高潮。1999 年成立的包括发达国家和新兴市场国家在内的二十国集团就反映了建设国际经济秩序的新进展。在这一国际经济政策协调的主要平台上，发达国家和广大发展中国家合作不断深入，新兴市场国家拥有了更大的国际话语权，有力推动了建立更加公正合理的世界经济秩序的进程。

中国关于建立国际经济新秩序的主张，概括起来主要有以下几点：

第一，新型国际关系是国际经济新秩序建立的基础。现行国际经济秩序中存在不公正不合理成分，主要原因在于现行国际关系还存在强权政治和霸权主义。所以，建立国际经济新秩序必须推动建设相互尊重、公平正义、合作共赢的新型国际关系。构建新型国际关系的基本原则是民主化、法治化和合理化。国际关系民主化，要求世界的命运必须由各国人民共同掌握，世界上的事情应该由各国政府和人民共同商量着办。国际关系法治化，要求各方在国际关系中遵守国际法和公认的国际关系基本原则，用统一适用的规则来明是非、促和平、谋发展。国际关系合理化，要求适应国际力量对比新变化，推进全球治理体系改革，体现各方关切和诉求，更好维护广大发展中国家的正当权益。

第二，新型全球经济治理观推动国际经济秩序的变革。第二次世界大战后形成的全球治理体系已越来越不适应百年未有之大变局，尤其是新兴市场国家和发展中国家的群体性崛起而带来的国际格局的变化。为此，中国提出以平等为基础、以开放为导向、以合作为动力、以共享为目标的全球经济治理观。以平等为基础，更好反映世界经济格局新现实，增加新兴市场国家和发展中国家代表性和发言权，确保各国在国际经济合作中权利平等、机会平等、规则平等。以开放为导向，坚持理念、政策、机制开放，充分听取社会各界建议和诉求，鼓励各方积极参与和融入，不搞排他性安排，防止治理机制封闭化和规则碎片化。以合作为动力，各国要加强沟通和协调，照顾彼此利益关切，共商规则，共建机制，共迎挑战。以共享为目标，提倡所有人参与，所有人受益，不搞一家独大或者赢者通吃，而是寻求利益共享，实现共赢目标。

第三，稳步有序地推进国际组织的变革，使之成为构建国际经济新秩序的有效平台。现行的国际经济秩序在相当程度上吸取了 20 世纪 50 年代以来争取建立国际经济新秩序斗争的目标和主张，尽管并不完美，但只要它以规则为基础、以公平为导向、以共赢为目标，就不能随意被舍弃，更不能推倒重来。中国将同世界各国共同努力推动其改革完善，在以《联合国宪章》宗旨和原则为核心的现有秩序框架下，推进联合国安理会、国际货币基金组织、世界银行等重要国际组织的改革，增加发展中国家的话语权、参与权和规则共同制定权，积极参与新兴领域经济治理规则制定，推动国际经济秩序朝着更加公正合理的方向发展。

建立国际经济新秩序是一项长期而艰巨的任务。要充分估计国际格局发展演变的复杂性，更要看到世界多极化向前推进的态势不会改变。要充分估计世界经济调整的曲折性，更要看到经济全球化进程不会改变。要充分估计国际矛盾和斗争的尖锐性，更要看到和平与发展的时代主题不会改变。要充分估计国际秩序之争的长期性，更要看到国际体系变革方向不会改变。

思考题：

1. 解释下列概念：经济全球化、贸易全球化、生产全球化、金融全球化、全球经济治理、国际经济秩序。
2. 简述经济全球化的发展进程。
3. 经济全球化的主要表现有哪些？
4. 逆全球化的主要表现与影响有哪些？
5. 简述经济全球化的发展方向。
6. 全球经济治理的内容和形式主要包括哪些？
7. 中国关于建立国际经济新秩序的主张有哪些？

第十八章　共建“一带一路”与推动共建人类命运共同体

当前，国际经济、科技、文化、安全、政治等格局都在发生深刻调整，国际环境日趋复杂，但和平与发展仍是时代主题。推动共建人类命运共同体，努力建设一个持久和平、普遍安全、共同繁荣、开放包容、清洁美丽的世界，是在中国日益走近世界舞台中央之际，为解决人类问题贡献的中国智慧。共建“一带一路”，聚焦互联互通，各国深化合作，共同发展，是推动共建人类命运共同体的重要实践平台。

第一节　共建“一带一路”

一、“一带一路”建设的缘起与发展

2013 年秋天，习近平在哈萨克斯坦和印度尼西亚访问时分别提出共建丝绸之路经济带和 21 世纪“海上丝绸之路”，即“一带一路”倡议。习近平指出：“在新的历史条件下，我们提出‘一带一路’倡议，就是要继承和发扬丝绸之路精神，把我国发展同沿线国家发展结合起来，把中国梦同沿线各国人民的梦想结合起来，赋予古代丝绸之路以全新的时代内涵。”① 把“一带一路”建设成为和平之路、繁荣之路、开放之路、创新之路、文明之路、绿色之路、廉洁之路。

2014 年，中共中央、国务院印发《丝绸之路经济带和 21 世纪海上丝绸之路建设战略规划》，对推进“一带一路”建设工作作出全面部署。同年，习近平提出以亚洲国家为重点方向、以经济走廊为依托、以交通基础设施为突破、以建设融资平台为抓手、以人文交流为纽带的合作建议，指明了“一带一路”建设的方向和路径，推动共建“一带一路”进入务实合作阶段。2015 年，中国发布《推动共建丝绸之路经济带和 21 世纪海上丝绸之路的愿景与行动》。2016 年，

① 《习近平谈治国理政》第二卷，外文出版社 2017 年版，第 501 页。

亚洲基础设施投资银行宣告成立。2017年，首届“一带一路”国际合作高峰论坛在北京成功召开，包括29个国家的元首和政府首脑在内，140多个国家、80多个国际组织的1600多名代表从世界各地来到北京参会，达成270多项成果，各国进一步凝聚了共建“一带一路”的国际共识。之后，中国还先后举办了博鳌亚洲论坛年会、上海合作组织青岛峰会、中非合作论坛北京峰会、中国国际进口博览会等。经过夯基垒台和立柱架梁，共建“一带一路”已经完成了总体布局，绘就了一幅“大写意”。

2019年4月，第二届“一带一路”国际合作高峰论坛召开，标志着“一带一路”建设进入高质量发展阶段。包括中国在内的38个国家的元首和政府首脑以及联合国秘书长、国际货币基金组织总裁共40位领导人出席圆桌峰会。来自150个国家、92个国际组织的6000余名外宾参加了论坛。与会各方开展全方位对接合作，强调要着眼更深入的务实合作、更开放的联动发展、更广泛的互利共赢。要以高质量基础设施建设和产业合作为重点，解决好金融支撑、投资环境、风险管控、民心相通等关键问题。要建立工作机制、完善配套支持，形成更多可视化成果，共同绘制精谨细腻的“工笔画”。

二、共建“一带一路”的意义

开放带来进步，封闭必然落后。对今天的中国来说，问题不是要不要对外开放，而是如何提高对外开放的质量。“一带一路”建设以沿边地区为前沿，以内陆重点经济区为腹地，以东部沿海发达地区为引领，同京津冀协同发展、长江经济带发展、粤港澳大湾区建设等国家战略对接，有利于带动形成陆海内外联动、东西双向互济的开放新格局。“一带一路”建设，旨在同沿线各国分享中国发展机遇，让周边国家和地区搭上我国发展的快车，有利于我们近睦远交，使沿线国家地区对我们更认同、更亲近、更支持，营造有利的外部发展环境。

共建“一带一路”紧紧抓住发展这个最大公约数，把各国人民对美好生活的向往串联起来、并联起来，造福沿线各国人民。它以沿线各国发展规划对接为基础，以贸易和投资自由化、便利化为纽带，以互联互通、产能合作、人文交流为支柱，以金融互利合作为重要保障，积极开展双边和区域合作，带动各国经济更加紧密结合起来。它推动各国基础设施建设和体制机制创新，创造新的经济和就业增长点，增强各国经济内生动力和抗风险能力。2013—2019年，

“六廊六路多国多港”① 的合作格局基本成型，一大批互联互通项目成功落地，形成了基建引领、产业集聚、经济发展、民生改善的综合效应，推进各参与国互利合作，在更大范围、更高水平、更深层次开展区域合作，为世界经济增长提供新动力和新空间。

共建“一带一路”秉承和平合作、开放包容、互学互鉴、互利共赢的丝路精神，倡导共商共建共享的全球治理观，践行多边主义，完善合作理念，强化合作机制，着力构建全球互联互通伙伴关系，打造国际合作新平台。“一带一路”建设为培育国际合作竞争新优势提供有力支撑。中国企业通过对外投资，让中国品牌和中国建设“走出去”，构建起国际产业链、价值链，并促进各类要素资源在各国间共享、流动和重新组合，使各国发挥各自的优势，在一体化发展过程中实现互利共赢、共同繁荣。“‘一带一路’倡议丰富了国际经济合作理念和多边主义内涵，为促进世界经济增长、实现共同发展提供了重要途径。”② “一带一路”以实际行动推动建设开放型的世界经济，为构建更加公正合理的全球治理体系勾画了新愿景。

总之，共建“一带一路”不仅是经济合作，而且是完善全球发展模式和全球治理、推进经济全球化健康发展的重要途径。它顺应了时代要求和各国加快发展的愿望，通过提供一个包容性巨大的发展平台，把快速发展的中国经济同沿线国家的利益结合起来，“把沿线各国人民紧密联系在一起，致力于合作共赢、共同发展，让各国人民更好共享发展成果”③，不断朝着共建人类命运共同体的方向迈进。

三、共建“一带一路”的主要内容

共建“一带一路”的核心内容是促进基础设施建设互联互通，对接各国政策和发展战略，深化务实合作，促进协调联动发展，实现共同繁荣。具体来

---

① “六廊”指打通六大国际经济合作走廊，包括新亚欧大陆桥、中蒙俄、中国—中亚—西亚、中国—中南半岛、中巴、孟中印缅经济走廊。“六路”指畅通六大路网，推动铁路、公路、水路、空路、管路、信息高速路互联互通。“多国”指培育若干支点国家，根据推进“一带一路”建设的需要，结合沿线国家和地区的积极性，在中亚、东南亚、南亚、西亚、欧洲、非洲等地区培育一批共建“一带一路”的支点国家。“多港”指构建若干海上支点港口，围绕21世纪海上丝绸之路建设，通过多种方式，推动一批区位优势突出、支撑作用明显的重要港口建设。

② 《习近平谈治国理政》第三卷，外文出版社2020年版，第462页。

③ 《“一带一路”国际合作高峰论坛重要文辑》，人民出版社2017年版，第27页。

说，包括政策沟通、设施联通、贸易畅通、资金融通、民心相通五个方面的内容。政策沟通是“一带一路”建设的首要前提，相关各国就发展战略和对策进行充分交流对接，共同为务实合作及大型项目实施提供政策支持；设施联通是“一带一路”建设的优先领域，通过共同打造若干国际经济合作走廊和通畅安全高效的运输大通道，形成连接沿线国家之间的基础设施网络；贸易畅通是“一带一路”建设的重点内容，着力解决贸易投资便利化问题，消除投资和贸易壁垒，共同商建更为宽泛、兼容的贸易合作体系；资金融通是“一带一路”建设的关键动力，通过推进亚洲货币稳定体系、投融资体系和信用评价体系建设，提供足够的资金保障；民心相通是“一带一路”建设的社会根基，通过广泛开展人文交流，加强沿线各国友好往来，为双多边合作打下广泛的社会基础。

共建“一带一路”的本质是通过提高有效供给来催生新的需求，实现世界经济再平衡。发展是解决一切问题的总钥匙。“唯有发展，才能消除冲突的根源。唯有发展，才能保障人民的基本权利。唯有发展，才能满足人民对美好生活的热切向往。”① “一带一路”建设聚焦发展这个根本性问题，通过开展跨国互联互通，释放各国发展潜力，实现经济大融合、发展大联动、成果大共享，因而是应对全球性危机和实现长远发展的必由之路。

共建“一带一路”秉持共商共建共享原则。这一原则的实质是践行多边主义，强调大家的事大家商量着办，各施所长、各尽所能，聚沙成塔、积水成渊。其根本点是让合作契合各方共同利益，满足各方共同需要，从而让合作的吸引力更大、持续性更强。

“一带一路”建设坚持开放、绿色、廉洁理念。第一，“一带一路”建设继承和弘扬丝路精神，致力于构建全球互联互通伙伴关系。它不是地缘工具，而是经济合作倡议，致力于群策群力实现共同发展；它不是另起炉灶，而是现有各种合作的整合补充，有利于形成优势互补的合力；它不是封闭的小圈子，而是开放合作的大平台，欢迎更多感兴趣的国家和国际组织参与进来。第二，“一带一路”建设把绿色作为底色，推动绿色基础设施建设、绿色投资、绿色金融。要将生态环保融入“一带一路”建设的各方面和全过程，分享我国生态文明和绿色发展理念与实践，提高生态环境保护能力，防范生态环境风险，

---

① 《习近平在联合国成立70周年系列峰会上的讲话》，人民出版社2015年版，第2页。

促进沿线国家和地区共同实现联合国2030年可持续发展议程目标；要将资源节约和环境友好原则融入国际产能和装备制造合作全过程，促进企业遵守相关环保法律法规和标准，促进绿色技术和产业发展；要打造绿色投资—绿色贸易—绿色金融的绿色发展全流程，促进经济发展与生态保护双赢。第三，“一带一路”建设坚持一切合作都在阳光下运作，共同以零容忍态度打击腐败，共建风清气正的丝绸之路。廉洁是“一带一路”建设的道德底线和法律红线，也是“一带一路”建设行稳致远的重要基础。各国要努力塑造一个腐败难行、廉洁易商的营商环境；参与“一带一路”建设的企业要增强廉洁意识、自律意识和法治意识，建立有效的合规监督机制，规范投资经营行为；各国要不断推进国际反腐败合作，切实加强国际反腐败制度建设，为廉洁之路建设提供坚实保障。

共建“一带一路”要努力实现高标准、惠民生、可持续目标。它引入各方普遍支持的规则标准，推动企业在项目建设、运营、采购、招投标等环节与普遍接受的国际规则标准接轨，同时尊重各国法律法规；它坚持以人民为中心的发展思想，对接联合国2030年可持续发展议程，聚焦消除贫困、增加就业、改善民生，让共建“一带一路”成果更好惠及全体人民，为当地经济社会发展作出实实在在的贡献；它确保经济、社会、财政、金融和环境方面的可持续性，做到善始善终、善作善成。

四、共建“一带一路”的进展成效

“一带一路”建设的时间虽然不长，但已取得很大成效，主要表现在以下几方面：

（一）以发展为中心，政策沟通不断深化

推进“一带一路”建设，本着求同存异原则，协商制定推进区域合作的规划和措施，在政策和法律上为区域经济融合“开绿灯”，包括俄罗斯提出的“欧亚经济联盟”、东盟提出的“东盟互联互通总体规划2025”、哈萨克斯坦提出的“光明之路”、土耳其提出的“中间走廊”、蒙古国提出的“发展之路”、越南提出的“两廊一圈”等。中国同老挝、柬埔寨、缅甸、匈牙利等国的规划对接工作也在全面展开。截至2021年1月，中国先后与140个国家和31个国际组织签署205份共建“一带一路”合作文件，涵盖了投资、贸易、金融、科技、人文、社会、海洋等领域。各方通过政策对接，实现了

“一加一大于二”的效果。

（二）以交通基础设施为突破，设施联通不断加强

建设高质量、可持续、抗风险、价格合理、包容可及的基础设施，有利于各国充分发挥资源禀赋，更好融入全球供应链、产业链、价值链，实现联动发展。中国和相关国家一道共同加速推进雅万高铁、中老铁路、亚吉铁路、匈塞铁路等项目，建设瓜达尔港、比雷埃夫斯港等港口，规划实施一大批互联互通项目。目前，以中巴、中蒙俄、新亚欧大陆桥等经济走廊为引领，以陆海空通道和信息高速路为骨架，以铁路、港口、管网等重大工程为依托，一个全方位、多层次、复合型的基础设施互联互通网络正在形成。2020 年中欧班列全年开行 1.24 万列，运送 113.5 万标箱，分别同比增长 50%、56%，通达欧洲大陆 21 个国家的 92 个城市。中国与沿线各国抓住新一轮能源结构调整和能源技术变革趋势，积极建设全球能源互联网，实现绿色低碳发展，同时完善跨区域物流网建设。

（三）以改善营商环境为手段，贸易畅通不断提升

丝绸之路经济带总人口近 30 亿，各国在贸易和投资领域合作潜力巨大。中国同“一带一路”参与国大力推动贸易和投资自由化便利化，不断改善营商环境，降低贸易和投资成本，提高区域经济循环速度和质量，实现互利共赢。世界银行研究表明，“一带一路”合作使全球贸易成本降低 1.1%—2.2%，推动中国—中亚—西亚经济走廊上的贸易成本降低 10.2%，哈萨克斯坦等中亚国家农产品到达中国市场的通关时间缩短了 90%。2013—2020 年，中国与“一带一路”沿线国家的货物贸易额累计超过 9.1 万亿美元；中国对沿线国家直接投资超过 1277.9 亿美元。

（四）以建设融资平台为抓手，资金融通不断扩大

“一带一路”沿线国家多是发展中国家，普遍缺乏建设资金，融资瓶颈是实现互联互通的突出挑战。推动构建长期、稳定、可持续、风险可控的多元化融资体系，提供足够的资金保障，促进各国资金融通，是共建“一带一路”的关键点之一。中国同“一带一路”建设参与国和组织开展了多种形式的金融合作。2015—2020 年，亚洲基础设施投资银行从最初的 57 个创始成员，发展到遍布各大洲的 103 个成员，成为仅次于世界银行的全球第二大多边开发机构，为成员提供 220.2 亿美元的基础设施投资，投资项目达 87 个。亚投行还成立新冠肺炎危机恢复基金，向 12 个成员方累计批准了 16 个贷款

项目，总贷款额近56亿美元。2014—2020年，丝路基金同30多个国家和地区的投资者以及多个国际和区域性组织建立了广泛的合作关系，已累计签约项目47个，承诺投资金额178亿美元。这些新型金融机制同世界银行等传统多边金融机构各有侧重、互为补充，形成层次清晰、初具规模的“一带一路”金融合作网络。

（五）以人文交流为纽带，民心相通不断促进

共建“一带一路”，必须在沿线国家民众中形成一个相互欣赏、相互理解、相互尊重的人文格局。“一带一路”建设参与国弘扬丝绸之路精神，开展智力丝绸之路、健康丝绸之路等建设，在科学、教育、文化、卫生、民间交往等各领域广泛开展合作，为“一带一路”建设夯实民意基础，筑牢社会根基。中国政府每年向相关国家提供1万个政府奖学金名额，地方政府也设立了丝绸之路专项奖学金，鼓励国际文教交流。各类丝绸之路文化年、旅游年、艺术节、影视桥、研讨会、智库对话等人文合作项目异彩纷呈。卫生健康合作不断深化，中国与蒙古国、阿富汗等国以及世界卫生组织等国际组织相继签署了多个推动卫生健康合作的协议。2020年，当一些国家因为疫情遭遇困境时，中国积极探索建立联防联控机制，提供抗疫援助，与此同时，积极帮助发展中国家，努力推进疫苗在全球范围内公平分配。截至2021年2月25日，中国已经或正在向53个国家提供新冠疫苗援助，已经和正向27个国家出口疫苗。

（六）以优势互补为基础，产业合作不断深入

共建“一带一路”紧紧抓住产业这一经济之本，推动各国深入开展产业合作，促进各国产业发展规划相互兼容、相互促进。“一带一路”参与国资源禀赋和产业结构互补性较强，可以将投资与贸易有机结合，推进经贸产业合作区建设，促进产能合作和经贸合作，将经济互补性有效转化为经济推动力。2015—2020年，中国企业在沿线国家新签对外承包工程项目合同额为7851.2亿美元，占同期中国对外承包工程新签合同额的比重从44.1%提高到55.4%；中国企业在沿线国家承包工程完成营业额为5091.9亿美元，占同期中国对外承包工程完成营业额的比重从47.7%上升到58.5%。同时，沿线国家企业也积极来华投资兴业，2020年在华新设企业4294家，直接投资83亿美元。2020年中国承接沿线国家离岸外包执行额1360.6亿元，比2019年增加88.02亿元。截至2020年，中国与12个国家建立了贸易畅通工作组，推动与更多国家建立投

资工作组、服务贸易工作组和电子商务合作机制。

五、推动共建“一带一路”高质量发展

“一带一路”各方要致力把“一带一路”打造成团结应对挑战的合作之路、维护人民健康安全的健康之路、促进经济社会恢复的复苏之路、释放发展潜力的增长之路。[①] 通过高质量共建“一带一路”，携手推动共建人类命运共同体。

加强基础设施互联互通，加快建设高质量、可持续、抗风险、价格合理、包容可及的基础设施。要构建以新亚欧大陆桥等经济走廊为引领，以中欧班列、陆海新通道等大通道和信息高速路为骨架，以铁路、港口、管网等为依托的互联互通网络。建立健全多元化投融资体系，坚持以企业为主体，以市场为导向，遵循国际惯例和债务可持续原则，继续发挥共建“一带一路”专项贷款、丝路基金、各类专项投资基金的作用，支持多边开发融资合作中心有效运作。

坚持开放共赢，扩大双向贸易和投资。要进一步扩大市场开放，提高贸易和投资自由化、便利化程度，旗帜鲜明地反对保护主义，维护多边贸易体制的主渠道地位。在以基础设施为主体的运输通道基础上，构建促进生产要素跨境流动和跨国政策协调的机制，推动战略、规划、机制对接，加强政策、规则、标准联通。同更多国家商签高标准自由贸易协定，加强海关、税收、审计监管等领域合作。提升境外经贸合作区，打造一批产业定位清晰、区位优势突出、运营管理先进、生态效应明显的合作区。提升产能和装备“走出去”水平，做优做精重大项目，构筑互利共赢的产业链供应链合作体系。积极开展第三方市场合作，促进我国企业和各国企业优势互补，为各国企业营造开放、公平、非歧视的营商环境。继续举办中国国际进口博览会，为各方进入中国市场搭建更广阔的平台。

聚焦创新驱动，共同探索新技术、新业态、新模式。要继续实施共建“一带一路”科技创新行动计划，同各方一道推进科技人文交流、共建联合实验室、科技园区合作、技术转移四大举措。积极实施创新人才交流项目，支持中外方创新人才开展交流、培训、合作研究。加强同沿线国家特别是发展中国家在网络基础

---

① 参见《习近平向“一带一路”国际合作高级别视频会议发表书面致辞》，《人民日报》2020年6月19日。

设施建设、数字经济、电子商务、人工智能、智慧城市等领域合作。通过创新促进贸易投资取得更大发展，建设数字丝绸之路、创新丝绸之路，是沿线国家实现跨越式发展的重要驱动力，也为世界经济发展提供强大的新动能。

促进均衡发展，确保“一带一路”成果惠及民生。要严格遵守《“一带一路”绿色投资原则》《廉洁丝绸之路北京倡议》，将可持续发展理念融入各类经贸合作项目选择、实施、管理等方方面面。要同各方共建“一带一路”可持续城市联盟、“一带一路”绿色发展国际联盟，发起“关爱儿童、共享发展，促进可持续发展目标实现”合作倡议。启动共建“一带一路”生态环保大数据服务平台，继续实施绿色丝路使者计划，并同有关国家一道，实施“一带一路”应对气候变化南南合作计划。深化农业、卫生、减灾、水资源等领域合作，主动对接联合国2030年可持续发展议程，推动有关合作项目精准对接联合国17个可持续发展目标，特别是要在消除贫困和饥饿、增进人民健康与福祉、促进技术创新等方面切实发力。

深化交流互鉴，形成多元互动的人文交流格局。要深化公共卫生、绿色发展、科技教育等领域合作，邀请共建“一带一路”国家的政党、智库、民间社会组织来华交流，形成全方位、深层次、多渠道合作架构。鼓励和支持沿线国家社会组织广泛开展民生合作，联合开展一系列环保、反腐败等领域培训项目，深化各领域人力资源开发合作。持续实施“丝绸之路”中国政府奖学金项目，举办“一带一路”青年创意与遗产论坛、“一带一路”国家青年学生“汉语桥”夏令营等活动。设立共建“一带一路”国际智库合作委员会、“一带一路”新闻合作联盟等机制，汇聚各方智慧和力量。

第二节 推动共建人类命运共同体

一、推动共建人类命运共同体的重大意义

2013年3月，习近平提出：“这个世界，各国相互联系、相互依存的程度空前加深，人类生活在同一个地球村里，生活在历史和现实交汇的同一个时空里，越来越成为你中有我、我中有你的命运共同体。”① 人类命运共同体理念自

① 《习近平谈治国理政》第一卷，外文出版社2018年版，第272页。

提出以来，日益显示出强大的国际影响力、感召力、塑造力。

（一）深刻揭示了当代中国与世界的关系，反映了实现中华民族伟大复兴中国梦的迫切需要

一个国家、一个民族要振兴，就必须在历史前进的逻辑中前进、在时代发展的潮流中发展。当今世界，人类生活在同一个地球村，各国日益相互依存、命运与共，越来越成为你中有我、我中有你的命运共同体。没有哪个国家能够独自应对人类面临的各种挑战，也没有哪个国家能够退回到自我封闭的孤岛。各国应当跳出民族国家的局限性，加强战略思维，增进相互谅解、包容、信任，更加理性务实地进行合作，积极推动经济全球化朝着更加开放、包容、普惠、平衡、共赢的方向发展，推动构建相互尊重、公平正义、合作共赢的新型国际关系，推动共建人类命运共同体，走向共同繁荣发展的彼岸。正如习近平在世界经济论坛2017年年会开幕式上指出的：“只要我们牢固树立人类命运共同体意识，携手努力、共同担当，同舟共济、共渡难关，就一定能够让世界更美好、让人民更幸福。”①

实现中华民族伟大复兴，是近代以来中国人民最伟大的梦想。现在，中国已经进入了实现中华民族伟大复兴的关键阶段。如何定位中国与世界的关系，这是必须深入思考的问题。要树立世界历史视角，更好把国内发展与对外开放统一起来，把中国发展与世界发展联系起来，把中国人民利益同各国人民共同利益结合起来，不断扩大同各国的互利合作，以更加积极的姿态参与国际事务，共同应对全球性挑战，努力为全球发展作出贡献。推动共建人类命运共同体是实现中国梦的内在要求，是中国特色社会主义的题中应有之义，体现了中国将自身发展与世界发展相统一的世界胸怀。

（二）客观反映了国际力量对比发生的变化，深刻阐明了中国走和平发展道路的自觉与自信，体现了中国的大国责任与担当

近年来，世界多极化、经济全球化、社会信息化、文化多样化深入发展，新兴市场国家和广大发展中国家快速崛起，日益改变国际力量对比，也日益重塑国际关系。国际格局以西方占主导、国际关系理念以西方价值观为主要取向的“西方中心论”已难以为继，西方的治理理念、体系和模式越来越难以适应新的国际格局和时代潮流，各种弊端积重难返，甚至连西方大国自身都治理失

---

① 《习近平谈治国理政》第二卷，外文出版社2017年版，第482页。

灵、问题成堆。放眼今日全球，和平与发展是世界各国人民的共同心声，冷战思维、零和博弈愈发陈旧落伍，妄自尊大或独善其身只能四处碰壁。国际社会迫切呼唤新的全球治理理念，迫切需要构建新的更加公正合理的国际体系和秩序，因而“我们要推进国际关系民主化，不能搞‘一国独霸’或‘几方共治’。世界命运应该由各国共同掌握，国际规则应该由各国共同书写，全球事务应该由各国共同治理，发展成果应该由各国共同分享”①。

随着中国快速发展，国际上一些人提出了所谓的“中国威胁论”，一些人担心中国会走“国强必霸”的路子。在总结实践经验的基础上，中国提出推动共建人类命运共同体的理念，用合作共赢的新思路代替零和博弈与赢者通吃、你输我赢的旧思路，把中国人民的梦想同各国人民的梦想更加紧密地联系在一起，满足各国人民追求和平、发展、自由、和谐的共同愿望，彰显中国作为世界和平建设者、全球发展贡献者、国际秩序维护者的进步形象。

（三）深刻回答了“建设一个什么样的世界、怎样建设这个世界”的问题，为世界更好地发展贡献了中国智慧

新冠肺炎疫情全球大流行使大变局加速演进，人类的生产生活面临前所未有的挑战和考验。世界经济增长动能不足，贫富分化日益严重，保护主义、单边主义抬头，全球治理体系和多边机制受到冲击，恐怖主义、难民危机、网络安全、重大传染性疾病、气候变化等非传统安全威胁持续蔓延，治理赤字、信任赤字、和平赤字、发展赤字等难题亟待破解，人类面临许多共同挑战。推动共建人类命运共同体的理念集中了民胞物与、立己达人、协和万邦、天下大同等中华优秀传统文化智慧，体现了和平、发展、公平、正义、民主、自由等全人类共同的价值追求，汇聚着世界各国人民对和平、发展、繁荣向往的最大公约数，为人类文明的发展进步指明了方向。

二、推动共建人类命运共同体的内涵

所谓人类命运共同体，就是每个民族、每个国家的前途命运都紧紧联系在一起，风雨同舟，荣辱与共，努力把我们生于斯、长于斯的这个星球建成一个和睦的大家庭，把世界各国人民对美好生活的向往变成现实。

（一）推动共建人类命运共同体顺应 100 多年来人类的共同愿望

过去 100 多年，人类取得了惊人的发展和巨大的进步，也经历了血腥的热

---

① 《习近平谈治国理政》第二卷，外文出版社 2017 年版，第 540 页。

战和对峙的冷战。20世纪上半叶，人类遭受了两次世界大战的劫难，免于战争与缔造和平是那一代人最迫切的愿望。20世纪五六十年代，殖民地民族民主解放运动风起云涌，摆脱枷锁与争取独立是殖民地人民最强劲的呼声。冷战结束后，扩大合作与实现共同发展成为各国人民最殷切的诉求。然而，和平与发展这一各国人民的共同期待至今远远没有实现，推动共建人类命运共同体正是顺应历史潮流与人民呼声的伟大实践。

（二）推动共建人类命运共同体的基本遵循

从370多年前《威斯特伐利亚和约》确立的平等和主权原则到150多年前《日内瓦公约》确立的国际人道主义精神，从70多年前联合国宪章明确的四大宗旨和七项原则到60多年前万隆会议倡导的和平共处五项原则，国际关系演变积累了一系列公认的原则，它们成为推动共建人类命运共同体的基本遵循。一是主权平等原则。作为数百年来规范国与国之间关系的最重要准则，主权平等的真谛在于国家不分大小、强弱、贫富，主权和尊严必须得到尊重，内政不容干涉，都有权自主选择社会制度和发展道路。各国平等参与决策，构成了完善全球治理的重要力量。新形势下，要坚持主权平等，推动各国权利平等、机会平等、规则平等。二是协商谈判原则。国际治理过程中的民主化主要体现为协商谈判。沟通协商是化解分歧的有效之策，政治谈判是解决冲突的根本之道，优先协商与充分协商是国家间交往以及国际事务治理的大势。三是共商共建共享原则。只有共商，才可能有更好的共建，也才可能有更可持续的共享。四是法治权威原则。法律的生命在于付诸实施，各国和国际司法机构有责任维护国际法治权威，依法行使权利、善意履行义务；应该确保国际法平等统一适用，不能搞双重标准，不能“合则用，不合则弃”，真正做到“无偏无党，王道荡荡”。

（三）推动共建人类命运共同体的核心内涵

人类命运共同体的核心内涵是“建设持久和平、普遍安全、共同繁荣、开放包容、清洁美丽的世界”①。国际社会要从伙伴关系、安全格局、经济发展、文明交流、生态建设等方面作出努力。

坚持对话协商，建设一个持久和平的世界。各国要相互尊重、平等协商，

---

① 习近平：《决胜全面建成小康社会　夺取新时代中国特色社会主义伟大胜利——在中国共产党第十九次全国代表大会上的报告》，人民出版社2017年版，第58—59页。

坚决摒弃冷战思维和强权政治。大国要在相互尊重的基础上管控矛盾分歧，平等对待小国，不搞唯我独尊、强买强卖的霸道。任何国家不能随意发动战争，不能破坏国际法治，要共同维护比金子还珍贵的和平时光，让人人享有安宁祥和。

坚持共建共享，建设一个普遍安全的世界。一国安全不能建立在别国不安全之上，别国面临的威胁也可能成为本国的挑战。面对错综复杂的国际安全威胁，单打独斗不行，迷信武力更不行，要坚持共同、综合、合作、可持续的新安全观，营造公平正义、共建共享的安全格局，要坚持以对话解决争端、以协商化解分歧，统筹应对传统和非传统安全威胁，反对一切形式的恐怖主义，让国家实现长治久安，让人人享有太平世界。

坚持合作共赢，建设一个共同繁荣的世界。各国要摒弃你输我赢、赢者通吃的老一套逻辑与尔虞我诈、以邻为壑的老一套办法，坚持你好我好大家好的理念，推进开放、包容、普惠、平衡、共赢的经济全球化，创造全人类共同发展的良好条件。要优化发展伙伴关系，最大限度地解决南北之间和地区内部发展的失衡问题，让发展成果惠及世界各国，让人人享有富足安康。

坚持交流互鉴，建设一个开放包容的世界。文明交流互鉴，是推动人类文明进步和世界和平发展的重要动力。文明只有姹紫嫣红之别，绝无高低优劣之分。文明因多样而交流，因交流而互鉴，因互鉴而发展。坚持美人之美与美美与共。既要让本国文明充满勃勃生机，又要为他国文明发展创造条件，共同消除现实生活中的文化壁垒，共同抵制妨碍人类心灵互动的观念纰缪，共同打破阻碍人类交往的精神隔阂，让世界文明百花园群芳竞艳，让人人享有文化滋养。

坚持绿色低碳，建设一个清洁美丽的世界。生态文明建设关乎人类未来，建设美丽家园是人类的共同梦想。要坚持人与自然共生共存的理念，牢固树立尊重自然、顺应自然、保护自然的意识，解决好工业文明带来的生态环境恶化与生态系统失调等问题，以人与自然和谐共生为目标，实现可持续发展和人的全面发展。要构筑尊崇自然、绿色发展的生态体系，保护好人类赖以生存的地球家园，让自然生态休养生息，让人人都享有绿水青山。

推动共建人类命运共同体是一个历史过程，不可能一帆风顺，需要付出长期艰苦的努力。推动共建人类命运共同体是一个美好的目标，不可能一蹴而就，需要从现在做起，把接力棒不断传下去。推动共建人类命运共同体，关键在行动。中国将始终做世界和平的建设者、全球发展的贡献者、国际秩序的维护者。中国人民愿意同世界各国人民一道，推动共建人类命运共同体。

三、为推动共建人类命运共同体贡献中国智慧

构建人类命运共同体理念，契合当代发展需要，赢得了国际社会的普遍赞同和响应。它不仅是旗帜，也是行动，共建“一带一路”是推动共建人类命运共同体的新实践平台。它不仅是现实，也是历史和未来，既是马克思主义与中华优秀传统文化的创造性结合，也是当代中国为世界发展贡献的中国智慧和中国方案。

（一）人类命运共同体理念引领时代潮流

当今世界，和平合作、开放融通、变革创新的潮流滚滚向前，从顺应历史潮流、增进人类福祉出发，中国提出推动共建人类命运共同体的倡议。2017 年 2 月 10 日，联合国社会发展委员会第五十五届会议首次将“构建人类命运共同体”理念写入联合国决议。同年 3 月 17 日，联合国安理会通过关于阿富汗问题的第 2344 号决议，“构建人类命运共同体”理念首次载入安理会决议。3 月 23 日，联合国人权理事会第三十四次会议通过关于“经济、社会、文化权利”和“粮食权”两个决议，“构建人类命运共同体”理念首次载入联合国人权理事会决议。11 月 2 日，第七十二届联合国大会负责裁军和国际安全事务的第一委员会会议通过了“防止外空军备竞赛进一步切实措施”和“不首先在外空放置武器”两份安全决议，第一次将“构建人类命运共同体”理念纳入联合国安全决议。从 2013 年提出“你中有我、我中有你”命运共同体理念开始，中国又相继提出了周边命运共同体、亚洲命运共同体、亚太命运共同体、中非命运共同体、中拉命运共同体、海洋命运共同体、网络空间命运共同体和核安全命运共同体等倡议。2020 年，面对新冠肺炎疫情给全球公共卫生安全带来的巨大挑战，中国提出打造人类卫生健康共同体的新倡议。在上海合作组织成员国元首理事会第二十次会议上，习近平提出构建安全共同体、发展共同体和人文共同体的新主张，进一步丰富和完善了人类命运共同体理念的内涵。推动共建人类命运共同体，已经成为中国为顺应经济全球化趋势而向世界提供的核心发展理念，体现着中国将自身发展同世界共同发展相统一的全球视野、世界胸怀和大国担当，具有强大的理论吸引力、思想感召力和实践生命力，在全球得到了越来越多国家和人民的认同。

（二）“一带一路”建设是推动共建人类命运共同体的重要实践平台

“一带一路”倡议是中国参与全球开放合作、改善全球经济治理体系、促进全球共同发展繁荣、推动共建人类命运共同体提出的中国方案。“一带一路”建设把沿线各国人民紧密联系在一起，致力于合作共赢、共同发展，让各国人民更好地共享发展成果。“一带一路”建设作为开放包容的合作平台，不排除也不针对任何一方，是各方共同打造的全球公共产品。在“一带一路”建设国际合作框架内，各方秉持共商共建共享原则，携手应对世界经济面临的挑战，开创发展机遇，谋求发展新动力，拓展发展新空间，实现优势互补、互利共赢，不断朝着人类命运共同体方向迈进。这是共建“一带一路”要实现的最高目标。

（三）人类命运共同体理念是马克思主义与中华优秀传统文化的创造性结合

马克思、恩格斯有着丰富的共同体思想。他们在《德意志意识形态》中指出：“只有在共同体中，个人才能获得全面发展其才能的手段，也就是说，只有在共同体中才可能有个人自由。”① 这个真正的“共同体”也就是自由人的联合体，是每个人自由而全面发展的社会。

中华民族历来追求和睦、爱好和平、倡导和谐，“亲仁善邻”“协和万邦”“和而不同”，造就了独树一帜的“和”文化。中华优秀传统文化富含“仁”“爱”“和”的优秀基因。孔子说，“泛爱众，而亲仁”，“有朋自远方来，不亦乐乎”；老子主张“见素抱朴”“道法自然”；孟子主张“亲亲而仁民，仁民而爱物”；孙子反对战争，强调“百战百胜，非善之善者也；不战而屈人之兵，善之善者也”；墨子更提出要“兼相爱，交相利”。习近平多次赞誉的明代思想家王阳明主张“天下一家”，“夫圣人之心，以天地万物为一体，其视天下之人，无外内远近……天下之人熙熙皞皞，皆相视如一家之亲”。中华优秀传统文化强调和衷共济、求同存异，“和羹之美，在于合异；上下之益，在能相济”；提倡讲信修睦、互利共赢，追求“美美与共，天下大同”。中国还有以义为先、先义后利的传统理念，强调只有义利兼顾才能义利兼得、只有义利平衡才能义利共赢。这些中华优秀传统文化，是中华文明得以传承和繁荣的精神支柱，也是人类命运共同体的思想渊源和基本原则。

---

① 《马克思恩格斯文集》第1卷，人民出版社2009年版，第571页。

（四）人类命运共同体理念是中国对世界的新贡献

人类命运共同体理念，反映了经过40多年改革开放，中国与世界的关系正站在新的起点上。一方面，中国的发展离不开世界，世界的繁荣也需要中国；另一方面，中国有责任也有能力同各国分享发展机遇，中国发展得越好，就越有能力塑造和影响世界，为国际社会作出更大贡献。人类命运共同体理念是中国共产党为人类谋和平与发展、为解决人类问题贡献中国智慧和中国方案的集中体现。这一重大理论创新成果充分说明，中国共产党是为中国人民谋幸福的政党，也是为人类进步事业而奋斗的政党。中国共产党所做的一切就是为人民谋幸福，为民族谋复兴，为世界谋大同。

思考题：

1. 解释下列概念：人类命运共同体、"一带一路"建设。
2. 试述共建"一带一路"的意义和主要内容。
3. 推动共建人类命运共同体的意义是什么？
4. 如何推动共建人类命运共同体？
5. 简述"一带一路"建设与推动共建人类命运共同体的关系。

结 束 语

只有在整个人类发展的历史长河中，才能透视出历史运动的本质和时代发展的方向。马克思主义创建了唯物史观和剩余价值学说，揭示了人类社会发展的一般规律，揭示了资本主义运行的特殊规律，为人类指明了从必然王国向自由王国飞跃的途径，为人民指明了实现自由和解放的道路，为人类最终建立一个没有压迫、没有剥削、人人平等、人人自由的理想社会指明了方向。

中国共产党诞生后，中国共产党人把马克思主义基本原理同中国革命和建设的具体实际结合起来，团结和带领人民经过长期奋斗，完成新民主主义革命和社会主义革命，建立起中华人民共和国和社会主义基本制度，进行了社会主义建设的艰辛探索，成功开辟了中国特色社会主义道路，推动中国特色社会主义进入新时代。久经磨难的中华民族迎来了从站起来、富起来到强起来的伟大飞跃，迎来了实现中华民族伟大复兴的光明前景。我国日益走近世界舞台中央，不断为人类作出更大贡献。科学社会主义在21世纪的中国焕发出强大生机和活力，马克思主义的科学性和真理性在中国得到了充分检验。

马克思主义政治经济学是马克思主义的重要组成部分，也是我们坚持和发展马克思主义的必修课。恩格斯说，无产阶级政党的“全部理论来自对政治经济学的研究”①。列宁把政治经济学视为马克思主义理论“最深刻、最全面、最详尽的证明和运用”②。马克思、恩格斯根据辩证唯物主义和历史唯物主义的世界观和方法论，批判继承历史上经济学特别是英国古典政治经济学的思想成果，通过对人类经济活动的深入研究，创立了马克思主义政治经济学，揭示了人类社会特别是资本主义社会的经济运动规律，为社会主义革命、建设和改革提供了科学的理论指南。

中国共产党以马克思主义为立党立国的指导思想，历来重视对马克思主义政治经济学的学习、研究和运用，在革命、建设和改革的各个时期，都把马克思主义政治经济学的基本理论与中国的具体实际相结合，提出了适应时代和国情的科学的经济理论，以指导具体的经济实践，在经济战线上取得了一个又一

---

① 《马克思恩格斯文集》第2卷，人民出版社2009年版，第596页。

② 《列宁选集》第2卷，人民出版社2012年版，第428页。

个的伟大胜利，不断开拓马克思主义政治经济学的新境界。

中国特色社会主义政治经济学是马克思主义政治经济学基本理论与中国特色社会主义经济建设实践相结合的理论成果，是关于中国特色社会主义经济发展的系统化经济学说。习近平新时代中国特色社会主义经济思想，是中国特色社会主义政治经济学的最新成果、当代中国马克思主义政治经济学的集中体现。面对极其复杂的国内外经济形势，面对纷繁多样的经济现象，学习马克思主义政治经济学基本原理和方法论，有利于我们掌握科学的经济分析方法，认识经济运动过程，把握社会经济发展规律，提高驾驭社会主义市场经济能力，更好回答我国经济发展的理论和实践问题。推动新时代中国特色社会主义经济的持续健康发展，必须坚持以习近平新时代中国特色社会主义经济思想为科学指南，武装头脑、指导实践、推动工作，推动我国经济发展沿着正确的方向和道路不断前进。

实践是理论的源泉。马克思主义政治经济学要有生命力，就必须联系实际、与时俱进、不断发展。我们用几十年的时间走完了发达国家几百年走过的发展历程，创造了世所罕见的经济快速发展奇迹，也创造了具有鲜明主体性、原创性的经济理论。在这一光辉成就的基础上，中国特色社会主义进入了新时代，我国进入了全面建设社会主义现代化国家、向第二个百年奋斗目标进军的新发展阶段。在新时代新阶段，中国经济发展的进程必然更加波澜壮阔、气象万千，中国人民一定会创造让世界刮目相看的新的更大奇迹。坚持科学性与人民性相统一的马克思主义政治经济学，必将在新征程的伟大创造中、在理论与实践的深刻互动中不断开拓新境界、取得新成果，更加充分地彰显马克思主义的真理力量。

阅读文献

■ 马克思：《资本论》第 1—3 卷，人民出版社 2018 年版。

■ 马克思：《〈政治经济学批判〉序言、导言》，人民出版社 1971 年版。

■ 恩格斯：《社会主义从空想到科学的发展》，人民出版社 2018 年版。

■ 列宁：《帝国主义是资本主义的最高阶段》，人民出版社 2014 年版。

■ 列宁：《国家与革命》，人民出版社 2015 年版。

■ 斯大林：《苏联社会主义经济问题》，人民出版社 1966 年版。

■《毛泽东选集》第一至四卷，人民出版社 1991 年版。

■《毛泽东文集》第一至八卷，人民出版社 1993、1996、1999 年版。

■《邓小平文选》第一至三卷，人民出版社 1994、1993 年版。

■《江泽民文选》第一至三卷，人民出版社 2006 年版。

■《胡锦涛文选》第一至三卷，人民出版社 2016 年版。

■《习近平谈治国理政》第一至三卷，外文出版社 2018、2017、2020 年版。

■《习近平关于全面建成小康社会论述摘编》，中央文献出版社 2016 年版。

■《习近平关于社会主义经济建设论述摘编》，中央文献出版社 2017 年版。

■《决胜全面建成小康社会　夺取新时代中国特色社会主义伟大胜利——在中国共产党第十九次全国代表大会上的报告》，人民出版社 2017 年版。

■《中共中央关于坚持和完善中国特色社会主义制度　推进国家治理体系和治理能力现代化若干重大问题的决定》，人民出版社 2019 年版。

■《中共中央关于制定国民经济和社会发展第十四个五年规划和二〇三五年远景目标的建议》，人民出版社 2020 年版。

第一版后记

《马克思主义政治经济学概论》教材是马克思主义理论研究和建设工程重点教材。在编写过程中，得到了马克思主义理论研究和建设工程咨询委员会的指导，得到了中央有关部门和有关专家学者的帮助和支持。同时，广泛听取了高校马克思主义政治经济学课程教师和大学生的意见和建议。

本教材由首席专家刘树成主持编写。参加写作、统稿和修改的有：吴树青、纪宝成、李兴山、张宇、胡家勇、洪银兴、林岗、逄锦聚、张二震、范从来、裴平、沈坤荣、葛扬、杨德才、高德步、邱海平、谢富胜、刘明远、赵峰、何自力、冯素杰、刘凤义、罗润东、景维民、周冰、王述英、陈国富、王生升、张凡、陆梦龙、杨新铭、陈雪娟等。张磊主持了工程办公室组织的审改工作。邵文辉、王心富、杨金海、裴长洪、胡乐明、王志伟、孙蚌珠、白暴力、宋凌云、何成、冯静、张建刚、蒋旭东、罗炯、冯宏良等参加了具体审改工作。

2010 年 12 月

第二版后记

组织全面修订马克思主义理论研究和建设工程重点教材，是推动习近平新时代中国特色社会主义思想和党的十九大精神进教材、进课堂、进头脑的重要举措。《马克思主义政治经济学概论》（第二版）是在第一版教材的基础上修订而成的。在教材修订过程中，得到了马克思主义理论研究和建设工程咨询委员会的指导，得到了中央有关部门和有关专家学者的帮助和支持。同时，也广泛听取了高校专业课程教师和学生的意见和建议。

教材修订课题组由李建平、张宇、简新华、胡家勇、蒋永穆任首席专家，李建平、张宇主持修订，丁晓钦、王生升、王朝科、卢映西、刘刚、肖斌、邱海平、何自力、张弛、张晨、侯为民、黄瑾、葛扬、董金明、靳晓春作为主要成员参加修订。何成、陈启清主持了工程办公室组织的审改定稿工作。田岩、冯静、吴学锐、王昆、王勇、石文磊、曹守亮、张文君、徐立恒等参加了审改。参加集中审阅并提出修改意见的有：程恩富、刘灿、杨继瑞、张衔、丁任重、王立胜、方敏、赵峰、蔡万焕等。

2021 年 4 月